2024 개인정보보호법학회 학술총서

POST-GDPR:

개인정보보호 규범의 새로운 지평

(사)개인정보보호법학회 편

김민호 · 김현경 · 김도승

김현수 · 이해원 · 최요섭

계인국 · 심우민 · 문광진

박영사

━━◆━━ 발간사 ━━◆━━

 '개인정보보호법학회'는 2011년 「개인정보 보호법」의 제정과 함께 "개인정보보호연구회"의 발족을 거쳐, 2012년 4월 7일 창립되었습니다. 회원들의 학술활동을 지원함으로써 개인정보보호이론과 실무의 통합적 연구를 통하여 입법에 관한 학문적 발전을 촉진하고, 실정법 제도 및 개인정보보호 실무의 발전을 도모하고자 노력해 왔습니다. 비록 길지 않은 역사이지만 그간 개인정보 정책과 규범의 발전에 기여하는 심도 깊은 학술활동을 수행하였으며, 유관 학회 및 연구 기관, 정부와 긴밀한 협력을 이어왔습니다.

 초대 회장이신 김형성 교수님(초대 및 2대)으로부터 시작되어 학회의 기틀을 마련하신 김민호 교수님(제3, 4, 5대) 체계를 거쳐 최경진 교수(제6대)님 그리고 저(제7대)에 이르기까지 지난 7대에 걸쳐 우리 개인정보보호법학회는 국가사회적으로 중요한 가치를 이행하기 위한 사업과 연구들을 의미 있게 이행해 왔다고 자부합니다.

 개인정보와 관련된 논의는 어느 한 영역에 국한되지 않고 공공과 민간 전반을 아우르며 국가사회 전 영역에 걸쳐 중요한 부분으로 자리 잡고 있습니다. 우리 학회는 공법, 민·상법, 소비자법, 노동법, 경제법, 지식재산권법 등 법제 각 영역에서 최고의 전문성을 지닌 학자들이 목소리를 낼 수 있는 공론의 장을 마련하고자 다양한 학술행사와 기획세미나, 연구과제, 언론기고 등을 수행해 왔습니다. 본 학술총서는 이러한 전문성을 응집하여 향후 개인정보 법제가 나아가야 할 방향을 제기하고자 9명의 학자가 머리를 맞대었습니다.

 그간 유럽 일반개인정보보호법(GDPR)을 글로벌 공통규범으로 삼아온 우리 법제의 한계를 면밀히 분석하고 향후 인공지능·데이터 기반 디지털 경제에 적합한 개인정보 모델법의 새로운 방향을 모색하고자 하였습니다. 무엇보다도 '개인정보자기결정권'에 대한 근본적 검토와, 정보주체의 권리로써 당연시 되어온 동의, 처리정지권 등을 법익 균형 차원에서 재검토하고 AI·데이터 경제에서 더욱 중요시 되는 가명처리, 자율규제의 방향성을 제시하고자 하였습니다.

본 저서는 우리 학회가 처음으로 발간하는 학술총서로써 저술사업 '출발'의 의미를 가진다고 볼 수 있습니다. 향후 더 깊고 의미 있는 연구가 이루어지는 발판이 되기를 기원합니다.

제7대 개인정보보호법학회 회장, 김현경

머리말

　개인정보 보호는 현대 사회에서 가장 중요한 법적, 사회적 이슈 중 하나로 자리잡고 있다. 디지털 환경의 급속한 변화에 따라 개인정보 보호에 대한 관념과 법적 보호 방식 역시 지속적으로 발전해 왔으며, 이에 따른 법령의 개정이 이루어져 왔다. 특히, 2018년 유럽연합의 GDPR이 시행된 이후, 전 세계적으로 개인정보 보호에 대한 새로운 패러다임이 형성되었고, 우리나라를 포함한 세계 각국의 법제도 역시 동 규정의 영향을 강하게 받았다.

　본서는 GDPR 이후 변화된 개인정보 보호 규범의 새로운 지평을 조명하며, 기존의 개인정보 보호 개념을 재해석하고, 앞으로 나아가야 할 방향을 모색하는 데 초점을 맞추고 있다. 따라서 개인정보 보호에 관한 전통적인 접근 방식과 현대적 문제의식을 접목하여, 보다 실질적이고 효과적인 보호 체계를 구축할 수 있는 방법을 제시하고자 한다.

　오늘날 개인정보 보호 논의에서 가장 중요한 주제 중 하나는 '자기결정권'의 한계와 가능성이다. 개인정보 자기결정권은 원래 국가 공권력의 개입을 제한하고 개인의 정보에 대한 통제권을 보장하기 위한 개념으로 등장하였다. 기존의 자기결정권 개념은 개인이 정보 활용 여부를 온전히 결정할 수 있다는 전제를 두고 있다. 그러나 오늘날 정보주체가 모든 데이터 활용 여부를 직접 결정할 수 없는 상황에서, 기존의 동의 기반 모델은 정보주체에 대한 실질적 보호를 보장하는 데 한계를 보인다. 본서는 이러한 문제를 해결하기 위해 자기결정권을 넘어서는 새로운 개인정보 보호 접근 방식이 필요하다는 점을 강조한다. 특히, 기술 발전과 데이터 경제의 확산 속에서 정보주체의 권리를 실질적으로 보호할 수 있도록 법적, 제도적 개선이 이루어져야 한다는 점을 다양한 시각에서 분석한다.

　GDPR은 개인정보 보호의 글로벌 기준을 확립하는 데 중요한 역할을 했으며, 여러 국가에서 이에 대응하는 법적 변화를 촉진하였다. 우리나라의 개인정보 보호법 또한 GDPR의 영향을 받아 개정되었으며, 개인정보 처리자의 책임 강화, 정보주체의 권리 확대 등의 측면에서 의미 있는 발전이 이루어졌다. 그러나 이러한 변화가 정보주체의 권익 보호에 실질적으로 얼마나 기여하는지에 대해서는 여전히 논의가 필요하다. 본서는 우리나라의 개인정보 보호법과 GDPR을 비교 분석하며, 우리 법제가 보다 발전적인 방향으로 나아가기 위해 고려해야 할 주요 쟁점들을 제시하였다.

향후 개인정보 보호 규범이 나아갈 방향은 단순한 법률적 규제에 그치지 않고, 기술적, 사회적, 윤리적 요소를 종합적으로 고려하는 방식이어야 한다. 인공지능(AI), 빅데이터, 블록체인 등 새로운 기술이 등장하면서 개인정보 보호의 개념도 변화하고 있으며, 이에 대응하기 위해서는 기존의 법적 개념을 확장하고 새로운 보호 체계를 마련해야 한다. 본서는 개인정보 보호를 둘러싼 다양한 쟁점을 다루면서도, 궁극적으로 정보주체의 권리를 실질적으로 보호하는 방안을 모색하는 데 초점을 맞춘다. 이를 위해 개인정보 보호의 법적 원칙을 재정립하고, 보다 현실적인 규범 체계를 구축하는 것이 필요하다.

본서는 개인정보 보호에 관심 있는 연구자, 정책 입안자, 실무자뿐만 아니라, 일반 독자들에게도 유용한 통찰을 제공할 것으로 생각된다. 개인정보 보호는 단순히 법률의 문제가 아니라, 우리 사회가 어떻게 개인의 권리와 공익 사이의 균형을 설정할 것인가에 대한 근본적인 질문을 포함한다. 본서가 독자들에게 보다 깊이 있는 논의를 촉진하고, 개인정보 보호에 대한 이해를 넓히는 데 기여할 수 있기를 기대한다.

끝으로 본서가 출간되기까지 학술총서 기획과 출판을 제안해 주신 김현경 개인정보보호법학회 회장님께 깊이 감사드린다. 또한, 귀중한 연구를 집필해 주신 모든 저자분들께도 감사의 마음을 전한다. 아울러, 본서의 출판을 위해 애써 주신 박영사 정영환 과장님과 장유나 차장님께 이 자리를 빌려 깊은 감사의 뜻을 표한다.

2025. 2.

편집위원장 김 현 수

차
례

발간사   i

머리말   iii

제1장

01 **"자기결정권"의 함정**   3

Ⅰ. 문제의 소재   7

Ⅱ. 자기결정권의 헌법적 의미와 가치   9

　　1. 미국의 프라이버시권과 독일의 일반적 인격권   9

　　2. 헌법재판소의 '자기결정권' 결정례   14

Ⅲ. 개인정보와 자기결정권   20

　　1. 개인정보의 의미   20

　　2. 개인정보자기결정권과 개인정보 보호권   26

Ⅳ. 개인정보자기결정권의 함정   28

Ⅴ. 결론   31

02 정보주체의 권리 강화와 법익 균형   33

Ⅰ. 들어가며   36

Ⅱ. 개인정보의 속성과 정보주체 권리   37

　　1. 개인정보의 속성   37

　　2. 정보주체 권리의 법적 성격   43

　　3. 소결   47

Ⅲ. 법익충돌과 해결   49

　　1. 정보주체의 권리 강화와 기본권 충돌   49

　　2. 기본권 충돌과 해결   50

　　3. 정보주체 권리의 충돌   53

Ⅳ. 정보주체 권리의 재탐색   54

　　1. '공개된 개인정보' 처리와 법익 균형   54

　　2. 개인정보 처리정지권과 법익 균형   59

　　3. 공익목적 등을 위한 가명처리와 법익 균형   64

Ⅴ. 결론   70

03 개인정보와 공익   77

Ⅰ. 들어가며   81

　　1. 국가와 국민의 관계성 확장과 개인정보   81

　　2. 공익 목적 개인정보 활용의 법정책적 함의   83

Ⅱ. 개인정보 규율 체계에서 공익의 함의   84

　　1. 법원리로서 공익   84

　　2. 개인정보 보호법상 공익 관련 특례   85

Ⅲ. 공익 목적 개인정보 활용의 합법성 조건   90

   1. 사이버안보 영역에서 공익 목적 개인정보 활용   90

   2. 위협정보 공유와 민관협력   92

   3. 공익으로서 사이버안보의 개념적 징표   94

   4. 정보공유체계에서 개인정보 활용의 합법성 조건   101

Ⅳ. 마치며   104

04 개인정보 '동의'에 대한 규범적 관점 再考   107

Ⅰ. 들어가며   110

Ⅱ. 개인정보 동의의 법적 지위   111

   1. 개인정보 동의에 관한 규범적 전개   111

   2. 개인정보 처리행위에 대한 합법화 근거   115

Ⅲ. 현행법상 동의 방식과 실질적 동의의 한계   119

   1. 문제의식   119

   2. '동의의 방식'에 관한 현행법상 법리   120

   3. 현행법상 동의 방식의 한계   125

Ⅳ. 개인정보 동의 제도의 방향성   132

   1. 현행법상 동의 제도의 개선   132

   2. 동의에 대한 새로운 규범적 관점   136

Ⅴ. 나가며   139

제2장

01   개인정보와 상속   147

Ⅰ. 서론   150

Ⅱ. 데이터의 법적 성격   153

    1. 물건성   153

    2. 재산성   155

Ⅰ. 데이터 상속이 문제되는 국면   158

Ⅳ. 온라인 서비스 이용계약의 상속성   161

    1. 계약상 지위 자체의 승계   161

    2. 계약상 권리('데이터 접근권')의 승계   171

Ⅴ. 결론   173

02   데이터 이동권과 경쟁법   179

Ⅰ. 서론: 개인정보와 디지털 경쟁법   182

Ⅱ. 데이터 이동권(개인정보 전송요구권)의 의미: 유럽연합 법률과의 비교분석   186

    1. 정보주체의 권리로서의 데이터 이동권(개인정보 전송요구권):

       GDPR과 비교   186

    2. 유럽연합 DMA의 데이터 이동권 규율: 디지털 시장에서의

       경쟁과 전문규제   190

Ⅲ. 경쟁법상 필수설비 데이터의 논의와 분석: 데이터 이동 관련 경쟁효과   192

    1. 경쟁법상 데이터 관련 다양한 문제: 경쟁과 혁신 그리고 소비자후생   192

    2. 데이터 이동 관련 경쟁법 사건 분석: 이탈리아 구글사건   196

    3. 데이터 이동권 관련 디지털 경쟁법의 발전과 제언   199

Ⅳ. 결론: 데이터 이동권의 보장과 경쟁법의 역할   202

03 **개인정보 보호법에서의 자율규제**   209

Ⅰ. 서론: 왜 자율규제인가?   212

Ⅱ. 자율규제   213

    1. 규제의 의미   213

    2. 자율규제의 배경원리   214

    3. 현대 사회에서 자율규제의 의미   218

Ⅲ. 규제적 자율규제   219

    1. 규제적 자율규제의 이해   219

    2. 규제적 자율규제의 프레임워크   223

Ⅳ. 개인정보 보호 자율규제 규약의 분석   225

    1. 개인정보 보호법상 자율규제   225

    2. 비교법적 검토: 유럽연합 GDPR상의 규제적 자율규제   228

    3. 평가 및 제언   231

제3장

01 **가명정보와 가명처리에 관한 규범적 접근**   241

Ⅰ. 들어가며   244

Ⅱ. 개인정보 보호법과 가명정보   246

    1. EU GDPR에서의 가명처리와 가명정보   246

    2. 한국 「개인정보 보호법」에서의 가명정보   250

    3. EU와 한국의 차이점   254

Ⅲ. 가명정보와 가명처리   255

    1. 가명정보 규정의 입법기술론적 문제점   255

    2. 가명정보 처리 특례 규정의 해석론과 한계   258

    3. 입법적 개선의 방향성   260

Ⅳ. 결론을 대신하여   263

02   개인정보와 인공지능   267

Ⅰ. 서론   270

Ⅱ. 인공지능의 위험과 개인정보 보호의 쟁점   272

    1. 인공지능의 위험 양상   272

    2. 인공지능 개발과 활용에 관련된 개인정보 보호의 쟁점   273

Ⅲ. 인공지능에 대한 규제와 개인정보   281

    1. 인공지능에 대한 규제의 전개   281

    2. 개별 영역에서의 인공지능에 대한 규제   284

    3. 개인정보 보호를 위한 규제와 인공지능   286

Ⅳ. 개인정보 보호와 인공지능 발전의 균형을 위한 제도적 과제   289

    1. 개인정보자기결정권에 대한 재검토   289

    2. 공개된 개인정보의 활용 문제   293

    3. 감시 목적의 인공지능 시스템 활용 문제   296

Ⅴ. 결론   299

색인   306

제1장

01 "자기결정권"의 함정

02 정보주체의 권리 강화와 법익 균형

03 개인정보와 공익

04 개인정보 '동의'에 대한 규범적 관점 再考

01
"자기결정권"의 함정

김 민 호 | 성균관대학교 법학전문대학원 교수

저자소개

1998년부터 성균관대학교 법학전문대학원 교수로 재직 중이다. 성균관대학교에서 학사, 석사, 박사학위를 받고, 미국 보스턴대학교(Boston University) 로스쿨에서 박사후연구과정(Post Doc.)을 수료했다. 개인정보 보호법학회 회장, 국가인권위원회 인권위원, 대통령소속 규제개혁위원회 위원, 중앙행정심판위원회 위원 등을 역임했다. 지금은 공공데이터분쟁조정위원회 위원장, 국가기준데이터위원회 위원장, 한국인터넷자율정책기구(KISO) 이사회 의장으로 활동하고 있다. 주요 저서로 『행정법』(2023), 『별난 법학자의 그림이야기』(2010), 『AI와 딥페이크 음란물』(2024)이 있다. 방송, 통신, 인터넷 관련 100편 이상의 논문을 학술지에 게재했다.

요약

　원래 독일에서 '개인정보자기결정권'이 헌법상 기본권으로서 논의된 배경은 국가공권력에 의한 개인정보의 강제적 수집을 억제하기 위한 사명에서 시작되었다. '법률의 근거'가 있거나 정보주체의 '동의'가 있어야만 국가공권력이 개인정보를 수집할 수 있다는 법리를 충족하기 위해 '자기결정권'이라는 기본권적 개념을 도출할 수밖에 없었다. 왜냐하면 국가공권력이 행정목적(공익)을 달성하기 위해 행정정보를 수집하는 것은 당연한 권한이었고, 따라서 국가공권력이 행정정보의 일종인 개인의 정보를 수집하는 것 또한 당연한 것이었다. 하지만 홀로코스트(Holocaust)를 경험한 이후 국가공권력에 의해 수집된 개인정보가 개인의 생명권을 박탈하는 도구로 쓰일 수 있다는 것을 자각하게 되었다. 하지만 국가공권력이 원래부터 가지고 있던 고유의 권한인 행정정보(개인정보) 수집 활동을 통제할 수 있는 법리적 논리를 제시하는 것이 곤란했다.

　국가공권력 행사를 제한·통제할 수 있는 법리는 '기본권의 보장'에서 찾을 수 있다. 헌법은 국민의 기본권 보장을 위해 국가공권력이 국민의 기본권을 제한할 경우 반드시 법률에 근거하도록 하고 있다. 법치주의 원리, 법률유보의 원칙이다. 따라서 국가가 국민의 개인정보를 수집하는 활동은 단순한 행정정보 수집활동의 차원을 넘어서는 것으로서 반드시 법률의 근거 또는 정보주체의 동의가 있어야만 한다는 법리를 적용하기 위해서는 '개인정보'가 헌법상 기본권의 일종으로 취급되어야 했다. 개인(기본권 주체)은 자신의 정보에 대한 '자기통제권'이라는 기본권을 가지고 있다는 논리를 설정한다면, 법치주의의 원리상 이러한 기본권을 제한하기 위해서는 당연히 법률의 근거가 있어야 한다. 따라서 국가가 행정정보를 수집하는 활동을 하더라도 국민의 개인정보를 수집할 때에는 정보주체인 국민의 자발적 동의가 있거나 법률에 그 근거가 있어야 한다는 이론이 정립된 것이다.

　그런데 인터넷의 발달과 빅테크 기업들의 서비스가 우리의 일상에 깊게 스며들면서 개인정보(personal data)의 문제는 종래처럼 단순히 국가공권력 발동의 통제, 즉 기본권의 제한 문제를 넘어서서 무분별한 개인정보의 수집, 활용, 유출 등으로 인한 개인의 인격적·재산권 등 적극적 권리가 침해되는 현상이 확대되었다. 이제는 더 이상 '자기통제권'만으로 개인의 정보를 스스로 보호할 수 있는 상황이 아니다. 그럼에도 불구하고 여전히 교조주의적 사고에 함몰되어 '자기통제권'을 강조하고 있다 보니 형식적으로는 '자기통제권'이 보장되는 것처럼 보이지만 실질적으로는 개인정보가 보호되지 못하는 경우가 빈번해지고, 형식적 '자기통제권'으로 인해 개인의 정보를 보호하기보다는 오히려 기술의 진보와 혁신적인 기업활동만을 위축시키는 결과를 초래하고 있다는 본질적 문제가 대두되기 시작하였다.

　개인이 자신의 인격이 형성되는 것에 대한 자유로운 결정권을 가진다는 의미는 자신의 정보를 내보낼 것인지 아니면 닫아둘 것인지를 기계적으로 결정하는 마치 on-off 스위치를 의미하는 것이 아니다. 진정한 인격 형성권은 자신의 정보를 타인에게 노출할 것인지를 결정하는 것으로 보장되는 것이 아니라 노출된 자신의 정보가 자신의 의도와 달리 자신의 인격이 형성되지 아니하도록 보호되고 보장되는 것을 의미한다. 개인정보자기결정권은 일반적 인격권의 한 요소일 뿐 그것이 정보주체의 권리의 전부인 것으로 오해해서는 안 된다. 이미 자신의 통제권을 벗어난 정보를 on-off 스위치만으로 통제할 수 없듯이 통제 불가능한 정보들까지 on-off 스위치로 통제하려는 것은 형식적 억지(?)라고 볼 수밖에 없다. 일반적 인격권의 본질을 다시 한 번 생각하면서 정보주체의 권리보호를 위해 헌법이 보장하는 기본권은 개인정보자기결정권이라는 협의의 형식적 개념이 아니라 '개인정보 보호권'이란 광의의 실질적 개념으로 이해하는 것이 타당하다.

목차

Ⅰ. 문제의 소재

Ⅱ. 자기결정권의 헌법적 의미와 가치

Ⅲ. 개인정보와 자기결정권

Ⅳ. 개인정보자기결정권의 함정

Ⅴ. 결론

Ⅰ 문제의 소재

언젠가부터 우리 사회, 특히 인권적 문제를 다루는 학문분야에서 개인정보 자기결정권, 성적 자기결정권, 소비자의 자기결정권, 죽음에 대한 자기결정권 등 이른바 '자기결정권'이라는 용어를 유행처럼 사용하고 있다.

자기결정권을 사전적(辭典的) 의미로 설명한다면, '자신과 관련된 사안을 자기 스스로 결정한다'는 것으로 해석될 수 있다.

'성(性)', '소비', '죽음' 등은 선택의 문제이다. 따라서 선택(결정)을 자기 스스로 주체적으로 행사한다는 것은 자유권의 본질적 요소이다. 하지만 '개인정보'는 국가 권력(공권력)에 의한 침해 또는 불법행위로 인한 인격적·재산적 침해 등으로부터 '스스로를 보호'하는 것이 본질적 요소이다. 따라서 개인정보를 '보호'하는 것과 '결정권을 보장'하는 것이 동치명제적(同値命題的) 개념이 아니다.

원래 독일에서 '개인정보자기결정권'이 헌법상 기본권으로서 논의된 배경은 국가공권력에 의한 개인정보의 강제적 수집을 억제하기 위한 사명에서 시작되었다. '법률의 근거'가 있거나 정보주체의 '동의'가 있어야만 국가공권력이 개인정보를 수집할 수 있다는 법리를 충족하기 위해 '자기결정권'이라는 개념을 사용할 수밖에 없었던 것이다. 왜냐하면 국가공권력이 행정목적(공익)을 달성하기 위해 행정정보를 수집하는 것은 당연한 권한이었고, 따라서 국가공권력이 행정정보의 일종인 개인의 정보를 수집하는 것 또한 당연한 것이었다. 하지만 홀로코스트(Holocaust)를 경험한 이후 국가공권력에 의해 수집된 개인정보가 개인의 생명권을 박탈하는 도구로 쓰일 수 있다는 것을 자각하게 되었다. 하지만 국가 공권력이 원래부터 가지고 있던 고유의 권한인 행정정보(개인정보) 수집 활동을 통제할 수 있는 법리적 논리를 제시하는 것이 곤란했다.

국가 공권력 행사를 제한·통제할 수 있는 법리는 '기본권의 보장'에서 찾을 수 있다. 헌법은 국민의 기본권 보장을 위해 국가공권력이 국민의 기본권을 제한할 경우 반드시 법률에 근거하도록 하고 있다. 법치주의 원리, 법률유보의 원칙이다. 따라서 국가가 국민의 개인정보를 수집하는 활동은 단순한 행정정보 수집활동의 차원을 넘어서는 것으로서 반드시 법률의 근거 또는 정보주체의 동의가 있어야만 한다는 법리를 적용하기 위해서는 '개인정보'가 헌법상 기본권의 일종으로 취급되어야 했다.

개인(기본권 주체)은 자신의 정보에 대한 '자기통제권'이라는 기본권을 가지고 있다는 논리를 설정한다면, 법치주의의 원리상 이러한 기본권을 제한하기 위해서는 당연히 법률의 근거가 있어야 한다. 따라서 국가가 행정정보를 수집하는 활동을 하더라도 국민의 개인정보를 수집할 때에는 정보주체인 국민의 자발적 동의가 있거나 법률에 그 근거가 있어야 한다는 이론이 정립된 것이다.

그런데 인터넷의 발달과 빅테크 기업들의 서비스가 우리의 일상에 깊게 스며들면서 개인정보(personal data)의 문제는 종래처럼 단순히 국가공권력 발동의 통제, 즉 기본권의 제한 문제를 넘어서서 무분별한 개인정보의 수집, 활용, 유출 등으로 인한 개인의 인격적·재산권 등 적극적 권리가 침해되는 현상이 확대되었다.

이제는 더 이상 '자기통제권'만으로 개인의 정보를 스스로 보호할 수 있는 상황이 아니다. 그럼에도 불구하고 여전히 교조주의적 사고에 함몰되어 '자기통제권'을 강조하고 있다 보니 형식적으로는 '자기통제권'이 보장되는 것처럼 보이지만 실질적으로는 개인정보가 보호되지 못하는 경우가 빈번해지고, 형식적 '자기통제권'으로 인해 개인의 정보를 보호하기 보다는 오히려 기술의 진보와 혁신적인 기업활동만을 위축시키는 결과를 초래하고 있다는 본질적 문제가 대두되기 시작하였다.

오늘날에는 인공지능(artificial intelligence; AI) 기술의 진보로 개인정보의 보호 문제는 더욱 복잡한 양상을 보이고 있다. 이러한 때에 종래 국가공권력으로부터 국민의 기본권을 보호하기 위해 정립했던 '개인정보자기결정권' 또는 '개인정보자기통제권'이라는 교조주의적 개념을 그대로 유지·신봉하는 것은 문제의 해결에 전혀 도움이 되지 않는다.

실질적으로 정보주체의 개인정보를 보호하면서도 기술의 진보와 기업의 혁신을 저해하지 않는 새로운 접근방식이 필요하다. 개인정보를 스스로 통제하는 것을 보장하는 것으로 헌법상 사명을 다한 것처럼 여기는 형식적 사고를 과감히 버리고 개인정보를 실질적으로 보호하는 것이 진정한 헌법상 책무라는 사실을 인정해야 한다. 개인정보자기결정권보다는 실질적 개인정보 보호권이 보장될 수 있도록 헌법 이론이 재정립되어야 한다.

Ⅱ   자기결정권의 헌법적 의미와 가치

1. 미국의 프라이버시권과 독일의 일반적 인격권

(1) 미국의 프라이버시권

1) Pavesich v. New England Life Ins. Co. 판결

미국에서 'privacy'라는 용어가 처음 등장한 것은 '파베시치 대 뉴잉글랜드 보험회사 사건'[1]이다. 이 사건은 파울로 파베시치라는 사람이 뉴잉글랜드 보험회사 총괄 대리인과 사진작가 아담스(JQ Adams)를 상대로 제기한 소송이다. 사진작가 아담스는 애틀랜타에서 발행되는 'Atlanta Constitution'에 뉴잉글랜드 보험회사를 광고할 목적으로 원고의 사진과 옷차림이 나쁘고 병들어 보이는 사람의 사진을 나란히 게재하고, 사진 아래에 "이 두 장의 사진이 각자의 이야기를 말해줍니다."라는 글과, 원고 사진 아래에는 "이 사람은 뉴잉글랜드 보험에 가입했고, 오늘날 제 가족은 보호를 받고 있으며, 납부한 보험에 대한 연간 배당금을 받고 있습니다.", 다른 사람의 사진 아래에는 "그가 보험에 가입하지 않았다고, 이제 자신의 실수를 깨달았습니다."라는 글을 게시하였다. 파베시치는 해당 보험에 가입한 적도 없으며, 이 사진으로 인해 보험에 가입하지 않았다는 사실을 아는 그의 친구와 지인에게 조롱거리가 되었다며 피고에게 25,000달러의 손해배상을 청구하였다.

이 사건에서 법원은 "사생활권(The right of privacy)은 자연법에서 유래하고 국내법에 의해 인정되고 있으며, 그 존재는 법률의 제정자와 주석자, 그리고 판결에서 판사가 사용하는 표현에서 추론할 수 있다. ..... 개인의 안전(personal security)에는 생존권(the right to exist)과 생존하는 동안 삶을 즐길 권리(the right to the enjoyment of life)가 포함되며, 이는 생명의 박탈뿐만 아니라 개인의 본성, 기질 및 합법적 욕망에 따라 삶을 즐기는 데 필요한 것들의 박탈에 의해서도 침해된다. 또한 개인의 자유에는 신체적 구속으로부터의 자유뿐만 아니라 '혼자 있을 권리'(the right to be let alone), 즉 자신의 생활 방식을 스스로 결정할 수 있는 권리도 포함된다. 대중의 관심을 끄는 삶과 사생활을 중시하는 삶 중 어느 것을 중시할 것인지는 스스로 결정해야 할 것이며, 다른 사람이나 대중의 권리를 침해하지 않는 한 자신에게 가장 좋은 방식으로 자신의 삶을 정리하고

---

[1] Pavesich v. New England Life Ins. Co.; Georgia Supreme Court, 122 Ga. 190, 50 S.E. 68 (1905).

자신의 일을 관리할 수 있어야 한다.”라고 판시하였다. 이 판결에서 이른바 ‘privacy’에 대한 개념적 정의가 어느 정도 이루어졌다고 평가된다.

2) 프라이버시권(the right of privacy)

당시 미국의 옐로저널리즘이 유명 인사의 사생활을 폭로하는 기사를 자주 게재해도 종래의 명예훼손 법리만으로는 그 구제가 곤란한 경우가 많아 ‘프라이버시권’을 하나의 권리로 인정하고, 이러한 권리 침해애 대한 불법행위책임 등을 지울 수 있는 법리가 필요했다.

이러한 법리는 미국 연방대법원장 워런(Sammuel D. Warren)과 연방대법관 브랜다이스(Louis D. Brandeis)가 청년 시절인 1890년 하버드 로스쿨의 Law Review에 기고한 ‘The Right to Privacy’라는 논문[2]에서 의미 있게 주장되었다.

프라이버시권이란 ‘타인의 방해를 받지 않고 개인의 사적인 영역(personal space)을 유지하고자 하는 이익 또는 권리’라고 설명하였다. 이후 프라이버시권에 대한 정의는 미국의 판례와 학자들에 의해 계속 진화·발전되었다. 어떠한 환경이든 개인의 신체나 태도 및 행위를 타인에게 얼마나 노출할 것인지 자신이 자유롭게 선택할 수 있는 권리라는 견해,[3] 인격권으로서 인격 침해로부터 개인의 자주성, 존엄성, 완전성을 보호할 수 있는 권리라는 견해,[4] 비밀·익명성·고립성 등 세 요소를 가지며 그것이 자신의 의사나 타인의 행위에 의하여 상실될 수 있는 상태라는 견해[5] 등이 대표적이다.[6]

로젠바움(Rosenbaum)은 프라이버시 개념의 이 같은 다의성을 세 가지 범주, 즉 공간적 프라이버시(Territorial Privacy), 개인적 프라이버시(Personal Privacy), 그리고 정보프라이버시(Information Privacy)로 나누어 파악하였다.[7]

미연방대법원은 헌법상의 프라이버시권이 두 가지 내용의 보호법익을 가지고 있는 것으로 판시하였다. 그 하나가 “사적인 사항이 공개되는 것을 원치 않는 이익(interest in

---

2) Warren and Brandeis, The Right to Privacy, Harvard Law Review. Vol. IV No. 5, December 15, 1890.

3) Alan F. Westin, Privacy and Freedom, Atheneum (N .Y.), (1967), p.7.

4) Edward Bloustine, Privacy as an aspect of human dignity, 39 New York Univ. Law Review (1964), p.971.

5) Ruth Gavison, Privacy and the Limits of Law, 89 Yale Law Journal 42 1 (1980), p.428.

6) 노동일/정완, 사이버공간상 프라이버시 개념의 변화와 그에 대한 법적 대응, 경희법학 제45권 제14호, 2010, 185면.

7) Joseph I. Rosenbaum, Privacy on the Internet: Whose Information is it Anyway?, 38 Jurimetrics (1998) pp.566－67; 김현경, 개인정보 보호제도의 본질과 보호법익의 재검토, 성균관법학 제26권 제4호, 2014.12, 272면 재인용.

avoiding disclosure of personal matters)"이며, 다른 하나는 "자신의 중요한 문제에 대하여 자율적이고 독자적으로 결정을 내리고자 하는 이익(interest in independence in making certain kinds of important decisions)"이다.[8]

국내 헌법학자들은 전자를 소극적 침해배제권이라 할 수 있는 이른바 '프라이버시권'으로, 후자를 적극적 보호형성권으로서 이른바 '개인정보자기결정권'으로 각각 설명하고 있다. 헌법 제17조의 "모든 국민은 사생활의 비밀과 자유를 침해받지 아니한다."의 규정을 전단과 후단으로 나누어, 전단의 "비밀 침해배제"는 프라이버시권을 후단의 "자유 침해배제"는 개인정보자기결정권을 각각 보장하는 헌법적 근거라고 설명한다.[9]

(2) 독일 기본법 제2조 제1항

독일 기본법 제1조 제1항은 '인간의 존엄성 보장(die Würde des Menschen)'에 관한 내용을, 제2조 제1항은 '인격의 자유로운 발현권(das Recht auf die freie Entfaltung seiner Persönlichkeit)'을 각각 규정하고 있다.[10] 독일 연방헌법재판소는 기본법 제1조 제1항과 제2조 제1항의 해석을 통하여 포괄적이고 일반적인 기본권으로서 이른바 '일반적 인격권(das allgemeine Persönlichkeitsrecht)'을 도출하였다. 하지만 일반적 인격권이 구체적으로 보장하는 권리와 보호영역이 무엇인지에 대해서는 계속해서 논쟁이 있었고 구체적 사건에서 판례를 통해서 형성·발전하였다. 일반적 인격권의 구체적 형성·발전에 커다란 영향을 미친 독일 연방헌법재판소의 대표적 판례들에 대해 살펴보면 다음과 같다.

1) 설문조사 결정

1969년 독일 연방헌법재판소 결정으로서, 이 사건은 통계조사 목적으로 개인의 휴가 기간, 종류, 목적지, 이동 수단 등에 대한 설문조사를 시행하는 것이 기본권을 침해하는지 여부에 대한 판결이다. 특히 당시 독일 정부는 이러한 조사에 응하지 않을 경우 과태료를 부과하였다.[11]

연방헌법재판소는 국가의 통계조사 자체가 위헌은 아니며, 사회 구성원인 시민은 인구조사를 비롯한 통계조사의 필요성을 수인해야 한다고 전제했다. 다만 국가가 인간

---

8) Whalen v. Roe, 429 U.S.589, 599~600, 1977.
9) 강경근, 프라이버시 보호와 진료정보, 헌법학연구 제10권 제2호, 2004, 187면.
10) 이희옥, 인공지능의 의사결정에 대응한 자기결정권의 보장에 관한 연구, 한양대학교 대학원 박사학위청구논문, 2020.8, 118면.
11) BVerfGE 27, 1.

의 모든 인격 정보를 강제적으로 수집·기록하는 것은 인간을 목적으로 대하지 않고 단지 수단으로 취급하는 것으로 인간의 존엄에 반하는 것이고, 국가가 국민의 인격 영역을 포괄적으로 침입하는 것은 사생활 영역에 대한 침해일 수 있다고 하였다.[12]

이 판결은 '일반적 인격권'이라는 표현을 직접 사용하지는 않았으나, 인격의 자유로운 발현을 위해서 내적 영역이 인정되고 보장되어야 한다는 것을 분명히 밝힌 것에 의미가 있다.

2) 녹음테이프 결정

1973년 독일 연방헌법재판소 결정으로서, 이 사건은 사인의 사무실에서 사인이 계약과 관련한 업무를 수행하면서 주고받은 대화를 녹음하고, 이를 공개한 것이 개인의 일반적 인격권을 침해하였는지에 관한 판결이다. 의 문제에 대한 판결이다.[13] 이 판결의 의미는 '사적 영역'에서 주고받은 '업무와 관련한 대화'도 사생활의 영역으로 보호되어야 하는 것인지에 대한 기준을 제시했다는 점이다.

연방헌법재판소는 누가 자신의 말을 녹음할지, 녹음된 목소리가 재생되어도 되는지, 누구 앞에서 재생될 수 있는지에 대해서 스스로 결정할 수 있는 개인의 권리가 일반적 인격권에서 도출된다고 판시하여 이른바 '자기결정권'의 개념을 일반적 인격권에서 도출하였다.[14]

3) 에플러 결정

1980년 독일 연방헌법재판소 결정으로서, 이 사건은 에플러(Eppler)라는 정치인이 자신이 하지 않은 말을 자신이 한 것처럼 기사로 내보낸 언론사로 인하여 '일반적 인격권'이 침해당했다고 주장한 것에 대하여, 연방헌법재판소는 정치인의 발언은 완전한 사생활의 영역으로 볼 수 없기 때문에 사생활 영역을 보장하는 일반적 인격권과는 다르지만 개인은 사생활의 영역 여부에 관계 없이 자신의 인격을 제3자나 공중에게 어떻게 표현할지, 자신의 인격을 제3자나 공중으로 하여금 어느 정도 어떻게 처리하게 할지 등에 대하여 스스로 결정할 수 있는 권리가 있다고 판시하였다.[15]

---

12) 이권일, 지능정보사회에서 개인정보자기결정권이 보호하고자 하는 헌법적 가치, 공법연구 제51집 제3호, 2023, 234면.
13) BVerfGE 34, 238.
14) 이권일, 앞의 논문, 234면.
15) 김일환, 독일 기본법상 일반적 인격권의 성립과 발전, 법과 정책, 제6호, 2000, 219면.

4) 인구조사계획 결정

1983년 독일 연방헌법재판소 결정으로서, 이 사건에서 헌법재판소는 통계 목적의 인구조사계획은 국가의 공행정작용으로서 헌법을 위반한 것은 아니지만 인구조사의 내용과 신고 기록 등 정보가 결합되어 개인과 관련한 정보들이 상급 관청으로 보고되는 것은 헌법상 일반적 인격권을 침해하는 것이라고 판단하였다.[16]

이 결정은 독일에서 이른바 '개인정보자기결정권(Recht auf informationelle Selbstbestim-mung)'이라는 개념을 처음으로 인용한 매우 의미 있는 판결이다. 연방헌법재판소는 이 판결에서 일반적 인격권에서 도출되는 개인정보자기결정권은 국가 공권력이 개인의 사생활을 감시하는 것으로부터 자신을 보호하기 위해 개인 스스로가 자신의 정보를 통제할 수 있는 권리임과 동시에 자신의 정보를 제3자나 공중에게 공개할 것인지 또는 어떠한 방식으로 얼마정도 공개할 것인지를 스스로 결정하는 이른바 '개인의 자기표현의 권리'라고 판시하였다.[17]

5) 일반적 인격권과 개인정보자기결정권

독일은 기본법상 사생활 보호에 관한 명문의 규정이 없고 일반적 인격권에서 '사생활 보호권'을 도출하고 있다. 사생활 보호권은 원래 자신의 지극히 사적인 영역이 국가 공권력을 비롯하여 누군가에게 침해되거나 방해받지 않도록 보호받을 소극적 권리에서 출발하였다. 이후 연방헌법재판소는 판례를 통하여 일반적 인격권에 대한 개념을 확장하여 자기결정권, 자기표현권, 개인정보자기결정권 등의 개념을 도출했다. 특히 이른바 '개인의 자기표현의 권리'는 반드시 사적 영역이 아니더라도 자신의 인격이 다른 사람, 더 나아가 사회에 노출될 경우 자신의 인격상이 형성될 수 있는 바, 자신의 의사에 반하여 자신이 원하지 않는 인격상이 형성되지 아니하도록 자신의 인격에 대한 노출을 스스로 통제할 수 있는 권리를 말한다. 다시 말해서 일반적 인격권은 사생활의 보호라는 소극적 권리와 자신의 인격 형성을 스스로 통제할 수 있는 적극적 권리를 모두 포함하는 개념으로 확대 발전되었다.

개인정보자기결정권 역시 단순히 자신의 정보에 대한 수집 또는 이용을 통제하는 것으로서 일반적 인격권이 보장되는 것이 아니라 자신의 정보가 수집, 처리되는 과정이 투명하게 공개되어 자신이 알지 못하는 사이에 자신의 인격상이 형성되지 않도록

---

16) BVerfGE 65, 1.
17) 이권일, 앞의 논문, 235면.

적극적으로 보호되는 권리로 보아야 한다.

2. 헌법재판소의 '자기결정권' 결정례

(1) 자기운명결정권

간통죄를 규정하고 있는 형법 제241조[18]의 위헌 여부를 판단한 사건에서 헌법재판소는 "헌법 제10조는 모든 국민은 인간으로서의 존엄과 가치를 가지며, 행복을 추구할 권리를 가진다. 국가는 개인이 가지는 불가침의 기본적 인권을 확인하고 이를 보장할 의무를 진다."라고 규정하여 모든 기본권을 보장의 종국적 목적(기본이념)이라 할 수 있는 인간의 본질이며 고유한 가치인 개인의 인격권과 행복추구권을 보장하고 있다. 그리고 개인의 인격권·행복추구권에는 개인의 자기운명결정권이 전제되는 것이다."[19]라고 하여 이른바 '자기운명결정권'이라는 기본권을 구체적으로 언급했다.

(2) 성적 자기결정권

형법 제304조[20] "혼인을 빙자하여 음행의 상습없는 부녀를 기망하여 간음한 자" 부분의 위헌 여부 사건에서, 헌법재판소는 "헌법 제10조는 '모든 국민은 인간으로서의 존엄과 가치를 가지며, 행복을 추구할 권리를 가진다. 국가는 개인이 가지는 불가침의 기본적 인권을 확인하고 이를 보장할 의무를 진다.'라고 규정하여 개인의 인격권과 행복추구권을 보장하고 있다. 개인의 인격권·행복추구권에는 개인의 자기운명결정권이 전제되는 것이고, 이 자기운명결정권에는 성행위 여부 및 그 상대방을 결정할 수 있는 성적(性的) 자기결정권이 포함되어 있다. 이 사건 법률조항이 혼인빙자간음행위를 형사처벌함으로써 남성의 성적자기결정권을 제한하는 것임은 틀림없고, 나아가 이 사건 법률조항은 남성의 성생활이라는 내밀한 사적 생활영역에서의 행위를 제한하므로 우리 헌법 제17조가 보장하는 사생활의 비밀과 자유 역시 제한하는 것으로 보인다."라고 판시하였다.[21]

헌법재판소가 밝힌 결정문을 요약해 보면, 결국 '성적(性的) 자기결정권'이란 "성행위

---

18) 1953.9.18. 법률 제293호.
19) 헌재 1990. 9. 10. 89헌마82 결정.
20) 1953. 9. 18. 법률 제293호로 제정되고, 1995. 12. 29. 법률 제5057호로 개정된 것.
21) 헌재 2009. 11. 26. 2008헌바58, 2009헌바191 결정.

여부 및 그 상대방을 결정할 수 있는 기본권"으로 이해된다. 헌법이 규정하는 인간의 존엄과 행복추구의 본질적 내용에는 '인간이 도덕과 관습의 범위 내에서 국가의 간섭 없이 자유롭게 이성(異性)과 애정을 나눌 수 있다'는 것이 포함되는 것으로서, 이러한 헌법상 기본권을 제한하기 위해서는 국가안전보장, 질서유지, 공공복리를 위한 필요성이 존재해야 한다고 설시했다.

(3) 여성의 자기결정권

임신한 여성의 자기낙태를 처벌하는 형법 제269조 제1항[22])과, 의사가 임신한 여성의 촉탁 또는 승낙을 받아 낙태하게 한 경우를 처벌하는 같은 법 제270조 제1항 중 '의사'에 관한 부분이 각각 임신한 여성의 자기결정권을 침해하는지 여부에 대한 사건에서 헌법재판소는 "임신한 여성이 자신의 임신을 유지 또는 종결할 것인지 여부를 결정하는 것은 스스로 선택한 인생관·사회관을 바탕으로 자신이 처한 신체적·심리적·사회적·경제적 상황에 대한 깊은 고민을 한 결과를 반영하는 전인적(全人的) 결정[23])이다."라고 판시하여 여성이 임신상태를 유지할 것인지를 스스로 결정하는 것을 이른바 '여성의 자기결정권'의 일환으로 판단했다.

(4) 시체처분에 대한 자기결정권

인수자가 없는 시체를 생전의 본인의 의사와는 무관하게 해부용 시체로 제공될 수 있도록 규정한 「시체 해부 및 보존에 관한 법률」 제12조 제1항 본문[24])이 청구인의 시체처분에 대한 자기결정권을 침해하는지 여부에 대한 사건에서 헌법재판소는 "만일 자신의 사후에 시체가 본인의 의사와는 무관하게 처리될 수 있다고 한다면 기본권 주체인 살아있는 자의 자기결정권이 보장되고 있다고 보기는 어렵다. 따라서 본인의 생전 의사에 관계없이 인수자가 없는 시체를 해부용으로 제공하도록 규정하고 있는 이 사건 법률조항은 청구인의 시체의 처분에 대한 자기결정권을 제한한다고 할 것이다."[25])라고 이른바 '시체처분에 대한 자기결정권'에 대해 언급하고 있다.

---

22) 1995. 12. 29. 법률 제5057호로 개정된 것.
23) 헌재 2019. 4. 11. 2017헌바127 결정.
24) 2012. 10. 22. 법률 제11519호로 개정된 것.
25) 헌재 2015. 11. 26. 2012헌마940 결정.

(5) 부모의 자기결정권과 부모의 자녀에 대한 교육

과외교습을 금지하는 「학원의 설립·운영에 관한 법률」 제3조의 위헌 확인을 구하는 사건에서 헌법재판소는 이른바 '부모의 자기결정권'과 '부모의 자녀에 대한 교육권'을 구분하여 설명했다. 이른바 '개인정보자기결정권'과 '개인정보 보호권'을 구분해서 이해 해야 한다는 필자의 주장과 유사한 접근 방식이라는 점에서 매우 의미 있는 결정이라고 생각된다.

'부모의 자녀에 대한 교육권'은 비록 헌법에 명문으로 규정되어 있지는 아니하지만, 이는 모든 인간이 국적과 관계없이 누리는 양도할 수 없는 불가침의 인권으로서 혼인과 가족생활을 보장하는 헌법 제36조 제1항, 행복추구권을 보장하는 헌법 제10조 및 "국민의 자유와 권리는 헌법에 열거되지 아니한 이유로 경시되지 아니한다."고 규정하는 헌법 제37조 제1항에서 나오는 중요한 기본권이다. .... 부모의 자녀교육권은 다른 기본권과는 달리, 기본권의 주체인 부모의 자기결정권이라는 의미에서 보장되는 자유가 아니라, 자녀의 보호와 인격발현을 위하여 부여되는 기본권이다. 다시 말하면, 부모의 자녀교육권은 자녀의 행복이란 관점에서 보장되는 것이며, 자녀의 행복이 부모의 교육에 있어서 그 방향을 결정하는 지침이 된다. 부모는 자녀의 교육에 관하여 전반적인 계획을 세우고 자신의 인생관·사회관·교육관에 따라 자녀의 교육을 자유롭게 형성할 권리를 가지며, 부모의 교육권은 다른 교육의 주체와의 관계에서 원칙적인 우위를 가진다. 한편, 자녀의 교육에 관한 부모의 '권리와 의무'는 서로 불가분의 관계에 있고 자녀교육권의 본질을 결정하는 구성요소이기 때문에, 부모의 자녀교육권은 '자녀교육에 대한 부모의 책임'으로도 표현될 수 있다. 따라서 자녀교육권은 부모가 자녀교육에 대한 책임을 어떠한 방법으로 이행할 것인가에 관하여 자유롭게 결정할 수 있는 권리로서 교육의 목표와 수단에 관한 결정권을 뜻한다. 즉, 부모는 어떠한 방향으로 자녀의 인격이 형성되어야 하는가에 관한 목표를 정하고, 자녀의 개인적 성향·능력·정신적, 신체적 발달상황 등을 고려하여 교육목적을 달성하기에 적합한 교육수단을 선택할 권리를 가진다. 부모의 이러한 일차적인 결정권은, 누구보다도 부모가 자녀의 이익을 가장 잘 보호할 수 있다는 사고에 기인하는 것이다.[26]

---

26) 헌재 2000. 4. 27. 98헌가16 결정.

(6) 개인정보자기결정권

2024. 8. 31. 현재, 헌법재판소가 '개인정보자기결정권'을 직접 또는 간접적으로 언급한 결정례는 149건에 이른다. 이들 대부분은 헌법재판소가 2005. 5. 26. 선고한 99헌마513 결정에서 개인정보자기결정권에 대하여 설시한 내용을 거의 그대로 따르고 있다.

시장·군수·구청장이 개인의 지문정보를 수집하고, 경찰청장이 이를 보관·전산화하여 범죄수사목적에 이용할 수 있도록 한 주민등록법 시행령의 해당 조항에 대한 위헌 여부를 판단한 사건에서 헌법재판소는 이러한 행위가 개인정보자기결정권을 침해하는 것으로 판단하면서, 개인정보자기결정권에 대한 개념적 정의, 기본권으로 인정되어야 하는 필요성과 당위성, 판단 기준 등에 대하여 비교적 자세히 설시하였다. 그 내용을 요약 정리하면 다음과 같다.

1) 개인정보자기결정권의 의의

개인정보자기결정권은 자신에 관한 정보가 언제 누구에게 어느 범위까지 알려지고 또 이용되도록 할 것인지를 그 정보주체가 스스로 결정할 수 있는 권리이다. 즉 정보주체가 개인정보의 공개와 이용에 관하여 스스로 결정할 권리를 말한다. 개인정보자기결정권의 보호대상이 되는 개인정보는 개인의 신체, 신념, 사회적 지위, 신분 등과 같이 개인의 인격주체성을 특징짓는 사항으로서 그 개인의 동일성을 식별할 수 있게 하는 일체의 정보라고 할 수 있고, 반드시 개인의 내밀한 영역이나 사사(私事)의 영역에 속하는 정보에 국한되지 않고 공적 생활에서 형성되었거나 이미 공개된 개인정보까지 포함한다. 또한 그러한 개인정보를 대상으로 한 조사·수집·보관·처리·이용 등의 행위는 모두 원칙적으로 개인정보자기결정권에 대한 제한에 해당한다.[27]

2) 개인정보자기결정권의 등장 배경

인류사회는 20세기 후반에 접어들면서 컴퓨터와 통신기술의 비약적인 발전에 힘입어 종전의 산업사회에서 정보사회로 진입하게 되었고, 이에 따른 정보환경의 급격한 변화로 인하여 개인정보의 수집·처리와 관련한 사생활보호라는 새로운 차원의 헌법문제가 초미의 관심사로 제기되었다.

현대에 들어와 사회적 법치국가의 이념하에 국가기능은 점차 확대되어 왔고, 이에

---

27) 헌재 2021. 1. 28. 2018헌마456, 2018헌가16, 2020헌마406 결정.

따라 국가의 급부에 대한 국민의 기대도 급격히 높아지고 있다. 국가가 국민의 기대에 부응하여 복리증진이라는 국가적 과제를 합리적이고 효과적으로 수행하기 위해서는 국가에 의한 개인정보의 수집·처리의 필요성이 증대된다. 오늘날 정보통신기술의 발달은 행정기관의 정보 수집 및 관리 역량을 획기적으로 향상시킴으로써 행정의 효율성과 공정성을 높이는 데 크게 기여하고 있다. 이와 같이 오늘날 국민이 급부행정의 영역에서 보다 안정적이고 공평한 대우를 받기 위해서는 정보기술의 뒷받침이 필연적이라고 할 수 있다.

한편, 현대의 정보통신기술의 발달은 그 그림자도 짙게 드리우고 있다. 특히 컴퓨터를 통한 개인정보의 데이터베이스화가 진행되면서 개인정보의 처리와 이용이 시공에 구애됨이 없이 간편하고 신속하게 이루어질 수 있게 되었고, 정보처리의 자동화와 정보파일의 결합을 통하여 여러 기관간의 정보교환이 쉬워짐에 따라 한 기관이 보유하고 있는 개인정보를 모든 기관이 동시에 활용하는 것이 가능하게 되었다. 오늘날 현대사회는 개인의 인적 사항이나 생활상의 각종 정보가 정보주체의 의사와는 전혀 무관하게 타인의 수중에서 무한대로 집적되고 이용 또는 공개될 수 있는 새로운 정보환경에 처하게 되었고, 개인정보의 수집·처리에 있어서의 국가적 역량의 강화로 국가의 개인에 대한 감시능력이 현격히 증대되어 국가가 개인의 일상사를 낱낱이 파악할 수 있게 되었다.

이와 같은 사회적 상황하에서 개인정보자기결정권을 헌법상 기본권으로 승인하는 것은 현대의 정보통신기술의 발달에 내재된 위험성으로부터 개인정보를 보호함으로써 궁극적으로는 개인의 결정의 자유를 보호하고, 나아가 자유민주체제의 근간이 총체적으로 훼손될 가능성을 차단하기 위하여 필요한 최소한의 헌법적 보장장치라고 할 수 있다.[28]

3) 개인정보자기결정권의 헌법상 근거

개인정보자기결정권의 헌법상 근거로는 헌법 제17조의 사생활의 비밀과 자유, 헌법 제10조 제1문의 인간의 존엄과 가치 및 행복추구권에 근거를 둔 일반적 인격권 또는 위 조문들과 동시에 우리 헌법의 자유민주적 기본질서 규정 또는 국민주권원리와 민주주의원리 등을 고려할 수 있으나, 개인정보자기결정권으로 보호하려는 내용을 위 각 기본권들 및 헌법원리들 중 일부에 완전히 포섭시키는 것은 불가능하다고 할 것이므로, 그 헌법적 근거를 굳이 어느 한두 개에 국한시키는 것은 바람직하지 않은 것으로

---

28) 헌재 2021. 1. 28. 2018헌마456, 2018헌가16, 2020헌마406 결정.

보이고, 오히려 개인정보자기결정권은 이들을 이념적 기초로 하는 독자적 기본권으로서 헌법에 명시되지 아니한 기본권이라고 보아야 할 것이다.[29)]

4) 평가

헌법재판소가 개인정보자기결정권에 대해 '자신에 관한 정보가 언제 누구에게 어느 범위까지 알려지고 또 이용되도록 할 것인지를 그 정보주체가 스스로 결정할 수 있는 권리'라고 명확히 정의하였다는 점은 매우 의미 있는 일이었다. 또한 개인정보자기결정권을 '헌법 제17조의 사생활의 비밀과 자유, 헌법 제10조 제1문의 인간의 존엄과 가치 및 행복추구권 등 일반적 인격권을 이념적 기초로 하는 독자적 기본권'으로 인정했다는 점 역시 중요한 의미를 부여할 수 있다.

국가가 국민이 공공복리 증진을 위한 국가적 과제를 합리적이고 효과적으로 수행하기 위해서는 국가에 의한 개인정보의 수집·처리는 불가피하다는 점, 특히 오늘날 정보통신기술의 발달은 행정기관의 정보 수집 및 관리 역량을 획기적으로 향상시킴으로써 행정의 효율성과 공정성을 높이는 데 크게 기여하고 있다는 점, 하지만 국가의 개인에 대한 감시능력이 현격히 증대되어 국가가 개인의 일상사를 낱낱이 파악할 수 있다는 내재된 위험성으로부터 개인정보를 보호함으로써 궁극적으로는 개인의 결정의 자유를 보호하고 나아가 자유민주체제의 근간을 지킬 필요가 있다는 점에서 개인정보자기결정권이라는 기본권이 보장되어야 한다고 역설했다.

헌법재판소 결정문은 '국가의 행정정보 수집 활동은 원칙적으로 인정돼야 하지만, 이러한 활동으로 인하여 발생할 수 있는 국민의 피해를 예방하기 위해 국가의 정보수집 활동에 대한 제한이 필요하고, 이러한 국가 공권력의 제한 및 통제 논리로 헌법상 기본권 이론이 적용돼야 한다는 것'을 함의하고 있다.

그런데 이후 정부나 국회에서 이루어진 개인정보 보호 관련 법령의 제정이나 개정, 법원이나 검찰에서 개인정보 관련사건에 대한 처리 등을 할 때 헌법재판소가 역설하고자 했던 개인정보자기결정권의 의미, 근거, 배경 등에 대해 얼마나 올바르게 이해하였는지 의문이 든다. 특히 사인간의 개인정보 보호 문제, 다시 말해서 사인이 개인정보처리자인 경우 개인정보자기결정권이라는 기본권을 어떻게 해석하고 작용하는 것이 헌법이념 합치되는 것인지 진지하게 고민해 본 적이 있는지 묻고 싶다. 기본권의 제3자 효력과 같은 헌법이론은 별론으로 하더라도 개인정보처리자가 사인인 경우 법치주의에

---

29) 헌재 2021. 1. 28. 2018헌마456, 2018헌가16, 2020헌마406 결정.

입각한 기본권 제한의 법리를 교조주의적으로 적용하는 것이 과연 타당한지에 대해 강한 의문이 든다.

III 개인정보와 자기결정권

1. 개인정보의 의미

(1) 개인정보 개념에 대한 판례의 태도와 평가

1) 전교조 명단 공개 사건

가. 사안의 개요

국회의원 A(피고1)가 국정감사 자료를 수집하는 과정에서 취득한 초·중등학교 교원의 노동조합 가입 현황을 자신의 인터넷 홈페이지를 통하여 공개하였다. 공개된 노조 가입 현황자료에는 교원의 이름과 소속 학교가 나열되어 있었다. 한편 언론사 B(피고2)는 피고 1로부터 이 사건 정보의 전산파일을 제공받아 자사 인터넷 홈페이지를 통하여 이 사건 정보를 공개하였다.

이에 전국교직원노동조합(이하 '전교조'라 한다)(원고)들은, 피고들이 개인정보인 이 사건 정보를 자신들의 각 인터넷 홈페이지에 게시하여 원고들 및 별지 선정자 목록 기재 선정자들의 사생활의 비밀과 자유 또는 단결권을 침해하였으므로, 피고들은 불법행위에 기한 손해배상금의 일부로서 피고별로 각 원고들 및 선정자들에 대하여 각 100,000원 및 이에 대한 지연손해금을 지급할 것을 구하는 소송을 제기하였다.

나. 판결의 요지

(가) 원심 심결

헌법상의 기본권은 제1차적으로 개인의 자유로운 영역을 공권력의 침해로부터 보호하기 위한 방어적 권리이지만 다른 한편으로 헌법의 기본적인 결단인 객관적인 가치질서를 구체화한 것으로서, 사법을 포함한 모든 법 영역에 그 영향을 미치는 것이므로 사인간의 사적인 법률관계도 헌법상의 기본권 규정에 적합하게 규율되어야 한다.[30]

---

30) 대법원 2010. 4. 22. 선고 2008다38288 전원합의체 판결 참조.

개인정보자기결정권은 자신에 관한 정보가 언제 누구에게 어느 범위까지 알려지고 또 이용되도록 할 것인지를 그 정보주체가 스스로 결정할 수 있는 권리로서, 헌법 제 10조 제1문에서 도출되는 일반적 인격권 및 헌법 제17조의 사생활의 비밀과 자유에 의하여 보장된다. 이와 같이 개인정보의 공개와 이용에 관하여 정보주체 스스로가 결정할 권리인 개인정보자기결정권의 보호대상이 되는 개인정보는 개인의 신체, 신념, 사회적 지위, 신분 등과 같이 개인의 인격주체성을 특징짓는 사항으로서 그 개인의 동일성을 식별할 수 있게 하는 일체의 정보라고 할 수 있다. 또한, 그러한 개인정보를 대상으로 한 조사·수집·보관·처리·이용 등의 행위는 모두 원칙적으로 개인정보자기결정권에 대한 제한에 해당한다.[31)]

한편, 「공공기관의 개인정보 보호에 관한 법률」[32)]제2조 제2호는 위 법에 의하여 보호되는 개인정보를 생존하는 개인에 관한 정보로서 당해 정보에 포함되어 있는 성명·주민등록번호 및 화상 등의 사항에 의하여 당해 개인을 식별할 수 있는 정보(당해정보만으로는 특정개인을 식별할 수 없더라도 다른 정보와 용이하게 결합하여 식별할 수 있는 것을 포함한다)로 규정하고 있다.

이 사건 정보는 기관(학교)명, 교사명, 담당교과, 교원단체 및 노동조합 가입 현황을 담고 있어 그 정보에 의하여 특정 개인을 식별하기에 충분한 정보를 담고 있다. 또한, 정치·경제·사회·문화적으로 정체성을 인식케 하는 개인의 직·간접적인 모든 정보는 개인정보의 범주에 포함되는바, 이 사건 정보는 교원단체 및 노동조합 가입자 개인의 조합원 신분을 인식케 하는 데 충분한 정보를 담고 있다. 따라서 이 사건 정보는 개인정보자기결정권의 보호대상이 되는 개인정보에 해당하므로, 이 사건 정보를 일반대중에 공개하는 행위는 정보주체에 해당하는 교원들의 동의가 있거나, 개인정보자기결정권이 적절한 보호대책이 있는 다른 법률에 의하여 제한되거나, 보다 더 우월한 기본권의 보장을 위한 것이 아닌 한, 교원들의 개인정보자기결정권을 침해하는 것으로서 그들에 대한 불법행위를 구성한다.[33)]

(나) 대법원 판결

인간의 존엄과 가치, 행복추구권을 규정한 헌법 제10조 제1문에서 도출되는 일반적

---

31) 헌재 2005. 7. 21. 2003헌마282 결정, 헌법재판소 2010. 9. 30. 2008헌바132 전원재판부 결정 참조.
32) 「개인정보 보호법」의 시행에 따라 2011. 9. 30. 폐지되었다. 하지만 이 사건은 2010. 4. 19 ~ 5. 4.에 발생하였기에 당시 적용법은 「공공기관의 개인정보 보호에 관한 법률」이었다.
33) 서울고등법원 2012. 5. 18. 선고 2011나67097 판결.

인격권 및 헌법 제17조의 사생활의 비밀과 자유에 의하여 보장되는 개인정보자기결정권은 자신에 관한 정보가 언제 누구에게 어느 범위까지 알려지고 또 이용되도록 할 것인지를 정보주체가 스스로 결정할 수 있는 권리이다. 개인정보자기결정권의 보호대상이 되는 개인정보는 개인의 신체, 신념, 사회적 지위, 신분 등과 같이 개인의 인격주체성을 특징짓는 사항으로서 개인의 동일성을 식별할 수 있게 하는 일체의 정보라고 할 수 있고, 반드시 개인의 내밀한 영역에 속하는 정보에 국한되지 않고 공적 생활에서 형성되었거나 이미 공개된 개인정보까지 포함한다. 또한 그러한 개인정보를 대상으로 한 조사·수집·보관·처리·이용 등의 행위는 모두 원칙적으로 개인정보자기결정권에 대한 제한에 해당한다.

정보주체의 동의 없이 개인정보를 공개함으로써 침해되는 인격적 법익과 정보주체의 동의 없이 자유롭게 개인정보를 공개하는 표현행위로써 보호받을 수 있는 법적 이익이 하나의 법률관계를 둘러싸고 충돌하는 경우에는, 개인이 공적인 존재인지 여부, 개인정보의 공공성과 공익성, 개인정보 수집의 목적·절차·이용형태의 상당성, 개인정보 이용의 필요성, 개인정보 이용으로 인해 침해되는 이익의 성질과 내용 등 여러 사정을 종합적으로 고려하여, 개인정보에 관한 인격권 보호에 의하여 얻을 수 있는 이익(비공개 이익)과 표현행위에 의하여 얻을 수 있는 이익(공개 이익)을 구체적으로 비교 형량하여, 어느 쪽 이익이 더 우월한 것으로 평가할 수 있는지에 따라 그 행위의 최종적인 위법성 여부를 판단하여야 한다.[34]

2) 로앤비 사건

가. 사안의 개요

피고가 대학교 홈페이지 등에 공개된 원고(대학의 법학과 교수로 재직 중임)의 사진, 성명, 성별, 출생연도, 직업, 직장, 학력, 경력 등의 개인정보를 원고의 별도의 동의 없이 수집하여 이를 자신이 운영하는 사이트에서 유료로 제3자에게 제공한 행위에 대하여, 원고가 개인정보자기결정권이 침해되었다고 주장하면서 위자료 지급을 구한 사안이다.[35]

---

34) 대법원 2014. 7. 24 선고 2012다49933 판결.
35) 대법원 2016. 8. 17. 선고 2014다235080 판결.

나. 판결요지

정보주체가 직접 또는 제3자를 통하여 이미 공개한 개인정보는 그 공개 당시 정보주체가 자신의 개인정보에 대한 수집이나 제3자 제공 등의 처리에 대하여 일정한 범위 내에서 동의를 하였다고 할 것이다. 이와 같이 공개된 개인정보를 객관적으로 보아 정보주체가 동의한 범위 내에서 처리하는 것으로 평가할 수 있는 경우에도 그 동의의 범위가 외부에 표시되지 아니하였다는 이유만으로 또다시 정보주체의 별도의 동의를 받을 것을 요구한다면 이는 정보주체의 공개의사에도 부합하지 아니하거니와 정보주체나 개인정보처리자에게 무의미한 동의절차를 밟기 위한 비용만을 부담시키는 결과가 된다. 다른 한편, 개인정보 보호법 제20조는 공개된 개인정보 등을 수집·처리하는 때에는 정보주체의 요구가 있으면 즉시 개인정보의 수집 출처, 개인정보의 처리 목적, 제37조에 따른 개인정보 처리의 정지를 요구할 권리가 있다는 사실을 정보주체에게 알리도록 규정하고 있으므로, 공개된 개인정보에 대한 정보주체의 개인정보자기결정권은 이러한 사후통제에 의하여 보호받게 된다.

따라서 이미 공개된 개인정보를 정보주체의 동의가 있었다고 객관적으로 인정되는 범위 내에서 수집·이용·제공 등 처리를 할 때는 정보주체의 별도의 동의는 불필요하다고 보아야 할 것이고, 그러한 별도의 동의를 받지 아니하였다고 하여 개인정보 보호법 제15조나 제17조를 위반한 것으로 볼 수 없다. 그리고 정보주체의 동의가 있었다고 인정되는 범위 내인지는 공개된 개인정보의 성격, 공개의 형태와 대상 범위, 그로부터 추단되는 정보주체의 공개 의도 내지 목적뿐만 아니라, 정보처리자의 정보제공 등 처리의 형태와 그 정보제공으로 인하여 공개의 대상 범위가 원래의 것과 달라졌는지, 그 정보제공이 정보주체의 원래의 공개 목적과 상당한 관련성이 있는지 등을 검토하여 객관적으로 판단하여야 할 것이다.

(2) 개인정보의 법적 의미

현행 「개인정보 보호법」 제2조 제1호[36)]는 개인정보를 "살아 있는 개인에 관한 정

---

36) 「개인정보 보호법」 제2조 제1호. "개인정보"란 "살아 있는 개인에 관한 정보로서 다음 각 목의 어느 하나에 해당하는 정보를 말한다.
　가. 성명, 주민등록번호 및 영상 등을 통하여 개인을 알아볼 수 있는 정보
　나. 해당 정보만으로는 특정 개인을 알아볼 수 없더라도 다른 정보와 쉽게 결합하여 알아볼 수 있는 정보. 이 경우 쉽게 결합할 수 있는지 여부는 다른 정보의 입수 가능성 등 개인을 알아보는 데 소요되는 시간, 비용, 기술 등을 합리적으로 고려하여야 한다.

보로서 ① 성명, 주민등록번호 및 영상 등을 통하여 개인을 알아볼 수 있는 정보, ② 해당 정보만으로는 특정 개인을 알아볼 수 없더라도 다른 정보와 쉽게 결합하여 알아볼 수 있는 정보, ③ 가명정보 중 어느 하나에 해당하는 정보"라고 정의하고 있다.

여기서 말하는 "가명정보"란 "① 성명, 주민등록번호 및 영상 등을 통하여 개인을 알아볼 수 있는 정보, ② 해당 정보만으로는 특정 개인을 알아볼 수 없더라도 다른 정보와 쉽게 결합하여 알아볼 수 있는 정보를 '가명처리'함으로써 원래의 상태로 복원하기 위한 추가 정보의 사용·결합 없이는 특정 개인을 알아볼 수 없는 정보"를 말한다.

가명처리란 "개인정보의 일부를 삭제하거나 일부 또는 전부를 대체하는 등의 방법으로 추가 정보가 없이는 특정 개인을 알아볼 수 없도록 처리하는 것"을 말한다.[37] 다시 말해서 가명정보는 대체키 등 추가정보 없이는 개인을 식별할 수 없는 정보를 말한다. 그러나 가명정보도 여전히 개인정보라는 점은 차이가 없다. 이러한 가명정보라는 개념을 따로 설정한 까닭은 개인정보를 보호하면서도 동시에 데이터의 활용을 촉진하기 위해 정보주체의 동의 없이 데이터를 활용할 수 있는 길을 터주기 위함이다. 가명정보는 통계작성, 과학적 연구, 공익적 기록보존 등을 위한 경우에는 정보주체의 동의 없이 처리가 가능하다.[38]

현행 「개인정보 보호법」상 '개인정보'에 대한 정의는 ① 어느 정도가 되어야 특정 개인을 식별할 수 있다고 할 수 있는 것인지, ② 특정한 개인을 식별하는 주체는 누구인지, ③ 다른 정보와 용이하게 결합하여 특정한 개인을 식별할 수 있다고 하더라도 정보를 결합하는 주체는 누구이고 결합이 용이하다고 볼 수 있는 기준은 무엇인지 등과 관련하여 상당한 해석론상 어려움이 존재하므로 법적 안정성의 측면이나 예측가능성의 측면에서 부적절하다.[39]

(3) '개인정보'의 다의적 의미

1) 문제의 소재

개인정보의 의미는 ① 프라이버시 또는 개인정보자기결정권의 대상으로서의 개인정

다. 가목 또는 나목을 제1호의2에 따라 가명처리함으로써 원래의 상태로 복원하기 위한 추가 정보의 사용·결합 없이는 특정 개인을 알아볼 수 없는 정보(이하 "가명정보"라 한다)

37) 「개인정보 보호법」 제2조 제1의2.

38) 「개인정보 보호법」 제28조의2.

39) 김현경, 개인정보의 개념에 대한 논의와 법적 과제, 미국헌법연구 제25권 2호, 2014, 142면.

보와 ② 개인정보 보호법의 보호대상으로서의 개인정보가 반드시 일치하는 것은 아니다. 프라이버시 또는 개인정보자기결정권 등과 같은 기본권적 의미로서의 개인정보는 손해배상청구소송에서 불법행위책임의 구성요소로서의 위법성 판단에 있어 '침해의 대상'의 관점에서 주로 논의되는 의미이다.

불법행위법은 '가해행위'나 '위법성' 요건을 통해 기본권의 효력이나 영향이 매우 직접적·전면적으로 투입되는 구조이다. 우리나라의 불법행위사건 재판에서 기본권에 대한 고려는 일상적 일이 되었다. 이는 공법상 법률관계뿐 아니라 사인들 사이에서도 기본권적 가치를 인식하고 그 위상에 맞게 보호함으로써 시대정신의 투영이자 공·사 영역을 불문하는 법질서의 기초에 놓여있는 기본권적 가치의 보호를 완성해가는 당연하고도 바람직한 움직임이라고 한다.[40] 이처럼 불법행위책임의 성립요건으로서 침해의 대상이 되는 '개인정보'의 의미는 헌법상 기본권으로서의 프라이버시 또는 개인정보자기결정권 등의 대상이 되는 개인정보를 의미한다.

반면에 개인정보 보호법의 보호대상으로서의 개인정보는 ① 법위반 행위에 대한 제재나 ② 개인정보 보호법에 특별히 규정된 입증책임의 전환, 법정손해배상 등과 같은 손해배상의 특칙을 적용할 때 주로 논의되는 개념이다.

2) 불법행위법상 침해대상으로서의 개인정보

법원은 "개인정보자기결정권의 보호대상이 되는 개인정보는 개인의 신체, 신념, 사회적 지위, 신분 등과 같이 개인의 인격주체성을 특징짓는 사항으로서 개인의 동일성을 식별할 수 있게 하는 일체의 정보라고 할 수 있고, 반드시 개인의 내밀한 영역에 속하는 정보에 국한되지 않고 공적 생활에서 형성되었거나 이미 공개된 개인정보까지 포함한다."라고 판시하였다.

이에 따르면 개인정보자기결정권의 보호대상이 되는 개인정보는 ① 개인의 인격주체성을 특징짓는 사항과 ② 개인의 동일성을 식별할 수 있는 정보라는 2가지 요건을 모두 갖추어야 한다. 다시 말해서 개인의 인격적 정보 모두가 개인정보가 되는 것이 아니라 그중에서 특정 개인을 식별할 수 있는 정보만이 개인정보에 해당하는 것이다. 만약 전교조 가입자 명단이 공개되었으나 지역 또는 소속 학교 등이 함께 공개되지 않았다면 개인에 대한 식별이 용이하지 않으므로 개인정보에 해당하지 않을 수도 있다. 물론 특이한 이름의 경우 식별 가능성이 상대적으로 높기 때문에 개인정보에 해당할 수

---

40) 윤영미, 불법행위법의 보호대상인 기본권적 법익, 세계헌법연구 제18권 제2호, 2012, 147면.

도 있다. 이처럼 식별성 또는 식별 가능성의 판단은 매우 임의적이고 상대적일 수밖에 없다.

그런데 불법행위법에서 위법성의 구성요소로서 '침해'의 대상이 되는 것은 노출을 원하지 않는 개인의 인격적 정보가 알려지거나 알려질 가능성이 있는 상태에 놓여있다는 것이다. 따라서 불법행위법상 침해 대상으로서의 개인정보는 현행법령의 보호대상으로서 개인정보보다 '식별성 또는 식별 가능성'을 비교적 넓게 인정하여도 무방할 것으로 보인다.

3) 「개인정보 보호법」의 적용대상으로서의 개인정보

현행법의 보호대상으로서의 개인정보는 법문언에 충실한 해석이 필요하다. 현행법의 법문언은 개인의 인격주체성보다는 개인의 식별성에 무게중심을 두고 있다. 「개인정보 보호법」은 사상·신념, 노동조합·정당의 가입·탈퇴, 정치적 견해, 건강, 성생활 등에 관한 정보 등을 민감정보라 하여 원칙적 처리 금지를 규정하고 있다.[41] 여기서 민감정보는 개인에 대한 모든 민감한 정보를 의미하는 것이 아니라 당연히 개인정보의 범주에 속하는 정보 중에서 특히 민감한 정보를 말한다.

따라서 만약 민감정보가 유출되었으나 개인에 대한 식별성 판단이 애매한 경우 불법행위법과 개인정보 보호법의 판단이 다를 수 있다. 다소 식별성이 낮아 개인정보 보호법의 적용이 배제되더라도 손해배상책임은 면책되지 않을 수 있다. 하지만 현행 「개인정보 보호법」 제39조 제1항의 손해배상책임에 있어 입증책임의 전환이나 제39조의2 제1항의 법정손해배상의 청구 등은 불법행위법의 특칙규정으로서 이때에 개인정보의 의미는 일반 불법행위법적 의미의 개인정보가 아닌 개인정보 보호법상의 개인정보가 적용되어야 한다. 향후 재판에서 법원이 이에 대한 법리의 오해가 없기를 바란다.[42]

2. 개인정보자기결정권과 개인정보 보호권

이상에서 살펴본 바와 같이 현행법은 '개인정보'의 의미에서 이른바 '식별성'을 강조하고 있다. 독일의 일반적 인격권이나 미국의 프라이버시권은 개인의 자유로운 인격 표현과 타인이 자신의 인격을 형성하는 것에 영향을 줄 수 있는 내밀한 사생활 또는

---

41) 「개인정보 보호법」 제23조.
42) 김민호, 개인정보의 의미, 성균관법학 제28권 제4호, 2016. 참조.

사적 정보가 보호되어야 한다는 점을 강조하고 있는 것과 다소 괴리가 있어 보인다. 물론 개인의 사생활 또는 사적 정보가 개인의 식별성과 결합되어야 개인의 일반적 인 격권에 영향을 미칠 수 있으므로 개인의 식별성은 개인정보를 보호하기 위한 첫 단추 인 것은 틀림없다. 하지만 '식별성'을 지나치게 강조하다 보면 '식별자'를 보호하는 것으로 개인정보 보호법의 사명을 다하는 것으로 오인할 우려가 크다. 진정한 의미의 개인 정보는 개인의 인격 표현에 영향을 미치는 정보라고 보아야 할 것이다.

개인정보가 정보주체의 의사와 관계 없이 무단으로 수집·활용되어 개인의 인격권 이 침해당한 것과 개인정보가 유출되어 해킹, 스미싱, 파밍 등으로 재산상의 손해를 입 은 것은 그 침해 유형이 전혀 다른 것으로서 그 침해 예방 및 보호 방법도 달라야 한다.

전자의 경우에는 자신의 자유로운 인격 표현에 영향을 미칠 수 있는 사생활 또는 사적 정보를 타인에게 노출할 것인지를 인격권의 주체, 즉 정보주체가 판단(결정)할 수 있도록 보장 또는 보호하는 타당하다. 이른바 운명자기결정권 또는 여기서 파생된 개 인정보자기결정권을 보장 또는 보호하는 이유가 여기에 있다.

하지만 후자의 경우에는 정보주체의 개인정보가 유출되어 신체적 위협, 재산상 손 해 등 불법행위로 인한 침해가 발생될 수 있는 위험성으로부터 정보주체를 보호하는 것이 무엇보다 중요한 것이다. 따라서 개잉정보자기결정권과 같은 일반적 인격권의 보 장보다는 개인정보가 원래의 목적을 벗어나 오남용되지 않도록 개인정보를 안전하게 관리하고 보호하는 것이 우선되어야 한다. 이른바 정보주체의 '개인정보 보호권'이 보장 되어야 하는 것이다.

그럼에도 불구하고 우리 헌법재판소와 법원은 정보주체의 실질적 권리보호 또는 침 해예방에 집중하기 보다는 독일 헌법재판소의 판례를 통하여 형성된 개인정보자기결정 권이라는 일반적 인격권의 보장이라는 법리에 함몰되어 있다는 비판을 면하기 어렵다.

권리주체의 실질적 권리보호를 위해 보호하고자 하는 권리를 구분해서 이해해야 한 다는 필자의 주장과 일맥 상통하는 우리나라 헌법재판소의 의미 있는 판례가 있다. 학 원의 설립·운영에 관한 법률 제22조 제1항 제1호 등 위헌제청 사건[43]에서 헌법재판소 는 이른바 '부모 자기결정권'과 '부모 교육권'을 달리 설시하였다. 헌법재판소는 부모의 교육권은 "자녀의 교육에 관하여 전반적인 계획을 세우고 자신의 인생관·사회관·교육 관에 따라 자녀의 교육을 자유롭게 형성할 부모의 권리를 말한다. 따라서 부모는 어떠 한 방향으로 자녀의 인격이 형성되어야 하는가에 관한 목표를 정하고, 자녀의 개인적

---

43) 헌재 2000. 4. 27. 98헌가16 결정.

성향·능력·정신적, 그리고 신체적 발달 상황 등을 고려하여 교육목적을 달성하기에 적합한 교육수단을 선택할 권리를 가진다. 자녀의 교육에 관한 부모의 '권리와 의무'는 서로 불가분의 관계에 있고 자녀교육권의 본질적 구성요소라는 점에서 부모의 자녀 교육권 '자녀교육에 대한 부모의 책임'으로도 표현될 수 있다. … '부모의 자녀에 대한 교육권'은 비록 헌법에 명문으로 규정되어 있지는 아니하지만, 이는 모든 인간이 국적과 관계없이 누리는 양도할 수 없는 불가침의 인권으로서 혼인과 가족생활을 보장하는 헌법 제36조 제1항, 행복추구권을 보장하는 헌법 제10조 및 '국민의 자유와 권리는 헌법에 열거되지 아니한 이유로 경시되지 아니한다'고 규정하는 헌법 제37조 제1항에서 나오는 중요한 기본권이다. … 이러한 부모의 자녀교육권은 기본권의 주체인 부모의 '자기결정권'이라는 의미에서 보장되는 자유가 아니라, 자녀의 보호와 인격 발현을 위하여 부여되는 기본권이다. 다시 말하면, 부모의 자녀교육권은 자녀의 행복이란 관점에서 보장되는 것이며, 자녀의 행복이 부모의 교육에 있어서 그 방향을 결정하는 지침이 된다."44)라고 판시하였다.

헌법재판소는 부모에게 일차적으로 '결정권'을 보장하는 것은 부모가 누구보다도 자의 이익을 가장 잘 보호할 수 있다는 사고에 기인하는 것이라고 전제하면서, 궁극적으로 부모가 자녀에 대하여 가지는 권리이자 의무는 '결정권'이 아니라 '보호권'이라는 사실을 강조하고 있다.

IV 개인정보자기결정권의 함정

'자기결정권'을 실현하는 유일한 수단은 '자기 선택권'을 보장하는 것이다. 정보주체의 자기 선택권을 보장하는 수단은 개인정보처리자가 개인정보를 처리하는 것을 '동의'하는 것이다. 정보주체가 자신의 개인정보를 최초 세상에 공개할 것인지를 선택(결정)할 수 있도록 하는 것은 일반적 인격권의 실현, 즉 자유롭게 자신의 인격 형성을 위한 표현의 자유를 보장하기 위함이다.

따라서 이미 정보주체가 스스로 선택(결정)해서 세상에 공개한 개인정보를 누군가 수집·처리하여 활용하는 것이 정보주체의 일반적 인격권, 즉 인격의 형성 및 표현의 자유를 침해하는 것은 아닐 것이다. 물론 이 경우에도 정보주체는 여전히 자신의 정보

---

44) 헌재 2000. 4. 27. 98헌가16 결정.

에 대한 통제권을 가지고 있으므로 처리정지권을 행사할 수 있고, 자신의 정보에 대한 안전한 관리를 요구할 수도 있다.

개인정보를 인공지능의 학습용 데이터로 활용할 경우에 인공지능의 학습 역시 '처리'로 보아 정보주체의 동의가 있어야 하는 것인지 논쟁이 뜨겁다. 인공지능의 학습을 처리로 보아야 하는지에 대해서는 별론으로 하더라도 인공지능의 학습이 정보주체의 어떠한 권리를 침해하는지에 대한 이해가 선행되어야 한다. 정보주체가 동의하지 않은 개인정보를 처리하는 것은 개인정보자기결정권을 침해한 것이라는 교조적 논증이 아니라 구체적으로 정보주체의 어떠한 권리를 침해한 것인지에 대한 논증이 우선돼야 한다는 것이다. 인공지능의 학습은 기계적으로 처리될 뿐 어떠한 복제나 보관이 이루어지지 않는 것인데 이러한 인공지능의 학습으로 인해 정보주체의 인격 형성 자유권을 침해하였다고 주장하기는 어렵다고 판단된다.

이처럼 개인정보자기결정권이라는 이른바 '선택권의 보장'만을 교조적으로 주장하면서 정보주체를 보호하기 위한 실질적이고 본질적인 권리가 무엇인지에 대해서는 진지하게 고민하지 않는 것은 커다란 법리적 약점으로 생각된다.

역설적으로 정보주체로부터 매우 형식적인 '동의'만 획득하면 이후 정보주체의 권리보호를 위한 별도의 실질적 조치를 하지 않아도 모든 것인 면책될 수 있다는 극단적 논리도 가능할 실정이다. 동의가 포괄적 면책의 수단으로 오용될 수도 있다는 것이다. 국가가 개인정보처리자인 경우에는 국가가 국민(정보주체)의 기본권을 보장해야 한다는 헌법 이념에 따라 개인정보처리자인 국가는 국민인 정보주체의 개인정보자기결정권을 보장해야 한다. 하지만 민간 개인정보처리자는 정보주체인 개인의 기본권을 보장해야 하는 의무가 존재하는 것이 아니라 자신이 처리하는 정보주체의 개인정보를 안전하게 처리해야 하는 의무가 존재한다.

그럼에도 불구하고 개인정보처리자가 국가인 경우와 민간인 경우를 나누어 판단하지 않고 동일하게 취급해서 민간 개인정보처리자도 정보주체의 기본권인 개인정보자기결정권을 보장해야 한다는 법리를 고집한다면 결국 형식적 '동의'의 굴레를 벗어날 수 없다는 함정에 빠질 수밖에 없다.

국가가 개인정보처리자인 경우와 민간이 개인정보처리자인 경우 정보주체가 이들에게 주장할 수 있는 권리의 성질이 다르다. 국민(개인)이 국가의 정보 수집 활동에 대하여 주장할 수 있는 기본권은 일반적 인격권에서 발현된 이른바 개인정보자기결정권이라 할 수 있다. 반면에 개인이 민간 개인정보처리자에게 주장할 수 있는 권리는 정보주체 자신의 개인정보가 원래의 수집목적대로 안전하게 관리될 수 있도록 보장해달라고 요구하는 것이다. 물론 정보주체가 자신의 개인정보를 최초 공개(개인정보처리자의 입장에서는 개인정보의 수집에 해당)할 것인지 여부는 자신이 결정하는 것이다. 이른바 최초 수집 동의에 해당한다. 하지만 이미 공개된 개인정보를 민간 개인정보처리자가 수집한 때에는 정보주체는 민간 개인정보처리자에 대하여 ① 수집한 개인정보를 안전하게 관리하여 자신이 인격적, 재산적 침해를 당하지 아니하도록 해줄 것을 요구하거나, ② 자신의 개인정보 처리를 중단, 삭제할 것을 요구(이른바 사후적 철회, opt out)할 수 있는 권리가 있는 것이다. 다시 말해서 민간 개인정보처리자가 이미 공개된 개인정보를 수집하여 활용하는 경우에는 비록 형식적 사전 동의(이른바 opt in)가 없어도 곧바로 불법행위가 되는 것이 아니라 ① 기술적, 관리적 조치를 철저히 하지 않아 개인정보가 유출되어 정보주체의 인격적, 재산적 이익을 침해하였거나, ② 정보주체의 사후 철회에도 불구하고 계속해서 정보주체의 개인정보를 취급한 경우에 비로소 불법행위가 성립하는 것으로 보는 것이 타당하다.

한편 국가(개인정보감독기구)가 민간 개인정보처리자를 통제하는 것을 개인자기결정권의 보장을 활동으로 이해해서는 안 된다. 이는 국가의 일반 행정권(경찰권) 발동의 법리일 뿐 이를 개인정보자기결정권 보장 활동으로 이해할 경우 개인정보 보호법의 해석을 더욱 혼란스럽게 할 우려가 있다. 예를 들어 개인정보감독기구가 개인정보 유출사고에 대한 조사 및 제재 등의 행정작용을 할 경우 일반 경찰권 발동의 법리인 법치행정의 원리에 따라 근거 법률을 해석하여 구체적 사실에 적용하면 될 뿐 개인정보자기결정권의 침해 여부 등에 대해 별도로 판단할 이유가 없다는 것이다. 국가(개인정보감독기구)는 민간 개인정보처리자에 대하여 다른 행정분야와 마찬가지로 법 위반자에 대해 감시, 감독, 제재 등의 행정작용 또는 처분을 하면 된다. 국가가 민간 개인정보처리자의 법 위반에 대한 제재를 하는 것은 일반행정권의 발동일 뿐 개인정보자기결정권과는 무관하다는 것이다. 이는 마치 폐기물처리자가 환경 관련법을 위반한 경우 국가(환경부)가 관련법에 따른 행정제재를 하는 것일 뿐 환경권을 보장하기 위한 활동을 하는 것은 아닌 것과 같은 이치다.

V 결론

개인이 자신의 인격이 형성되는 것에 대한 자유로운 결정권을 가진다는 의미는 자신의 정보를 내보낼 것인지 아니면 닫아둘 것인지를 기계적으로 결정하는 마치 on-off 스위치를 의미하는 것이 아니다. 지금 우리나라 법원, 개인정보감독기구, 다수 학자들은 개인정보자기결정권은 마치 on-off 스위치로 이해하고 있는 것은 아닌지 우려된다. 진정한 인격 형성권은 자신의 정보를 타인에게 노출할 것인지를 결정하는 것으로 보장되는 것이 아니라 노출된 자신의 정보가 자신의 의도와 달리 자신의 인격이 형성되지 아니하도록 보호되고 보장되는 것을 의미한다. 개인정보자기결정권은 일반적 인격권의 한 요소일 뿐 그것이 정보주체의 권리의 전부인 것으로 오해해서는 안 된다. 이미 자신의 통제권을 벗어난 정보를 on-off 스위치만으로 통제할 수 없듯이 통제 불가능한 정보들까지 on-off 스위치로 통제하려는 것은 형식적 억지(?)라고 볼 수밖에 없다. 일반적 인격권의 본질을 다시 한 번 생각하면서 정보주체의 권리보호를 위해 헌법이 보장하는 기본권은 개인정보자기결정권이라는 협의의 형식적 개념이 아니라 '개인정보 보호권'이란 광의의 실질적 개념으로 이해하는 것이 타당하다.

인공지능과 같은 기술의 진보와 사회의 변화에 따라 개인정보처리자가 개인정보의 처리를 위해 정보주체의 동의를 획득하는 것이 현실적으로 불가능하거나 곤란한 경우는 더욱 빈번해질 것으로 예상된다. 그럼에도 불구하고 '자기결정권'이라는 형식적 동의를 절대적으로 요구한다면 현실과 법리의 괴리가 더욱 멀어져 결국 법리가 형해화될 수 있다. 어떠한 환경에서도 개인의 인격 형성권이 자유롭게 보장될 수 있도록 정보주체의 개인정보가 실질적으로 보호될 수 있는 개인정보 보호 법리의 형성이 그 어느 때보다 필요한 시점이다. 형식적 개인정보자기결정권이라는 굴레에서 벗어나 실질적인 개인정보 보호권의 보장수단에 대하여 연구가 활발히 이루어지기를 기대한다.

참고문헌

국내문헌

강경근, 프라이버시 보호와 진료정보, 헌법학연구 제10권 제2호, 2004.

김민호, 개인정보의 의미, 성균관법학 제28권 제4호, 2016.

김일환, 독일 기본법상 일반적 인격권의 성립과 발전, 법과 정책, 제6호, 2000.

김현경, 개인정보 보호제도의 본질과 보호법익의 재검토, 성균관법학 제26권 제4호, 2014.

김현경, 개인정보의 개념에 대한 논의와 법적 과제, 미국헌법연구 제25권 2호, 2014.

노동일/정완, 사이버공간상 프라이버시 개념의 변화와 그에 대한 법적 대응, 경희법학 제45권 제14호, 2010.

윤영미, 불법행위법의 보호대상인 기본권적 법익, 세계헌법연구 제18권 제2호, 2012.

이권일, 지능정보사회에서 개인정보자기결정권이 보호하고자 하는 헌법적 가치, 공법연구 제51집 제3호, 2023.

이희옥, 인공지능의 의사결정에 대응한 자기결정권의 보장에 관한 연구, 한양대학교 대학원 박사학위청구논문, 2020.

외국문헌

Alan F. Westin, Privacy and Freedom, Atheneum(N .Y.), 1967.

dward Bloustine, Privacy as an aspect of human dignity, 39 New York Univ. Law Review, 1964.

Joseph I. Rosenbaum, Privacy on the Internet: Whose Information is it Anyway?, 38 Jurimetrics. 1998.

Pavesich v. New England Life Ins. Co.; Georgia Supreme Court, 122 Ga. 190, 50 S.E. 68, 1905.

Ruth Gavison, Privacy and the Limits of Law, 89 Yale Law Journal 42 1, 1980.

Warren and Brandeis, The Right to Privacy, Harvard Law Review. Vol. IV No. 5, December 15, 1890.

02

정보주체의 권리 강화와 법익 균형

김 현 경 | 서울과학기술대학교 IT정책전문대학원 교수

저자소개

2014년부터 서울과학기술대학교 IT정책전문대학원 교수로 재직 중이다. 이화여자대학교에서 학사, 석사를 그리고 고려대학교에서 박사학위를 받았다. 법제처 법령해석심의위원, 개인정보분쟁조정위원, 방송통신위원회 통신분쟁조정위원, 한국인터넷자율정책기구(KISO) 정책위원 등을 역임했다. 지금은 개인정보 보호법학회 회장, 국가인권위원회 정보인권전문위원, 국가데이터분쟁조정위원, 동반성장위원회 동반성장지수실무위원, 대통령 소속 디지털플랫폼정부위원회 법제도·거버넌스 위원으로 활동하고 있다. 『인공지능과 법』(2019), 『데이터법』(2022)의 집필에 참여하였으며, 데이터·미디어, 정보통신, 인터넷 관련 80여 편 이상의 논문을 학술지에 게재했다.

요약

　　정보주체의 권리는 절대적 권리가 아니라 상충하는 기본권과 법익형량 혹은 비례원칙이 적용되어 제한될 수 있는 권리다. 즉 정보주체 권리가 신설되거나 강화되면 다른 기본권은 제한되거나 약화될 수 있다. 따라서 충돌하는 기본권 간의 법익 균형이 중요하다. 그러나 우리나라는 강력한 개인정보 보호 규범인 유럽의 GDPR에 비해서도 뒤지지 않을 정도로 정보주체의 권리를 규정하고 있으나, 이러한 정보주체의 권리 형성 과정이 해외 법 또는 글로벌 규범을 국내법으로 급하게 입법화하는 과정에서 기본권 충돌·법익균형에 대한 엄정한 검토와 신중한 숙고가 미흡한 점이 있다. 특히 개인정보는 속성상 그 가치가 타인과의 관계에서 비롯되며 강한 사회기속성을 가지므로 정보주체에게 전유하도록 할 필요성 또는 당위성이 약하다. 마이데이터 제도 등을 통해 개인정보의 재산적 가치의 거래가 이루어지고 있으나, 배타적 재산권의 대상으로써는 지배(통제)가 곤란하고, 보호의 객체가 불명확하며 가치평가의 문제, 배분의 방식 곤란 등 한계를 지닌다. 이처럼 개인정보의 외부의존성, 강한 사회기속성, 비(非)재산성 등에 비추어 볼 때 독점·배타성 강화는 신중해야 하며, 오히려 공익적 목적의 정보주체 권리 제한은 정당화될 수 있다. 본 고에서는 이러한 개인정보의 속성과 기본권 충돌·법익균형의 원칙에 비추어 인공지능(AI) 학습을 위한 공개된 개인정보의 적법 처리, 개인정보 처리정지권의 합리화, 공익목적 등을 위한 가명처리의 법익 균형 방안을 제안하였다.

목차

Ⅰ. 들어가며

Ⅱ. 개인정보의 속성과 정보주체 권리

Ⅲ. 법익충돌과 해결

Ⅳ. 정보주체 권리의 재탐색

Ⅴ. 결론

I 들어가며

　개인정보는 다른 재화와는 달리 식별되는 개인, 즉 정보주체의 인격적 요소가 내포되어 있다. 따라서 개인정보의 무분별한 거래와 처리에 대하여 정보주체가 통제할 수 있는 장치가 필요하다. 우리 법은 이러한 통제장치를 헌법상 기본권인 개인정보자기결정권이라 하고 이에 기반하여 「개인정보 보호법」에 열람권, 전송요구권, 정정·삭제권, 처리정지권 등 정보주체의 권리를 규정하고 있다. 이러한 권리의 내용은 헌법재판소가 밝히듯이[1] 정보주체가 자신에 관한 정보가 언제 누구에게 어느 범위까지 알려지고 또 이용되도록 할 것인지를 그 정보주체가 스스로 결정할 수 있는 권리이다. 그러나 정보주체의 권리는 절대적 권리가 아니라 상충하는 기본권과 법익형량 혹은 비례원칙이 적용되어 제한될 수 있는 권리다. 즉 정보주체의 권리가 신설되거나 강화되면 다른 기본권은 제한되거나 약화될 수 있다. 따라서 충돌하는 기본권 간의 법익 균형이 중요하다. 그러나 우리나라는 강력한 개인정보 보호 규범인 유럽 일반개인정보 보호법(이하 "GDPR")에 비할지라도 뒤지지 않을 정도로 정보주체의 권리를 강화하고 있으며, 오히려 개인정보 처리정지권 등은 개인정보처리"금지"권이라 할만큼 강력하다. 또한 "개인정보 이용내역 통지제도(제20조의2)" 등 거의 전 세계 유례없는 개인정보처리자의 의무도 규정하고 있다. 그러나 이러한 정보주체의 권리 형성 과정이 기본권 충돌·법익균형에 대한 엄정한 검토에서 비롯된 것이기 보다 해외 법 또는 글로벌 규범을 국내법으로 급하게 입법화하는 과정에서 깊이 숙고되지 못한 점이 있다. 또한 인공지능(AI), 사물인터넷 등 데이터 기반 환경변화를 지속적으로 반영할 필요가 있다. 본 고에서는 이러한 취지 하에 개인정보의 속성과 정보주체의 권리의 법적 성격을 검토하고 정보주체의 권리가 법익 균형의 원칙하에 재정립되도록 바람직한 방향을 모색해 보고자 한다.

---

1) 헌재 2005. 5. 26. 99헌마513, 2004헌마190(병합) 결정.

Ⅱ   개인정보의 속성과 정보주체 권리

1. 개인정보의 속성

(1) 강한 사회기속성

개인정보의 속성을 파악하는 것은 그 특성을 반영하여 개인정보의 법적 체계를 수정, 보완하는데 시사하는 바가 클 수 있다. 우리나라를 비롯한 세계 각국은 무형(無形)의 정보를 합리적으로 보호하는 방식에 관하여 민법과 같은 그 이전까지의 사법(私法) 질서로 해결하기 어려운 한계를 지식재산권법으로 해결해 왔다.[2] 개인정보 역시 무형의 정보로 보호하는 방식에 있어서, 저작물 등 지식재산과 다음과 같은 공통점을 지닌다. 양자의 공통점을 열거하면 다음과 같다.[3] 첫째, 보호의 대상이 '정보'라는 점이다. 개인정보를 보호함에 있어 당해 정보를 담고 있는 유형물이 아니라 무형적(無形的, in-tangible)인 성질을 가진 정보 자체가 그 보호객체이다. 둘째, '정보'생성 혹은 가치의 외부의존성이다. 저작물 등 지식의 경우 작성자의 창작적 노력이 들어가나, 이러한 창작적 노력은 완전히 독창적인 무(無)에서 유(有)를 창조하는 것일 수도 있지만, 그러한 경우는 매우 드물며, 기존의 선험적 창작에 새로운 창작성을 가미한 것들이 대부분이다. 개인정보 역시 특정인을 식별한다는 것은 결국 타인과의 관계에서 비롯되는 것이며 정보주체 혹은 개인정보를 생성한 자의 오롯한 이용은 별 의미가 없다. 일례로 '이름'이라는 개인정보는 정보주체 혹은 이를 생성한 자 '생성'한 자체로서 법적 가치와 의미를 지니는 것이 아니라 타인과의 관계에서 사용됨으로써 의미를 지니는 것이다. "사람의 정체성과 이를 구성하는 개인정보는 다른 사람 및 사물과의 관계를 전제로 한다는 견해, 즉 개인정보는 반드시 개인으로부터 유래하는 것도 아니며 정보 자체는 개인과 타인 사이의 관계에서 의미를 얻고 그런 관계 대상과의 정보공유를 통해 각 개인은 자신의 정체성을 완성해나간다는 견해"[4] 역시 같은 취지다. 이러한 외부의존성은 개인정보를 보호함으로써 실현되는 정보주체 권리가 절대적 권리가 아니라, 공익적 가치에 의해 일정한 경우 제한될 수 있음을 의미한다. 즉 지식재산과 유사하게 개인정보 역시

---

2) 박준석, 지적재산권법에서 바라본 개인정보 보호, 정보법학 제17권 제3호, 2013, 12면.
3) 김현경, 공개된 개인정보의 법적 취급에 대한 검토— AI학습용 데이터로서 활용방안을 중심으로 —, 美國憲法研究 第34卷 第1號(2023.04), 179-180면.
4) 박경신, 일반적으로 공개된 정보의 개인정보 보호법 상의 지위에 대한 해외 입법례, 법학논집 제38권 제2호, 2018, 14-15면.

절대적 보호가 아닌 일정한 경우 제한할 수 있는 근거가 될 수 있다. 셋째, 디지털 기술의 발전에 민감하다. 디지털 기술을 통해 개인정보가 대량화·집합화되면서 그 침해 역시 과거 아날로그 방식으로 기록된 매체와 비교할 때 취약해졌다. 한번 침해가 발생하면 수백만 명의 개인정보가 의도치 않게 처리된다. 이는 결국 디지털 기술의 발달은 보호의 방식도 확장시키게 된다. 일례로 지식재산의 경우 데이터 처리 기술의 발달로 그 재산적 가치를 표방하는 새로운 권리들이 추가되었다(저작권법상 전송권 등). 넷째, 정보의 인격적 지표를 보호하나 재산적 가치에 대한 보호도 중요해지고 있다. 사실 이 부분은 지식재산과 유사점이면서 차이점이기도 하다. 지식재산은 독점배타적 재산권으로 인정되는 법적 체계를 이미 굳건히 해왔다. 반면 개인정보의 보호는 재산권(財産權)이 아닌 인격권(人格權) 법리가 형성되어 왔다. 다만 최근 개인정보의 재산적 가치의 보호 필요성에 대한 논의가 적극적으로 거론되고 있다. 특히 유명인의 성명, 초상 등 일부 개인정보에 대하여는 부정경쟁방지법상 그 재산적 가치의 보호 방법이 도입된 상태이다. 그러나 개인정보의 재산적 가치는 정보주체의 일정한 투자와 노력이 들어간 것이 아니라 인간 사이의 사회적 작용에 의해 창조되는 사회적 산물(social products)로서의 성격이 있다. 유형물의 생성은 통상 무에서 유로 창조되는 경향이 강한 반면, 무형물은 대부분 이미 존재하는 다른 유·무형적 기반 위에서 새로운 결과물이 형성된다. 즉 개인정보의 재산적 가치는 일반적인 유체물과 달리 사회적 맥락(social context)에서 형성된다. 대표적인 무형적 가치에 대한 창작을 보호하는 저작물의 경우에도 어떤 경우에는 위대한 천재에 의하여 기존의 수준을 훌쩍 뛰어넘는 위대한 창작이 나오기도 하지만, 통상은 기존의 저작에 약간의 창작을 보태는 정도가 대부분이다.[5] 이처럼 개인정보라는 데이터의 재산적 가치는 강한 사회기속성을 띠게 될 수밖에 없다. 유명인의 초상·성명 등 인적 식별표지에 대하여 인정되는 재산권인 퍼블리시티권 역시 상업적 가치 즉 재산권으로서의 가치는 오로지 그의 노력과 투자에만 기인한 것이라기보다는 사회 속에서 생성되는 문화적 산물로써 강한 사회기속성이 강조된다. 퍼블리시티권은 특허권, 저작권, 상표권처럼 특정인이 연구실이나 개인적 공간에서 혼자만의 노력에 의해 만들기 보다는, 그 사회, 문화의 구성원과의 상호관계 속에서 만들어져 그 사회와 문화의 일부로 기능하는 경우가 많기 때문에[6] 오히려 다른 지식재산권처럼 창작자에게

---

5) 정필운, "헌법 제22조 제2항 연구", 연세대학교 법학연구 제20권 제1호, 2010, 212면.

6) Roberta Rosenthal Kwall, Fame, 73 Ind. L.J. 1, 57 (1997). p57. Kwall은 본 고에서 "퍼블리시티권은 전적으로 우리의 역사와 문화유산과 관계되며 문화로서 우리가 포용하는 가치를 반영하고 있다. 사회학적 관점뿐만 아니라 철학적 관점에서 볼 때, 퍼블리시티권은 우리사회의 공유재산으로 취급되는 것이 정당하

전유하도록 허여해줄 필요성 또는 당위성이 더 약하다고 할 수 있다.

(2) 비(非)재산성

법은 가치 있는 객체에 대하여 거의 완전하고 절대적인 통제와 보호를 보장하여야 한다. 즉 일정한 자원이 어떻게 가치가 인정되어 '재산'이 되는가, 그리고 그러한 재산이 누구에게 배분(할당)되어야 하는가를 규명하여야 한다. 개인정보의 재산성이 인정되기 위해서는, 결국 법이 누군가에게 개인정보를 통제하고 보호할 수 있도록 허용하여야 하는 이유가 분석되어야 하고, 이러한 통제와 보호의 대상이 될 가치 있는 데이터를 누구에게 배분(할당)하여야 하는지가 결정되어야 한다.[7] 그러나 다음과 같이 통제, 보호, 가치, 배분에 있어서 개인정보는 재산으로써의 속성에 흠결을 가진다.

1) 통제

개인정보가 '재산'으로 인정되기 위해서는 통제될 수 있어야 한다. 혹자는 개인정보 통제권을 인정해야 한다는 점을 다음과 같이 설명한다. 우선 개인정보 관리 시스템(Personal Information Management systems)처럼 현존하는 기술적 조치와 개인정보 이동권 및 사전동의 같은 법적 조치 덕분에 이미 통제권이 사실상 존재한다는 것이다.[8] 뿐만 아니라 명확한 법적 근거와 무관하게 정보주체는 이미 개인정보자기결정권이라는 당연한 자연적 권리를 가지고 있다는 것이다.[9] 그러나 기본권으로서 개인정보에 대한 거의 완전한 통제권을 내포하고 있는 개인정보 자기결정권은 기본권의 양도불가능성과 충돌하며, 개인정보는 사실상 완전히 통제될 수 없다.[10] 더욱이 이러한 접근은 다음과 같

다."고 언급하고 있다.

7) Janeček, Ownership of Personal Data in the Internet of Things (December 1, 2017). Computer Law & Security Review, 2018, 34(5), 1039－1052, Available at SSRN: https://ssrn.com/abstract=3111047 or http://dx.doi.org/10.2139/ssrn.3111047 at 9.

8) P De Hert and others, 'The right to data portability in the GDPR: Towards user－centric interoperability of digital services' (2018) 34 CLSRev 193, at 201.

9) V Mayer－Schönberger, 'Data Protection in Europe' in PE Agre and M Rotenberg (eds), Technology and Privacy: The New Landscape (MIT Press 1997) at 229-32; O Lynskey, The Foundations of EU Data Protection Law (OUP 2015) at 195.

10) O Lynskey, The Foundations of EU Data Protection Law (OUP 2015) at 240-44; N Purtova, 'Property in Personal Data: Second Life of an Old Idea in the Age of Cloud Computing, Chain Informatisation, and Ambient Intelligence' in S Gutwirth and others (eds), Computers, Privacy and Data Protection: An Element of Choice (Springer Netherlands2011) at 59; Osborne Clarke LLP, Legal study on ownership and access to data (European Commission 2016) <https://bookshop.europa.eu/en/legal－

은 측면에서 정당화되기 어렵다. 첫째, '사실상 이미 통제권을 가지고 있는 상태인가'라는 측면에서 볼 때 이미 GDPR과 같은 개인정보 보호 규범도 통제권을 제한하고 있으므로 '사실상 거의 완전한 통제' 상태에 있다고 주장하기 어렵다. 둘째, IoT 등 기술적 환경은 개인정보에 대한 사실상 거의 완전한 통제권을 실행한다는 것이 불가능하다. IoT 환경에서 동일한 개인정보가 무한 복제되어 사물간 커뮤니케이션에 이용되는데 어느 누구도 그러한 모든 복제본을 완전히 통제할 수 없다. 이는 개인정보가 본질적으로 데이터의 속성인 비경합성과 비배타성을 지니는바, 독점적으로 거의 완전히 통제되기는 어렵기 때문이다. 더욱이 IoT시스템에 내장된 클라우드컴퓨팅 내에서 데이터의 완전한 통제가 가능하여야 한다. 즉 개인정보에 대하여 소유와 유사한 거의 완전한 통제가 이루어질 수 있는가에 대하여는 한계가 있다.

2) 보호

개인정보가 재산이 되기 위해서는 개인정보의 양도가능성이 인정되야 한다. 그러나 프라이버시 측면에서 혹은 인격권적 측면에서 볼 때 정보주체 권리는 양도할 수 없다는 측면에서 논의된다. 개인정보의 '소유'를 규율하고자 하는 규범과 개인정보의 '보호'를 규율하고자 하는 규범은 모두 필연적으로 개인정보와 관련되며 이들이 복잡하게 얽혀서 논의되어 왔다. 일례로 '데이터'에 방점을 둔 경제적·시장 중심적 접근과 '개인'에 방점을 둔 프라이버시 중심적 접근의 중첩이 드러난 사례가 EU 경쟁법과 데이터 보호법의 중복 현상이다.[11] 그러나 '소유'의 보호는 궁극적으로 소유권의 객체로서 개인정보와 관련되어야만 한다.[12] 즉 인격권으로서 보호의 대상이 되는 개인정보가 아니다. 개인정보의 소유권의 타당성을 설명하려는 주장은 개인정보의 '개인'에 방점을 두는 것이 아니라 '데이터' 측면에 방점을 두게 된다. 따라서 '재산(소유)'으로 보호권이 인정 인정되기 위해서는 그 객체가 명확해야 한다. 즉 '명확성'은 어떠한 '재산'이 모든 사람에 대해 효율적으로 보호될 수 있는 필수 기능이다. 왜냐하면 모든 사람들은 재산권이 부

---

study-on-ownership-and-access-to-data-pbKK0416811/> [https://perma.cc/82D8-9787] at 58-59.

11) F Costa-Cabral and O Lynskey, Family ties: the intersection between data protection and competition in EU Law.Common Market Law Review, 54 (1). 2017. at. 11-50.; N Helberger, FJ Zuiderveen Borgesius and A Reyna, 'The Perfect Match? A Closer Look at the Relationship between EU Consumer Law and Data Protection Law', Common Market Law Review, Vol. 54, No. 5, 2017 at 1-11.

12) S van Erp, 'Ownership of Data: The Numerus Clausus of Legal Objects' Brigham-Kanner Property Rights Conference Journal vol.6, 2017, at 235.

여된 객체가 무엇인지를 정확히 알아야 하기 때문이다.[13] 그러나 IoT, 빅데이터, AI에서 정보처리 및 유통환경을 고려할 때 개인정보를 기술적으로뿐만 아니라 재산의 객체로서 법적 개념으로 정의하는 것은 너무나 복잡한 문제다. 현재 법률상의 정의만으로는 개인정보 자체에 대하여 안정적인 재산적 '보호'를 제공할 수 있다고 기대하기 어렵다. 그러한 보호를 위해서는 급변하는 기술환경 속에서 잠재적 불법행위자들이 개인정보 여부를 명확히 인식할 수 있어야 한다.

3) 가치

앞서 언급한 재산의 객체로서 개인정보의 개념적 불명확성은 개인정보의 가치와 직접적으로 연결된다. 개인정보가 재산으로 인정되기 위해서는 궁극적으로 잠재적 권리자를 위해 어느 정도 입증된 효용성과 명확한 가치를 지니고 있어야 한다. 개인정보의 이러한 가치를 거래 가능하고 통제 가능하며 보호 가치가 있는 상품으로 구현하는 것이 가능해야 한다.[14] 적어도 원칙적으로, 재산권의 타당성을 정당화하려면 개인정보에 대한 투명한 가치평가가 가능해야 한다. 그러나 OECD에서도 밝히듯이 데이터 자체는 본질적으로 가치가 있다고 보기 어려우며, 데이터의 가치는 그 데이터가 사용되는 맥락과 개인정보를 추출하는 방법에 따라 달라진다.[15] 오히려 이러한 데이터의 이용을 만들어내는 분석 알고리즘이나 혁신적 비즈니스 모델보다 왜 데이터에 가치가 부여되어야만 하는지를 설명하지 못한다. 즉 IoT 등 데이터를 생성하는 서비스에 있어서, 그러한 서비스의 물리적 인프라 같은 더 큰 기능에 대한 재산권이 바람직하며, 데이터 자체를 가치의 기본단위로 취해야 하는 이유를 설명할 수 없다. 이러한 맥락에서 EU도 데이터 수집 및 처리 도구를 소유한 사람들이 그러한 도구의 기능을 증진시키기 위해 실질적 투자를 함으로서 그 결과 간접적으로 데이터의 가치에 투자한 효과가 발생하게 되며, 따라서 데이터 처리 도구를 소유한 사람들이 데이터의 소유권에 대하여 충분히 주장을 할 수 있다고 제안한 바 있다.[16] 심지어 가치 있는 자산이 개인 데이터 세트(a

---

13) S van Erp, S van Erp, 'Ownership of Data: The Numerus Clausus of Legal Objects' (2017) 6 Brigham-Kanner Property Rights Conference Journal at 239; F Thouvenin, RH Weber and A Früh, 'Data ownership: Taking stock and mapping the issues' in M Dehmer and F Emmert-Streib (eds), Frontiers in Data Science (CRC Press 2018) at 134.

14) C Wendehorst, 'Of Elephants in the Room and Paper Tigers: How to Reconcile Data Protection and the Data Economy' in Lohsse, Schulze and Staudenmayer (eds) (n 6) 2017, at 330.

15) OECD, Data Driven Innovation: Big Data for Growth and Well-Being (OECD 2015) at 197.

16) Osborne Clarke LLP, supra note 10 at 47-48.

personal data set)인지, 각 개별 데이터 (each individual personal datum)인지 또는 심지어 개인정보(personal information)인지를 구분하는 것은 종종 문제가 될 수 있다.

4) 개인정보의 할당(배분)

무엇보다 개인정보를 '재산'으로 인정한다 할지라도 이러한 개인정보가 누구의 소유여야 하는지는 여전히 불명확하다. '개인정보가 높은 경제적 가치를 지니고 있는 한' 정말 중요한 질문은 '개인정보에 재산권이 있어야 하는가'가 아니라 '누가 권리자가 되어야 하는가'이다.[17] 이렇게 개인정보의 소유권을 누구에게 배분할 것인가를 논할 때 가장 일반적인 시작 단계는 정보주체가 되어야 하는지, 아니면 다른 누군가가 되어야 하는지에 대한 논의이다. 이러한 논의의 딜레마는 사생활 보호라는 기본권과 소유권이라는 기본권 간의 충돌에서 비롯된다. 사생활보호 최우선주의자들은 사생활 보호라는 기본권은 정보주체에게 인정되는 권리이므로 그 소유도 우선 정보주체에게 인정되어야 한다는 믿음을 강요할 수 있다. 그러나 자원의 공정하고 합리적 배분이라는 재산권적 관점에서 볼 때 소유권은 정보주체뿐만 아니라 모든 사람에게 평등하게 비차별적으로 배분(할당)되어야 한다는 견해도 가능하다. 개인정보에 대한 소유권을 우선적으로 누구에게 배분하여야 하는가에 대하여 적합하다고 판단되는 수많은 후보(데이터 생산자, 작성자, 소비자, 컴파일러, 기업, 자금 제공자, 디코더 등)를 제시한다.[18] 그러나, 그러한 배분(할당)의 기준이 되는, 보편적으로 적용될 수 있는 명백한 규칙을 공식화하는 정도에 이르지는 못하였다. 유럽 위원회도 단지 모호하게 '[…]의 권리의 배분은 그러한 권리의 배분에 관련된 모든 요소에 대한 철저한 분석에 의해 가이드 될 것이다.'라고만 표명한 바 있다.[19]

---

17) N Purtova, 'The illusion of personal data as no one's property' (2015) 7 Law, Innovation and Technology 83, at 109.

18) OECD supra note 15 at 196; Osborne Clarke LLP supra note 10 at 75; Bernt Hugenholtz, 'Data property in the system of intellectual property law: Welcome guest or misfit? In S. Lohsse, R. Schulze, & D. Staudenmayer (Eds.), Trading data in the digital economy: Legal concepts and tools: Münster Colloquia on EU Law and the Digital Economy III (pp. 75–99). Nomos. https://doi.org/10.5771/9783845288185–73 (2024.11.14. 최종확인) at 81.

19) EU차원에서 진행된 논의로는 Commission, 'On the free flow of data and emerging issues of the European data economy, accompanying COM(2017) 9 final' (Commission Staff Working Document) SWD (2017) 2 final, esp. 23, at 34.

2. 정보주체 권리의 법적 성격

(1) '인격권'으로서 개인정보자기결정권

정보주체 권원에 대하여는 헌법상의 기본권으로 인정되는 개인정보자기결정권을 구체화한 것으로 보는 견해가 다수다.[20] 헌법재판소의 결정에 의하면 개인정보자기결정권은 헌법에 명시되지는 않았지만 헌법상 명시적으로 보장된 사생활의 비밀과 자유, 인간의 존엄과 가치 및 행복추구권, 자유민주주의적 기본질서, 국민주권원리와 민주주의원리 등을 기반으로 하는 기본권이다.[21] 판례와 학계 통설은 개인정보자기결정권의 법적 성격을 인격권으로 이해하는 데 일치하므로[22] 이를 구체화한 정보주체의 권리는 인격권이라고 할 수 있다. 즉 개인정보의 이용에 대해 스스로 결정하는 것 자체가 인격의 발현이며, 독일 역시 일반적인 인격권의 내용으로서 개인정보자기결정권을 인정한 바 있다.[23] 특히 독일에서 인격권은 국가권력에 대해서 뿐만 아니라 사인에게도 주장할 수 있는 대세적 효력이 인정된다는 것이 학설과 판례의 태도다.[24] 따라서 이에 대한 민사상 손해배상은 인격권 침해에 준하여 이루어지게 된다. 기존의 개인정보 침해가 주로 유출로 인한 인격권 침해에 대한 불법행위책임 논의가 주를 이룬 것도 이와 일맥상통한다. 즉 개인정보자기결정권이란 "자신에 관한 정보가 언제 누구에게 어느 범위까지 알려지고 또 이용되도록 할 것인지를 그 정보주체가 스스로 결정할 수 있는 권리, 즉 정보주체가 개인정보의 공개와 이용에 관하여 스스로 결정할 권리"를 말한다.[25] 이러한 권리의 핵심은 어떤 상황에서 어느 정도 자신을 노출할 것인지 결정할 수 있는 권리이다. 이러한 과정에서 정보주체의 권리가 실현되기 위해서는 '결정'의 전제로서 개

---

20) 권건보, 개인정보 보호의 헌법적 기초와 과제, 저스티스 통권 제144호(2014.10), 17－19면.

21) 헌재 2005. 5. 26. 2004헌마190 결정. 또한 헌법재판소는 2010. 9. 30. 2008헌바132 결정에서는 "개인정보자기결정권은 자신에 관한 정보가 언제 누구에게 어느 범위까지 알려지고 또 이용되도록 할 것인지를 그 정보주체가 스스로 결정할 수 있는 권리로서, 헌법 제10조 제1문에서 도출되는 일반적 인격권 및 헌법 제17조의 사생활의 비밀과 자유에 의하여 보장된다."고 하면서 계속해서 "청구인이 그 침해를 주장하는 인격권, 사생활의 비밀보장권은 모두 개인정보자기결정권의 헌법적 근거로 거론되는 것들로서 그 보호영역이 개인정보자기결정권의 보호영역과 중첩되는 범위에서만 이 사건과 관련되므로, 특별한 사정이 없는 이상 개인정보자기결정권에 대한 침해 여부를 판단함으로써 위 기본권들의 침해 여부에 대한 판단이 함께 이루어지는 것으로 볼 수 있어 그 침해 여부를 별도로 다루지 아니한다."고 하였다.

22) 문재완, 개인정보 보호법제의 헌법적 고찰, 세계헌법연구 제19권 제2호, 2013, 279면.

23) 권태상, 개인정보 보호와 인격권 : 사법(사법) 측면에서의 검토, 법학논집 제17권 제4호, 이화여자대학교 법학연구소, 2013, 77면, 93면.

24) 문재완, 앞의 논문(2013), 276면.

25) 헌재 2005. 5. 26. 99헌마513, 2004헌마190(병합) 결정.

인정보 처리 과정에 대한 정보주체의 '인지 가능성'이 보장되어야 한다. 즉 처리 과정을 투명하게 공개하여야 하고, 그러한 투명성에 기반하여 정보주체가 개인정보의 처리 상황을 인지하고 개인정보의 처리 여부를 허락하는 것이다. 이러한 인격권으로써 개인정보자기결정권을 실현하기 위해 「개인정보 보호법」상 열거된 정보주체의 권리는 개인정보 수집 등 처리에 대한 동의권(또는 거부권)(「개인정보 보호법」 제15조 및 제17조), 개인정보 열람 청구권(「개인정보 보호법」 제35조), 개인정보 정정 및 삭제 청구권(「개인정보 보호법」 제36조), 개인정보 처리정지권(「개인정보 보호법」 제37조) 등이다.[26]

(2) 재산권에 이르지 못한 재산적 가치의 활용

개인정보자기결정권이 인격권이며 그에 기한 「개인정보 보호법」상 정보주체의 권리 역시 인격권으로 보는 것과 달리, 미국에서는 데이터 경제 이전에도 개인정보에 재산권을 인정해야 한다는 견해가 존재한 것으로 보인다.[27] 이들은 개인정보를 재산권의 객체로 인정하게 되면 오히려 정보주체의 관리 및 통제를 강화할 수 있다고 한다. 즉 시장에 의해 개인정보가 투명하게 관리되고 기업들과 협상을 통하여 처리범위를 결정함으로써 정보주체의 통제력이 오히려 증대된다고 본다.[28] 미국뿐만 아니라 유럽에서도 디지털 경제를 둘러싸고 개인정보에 대한 금전적 가치에 대한 논의가 진행되고 있다. 개인정보의 가격이 제시된다면, 개인들은 디지털 시장에서 그들의 영향력에 대하여 인지할 수 있게 되고 오히려 효과적으로 그들의 프라이버시를 보호할 수 있다는 것이다.[29] EU조차도 이러한 현실을 고려하고 있는 듯하다. 대표적인 예가 "디지털 콘텐츠

---

26) 김현경, 정보주체의 권리 실효성 확보를 위한 법적 검토 – 개인정보에 대한 소유권 인정을 중심으로, 법학논집 제26권 제3호, 이화여자대학교 법학연구소, 2022, 190 – 195면.

27) Richard S. Murphy, Property Rights in Personal Information: An Economic Defense of Privacy, 84 Geo. L.J. 2381 (1996); Richard A. Posner, THE ECONOMICS OF JUSTICE (1981); Arslan Aziz and Rahul Telang, 'What Is a Digital Cookie Worth?' Carnegie Mellon University(March 31, 2016). Available at SSRN: https://ssrn.com/abstract=2757325 등.

28) Richard A. Posner, The Right of Privacy, 12 Ga. L. Rev. 393, 1978; 정상조·권영준, "개인정보의 보호와 민사적 구제수단", 법조 제58권 제3호 통권 630호, 2009 참조.

29) Richard G. Newell, Juha V. & Siikamäki, 'Nudging Energy Efficiency Behaviour: The Role of Information Labels', 2014 1 J. Association Environmental & Resource Economists 555, 593; Cristiano Codagnone, Francesco Bogliacino and Giuseppe Veltri, Testing CO2/Car labelling options and consumer information, Final Report (2013), available at https://www.researchgate.net/profile/Giuseppe – Veltri – 2/publication/268074350_Testing_CO2Car_labelling_options_and_consumer_information/links/5460a184 0cf2c1a63bfe475a/Testing – CO2 – Car – labelling – options – and – consumer – information.pdf (2024.10.28. 최종확인); G Malgieri, and B. Custers. Pricing privacy – the right to know the value of

공급 계약에 관한 특정 측면에 관한 EU의 지침 제안"이다.[30] 가치 있는 온라인 콘텐츠를 무료로 제공할 경우, 공급자가 디지털 콘텐츠를 소비자에게 제공하거나 수행하는 계약에 제3(1)조가 적용되는데, 이 조문에 의하면 "대가를 지불하거나 소비자가 적극적으로 개인정보 또는 기타 데이터의 형태로 금전 이외의 다른 성과를 제공하도록" 정하고 있다. 이에 대한 설명(Recital 13)에 의하면 실제로 "디지털 경제에서 개인정보는 시장 참여자들에 의해 금전에 버금가는 가치를 가진 것으로 보여진다. 디지털 콘텐츠는 종종 가격에 대한 교환이 아니라 개인정보나 다른 데이터에 대한 접근 권한을 제공함으로써 금전 이외의 다른 기능에 견주어 공급된다. 이러한 특정 사업모형은 시장의 상당 부분에 서로 다른 형태로 적용되고 있다."고 밝히고 있다. 그러나 이는 유럽 일반개인정보 보호법(GDPR)과 충돌 소지가 다분하다. GDPR은 개인정보가 처리 목적과 관련된 범위 내에서 적절히 사용되어야 한다는 최소 처리의 원칙을 규정하고 있기 때문이다.[31]

한편 최근 경기도에서 데이터를 가공, 활용하여 발생한 수익으로 데이터 생산자인 정보주체에게 지급하는 데이터 배당이 논란이 된 바 있다. 즉 지역화폐의 데이터를 비식별정보로 가공, 분석한 뒤 연구소, 기업 등에 판매하고 그 수익을 개인정보제공에 동의하고 이용실적이 있는 카드 36만 782개 보유자에게 각 120원씩 배당한 것이다.[32] 이처럼 개인정보가 재화처럼 거래되는 것이 더이상 낯설거나 어색하지 않은 것이 현실이다. 그러나 개인정보에 대한 정보주체 재산권 인정은 앞서 언급한 바와 같이 지배(통제) 곤란성, 보호 객체가 불명확성, 가치평가의 문제, 배분의 방식 곤란 등 한계를 지닌다.

---

your personal data, Computer Law & Security Review, 2018.

30) EC, Proposal for a DIRECTIVE OF THE EUROPEAN PARLIAMENT AND OF THE COUNCIL on certain aspects concerning contracts for the supply of digital content, COM(2015) 634 final. https://www.europarl.europa.eu/RegData/docs_autres_institutions/commission_europeenne/com/2015/0634/COM_COM(2015)0634_EN.pdf (2024.10.28. 최종확인)
해당 번역의 원문 : Recital (13) In the digital economy, information about individuals is often and increasingly seen by market participants as having a value comparable to money. Digital content is often supplied not in exchange for a price but against counter−performance other than money i.e. by giving access to personal data or other data. Those specific business models apply in different forms in a considerable part of the market.
Article 3 This Directive shall apply to any contract where the supplier supplies digital content to the consumer or undertakes to do so and, in exchange, a price is to be paid or the consumer actively provides counter−performance other than money in the form of personal data or any other data.

31) 즉 금전과 다른 수단으로 지불하는 것이 GDPR의 개인정보 처리의 합법적 목적에 해당되지 않는 한 개인의 이행을 위해 불필요한 데이터의 처리는 GDPR위반의 소지가 다분하다. Article 5(1)(c), GDPR.

32) 매일경제, 이재명, "데이터에서 나오는 이익, 제공자에게 돌려줘야", 2021.9.8. https://www.mk.co.kr/news/politics/view/2021/09/867842/(2024.10.28. 최종확인)

무엇보다도 권리의 성립요건, 양도·상속성, 보호대상과 존속기간, 침해가 있는 경우의 구제수단 등을 구체적으로 규정하는 법률적인 근거가 마련되어야 한다. 또한 유명인 개인정보의 재산적 가치를 보호하기 위하여 최근 「부정경쟁방지 및 영업비밀보호에 관한 법률」에서 "유명인의 초상·성명 등 인적 식별표지를 공정한 상거래 관행이나 경쟁질서에 반하는 방법으로 자신의 영업을 위하여 무단으로 사용함으로써 타인의 경제적 이익을 침해하는 행위"를 부정경쟁행위의 유형으로 신설(제2조 제1호 타목 신설)한 바 있다. 이에 대하여 개정 사유에서도 밝히고 있듯이 "퍼블리시티권이라는 독자적 재산권을 부여하여 보호하자는 논의가 제기되어 왔음에도 불구하고 데이터의 경우 「민법」상 물건에 해당하지 않아 소유권이 인정되기 어렵고, 초상 등의 경우도 일신전속적 성격상 권리의 양도·상속이 불가능하여 상표권과 권리충돌이 발생하는 등 그 특성상 복잡한 논란이나 부작용이 야기될 소지가 있어 독자적 재산권으로 인정하는데 이르지 못하고 부정경쟁행위로 규정하는 것"에 그치게 된 것이다.[33][34]

그럼에도 불구하고 최근 신용정보법상 금융영역에 우선 도입되고, 「개인정보 보호법」에도 도입하고 있는 '개인정보 전송요구권'의 경우 개인정보에 대한 재산적 가치의 활용을 더 용이하게 하는 수단임에는 틀림없다. 통상 재산권이 양도되면 양도인은 더 이상 그 재산에 대한 재산적 가치를 향유하지 못한다. 그러나 개인정보에 대한 권리는 재산권이 아닌 인격권을 표방하고 있으므로 '이용 허락'이 있을 뿐 권리의 '양도'라는 것이 불가능하다. 그러나 개인정보 이동권은 제3자에게 이전을 용이하게 함으로서 개인정보의 재산적 가치를 활용을 증진시킬 수 있다.

한편 최근 입법화된 「산업 디지털전환 촉진법」 제9조는 "산업데이터를 생성한 자는 해당 산업데이터를 활용하여 사용·수익할 권리를 가진다"고 규정하고 있다. "산업데이터"는 "산업활동과정에서 생성 또는 활용되는 것으로서 광(光) 또는 전자적 방식으로 처리될 수 있는 모든 종류의 자료 또는 정보(법 제2조 제1호)"에 해당되므로 개인정보도 포함된다. 다만 다른 법률과의 관계(제4조 제2항)에서 "산업 디지털 전환과 관련하여 개인정보의 처리 및 정보주체의 권리 보장 등에 관한 사항은 「개인정보 보호법」에 따른

---

33) 부정경쟁방지 및 영업비밀보호에 관한 법률(2021.12.7. 일부개정, 2022.4.20. 시행) 개정이유.

34) 그러나 저작권법 전부 개정안은 '초상등'을 사람의 성명·초상·목소리 또는 그 밖에 이와 유사한 것으로 그 사람을 특정할 수 있는 것으로 정의하고(안 제2조), 초상등이 특정하는 사람은 자신의 초상등을 상업적 목적을 위하여 일반 공중에게 널리 인식되도록 하는 방법으로 이용할 수 있는 권리를 부여함으로써(안 제126조), 소위 퍼블리시티권을 배타적 권리로 인정하고 있다. 도종환의원 대표발의, 2021.1.15. 의안번호 7440.

다"고 규정하고 있으나, 「개인정보 보호법」은 정보주체의 권리로서 적극적 사용·수익권을 규정하고 있지는 않으므로 문언 해석만으로는 실제 개인정보의 수익에 대한 권리가 「산업 디지털전환 촉진법」에 의해 규율될 수도 있다.

3. 소결

과거 전통산업 기반에서도 개인정보를 신용 확인, 공적 업무의 수행을 위해 처리해왔다. 19세기 후반 사생활의 비밀과 평온의 가치를 법적으로 보호해야 한다는 관념이 발생하였고, 보호할 가치 있는 개인의 사적 정보나 비밀에 "부당하게" 접근하거나 혹은 그것을 "부당하게" 공표(public disclosure) 또는 누설(divulge)하는 행위를 민·형사적 제재로써 금지하였다. 즉 방어가 주된 권리의 내용이었다. 그러나 1980년대 이후 정보기술이 발달하면서 국민의 안전, 복지, 사기·조세 포탈의 방지, 대국민서비스의 향상 등을 위한 개인정보의 적극적 처리가 이루어졌다. 또한 시장의 자원배분 효율화, 소비자의 편익, 혁신 서비스 개발 등 민간부문에서 개인정보 처리 역시 증가하게 되었다. 이러한 시기에 인격권의 일종으로서 정보주체의 권리를 규명하고자 하는 개인정보 보호 법제의 발전과[35] 함께 개인정보자기결정권을 기본권으로 인정하게 되었다. 즉 개인정보 처리 과정에 정보주체의 적극적 참여를 보장하기 위한 것이다. 그러나 최근 AI·빅데이터 등 대용량 데이터 처리를 기반으로 하는 '데이터 경제'가 논의되면서 개인정보는 더이상 방어와 참여의 대상을 넘어, 사용수익을 위한 권리를 인정해야 하는지에 대한 논의로 이어지고 있다.

이처럼 정보기술의 발전과 개인정보의 처리가 정보주체에게 미치는 영향을 고려해볼 때 정보주체의 권리의 보장 단계는 크게 세 단계로 나누어 볼 수 있다. 첫 번째 단계는 사생활 비밀 보호권 중심의 방어적 권리이다. 이러한 시기 관련된 기본권은 사생활의 비밀과 자유 보호(헌법 제17조), 통신비밀 보호(헌법 제18조), 주거에 대한 압수·수색에서의 영장주의(헌법 제16조) 등이라고 할 수 있다. 공개되어 있지 않은, 숨기고 싶은 개인의 '비밀'을 국가가 정당한 이유 없이 함부로 침해해서는 안 된다는 원칙이 권리로

---

35) '80년대 이후 국제기구들이 개인정보를 보호함과 동시에 개인정보의 국제적 유통을 원활히 하기 위하여, 1980년의 경제협력개발기구(OECD) 가이드라인, 1980년 유럽평의회(Council of Europe)의 개인정보 보호협약, 1990년 국제연합(UN)의 가이드라인 등을 마련하였으며, 유럽에서는 최초로 서독의 Hessen주가 1970년에 데이터보호법(Datenschutzgesetz)을 제정한 이래, 1973년 스웨덴 개인정보 보호법(Data Act of 1973), 1974년에 미국에서 공공부문 개인정보 보호법인 연방프라이버시법(Privacy Act of 1974)이 제정되었다.

반영된 것이다. 개인의 의사에 반하여 그의 동의 없이 사생활 비밀을 침해하고자 하는 경우, 국가는 국가안전보장·질서유지 또는 공공복리를 위한 정당한 이유를 제시하여 그 침해의 합법성(lawfulness)을 인정받아야 한다. 두 번째 단계는 참여적 권리의 보장이다. 인터넷을 기반으로 한 정보처리 기술과 서비스의 확산은 모든 거래 과정에서 개인정보가 필연적으로 수집되거나 생성될 수밖에 없는 상황이 초래되었다. 이러한 단계에서 정보주체의 권리는 단순히 방어적 권리로서 '사생활 비밀 보호'가 아니라 '잘못된 개인정보 처리로 인한 피해' 또는 '시민 감시' 등의 악용 가능성을 예방하기 위해 정보주체의 권리를 보장할 필요성에 기초한다. 따라서 개인정보자기'결정'권이라는 헌법상 권리를 인정하고 이러한 권리의 핵심은 어떤 상황에서 어느 정도 자신을 노출할 것인지 결정할 수 있는 권리이다. 이러한 과정에서 정보주체의 권리가 실현되기 위해서는 '결정'의 전제로서 개인정보 처리 과정에 대한 정보주체의 '인지 가능성'이 보장되어야 한다. 즉 처리 과정을 투명하게 공개하여야 하고, 그러한 투명성에 기반하여 정보주체가 개인정보의 처리상황을 인지하고 개인정보의 처리 여부를 허락하는 것이다. 이러한 과정을 보장하기 위해 동의권, 열람권, 정정·삭제 및 파기권, 처리정지권 등 현행의 법적 권리들이 도출된 것이다. 세 번째 단계는 이러한 참여적 권리를 넘어 적극적 사용·수익권의 보장이다. 앞서 언급하였듯이 이미 개인정보의 사용, 수익은 이루어지고 있다. 다만 이를 배타적 혹은 준 물권적 권리를 인정하는지는 별개의 문제다.

현재의 정보주체의 권리 단계는 2단계, 즉 개인정보 처리에 있어서 '참여적 권리'를 보장하는 단계라고 볼 수 있다. 이는 '개인정보자기결정권'이라는 인격권에 기반한 권리의 실현이다. 그러나 최근 개인정보에 대한 재화로서 경제적 가치 실현을 위해 소유권과 유사한 재산권을 인정할 필요가 있는지 등이 거론되고 있는 것을 볼 때 3단계 권리의 필요성에 대하여 논의할 필요가 있다. 개인정보에 대하여 재산적 가치의 활용을 넘어 적극적, 배타적 사용·수익권이라는 재산권을 법률상 권리로 인정하는 것은 인격권으로서 '개인정보자기결정권'의 범위를 넘어서게 된다. 대표적으로 정보에 재화와 유사한 독점배타적 사용·수익권을 규정한 저작권의 경우 그 권원에 대하여는 노동이론에 근거한 자연권론, 인센티브론 등 200년 이상 다양하고 심도깊은 논의가 이루어져 왔으며, 인격권과 재산권이 복합적으로 구성되어 있음에도 불구하고 '저작재산권'의 근원은 헌법 제23조의 재산권에서 구하는 것이 일반적이다.[36] 따라서 정보주체의 적극적 재산적 가

---

36) 김현경, 헌법상 재산권 보장과 저작재산권 제한규정의 정합성에 관한 연구, 계간저작권 2013 여름호, 107-135면 참조.

치 활용을 위한 권리를 개인정보자기결정권의 범주에서 구체화하는 데는 한계가 있다.

그러나 최근 정보주체는 개인정보의 이용에 대한 수익을 데이터 기업이 독식하는 것에 대한 불만을 제기하며 개인정보에 대한 적극적 수익 추구 의사를 내보이고 있다. 특히 개인정보의 이용을 주된 영업 내용으로 하는 '마이데이터'사업을 가장 먼저 도입한 금융위원회가 개인정보 수집 등의 대가로 이용자에게 지불할 수 있는 최대 금액을 3만 원으로 정하는 등의 상황을 본다면[37] 더이상 개인정보의 유상 거래는 부적절·은밀한 사업이 아닌 공공연한 기업활동이라고 볼 수 있다. 그러나 누군가에 대한 새로운 권리의 인정은 다른 누군가의 권리를 제한하거나 그에게 새로운 의무를 부과하게 된다. 특히 앞서 검토한 바와 같이 개인정보의 '재산'으로써의 속성은 매우 불확실하고 확립되었다고 보기 어렵다. 따라서 앞서 언급한 개인정보의 외부의존성, 강한 사회기속성, 비(非)재산성 등에 비추어 볼 때 독점·배타성 강화는 신중해야 하며, 오히려 공익적 목적하에 정보주체의 권리 제한은 정당화될 수 있다.

Ⅲ 법익충돌과 해결

1. 정보주체의 권리 강화와 기본권 충돌

정보주체의 권리를 강화하거나 새로운 권리를 창설하는 것은 결국 다른 누군가의 권리를 제한하게 된다. 즉 개인정보를 이용하여 의사와 감정을 표현하는 표현의 자유, 혹은 자신의 노력과 투자로 획득한 개인정보를 처리할 영업의 자유 등이 제한될 수 있다. 따라서 정보주체의 권리를 강화 또는 신설하기 위해서는 이러한 법익 간 갈등을 규범조화적으로 해결하는 방안이 뒷받침되어야 한다.

개인정보는 고유의 본질적인 주관적 가치를 넘어 기업에게 있어서 경제적 가치를 가지는 중요한 영업재산을 구성하게 된다. 시장경제가 작용하기 위해서는 우선 경쟁을

---

37) 신용정보업감독규정(금융위원회고시 제2021-57호, 2022.1.1. 시행., 2021.12.24., 일부개정)
제23조의3(본인신용정보관리회사의 행위규칙 등) ① 영 제18조의6제1항제11호에서 "금융위원회가 정하여 고시하는 행위"란 다음 각 호의 행위를 말한다.
7. 경제적 가치가 3만원을 초과하는 금전·편익·물품 등(추첨 등을 통하여 제공할 경우 평균 제공금액을 의미한다)을 제공하거나 제공할 것을 조건으로 하여 자신에 대해 전송요구권의 행사를 유도하거나 본인신용정보관리 서비스의 가입 등을 유도하는 행위 <신설 2021.9.30.>

그리고 개인 간 계약체결을 가능하게 하고 그 준수를 보장하며 빠르면서도 확실한 재화의 교환을 가능하게 하는 법질서를 필요로 한다. 기업이 개인정보를 수집·처리·이용하는 것을 제한 혹은 금지하는 것은 당해 기업이 헌법상 보장받고 있는 영업의 자유를 제한하는 것이 된다. 영업의 자유는 헌법 제15조가 보장하는 직업의 자유의 한 내용이다. 이 직업의 자유는 자신이 종사할 직업을 결정할 자유(직업선택의 자유)와 결정한 직업을 자유로이 수행할 자유(직업수행의 자유)를 기본적인 내용으로 하는데, 영업의 자유는 이러한 직업수행의 자유의 중요 부분이다. 직업의 자유는 각자의 생활의 기본적 수요를 충족시키는 방편이 되고, 개성신장의 바탕이 될 뿐만 아니라 국민 개개인이 선택한 직업의 수행을 통해 자유주의적 경제·사회질서의 요소가 되는 기본적 권리이다.[38] 기업이나 개인이 영업활동의 일환으로 "정당하게" 개인정보를 수집·처리하여 이를 상품 또는 서비스화(化) 하는 것은 헌법이 보장하는 영업의 자유에 속한다고 할 것이다.[39] 다만 '정당하게' 수집 처리한다는 것의 범위를 어떻게 설정하는가에 따라서 정보주체의 권리와 기업(개인정보처리자)의 '영업의 자유'가 갈등하게 된다. 「개인정보 보호법」은 이러한 정당화의 한계를 가장 기본적으로 정보주체의 '동의'에 기반하여 규율하고 있다. 특히 무차별적 동의가 이루어지지 않도록 동의의 방법, 사전동의 원칙 등을 규율하고 있으며(제15조), 특별히 침해적 요소가 강한 정보들(병력, 범죄 등의 민감정보 등)에 대하여는 별도의 동의를 득하도록 규정하고 있다(제23조 및 제24조). 또한 사후적으로 정보주체의 의사실현을 보장하기 위해 개인정보 열람권, 정정·삭제권, 전송요구권, 처리정지권 등을 규정하고 있다. 이러한 '영업의 자유'와 '정보주체의 권리' 간 갈등은 '공익'적 요소와의 갈등이라기 보다는 '사익' 간의 갈등 충돌이며 사인간의 거래가 중심이 되는 한 사법적 가치가 존중되어야 하는 부분도 간과되어서는 안 된다.

2. 기본권 충돌과 해결

(1) 기본권 충돌의 해결원칙

'기본권의 충돌(상충)(Grundrechtskollision)'이라 함은 상이한 기본권주체가 서로 상충

---

38) 헌재 1989. 11. 20. 89헌가102 결정.

39) 헌재 1996. 12. 26. 96헌가18 결정: "직업의 자유는 영업의 자유와 기업의 자유를 포함하고, 이러한 영업 및 기업의 자유를 근거로 원칙적으로 누구나가 자유롭게 경쟁에 참여할 수 있다. 경쟁의 자유는 기본권의 주체가 직업의 자유를 실제로 행사하는데에서 나오는 결과이므로 당연히 직업의 자유에 의하여 보장되고, 다른 기업과의 경쟁에서 국가의 간섭이나 방해를 받지 않고 기업활동을 할 수 있는 자유를 의미한다."

하는 이해관계로 인하여 서로 충돌하는 각자의 기본권을 주장·행사하기 위해 국가에 대하여 각기 자기의 기본권을 주장하는 경우를 말한다.[40] 이러한 문제를 해결하기 위하여 '입법형성의 자유이론'(입법자 역할론), '기본권의 서열이론'(기본권등급론), '이익(법익) 형량이론', '규범조화적 해결이론'(실제적조화의 이론, 형평성중시론)[41] 등이 주장되고 있다.

　이 중 '기본권의 서열이론'에 대해서는 헌법상의 모든 기본권들의 우열관계를 모두 밝히는 것이 불가능하여 모든 기본권을 서열화하는 것에는 문제가 있으며, 만일 우월한 이익만이 보장되면, 열위의 기본권은 전혀 보장받지 못하게 된다는 문제가 발생한다는 비판이 있다. 한편, '이익(법익)형량이론'에[42] 의하면 우위에 있는 기본권만을 보호하고 열위에 있는 어느 하나의 기본권은 보호되지 못하는 문제점이 있다. '규범조화적 해결원칙'은 위와 같은 '이익(법익)형량원칙'의 문제점을 극복하고자 제시된 이론이다.[43] '규범조화적 해결이론'에 의하면 보호되어야 할 기본권 중 일부를 양자택일하여 어느 하나의 기본권은 보호하고 다른 기본권은 배제시켜서는 안 된다. 오히려 헌법의 통일성의 원리에 따라 충돌하는 모든 기본권들을 가능한 한 모두 보호하는 조화점을 찾아 최적화하여 기본권이 실현될 수 있도록 해야 한다는 것이다. 이에 의하면 기본권의 충돌이 있을 경우 ① 충돌하는 기본권들에 비례적으로 제한을 가하여 모든 기본권이 양립할 수 있도록 하고(비례적 제한의 원칙 또는 법익형량의 원칙), ② 모든 기본권들을 양립시키는 것이 불가능할 경우 대안을 모색하고(대안모색의 원칙), ③ 대안을 발견할 수 없는 경우에는 어떤 기본권을 불가피하게 후퇴시키되, 이때 기본권을 과도하게 제한하지 않도록 해야 한다(과잉금지의 원칙).[44] 국내에서는 사인 간의 기본권 충돌 시 '이익(법익)

---

40) 가령 흡연권과 혐연권 또는 건강권(헌재 2004. 8. 26. 2003헌마457 결정), 언론기관의 보도의 자유(헌재 1991. 7. 22. 89헌가106 결정)와 보도된 당사자의 명예의 보호 또는 반론권(헌재 1991. 9. 16. 89헌마165 결정), 인격권으로서의 명예보호와 표현의 자유의 보장(대판 1988. 10. 11. 선고 85다카29 판결)등의 경우들처럼 개별적인 경우에 두 개 또는 다수의 기본권들이 서로의 이해를 주장하는 경우를 말한다.
41) 허 영 교수는 "규범조화적 해석방법"이라고 표현하며, 장영수 교수는 "실제적 조화의 원칙"이라고 한다.
42) 가령 모(母)가 종교적 교리에 의하여 자(子)에 대한 수혈을 거부한 결과 자(子)가 사망한 경우 자(子)의 생명권은 모(母)의 종교의 자유보다 우선한다.
43) 이 이론은 독일연방헌법재판소가 언론기관이 특정인의 과거범죄경력을 보도함으로써 개인의 인격권과 언론기관의 보도의 자유가 상충한 경우 기본권 충돌의 문제를 해결하기 위해 제시된 원칙이다. Lebach 사건은(BVerfGE 35, 202ff.(1973)) 방송사가 과거 범죄를 다루는 다큐멘터리를 제작·방영하려고 한 사건이다. 이 사건에서 연방헌법재판소는 제1단계에서 방송의 자유와 인격권 중 어느 한 쪽의 헌법가치도 추상적인 차원에서 우위를 주장할 수 없으며, 구체적 형량의 제2단계에서 범죄행위에 대한 시사보도에 대하여 보도의 자유의 우위를 주장한 뒤에 마지막 제3단계에서 ① 텔레비전 방송의 반복성, ② 시사적 정보이익의 부족, ③ 중대한 범죄, ④ 수형자의 사회복귀를 해하는 경우에만 보도가 금지된다고 결정하였다. 오동석(2005), "법원의 검열, 영화 '그때 그 사람들' 가처분 결정"(서울중앙지방법원 2005. 1. 31. 선고 2005카합106 결정), 「사법감시」 제24호, 16-19면 참조.

형량이론'과 '규범조화적 해결이론'에 의하여 해결하려고 시도하고 있다.[45)]

(2) 비례(과잉금지) 원칙

헌법재판소는 비례원칙, 즉 기본권을 제한하는 국가행위의 목적과 수단 사이의 관계가 적정해야 한다는 원칙을 기본권제한입법의 위헌심사기준으로 사용하면서 이를 비례원칙으로 표현할 때도 있고 과잉금지의 원칙으로 표현할 때도 있다. 우리나라의 대부분의 학설과 판례는 비례원칙의 헌법적 근거를 헌법 제37조 제2항과[46)] 법치국가원리에서 구하고 있다.[47)] 기본권은 역사적으로 본다면 개인의 소위 초국가적인 자유를 국가로부터 방어하기 위한 권리로 파악되었고 그 배후에는 "개인의 자유는 원칙적으로 무제한이고, 국가의 자유제한권한은 원칙적으로 제한"되어야 한다는 인식이 바탕이 되어 있다. 따라서 기본권의 본질상 기본권은 최대한 보장되어야만 하고 이를 위해서 국가의 기본권제한은 원칙적으로 금지되며 국가의 기본권제한은 예외적인 경우에만 허용될 수 있다.[48)] 비례원칙은 이러한 국가의 기본권제한근거의 정당성 여부를 심사하기 위하여 도입된 원칙이다. 즉 비례원칙은 국가의 기본권제한이 정당한지 여부를 판단할 수 있게 하는 일련의 합리적인 심사기준을 제공함으로써 국가권력의 자의적인 기본권침

---

44) 지성우, 개인정보 보호와 소위 '잊혀질 권리'(Right to be forgotten)의 관계에 관한 연구, 한국정보화진흥원 입법정책좌담회 발표자료, 2012.12, 16 – 17면.

45) 허 영 교수는 기본권이 상호 충돌하는 경우 첫째, 이익형량의 방법, 둘째, 상충하는 기본권들의 양립을 위한 최소한의 제약, 셋째, 상충하는 기본권을 모두 보호할 수 있는 대안의 제시, 넷째, 극단적인 최후 수단의 억제 등의 방법을 동원하여 규범조화적으로 해결하여야 한다고 한다(허 영, 한국헌법론, 박영사, 2010, 271 – 275면). 권영성 교수는 첫째, 충돌하는 기본권 간에 가치의 서열이 있는 경우에는 이익형량(법익형량), 둘째, 기본권 간의 가치의 서열이 불분명한 경우에는 기본권 모두에 공평하게 제한, 셋째, 이러한 공평한 제한을 통해서도 해결 불가능한 경우에는 기본권의 효력을 모두 유지할 수 있도록 다른 대안을 마련하는 방식으로 순차적으로 기본권 충돌문제를 해결하여야 한다고 한다(권영성, 헌법학원론, 법문사, 2010. 341 – 344면).

46) 헌법 제37조 제2항은 "국민의 모든 자유와 권리는 국가안전보장·질서유지 또는 공공복리를 위하여 필요한 경우에 한하여 법률로써 제한할 수 있으며, 제한하는 경우에도 기본권의 본질적 내용은 침해할 수 없다"고 규정하고 있다.

47) 허 영, 한국헌법론, 박영사, 2010, 156면; 정종섭, 헌법학원론, 박영사, 2010, 373면; 성낙인, 헌법학, 법문사, 2010, 356면. 또한, 헌법재판소도 비례원칙 혹은 과잉금지의 원칙을 법치국가원리에서 파생된 원칙으로 보고 있으며 헌법 제37조 제2항을 비례원칙의 근거조항으로 보고 있다: "과잉입법금지의 원칙이라 함은 … 법치국가의 원리에서 당연히 파생되는 헌법상의 기본원리의 하나인 비례의 원칙을 말하는 것이다." 헌재 1992. 12. 24. 92헌가8 결정, 판례집 4 – 1, 853, 878 – 879; "헌법 제37조 제2항은 "국민의 모든 자유와 권리는 국가안전보장·질서유지 또는 공공복리를 위하여 필요한 경우에 한하여 법률로써 제한할 수 있으며, 제한하는 경우에도 자유와 권리의 본질적인 내용을 침해할 수는 없다."라고 규정하여 입법상의 과잉금지의 원칙을 천명하였다." 헌재 1993. 12. 23. 93헌가2, 판례집 5 – 2, 578, 601.

48) 성정엽, 비례원칙과 기본권, 저스티스 통권 제136호, 2013, 10면.

해를 방지하고 이를 통하여 기본권을 최대한 보장하기 위하여 도입된 원칙이다. 따라서 공권력에 의해 정보주체의 권리가 제한되는 경우 비례원칙에 비추어 합당하여야 한다.

그 주요 내용으로는 국가의 기본권제한이 정당화되기 위해서는 제한의 목적이 정당성을 가져야만 하고(목적의 정당성), 제한의 수단이 목적달성에 적합하여야만 하며(수단의 적절성), 제한의 정도가 최소화되어야만 하고(침해의 최소성), 제한되는 기본권과 달성하려는 법익간에 균형이 이루어져야 한다(법익의 균형성).

3. 정보주체 권리의 충돌

이러한 사익 간 갈등에 대하여는 우선 사인 간의 법률관계를 규율하는 기본원칙으로서 "사적자치의 원칙"이 고려되어야 한다. 중세 신분적 구속에서 벗어난 근대시민사회에서의 사법은 사적자치의 원칙을 그 기본이념으로 한다.[49] 사적자치란 고전적 의미로 "개인의 자기 의사에 따른 법률관계의 형성의 원칙을 의미한다.[50] 이러한 의미를 전제로 볼 때 사적인 영역에서 사인 간의 법률관계에 대하여는 법질서가 개입을 포기하게 된다. 이러한 사적자치의 원칙은 계약자유에 의해 실천된다. 개인이 자기 의사에 따라 자기의 법률관계를 형성하는 것은 주로 법률행위, 특히 계약을 통해서이다. 계약자유의 원칙은 사적관계의 영역에 있어서 각자는 자기의 자유로운 의사에 따라 타인과의 사이에 계약을 맺음으로써 그 타인에 대하여 의무를 부담하거나 권리를 취득하게 된다. 이처럼 사적인 법률관계에서 사인들의 합의에 기하여 형성된 법률관계에 대해서는 국가의 고권적·후견적 간섭을 원칙적으로 포기하고 그 범위 안에서 당자자의 합의에 법적 효력을 부여하는 원칙이다.[51]

그러나 인간의 자유와 평등을 전제로 한 고전적 의미의 계약자유 사상은 근대사상

---

49) 종래 "우리 민법은 자유인격의 원칙과 공공복리의 원칙을 최고원리로 하며, 공공복리라는 최고의 존재원리의 실천원리 내지 행동원리로서 신의성실·권리남용의 금지·사회질서·거래안전의 여러 기본원칙이 있고 다시 그 밑에 이른바 삼대원칙이 존재한다"라는 입장이었으나[곽윤직, 민법총칙(1999), 64면], 최근 민법의 개념을 사적자치에서 구하는 견해가 유력하다(양창수, 민법입문, 2000, 354면; 지원림, 민법강의, 2002, 18면 이하 등).

50) 의사를 강조하는 견해는 '개인이 자기의 의사에 의하여 법률관계를 스스로 형성하는 원칙'이라고 정의한다(Werner Flume, Allgemeiner Teil des Bürgerlichen Rechts, Bd. 2, Springer−Verlag, 1992, S. 1). 이에 대하여 법질서를 강조하는 견해는 '법질서가 의사표시에 의하여 법률효과를 발생하게 하거나 저지하게 할 수 있는 가능성을 인정하는 원칙'이라고 한다(Franz Bydlinski, Privatautonomie und objektive Grundlagen des verpflichtenden Rechtsgeschäfts, Springer−Verlag, 1967, S. 127ff.).

51) 지원림, "계약정의에 관한 연구", 비교사법 제9권 제2호(통권17호), 102면.

이 낳은 법적이념이기는 하지만 현실에 있어서는 여러 가지 폐해를 드러내게 되었다. 형식적 평등에 기초한 대등한 당사자 간의 계약이 합리성을 가지며, 그렇기 때문에 계약에 있어서 외적 간섭을 배제해야 한다는 점에 중점을 둔 나머지 계약당사자 간의 실질적 불평등으로 인한 의사형성의 부자유의 문제를 간과하였다. 이 점에서 형식적 계약자유는 그 출발선상에서 이미 사회적·경제적 강자에 의한 남용의 가능성을 내포하였고 이러한 점이 근본적 결함으로 표출되게 되었다.[52] 따라서 계약당사자가 서로 대등한 지위를 보유하여 각자가 자유롭게 계약의 자유를 행사할 수 있는 경우에는 충분하지만, 실제에 있어서 계약당사자 일방이 우월적인 지위를 가지면서 쌍방의 자기결정 대신에 그 자의 일방적인 결정이 행하여지는 상당수의 경우가 있는 바, 이러한 경우 우월한 당사자의 계약자유는 약자의 보호를 위하여 제한되어야 하며 이것이 계약의 내적 한계의 문제라고 할 수 있다.[53] 따라서 사인 간의 '개인정보자기결정권'과 '영업의 자유' 간의 충돌은 대등한 관계에서 원칙적으로 사적자치의 원칙이 존중되어야 한다. 그러나 이미 힘의 불균형이 발생한 경우 사적자치의 원칙이 아니라, 기본권 충돌의 해결방식으로서 앞서 언급된 '이익(법익) 형량이론'과 '규범조화적 해결이론'이 적용될 수 있다.[54]

Ⅳ　정보주체 권리의 재탐색

앞서 언급한 바와 같이 정보주체의 권리의 신설이나 개정은 기본권 충돌에 따른 법익 균형이 전제되어야 한다. 이하에서는 최근 AI와 관련하여 중요 이슈로 대두되고 있는 '개인정보와 AI학습 데이터' 문제, '개인정보 처리정지권'의 지나친 확장성, '가명정보의 처리'와 관련하여 법익 균형에 기반한 입법 과제를 모색해 보고자 한다.

1. '공개된 개인정보' 처리와 법익 균형

(1) AI환경에서 공개된 개인정보 처리와 법익 균형의 한계

AI서비스 성패는 학습데이터의 양과 질에 달렸다고 해도 과언이 아니다. 개인정보

---

52) 장재현, "계약자유에 대한 제한의 이론적 근거", 경북대 법학논고 제6집, 경북대학교 법학연구소, 1990, 158면.
53) 송덕수, "私的自治에 관하여", 사회과학논집, 이화여대, 1991, 50면.
54) 김현경, 기술혁신환경에서 프라이버시와 공권력의 충돌과 조화, 가천법학 제9권 제3호, 2016.9, 92‒96면.

는 중요한 학습데이터이며, 특히 공개된 개인정보는 이미 상당부분 크롤링이나 스크래핑 등을 통해 학습데이터로 이용되고 있다. 그러나 '고지-동의'를 처리요건으로 규정하고 있는 현행법 하에서 이러한 처리는 문제될 수 있으며, 여기서 정보주체의 동의권과 개인정보처리자의 영업의 자유 간 충돌이 발생하게 된다. 개인정보자기결정권은 '결정'의 전제로서 인지 가능성이 전제된다. 그러나 '공개된 개인정보'에 대하여 적용하기 어려운 점을 내포하고 있다. 우선 '결정'의 전제가 되는 '인지가능성'을 보장하기 위하여 우리 법은 첫 단계로 일정한 사항을 '고지'할 것을 규정하고 있다. 개인정보의 처리 전에 개인정보처리자의 '고지'에 의해 정보주체의 '인지'가 이루어져야 한다. 그러나 대부분 공개된 개인정보에 대하여 그 처리에 대한 '고지사항'을 명확히 하기란 어렵다. 가장 단순한 예로 대학 홈페이지에 게시된 교수들의 프로필과 사진에 대하여 처리목적, 이용범위, 제3자 제공 등에 대한 사항이 특정되어 고지되어 있는가를 상정해보자. 특히 이러한 공개된 개인정보를 AI가 학습용으로 수집, 처리하게 될 경우 개인정보의 처리 목적과 내용을 모두 고지사항에 명확히 담기 어렵다. 또한 빅데이터 분석과정에서 데이터 처리 목적이 재설정될 수 있고 이러한 변동을 일일이 처음 고지에 담기 어렵다.[55] 뿐만 아니라 개인정보가 실시간 생성되고 공개되는 IoT환경에서 개인정보의 처리 목적과 방법, 범위 등을 특정하여 일일이 사전고지하는 것은 곤란하다.

다음으로 고지를 통해 정보주체가 인지하였다는 사실을 전제로 정보주체의 이해가 이루어져야 한다. 그러나 개개의 공개된 개인정보의 처리로 발생할 위험과 혜택을 고지사항만으로 정보주체가 본인에게 미치는 영향을 충분히 이해하기에는 무리다.[56][57] 기존 정보를 분석하여 얻을 수 있는 새로운 정보의 유형과 예측의 종류는 너무 광범위하고 복잡하며, 빠르게 진화한다. 따라서 정보주체는 이와 관련된 위험과 혜택을 완전히 평가할 수 없다. 내용 자체가 본질적으로 기술적 세부 사항과 상세한 법적 내용으로 기술될 수밖에 없으므로 평균 이용자가 이해할 수 있는 범위를 넘어선다.[58] 따라서

---

55) ICO. Big data, artificial intelligence, machine learning and data protection, 2017, at 10−12.

56) 사람들이 실제로 이러한 사항을 모두 읽는다면 연간 244시간을 소요해야 한다는 연구결과도 있다. Mc Donald, A. M.and L. F. Cranor, "The Cost of Reading Privacy Policies", I/S Journal for Law and Policy for the Information Society4(3). 2010 at 543-68. www.aleecia.com/authors−drafts/readingPolicy Cost−AV.pdf (2024.10.28. 최종확인)

57) 일례로 부동산 매매의 경우 하자 담보에 대한 사항, 추후 채무불이행에 대한 사항 등의 기본적 법리를 인지하게 되며 결정적으로 매매의 결과 집에 대한 소유권이 이전된다는 법률효과를 명확히 인지할 수 있다. 그러나 정보 주체는 고지사항을 읽는다 할지라도 개인정보의 처리 결과 본인에게 어떤 상황이 발생할지 적절히 평가할 만큼 전문적이지 못하다.

58) Toubiana, V. and H. Nissenbaum, "An Analysis of Google Logs Retention Policies", Journal of Privacy

'(개인정보처리자의) 고지－ (정보주체의) 인지와 이해'를 전제로 하는 개인정보자기결정권을 실현하면서 '공개된 개인정보'를 AI학습용 데이터로 이용하는 것은 현실적 한계를 지닌다.

그러나 이러한 권리를 정보주체에게 인정한 근원은 정보주체가 인지하지 못한 개인정보의 처리는 정보주체에게 '위해'가 된다는 것이 전제되어 있다. 그렇다면 인공지능 환경에서 '공개된 개인정보'를 AI학습용 데이터로 처리하는 것이 정보주체에게 '위해'가 된다고 볼 수 있는지 의문이다. 즉 특정인을 식별하기 위한 목적 등 예외적인 상황이 아닌 한 AI학습용 데이터로 공개된 개인정보를 처리하는 것이 정보주체에게 어떠한 '위해'를 야기하는지에 대하여는 고민이 필요하다. 이는 정보주체의 '동의권'을 마치 '소유권'과 유사한 독점배타권으로 보아 허락 없는 이용 자체를 바로 침해로 보는 데서 비롯된 것이다. 이러한 소유권의 독점배타권의 속성을 그대로 '개인정보자기결정권'에도 적용하는 것은 타당하지 않다.

인공지능 학습용 데이터로서 개인정보를 처리함에 있어 정보주체의 권리침해성이 없다면 개인정보의 처리는 오히려 데이터의 부가가치를 높이는 공익적 목적에 더 부합할 수 있다. 따라서 정보주체가 명시적으로 처리를 유보하거나 개인을 식별하기 위함이 아닐 것 등 일정한 요건하에 공개된 개인정보의 합법적 이용 방안을 모색하는 것이 규범조화적 해결방안에 부합한다.

(2) 입법 과제

1) 공개된 개인정보의 의미

AI학습용 데이터로 공개된 개인정보의 이용을 합법화하는 방안을 논함에 앞서 우선 공개된 개인정보의 의미를 짚어볼 필요가 있다. 대부분의 학문적 논의에서는 "적법하게" 공개된 개인정보[59] 또는 "일반적으로" 공개된 개인정보[60]라는 용어를 사용하고 있다. 그러나 위법하게 공개된 개인정보는 개인정보의 유출 혹은 침해의 문제이므로 그

---

and Confidentiality3(1) Article 2, 2011, at 3-26.

[59] 오병철, "적법하게 공개된 개인정보의 보호와 활용", 경희법학 제52권 제4호, 경희대학교 법학연구소, 2017, 165면 이하.

[60] 박경신, "일반적으로 공개된 정보의 개인정보 보호법 상의 규율 및 해외 입법례", 법학논총 제38권 제2호, 전남대학교 법학연구소, 2018, 4면 이하. 개인정보를 "일반적으로 공개된 정보", "제한적으로 공개된 정보", "사생활의 비밀"로 나누고 '제한적으로 공개된 정보' 역시 아직 추가 공개를 통해 발생할 수 있는 정보감시의 위험이 남아있으므로 정보소유권론적 정보보호가 필요하다고 한다.

이용에 대하여 논할 필요가 없다. 즉 위법하게 공개된 개인정보의 이용에 대하여 논하는 것은 아니므로 '적법하게' 공개된 개인정보라는 표현은 굳이 불필요하다.[61] 또한 '공개'의 의미에는 이미 공중 혹은 일반이 접근 가능한 상태[62]에 있다는 것을 내포하고 있는바 별도로 일반에게 혹은 일반적으로 공개된 이라는 표현은 중복적 표현이라고 할 수 있다. '불특정 다수가 접근을 통해 처리할 수 있는 상태 또는 누구나 접근가능한 개방된 공간'에 있다면 이는 '공개된 개인정보'라고 할 수 있다.

한편 일각에서는 공개의사의 정도에 따라 스스로에 의해 적극적이고 명시적으로 공개하는 경우(주로 SNS에 업로드하는 경우, 명함을 주는 경우), 원치는 않지만 소극적으로 노출되는 것을 묵인하는 경우(예를 들어 회사나 학교 홈페이지 등 직업적인 이유로 개인정보를 게시하는 경우)등은 그 보호의 정도가 달라져야 한다고 한다.[63] 그러나 공개된 개인정보에 접근하여 이용하고자 하는 개인정보처리자 입장에서는 각각의 경우 정보주체의 공개에 대한 적극적 혹은 소극적 의지를 추론하거나 결론지을 수 없다. 특히 AI 학습용 데이터로 이용함에 있어서는 특정인의 식별목적 등 특정 목적으로 처리하지 않는 한 정보주체의 인격적 법익의 침해 가능성이 매우 낮으므로 이러한 정보주체의 의지를 반영하는 것이 그다지 중요하지 않다. 다만 무엇이 자유롭게 이용할 수 있는 공개된 개인정보인지 파악하는 것이 더 중요하다. 그러한 의미에서 볼 때 AI학습용 데이터로 자유로이 이용할 수 있는 공개된 개인정보는 불특정 다수가 접근을 통해 처리할 수 있는 상태 또는 누구나 접근 가능한 개방된 공간에 있는 개인정보를 의미한다고 보는 것이 타당하다.

2) 공개된 개인정보의 이용 방안

이러한 '공개된 개인정보'를 AI 학습용 이용할 수 있도록 합법화하는 방안으로 다음의 방안이 고려될 수 있다.[64]

첫째, 「개인정보 보호법」의 적용대상이 되는 '개인정보'의 개념에서 '공개된 개인정보'를 아예 제외하는 방식이다. 그러나 이미 헌법재판소와 대법원 등 각종 사법적 판단

---

61) 비슷한 취지, 이권일, 일반에게 공개된 개인정보의 보호와 활용, 법학논고 제68집, 경북대학교 법학연구원, 2020.1, 14-15면.
62) 다른 나라의 법제에 의하면 'disclosed to the public', 'open to the public', 'publicly available', 'generally available', are manifestly made public' 등의 여러 표현이 쓰이고 있다.
63) 이권일, 앞의 논문, 18-23면.
64) 김현경, 앞의 논문, 184-186면.

이 「개인정보 보호법」의 적용대상으로 '공개된 개인정보'를 포함하고 있다고 밝히고 있는바, 성문법 체계의 우리 법체계하에서 명확한 입법적 조치가 없이는 불가능하다. 또한 공개된 개인정보에서 "공개된"이 의미하는 바에 대한 명확한 개념정의가 전제되어야 할 것이다. 현재 도입 자체는 시기상조일 수 있으나, 입법례가 아예 없는 것도 아니므로[65] 중장기적으로 정보주체의 본질적 권리를 침해하지 않는 범위 내에서 도입방안을 검토해 볼 만하다. 다만 이러한 경우에도 정보주체를 식별할 목적으로 공개된 개인정보를 처리하는 것은 엄격히 금지되어야 할 것이다.

둘째, 공개된 개인정보에 대하여 일정한 경우 「개인정보 보호법」이 적용되지 않는 적용 예외를 규정하는 방식이다. 그 세부 방식으로는 「개인정보 보호법」 제28조의2(가명정보의 처리)와 유사하게 '개인정보처리자는 특정인을 식별하기 위한 경우 또는 정보주체가 명확히 그 처리를 유보한 경우가 아니라면 공개된 개인정보를 인공지능 학습용 데이터로 자유로이 이용'할 수 있는 근거를 마련하는 방안이다. 또는 「개인정보 보호법」 제58조(적용의 일부 제외)의 각 호로 '개인정보 처리자가 인공지능 학습용 데이터로 처리하는(단 식별목적은 제외한다) 공개된 개인정보'를 추가하는 방안이다.

셋째, 현재와 같이 정보주체의 개별적 의사 판단에 기초하여 정보주체의 포괄적 동의에 해당되는지 해석에 의존하는 방안이다. 즉 '일반적으로 공개된 정보'라도 그와 같은 카테고리 전체를 「개인정보 보호법」의 적용에서 배제할 것이 아니라 정보처리자의 이익과 정보주체의 이익을 형량하여 개별적으로 배제해야 한다는 것이다. 그러나 이러한 방안은 공개된 개인정보의 이용에 대하여 현재 존재하는 불분명함이 그대로 있게 된다. 이러한 경우 특별한 입증을 하지 않는 한 자유롭게 이용할 수 없기 때문에 표현의 자유 위축은 별론으로 하고[66] 정보주체의 권리침해성이 없거나 매우 미약함에도 '공개된 개인정보'의 활용은 미비할 수밖에 없다. 그럼에도 이러한 방식을 채택한다면 정부가 지침 등을 통해 AI학습용 데이터로서 공개된 개인정보를 적법하게 활용하는 기준과 방법을 구체화할 필요가 있다.

다만 공개된 개인정보 이용의 중요하고도 핵심적인 전제조건은 이러한 이용이 당연

---

65) 호주의 개인정보 보호법에 해당되는 프라이버시와 정보보호법(Privacy and Data Protection Act 2014)에서는 "공중이 이용가능한 정보(Publicly–available information)"에 대한 법 적용예외를 규정하고 있다. 캐나다 개인정보 보호및전자문서법(Personal Information Protection and Electronic Documents Act (S.C. 2000, c. 5)) 제7조에서도 동의의 예외로 "일반에게 공개된 정보(publicly available information)"를 정의하는 명령을 별도로 정하고 있다.

66) 박경신, 앞의 논문, 14면.

히 정보주체의 권리침해를 야기해서는 안 된다는 것이다. 특히 식별목적의 이용은 엄격히 금지되어야 한다. AI학습용 데이터로 처리하는 과정에서 정보주체가 식별된 경우 즉시 해당정보를 파기하고 재식별되지 않도록 조치를 취하는 등의 법적조치가 병행되어야 할 것이다. 뿐만 아니라 정보주체가 기술적 조치 등을 통해 그 접근 및 이용 제한을 유보하였음에도 불구하고 이를 위반한 경우 제재가 부과되어야 할 것이다.

2. 개인정보 처리정지권과 법익 균형

(1) 개인정보 처리정지권 주요 내용

개인정보 보호법 제37조 제1항은 "정보주체는 개인정보처리자에 대하여 자신의 개인정보 처리의 정지를 요구할 수 있다."고 규정한다. 제2항 본문은 "개인정보처리자는 제1항에 따른 요구를 받았을 때에는 지체 없이 정보주체의 요구에 따라 개인정보 처리의 전부를 정지하거나 일부를 정지하여야 한다."고 규정하고, 다만 단서에서, "다음 각호의 어느 하나에 해당하는 경우에는 정보주체의 처리정지 요구를 거절할 수 있다."고 하면서, 4가지 거절사유를 인정한다: "① 법률에 특별한 규정이 있거나 법령상 의무를 준수하기 위하여 불가피한 경우 ② 다른 사람의 생명·신체를 해할 우려가 있거나 다른 사람의 재산과 그 밖의 이익을 부당하게 침해할 우려가 있는 경우 ③ 공공기관이 개인정보를 처리하지 아니하면 다른 법률에서 정하는 소관 업무를 수행할 수 없는 경우 ④ 개인정보를 처리하지 아니하면 정보주체와 약정한 서비스를 제공하지 못하는 등 계약의 이행이 곤란한 경우로서 정보주체가 그 계약의 해지 의사를 명확하게 밝히지 아니한 경우"다. 이를 위반하여 개인정보의 처리를 정지하지 않고 계속 이용하거나 제3자에게 제공한 때에는 2년 이하의 징역 또는 2천 만 원 이하의 벌금이 부과된다(제73조 제3호).

「개인정보 보호법」 해설서[67]에 의하면 "처리정지 요구권은 개인정보처리 활동에 대한 정지를 요구하는 것으로 동의 철회권보다 적용 범위가 더 넓다. 동의 철회권은 정보주체 자신이 동의한 것에 대해서만 동의를 철회할 수 있으나, 처리정지 요구권은 정보주체 자신이 처리에 동의하지 않았더라도 개인정보처리자가 처리하고 있는 정보주체에 관한 모든 개인정보의 처리 정지를 요구할 수 있다. 정보주체는 처리정지 요구의

67) 「개인정보 보호 법령 및 지침·고시 해설」(2020. 12. 개인정보 보호위원회 발행) 381-382면.

이유를 소명할 필요가 없으며 언제든지 요구가 가능하다"고 기술하고 있다. 또한 개인정보처리자는 정보주체의 요구에 따라 처리가 정지된 개인정보에 대하여 지체없이 해당 개인정보의 파기 등 필요한 조치를 하여야 한다(제37조 제5항).

(2) 처리정지권과 법익 균형의 한계

1) 사적 거래에서 개인정보처리자의 정당한 이익과 법익 불균형

법령상 개인정보의 수집, 이용이 적법한 경우는 "① 정보주체의 동의를 받은 경우, ② 법률의 특별한 규정 또는 법령상 의무를 준수하기 위하여 불가피한 경우, ③ 공공기관의 법령상 소관 업무 수행을 위하여 불가피한 경우, ④ 정보주체와의 계약의 체결 및 이행을 위하여 불가피하게 필요한 경우, ⑤ 정보주체등의 사전 동의를 받을 수 없는 경우로서 명백히 정보주체등의 급박한 생명, 신체, 재산의 이익을 위하여 필요하다고 인정되는 경우, ⑥ 개인정보처리자의 정당한 이익"의 경우다.[68] 다만, 공공영역(고도의 공익적 사유)의 개인정보 처리의 적법요건이라 할 수 있는 ②, ③, ⑤의 경우에는 정보주체의 처리정지요구를 거절할 수 있도록 규정하고 있다(제37조제2항). 그러나 민간영역에서 개인정보 처리의 적법요건이라 할 수 있는 ①과 ⑥에 대하여는 정당한 사유가 없어도(이유를 소명할 필요 없이) 개인정보 처리정지를 요구할 수 있다. 즉 「개인정보 보호법」 해설서에 의하면 민간영역의 경우 개인정보처리자가 이용목적과 범위 등을 특정해 사전에 고지하고 정보주체의 동의를 받았더라도, 정당한 이유 없이, 즉 정보주체의 단순 변심에 의해 개인정보 처리가 정지될 수 있는 것이다. 또한 개인정보처리자의 정당한 이익에 기하여 개인정보를 처리하는 경우에도 정당한 사유 없이 얼마든지 개인정보 처리를 정지시킬 수 있다. 개인정보의 적법요건에 따라 합법적으로 개인정보를 수집, 이용하는 개인정보처리자는 급작스런 개인정보 처리정지 요구에 대하여 어떠한 항변도 할 수 없는 것이다. 또한 4)의 경우 계약의 해지·파기 등의 사유가 없음에도 불구하고 정보주체의 계약 해지 의사만으로 계약의 이행에 필요한 개인정보의 처리를 정지시킬 수 있는 것이다.

이러한 처리정지권의 행사는 민간영역에서 이루어지는 개인정보 적법처리 요건을 모두 사문화시키며 정보주체에게 절대적 권리에 준하는 과도한 권리를 부여하는 결과를 초래하게 된다. 정당한 개인정보처리와 정보주체의 권리 간의 합리적 균형은 불가

---

68) 개인정보처리의 적법요건(제15조 제1항).

능하게 된다. 과거 민간영역의 「개인정보 보호법」이라 할 수 있는 2020년 「개인정보 보호법」 개정 이전 구 정보통신망법에서는 정보통신서비스 이용자에게 열람 · 정정 · 삭제요구 이외에 "동의철회권"만을 인정하였던 것도(구 정보통신망법 제30조 제1항 참조, 2018년 구 정보통신망법에 개인정보 처리정지요구권 근거규정을 신설하는 내용의 법률안이 발의되었으나 입법되지 않았음) 이러한 법익 균형을 고려한 것이라 할 수 있다.

즉 정리하면, 처리정지권은 정보주체의 동의를 받아 정보주체와 개인정보처리자의 합의로 적법하게 처리하는 경우라 할지라도 일방적으로 정보주체의 요구가 있으면 언제든 정지해야 한다. 위반 시 형사처벌이 가능하며 개인정보처리자의 정당한 이익은 전혀 고려되지 않는 정보주체의 강력한 권리다. 특히 처리정지권은 정보주체의 인격권인데, 인격권이 침해되었는지 여부를 따지지 않고 처리정지권의 불이행 자체를 인격권 침해로 보아 형사처벌하므로 매우 이례적이다. 무엇보다도 정지에 그치지 않고 해당 개인정보를 파기해야 하므로 엄격히 "처리정지권"이 아니라 "개인정보 처리금지권"이라고 할 수 있다.

2) 해외 입법례(GDPR)와 불균형

비교법적으로 가장 강력한 개인정보 보호를 표방하고 있다고 인정되며, 우리 「개인정보 보호법」의 모범이 된 EU GDPR의 경우에도 개인정보 처리정지 요구권이라는 포괄적 절대적 권리를 규정하고 있지 않으며, 개인정보 처리 제한권(right to restriction of processing)[69]과 반대권(right to object)[70]을 규정하고 있다.

개인정보 처리 제한권(right to restriction of processing)은 정보주체가 자신의 개인정보가 정확하지 않다고 판단되면 개인정보 처리를 제한할 수 있으며, 이 경우 개인정보의 정확성이 확인될 때까지 한시적으로 처리를 제한시킬 수 있는 권리다. 컨트롤러는 다음과 같은 특정한 경우에만 정보주체의 처리제한 요구를 이행해야 한다. ① 정보주체가 정보의 정확성에 이의를 제기하거나, ② 처리가 불법적이지만, 정보주체가 삭제를 반대하고 처리제한을 요구한 경우, ③ 불필요한 개인정보에 대해 정보주체가 법적 청구권 행사나 방어를 위해 해당 정보를 요구한 경우, ④ 정보주체가 처리를 반대하였으나 컨트롤러의 정당한 사유(공익목적, 법적 의무 준수 등)가 있어 이익형량 검토를 진행하고 있는 경우다. 단, 제3자에게 제공한 경우, 불가능하거나 과도하지 않는 범위 내에서

---

69) GDPR Art. 18 (Right to restriction of processing)
70) GDPR Art. 21 (Right to object)

그 제3자에게 정보 처리제한사실을 알려야 한다. 또한 컨트롤러는 정보주체의 동의, EU회원국의 공익상 목적 등의 사유로 처리 제한을 해제할 수 있으며 이러한 경우 정보주체에게 알려야 한다. 우리나라의 처리정지권은 행사요건이 없으므로 정당한 사유 없이도(단순 변심으로도) 권리를 행사할 수 있음에 비해, GDPR의 처리제한권은 특정한 사유(정보가 부정확한 경우, 처리 자체가 불법적인 경우, 정보주체가 불필요한 개인정보에 대해 법적 권리 행사를 요구한 경우, 처리자의 정당한 사유로 인해 이익형량 검토를 진행하고 있는 경우)가 있는 경우로 권리행사가 제한된다. 또한 우리나라의 처리정지권 행사는 바로 파기 등의 조치로 이어지나, GDPR의 처리제한은 제한사유가 해제될 때까지 사용이 한시적으로 정지되는데 불과하다. 당연히 공익목적 가명처리에 대하여 이러한 개인정보 처리제한권을 행사할 수 없다.

한편 개인정보 반대권(right to object)은 다음의 경우에 행사할 수 있다. 1) 개인정보의 처리와 관련해, "자신의 특정 상황과 관련된 사유가 있는 경우" 다음 두 가지 경우에 행사할 수 있다. ① 공공기관 혹은 공익적 업무수행을 위해 필요한 개인정보 처리의 경우(Art. 6 GDPR.1(e)) 또는 ② 개인정보처리자(또는 제3자)의 정당한 이익에 해당되는 적법처리 요건(Art. 6 GDPR.1(f))의 경우다. 다음으로 2) 개인정보가 직접마케팅 목적으로 처리되는 경우 정보주체는 반대할 권리가 있다. 특히 이러한 경우 개인정보는 더이상 직접 마케팅 목적으로 처리되어서는 안 된다. 마지막으로 3) 개인정보가 제89조(1)에 따라 과학적, 역사적 연구 목적 또는 통계적 목적으로 처리되는 경우, 정보주체는 자신의 특정 상황과 관련된 사유로 자신에 관한 개인정보 처리에 반대할 권리가 있다. 단, 공익을 이유로 수행되는 업무 수행을 위해 처리가 필요한 경우는 이러한 반대권을 행사할 수 없다.

혹자는 3)의 반대권을 근거로 공익목적등의 가명처리에 대한 처리정지 요구권이 가능하다고 할 수 있다. 그러나 이러한 반대권은 정보주체의 단순한 변심이나 아무 이유없이 행사할 수 있는 절대적 권리가 아니라 자신의 특정 상황과 관련된 사유(on grounds relating to his or her particular situation)에 근거하여야 한다. 이러한 반대권의 해설에 대하여 영국 ICO의 해설에 의하면 이러한 반대권은 특별한 상황에 따라 그 적용방식이 다르다.71)

우선 직접마케팅에 반대하는 경우 이러한 권리는 절대적 권리다. 직접마케팅에 반

---

71) https://ico.org.uk/for−organisations/uk−gdpr−guidance−and−resources/individual−rights/individual−rights/right−to−object/#ib1 (2024.4.7. 최종확인)

대권을 행사할 경우 거부할 수 있는 면제사유나 근거는 없으며 개인정보를 처리해서는
안 된다. 그렇다고 해서 이 경우에도 자동으로 해당 개인정보를 파기해야 하는 것은
아니다.

　다음으로 개인정보처리자가 공익적 업무 수행을 위하여(공무수탁사인으로써 수행하는
것 포함) 또는 개인정보처리자의 정당한 이익을 위하여 처리하는 경우 정보주체의 반대
권은 절대적 권리가 아니다. 정보주체는 개인정보 처리에 반대하는 구체적인 이유를
제시해야 한다. 이러한 이유는 정보주체의 특정한 상황에 근거해야 한다. 특히 이러한
반대권은 절대적 권리가 아니며 개인정보처리자가 정보주체의 이익·권리·자유보다 우
선하는 강력한 합법적 근거를 입증할 수 있는 경우 또는 법적 청구의 행사 또는 방어
를 위해 개인정보처리가 필요한 경우 반대권을 거부할 수 있다. 정보주체가 개인정보
처리로 인해 금전적 손실 등 상당한 피해나 고통을 받는다는 이유로 개인정보 처리 반
대권을 행사하는 경우 개인정보처리의 정당한 사유가 이러한 개인적 사유보다 우선한
다는 것을 입증해야 한다.

　하물며 과학적/역사적 연구 또는 통계 목적으로 처리하는 경우 이러한 권리(반대권)
는 더 제한적이다.[72] 개인정보를 과학적 또는 역사적 연구 혹은 통계 목적으로 GDPR
의 적절한 세이프가드조치(가명화 등)로 처리하는 경우 반대할 권리는 다음 두 가지 경
우 1) 공적 업무수행을 위한 경우, 2) 처리자의 정당한 이익을 위한 경우에만 반대권
을 행사할 수 있다. 특히 공익적 기록보존을 위한 경우에는 이러한 반대권을 행사할
수 없다. 또한 반대권은 명백히 그 근거가 없거나[73] 과도한 경우 거절할 수 있다.

　이러한 GDPR, 영국의 규정과 달리 우리의 처리정지권은 "특별한 사유없이" 정보주
체의 단순 변심으로도 처리정지가 가능하다. 위반 시 형사처벌도 부과된다. 따라서 정
보주체의 처리정지권 행사로 인해 가명정보로 만들 수 있는 "가명화"가 불가능하다면,
가명정보의 처리에 정보주체의 동의를 배제한 입법취지를 잠식시키게 된다. 즉 정보주
체의 동의 없이 가명정보를 처리하기 위해서는 "가명처리"가 필수인데, "가명처리"여부
를 정보주체의 처리정지권을 통해 정보주체의 의사에 따라 결정되도록 한다면 일정한
공익목적등 정보주체의 동의 없이 가명정보를 처리할 수 있도록 규정한 입법의도를 벗
어난 것이다.

---

72) https://ico.org.uk/for−organisations/uk−gdpr−guidance−and−resources/individual−rights/individu
　　al−rights/right−to−object/#ib1 (2024.4.7. 최종확인)

73) 정보주체가 거부권을 행사할 의사가 없는 것이 명백한 경우, 요청의 의도가 악의적이며 업무방해 이외의
　　실제 목적 없이 조직을 괴롭히는데 사용되는 경우 등이다.

(3) 입법 과제

우리나라의 개인정보 처리정지권은 GDPR 등과 비교해도 유례없이 포괄적이며 막강한 "처리금지권"으로 해석되고 있다. 개인정보처리자가 이용목적과 범위 등을 특정해 사전에 고지하고 정보주체의 동의를 받았더라도 정당한 이유 없이, 즉 정보주체의 단순 변심에 의해 개인정보 처리가 정지될 수 있는 것이다. 처리를 정지하는 것은 처리의 중단을 의미하는 것이지, 처리를 완전히 금지하는 것을 의미하는 것이 아니다. 그러나 현행법은 처리정지권을 처리금지권으로 해석, 운용하고 있는바, 이는 정보주체의 권리에 대한 오해다. 정보주체의 권리는 절대적 권리가 아니라 상충하는 기본권과 법익 형량 혹은 비례원칙이 적용되어 제한될 수 있는 권리라는 것을 간과한 것이다. 따라서 처리정지 요건을 구체화하고, 특히 자동적으로 "처리정지－파기"로 연계시키는 규정은 재고되어야 할 것이다.[74]

3. 공익목적 등을 위한 가명처리와 법익 균형

(1) 가명처리의 의의

1) 공익목적등을 위해 '허용된 행위'

"개인정보처리자는 통계작성, 과학적 연구, 공익적 기록보존 등(이하 본 고에서는 "공익목적등"이라 한다)[75]을 위하여 정보주체의 동의 없이 가명정보를 처리할 수 있다."고 규정하고 있다(제28조의2 제1항). 더불어 가명정보의 처리를 규정하고 있는 본 조(제28조의2)에 대하여는 정보주체 이외로부터 수집한 개인정보의 수집 출처 등 통지(제20조), 개인정보 이용 제공 내역의 통지(제20조의2), 영업양도 등에 따른 개인정보의 이전 제한(제27조), 개인정보 유출 등의 통지, 신고(제34조 제1항), 개인정보의 열람(제35조), 개인정보의 전송 요구(제35조의2), 개인정보의 정정·삭제(제36조), 개인정보의 처리정지등(제37조)의 적용을 모두 배제하고 있다. 즉 제28조의2는 가명정보를 공익목적등이라는 제한적 목적하에 정보주체의 동의 없이도 처리할 수 있도록 허용하고 있다. 즉, 공익목적등으로 가명정보를 처리하는 것이 정보주체의 권리보다 더 우월하다는 혹은 공익목적의

---

74) 김현경, 「개인정보 보호법」상 "가명처리"와 "개인정보 처리정지권" 해석의 합리화 방안 검토 – 서울고등법원 2023나2009236 판결의 내용을 중심으로, 사법 vol.1, 통권 68호, 2024, 21면.

75) 약어는 법문 내용과 무관하게 필자가 임의로 정한 것임.

가명정보를 정보주체의 동의없이 처리하는 것이 정보주체의 권리 제한을 정당화하는 균형추인 비례원칙에 위배되지 않는다는 입법적 결단이다.

2) 일반적 '활용'이 아니라 '보호'를 위한 조치

"가명처리"는 일반적 개인정보의 활용을 전제로 규정한 처리와 동일하게 해석되어서는 안 된다. 가명화(pseudonymisation)는 데이터 보안, 목적 제한 원칙과 같은 개인정보 보호 의무를 준수하기 위한 의무 조치로 간주된다.[76] 비교법적으로도 가장 강력한 개인정보 보호를 표방하고 있다고 인정되며, 우리 「개인정보 보호법」의 모범이 된 GDPR의 경우에도 공익, 과학적·역사적 연구, 통계 목적을 위해 '가명정보의 처리'가 아니라 '개인정보의 가명처리'를 허용하고 있다.[77] 특히 EU의 「Handbook에 의하면 "GDPR에 '가명정보'(pseudonymised data)라는 개념은 없다"고 밝히고 있다.[78] 대신에 "'가명화'(pseudonymisation)라는 용어를 통해, 가명화가 데이터 보호를 강화하기 위한(프라이버시 위험을 감소시키기 위한) 적절한 기술적 조치"임을 GDPR의 여러 규정에서 명시하고 있다.[79] 일례로 EU는 "가명처리는 익명처리의 한 방법이 아니라, 단지 정보주체의 원래 신원과 데이터셋(dataset)의 연결가능성을 줄이는 것이며 따라서 유용한 보안 조치 중의 하나이다."라고도 한다.[80] 또한 데이터 처리의 설계 및 보안(design and security of its data processing)(GDPR 제25조 제1항)을 위한 기술적 조치로서 다양하게 활용할 수 있다고 한다. 그리고 가명처리는 '공익적 기록보존 목적, 과학적 또는 통계 목적의 개인정보 처리' 및 '개인정보의 최초수집 이외의 목적으로 처리'하기 위한 적절한 조치(GDPR 제6조 제4항) 중의 하나임을 강조하고 있다.[81]

---

76) Esayas, Samson, The Role of Anonymisation and Pseudonymisation Under the EU Data Privacy Rules: Beyond the 'All or Nothing' Approach (Oct 15, 2015). European Journal of Law and Technology, Vol 6, No 2, 2015, Available at SSRN: https://ssrn.com/abstract=2746831

77) GDPR Art. 89 Safeguards and derogations relating to <u>processing</u> for archiving purposes in the public interest, scientific or historical research purposes or statistical purposes
2. Where personal data are processed for scientific or historical research purposes or statistical purposes, Union or Member State law may provide for derogations from the rights referred to in Articles 15, 16, 18 and 21 subject to the conditions and safeguards referred to in paragraph 1 of this Article in so far as such rights are likely to render impossible or seriously impair the ach‒ievement of the specific purposes, and such derogations are necessary for the fulfilment of those purposes.

78) "there is no concept of 'pseudonymised data' under EU law."(EU,「Handbook」, p. 83).

79) 강달천, 개인정보자기결정권 보호의 한계의 관점에서 본 「개인정보 보호법」 개정의 문제점, 중앙법학, 제22권 제3호, 2020, 35‒36면.

80) ARTICLE 29 DATA PROTECTION WORKING PARTY, 「Opinion 05/2014」 P.3

즉 개인정보가 과학적 또는 역사적 연구 목적이나 통계 목적으로 처리되는 경우 유럽연합 또는 회원국 법률은 제1항에 언급된 조건(가명화) 및 보호 조치에 따라 제15조, 제16조, 제18조 및 제21조에 언급된 정보주체의 권리로부터 벗어날 수 있음을 규정하고 있다. 헌법재판소도 "GDPR에서 가명처리는 정보주체의 권리를 보호하기 위한 조치의 대표적 예로 규정되어 있다."고 기술하고 있다.[82]

즉 일반적 활용을 전제로 한 "처리"와 "가명처리"는 구분되는 개념이다. 그러므로 "가명처리"는 허용된 처리로, 일반적 개인정보 처리의 "특별 규정"으로 해석되어야 할 것이다.[83]

(2) 가명처리와 처리정지권 간 법익 균형

최근 "원고의 개인정보를 피고 혹은 제3자의 과학적 연구, 통계, 공익적 기록보존의 목적으로 가명처리하는 것에 대한 처리정지를 요구하는 소송"에서 판례는[84] "가명정보에 대하여는 정보주체의 결정권을 상당하게 제한하고 있다."고 설시하면서, "그렇다면 처리정지 요구권의 적용을 배제하고 있는 '가명정보'에 식별가능정보를 가명처리하는 것까지 포함된다고 해석할 경우 정보주체가 가명정보에 대한 개인정보자기결정권을 행사할 수 있는 방법이 원천적으로 봉쇄되는 부당한 결론에 이르게 된다."고 설명한다. 즉 법원은 "식별가능정보를 대상으로 하는 '가명처리'와 가명처리를 통하여 생성된 가명정보를 대상으로 하는 '가명정보 처리'는 서로 구분되는 별개의 처리에 해당하는 것으로 "처리정지 요구권"의 적용을 배제하는 개정 「개인정보 보호법」 제28조의7은 식별가능정보를 가명처리하여 생성된 '가명정보'를 대상으로 이루어지는 '처리'에 대한 "처리정지 요구권"을 배제하겠다는 취지의 규정으로 해석하여야 하고..(중략).. 「개인정보 보호법」 제28조의7에서 처리정지 요구권의 적용을 배제하고 있는 '가명정보'에 식별

---

81) European Union Agency for Fundamental Rights 외, 「Handbook on European data protection law (2018 edition)」 p.95

82) 헌재 2020헌마1476 「개인정보 보호법」 제28조의2등 위헌확인.

83) 김현경, 앞의 논문(2024), 13-15면.

84) 서울중앙지방법원 2023. 1. 19. 선고 2021가합509722 판결[처리정지] : 원고는 통신사와 이동전화 이용서비스 계약을 체결한 고객들이며 피고는 원고들에게 이동전화서비스를 제공하고 원고들로부터 개인정보를 수집·이용하는 개인정보처리자이다. 원고들은 피고에게 피고가 보유하고 있는 원고의 개인정보에 대하여 1)피고회사가 보유하고 있는 원고의 개인정보를 피고 또는 제3자의 과학적 연구, 통계, 공익적 기록보존의 목적으로 가명처리한 사실이 있는지, 있다면 그 대상이 된 원고의 개인정보 일체에 대한 열람신청 2) 향후 원고의 개인정보를 피고 혹은 제3자의 과학적 연구, 통계, 공익적 기록보존의 목적으로 가명처리하는 것에 대한 처리정지를 요구하는 소송을 제기하였다.

가능정보를 가명처리하는 것까지 포함된다고 해석할 경우 정보주체가 개인정보처리자에 대하여 가명정보에 대한 개인정보자기결정권을 행사할 수 있는 방법이 원천적으로 봉쇄되는 부당한 결론에 이르게 된다."고 하였다.

그러나 제28조의2가 실현되기 위해서는 다음과 같은 단계를 거치게 된다. ① 가명정보 처리의 목적(통계작성, 과학적 연구, 공익적 기록보존 등) 설정 등 사전 준비 → ② 처리 대상의 선정 및 위험성 검토 → ③ 가명처리 수행 → ④ 가명처리 등의 적정성 검토 및 추가 가명처리 수행 → ⑤ 가명정보의 생성 및 처리 단계이다. 판례는 앞서 검토한 바와 같이 식별(가능)정보를 대상으로 하는 가명처리(②, ③, ④ 단계)와 가명처리를 통하여 생성된 가명정보를 대상으로 하는 가명정보 처리(⑤단계)는 서로 구분되는 별개의 처리에 해당된다고 한 것이다. 그러나 "②, ③, ④ 단계"를 거치지 않으면 ⑤단계에 이르는 것이 불가능하므로 이를 구분되는 별개의 처리로 볼 수 없다. 따라서 양자는 불가피한 일체의 관계이므로 ⑤단계에 처리정지권의 행사가 면제된다면 당연히 "②, ③, ④ 단계"에도 면제규정이 적용되어야 한다. 그러나 판례는 이를 각각 별개의 행위로 보아 처리정지권이 배제되는 것은 ⑤단계이며 식별(가능)정보의 가명처리(②, ③, ④ 단계)에서는 처리정지권을 행사할 수 있다고 보았다.

그러나 이는 가명정보의 입법 취지를 오해한 해석이다. 가명정보는 통상의 개인정보와는 달리 식별(가능)정보의 일부를 삭제하거나 일부 또는 전부를 대체하는 등의 방법으로 추가 정보가 없이는 특정 개인을 알아볼 수 없도록 조치한 것[85]이다. 가명정보의 처리에서 배제되는 "통지/열람권 등" 정보주체의 권리는 모두 정보주체가 재식별되어야 행사가 가능한 것이다. 세이프가드로써 식별(가능)정보를 비식별정보 처리한 것이 가명정보인데 이러한 권리행사를 위해서는 재식별해야 하므로 오히려 정보주체의 프라이버시에 역행하게 되어 정보주체의 보호를 위해 해당 권리를 배제한 것이다. 그러나 이러한 권리 배제를 "정보주체의 개인정보자기결정권을 원천적으로 봉쇄"하는 것으로 해석하는 것은 해당 법리를 오해한 것이다.[86]

---

85) 「개인정보 보호법」 제2조(정의)
　　1. "개인정보"란 살아 있는 개인에 관한 정보로서 다음 각 목의 어느 하나에 해당하는 정보를 말한다.
　　　가. 성명, 주민등록번호 및 영상 등을 통하여 개인을 알아볼 수 있는 정보
　　　나. 해당 정보만으로는 특정 개인을 알아볼 수 없더라도 다른 정보와 쉽게 결합하여 알아볼 수 있는 정보. 이 경우 쉽게 결합할 수 있는지 여부는 다른 정보의 입수 가능성 등 개인을 알아보는 데 소요되는 시간, 비용, 기술 등을 합리적으로 고려하여야 한다.
　　　다. 가목 또는 나목을 제1호의2에 따라 가명처리함으로써 원래의 상태로 복원하기 위한 추가 정보의 사용·결합 없이는 특정 개인을 알아볼 수 없는 정보(이하 "가명정보"라 한다)
86) 김현경, 앞의 논문(2024), 22-23면.

헌법재판소[87) 역시 동일한 맥락에서 "개인정보처리자가 정보주체에 대한 각종 통지 의무를 이행하거나, 정보주체의 열람, 정정·삭제, 처리정지 등 요구에 응하기 위해서는 보유하고 있는 개인정보 중 어느 것이 해당 정보주체에 관한 것인지 특정할 수 있어야 한다. 그런데 가명정보는 그 개념상 일단 가명처리되고 나면 그 자체만으로는 각 가명 정보에 대응되는 정보주체를 알 수 없으므로(「개인정보 보호법」 제2조 제1호 다목, 제1호의2, 신용정보법 제2조 제15호, 제16호 참조), 개인정보처리자가 가명정보의 처리에 관한 사항을 정보주체에게 통지하거나 열람 요구 등에 응하는 것은 사실상 불가능하다. 만일 가명 처리한 이후에도 통지나 열람 등이 가능하도록 하려면, 필요시 추가 정보를 자유롭게 이용하여 가명정보를 원래의 상태로 되돌려 정보주체를 식별할 수 있도록 하고,가명정 보가 다른 개인정보처리자에게 이전될 때에 이러한 추가 정보도 함께 이전하도록 하는 것이 불가피하다. 그러나 앞서 본 바와 같이 가명정보가 재식별이 용이한 상태로 처리 된다면 특정 개인을 알아볼 수 있는 통상의 개인정보와 크게 다르지 않게 되어 정보주 체의 개인정보자기결정권을 충분히 보호할 수 없다."고 한다.

즉 제28조의2는 가명정보를 공익목적등이라는 제한적 목적하에 가명정보를 처리하 는 것이 정보주체의 권리보다 더 우월하다는 혹은 공익목적으로 가명정보를 정보주체 의 동의없이 처리하는 것이 정보주체의 권리 제한을 정당화하는 균형추인 비례원칙에 위배되지 않는다는 입법적 결단이다. 그런데 처리정지권의 행사를 제28조의2의 식별가 능정보의 가명처리에 적용하는 것은 개인정보 처리의 오·남용 가능성이 지극히 미약하 거나 없는 경우에도 정보주체의 일방적인 요구만을 우선시키는 불균형적 해석이다.

(3) 입법 과제

제28조의2는 공익목적등 일정한 목적하에 정보주체의 동의 없이 가명정보의 처리를 허용한 것이다. 앞서 언급한 바와 같이 가명정보가 생성되기 위해서는 가명처리가 필 수다. 가명처리가 정보주체의 의사에 의해 좌우된다면 "정보주체의 동의없이" 가명정보 를 처리하는 것은 불가능하다. 일각에서 개정법상 가명정보의 활용 근거는 명시되어 있는 반면 가명처리의 근거 규정이 명확하지 않다는 점을 지적하자, 개인정보 보호위 원회는 2021. 1. 6. 공고한 「개인정보 보호법」 개정안에 아래와 같은 관련 내용을 포함

---

87) 헌재 2020헌마1477 개인정보 보호법 제28조의7등 위헌확인, 2021헌마748(병합) 개인정보 보호법 제28조의 5 등 위헌확인.

한 바 있다. 가명처리 자체가 가명정보을 위해 필수불가한 조건이므로 이를 일체 된 개념으로 명확히 하고자 한 것이다. 그러므로 '가명정보를 처리'한다는 의미에는 당연히 "가명처리"가 포함되므로 "가명정보의 처리"에 개인정보 처리정지권이 배제되도록 규정한 것은 당연히 제28조의2의 가명처리에도 배제되도록 해석되어야 한다. 그리고 해석상의 혼란을 방지하기 위한 법률 개정도 고려될 필요가 있다.

<당시 조문별 제개정이유서 5면>

4. 가명정보 처리 특례 정비(안 제28조의2, 제28조의7, 제60조)

가. 제 · 개정 이유
○ 현행법 제28조의2제1항의 '가명정보의 처리'가 '개인정보의 가명 처리'를 포함한다는 사항을 법률에서 명확히 규정할 필요
  ※ 현재 개인정보 보호 법령 및 지침 · 고시 해설(20.12.)」에 명시되어 있음
○ 가명정보의 '파기의무' 및 반출심사위원 등의 '비밀유지의무' 등 안전성 확보를 위한 입법상 미비점 보완 필요

나. 제 · 개정 내용
○ 보호법 제28조의2제1항이 가명정보의 처리뿐 아니라 개인정보의 가명처리를 포함한다는 사실을 명확화

　앞서 언급한 바와 같이 가명처리는 일반적 '활용'이 아니라 '보호'를 위한 조치로 데이터 보안, 목적 제한 원칙과 같은 개인정보 보호 의무를 준수하기 위한 의무 조치로 간주된다. 즉 일반적으로 개인정보의 "처리"는 금지되나 허락(동의)을 받아야 할 수 있는 행위라면 "가명처리"는 허용된 행위라서 허락(동의)을 받을 필요가 없는 행위다. 일반적인 "처리"가 개인정보의 활용에 친한 행위라면, "가명처리"는 개인정보를 "보호"하기 위한 행위다. 이처럼 목적과 본질이 다른 용어를 "처리"로 동일하게 취급하는 것은 타당하지 않다. 가명처리를 개인정보의 일반적인 처리의 일 유형으로 오인한 원인은 법문의 용어의 중첩적 사용에 따른 형식적 해석에 기인한다. 따라서 "가명처리"의 개념 정의를 "가명화"로, "처리"와 구분되는 특별한 용어로 다음과 같이 개정할 필요가 있다.
　이러한 의미에서 개인정보 '처리'정지권의 '처리'와 가명처리의 '처리'는 법적으로 다르게 취급되어야 한다. 전자의 처리가 이용자의 활용에 대한 통제의 대상이라면, 후자

는 활용에 있어서 보호를 도모하기 위한 조치라고 할 수 있다. 그러한 맥락에서 처리 정지권의 대상에 '가명화'를 포함시키는 것은 재검토가 필요하다.[88]

V 결론

정보주체 권리는 절대적 권리가 아니라 타 권리와의 관계, 공익적 차원에서의 합리적 제한이 인정될 수 있다. GDPR 전문(Recital 4) 역시 "개인정보 보호에 대한 권리는 절대적 권리가 아니다. 이는 사회를 구성하는 기능과 관련하여 고려되어져야 하며, 비례성 원칙에 부합하도록 다른 기본권들과도 조화되어야 한다."고 기술하고 있다.[89] 따라서 개인정보의 외부의존성, 강한 사회기속성, 비(非)재산성 등에 비추어 볼 때 독점·배타성 강화는 신중해야 하며, 오히려 공익적 목적하에 정보주체의 권리 제한은 정당화될 수 있다. 특히 입법화하는 과정에서 기본권 충돌·법익균형에 대한 엄정한 검토와 신중한 숙고가 이루어져야 한다.

정보주체의 재산적 가치 추구 욕구 역시 강해지고 있지만 현재의 상황에서 개인정보에 대하여 소유권과 유사한 배타적 재산권 창설은 한계가 있다. 즉 정보주체의 권리는 공익을 위해 제한되거나 다른 기본권과 충돌 시 법익 균형 방식으로 제한될 수 있다. 정보주체의 의사와 무관하게 개인정보를 처리할 수 있도록 규정한 개인정보 적법처리 요건[90]은 공익상 개인정보 처리의 필요성을 인정하여 법익 균형에 따라 정보주체의 권리를 제한한 것이다. 따라서 정보주체의 권리의 신설이나 개정은 기본권 충돌에 따른 법익 균형이 전제되어야 한다. 이러한 전제 하에 본 고에서는 우선 최근 AI와 관련하여 중요 이슈로 대두되고 있는 '공개된 개인정보와 AI학습 데이터' 문제를 검토하였다. AI 데이터 분석과정에서 데이터 처리 목적이 재설정될 수 있고 이러한 변동을 일일이 처음 고지에 담아 정보주체의 동의를 획득하는 것은 거의 불가능한 일이다. 정보주체에게 사전동의를 인정한 근원은 정보주체가 인지하지 못한 개인정보의 처리는 정보주체에게 '위해'가 된다는 것이 전제되어 있다. 그러나 특정인을 식별하기 위한 목적 등 예외적인 상황이 아닌 한 AI학습 데이터로 공개된 개인정보를 처리하는 것이 정

---

88) 김현경, 앞의 논문(2024), 15-16면.

89) Recital 4 and Art. 2 GDPR.

90) 「개인정보 보호법」 제15조 제1항 제2호, 제3호, 제5호, 제6호 등.

보주체에게 어떠한 '위해'를 야기한다고 보기 어렵다. 오히려 학습 데이터로서 개인정보의 처리는 데이터의 부가가치를 높이는 공익적 목적에 더 부합할 수 있다. 따라서 정보주체가 명시적으로 처리를 유보하거나 개인을 식별하기 위함이 아닐 것 등 일정한 요건하에 공개된 개인정보의 이용 방안을 모색하는 것이 규범조화적 해결방안에 부합한다. 다음으로 우리나라의 개인정보 처리정지권은 GDPR 등과 비교해도 유례없이 포괄적이며 막강한 "처리금지권"으로 해석되고 있는 바, 처리정지 요건을 구체화하고, 특히 자동적으로 "처리정지-파기"로 연계시키는 규정은 재고되어야 할 것이다. 그리고 '가명정보의 처리'와 관련하여 개인정보 '처리'정지권의 '처리'와 가명처리의 '처리'는 법적으로 다르게 취급되어야 한다. 전자의 처리가 이용자의 활용에 대한 통제의 대상이라면, 후자는 활용에 있어서 보호를 도모하기 위한 조치라고 할 수 있다. 즉 후자의 가명처리는 공익목적등을 위해 '허용된 행위'이다. 그러한 맥락에서 처리정지권의 대상에 '가명화'를 포함시키는 것은 재검토가 필요하다.

공개된 개인정보의 처리, 개인정보 처리정지권, 가명정보의 처리 등이 정보주체의 권리 절대화 방향으로 해석 또는 입법화되어서는 안 된다. 앞으로 정보주체 권리의 신설이나 수정 시 앞서 검토한 개인정보의 속성 및 법익 균형을 위한 기본권 충돌 해결의 법 원칙, 비례원칙이 필연적으로 고려되어야 할 것이다.

참고문헌

국내문헌

1. 단행본

권영성, 헌법학원론, 법문사, 2010, 341 – 344면.

성낙인, 헌법학, 법문사, 2010, 356면.

정종섭, 헌법학원론, 박영사, 2010, 373면.

허 영, 한국헌법론, 박영사, 2010, 156면, 271 – 275면.

2. 논문

강달천, 개인정보자기결정권 보호의 한계의 관점에서 본 「개인정보보호법」 개정의 문제점, 중앙법학 제22권 제3호, 2020, 35 – 36면.

권건보, 개인정보보호의 헌법적 기초와 과제, 저스티스 제144호, 2014.10, 17 – 19면.

권태상, 개인정보 보호와 인격권 – 사법(私法) 측면에서의 검토, 법학논집 제17권 제4호, 2013, 77면, 93면.

김현경, 「개인정보 보호법」상 "가명처리"와 "개인정보 처리정지권" 해석의 합리화 방안 검토 – 서울고등법원 2023나2009236 판결의 내용을 중심으로, 사법 제1호 제68호, 2024, 13 – 16면, 21 – 23면.

김현경, 공개된 개인정보의 법적 취급에 대한 검토 – AI학습용 데이터로서 활용방안을 중심으로 –, 美國憲法硏究 第34卷 第1號, 2023.04, 179 – 180면.

김현경, 기술혁신환경에서 프라이버시와 공권력의 충돌과 조화, 가천법학 제9권 제3호, 2016.09, 92 – 96면, 184 – 186면.

김현경, 정보주체의 권리 실효성 확보를 위한 법적 검토 – 개인정보에 대한 소유권 인정을 중심으로, 법학논집 제26권 제3호, 2022, 190 – 195면.

김현경, 헌법상 재산권 보장과 저작재산권 제한규정의 정합성에 관한 연구, 계간 저작권 제26권 제2호, 2013, 107 – 135면.

문재완, 개인정보 보호법제의 헌법적 고찰, 세계헌법연구 제19권 제2호, 2013, 276면, 279면.

박경신, 일반적으로 공개된 정보의 개인정보보호법 상의 규율 및 해외 입법례, 법학논총 제38권 제2호, 2018, 1 – 25면.

박준석, 지적재산권법에서 바라본 개인정보 보호, 정보법학 제17권 제3호, 2013, 12면.

성정엽, 비례원칙과 기본권, 저스티스 제136권, 2013, 10면.

송덕수, 私的自治에 관하여, 사회과학논집 제11권, 1991, 50면.

오동석(2005), 법원의 검열, 영화 "그때 그 사람들" 가처분 결정, 사법감시 제24호, 2005, 16-19면.

오병철, 적법하게 공개된 개인정보의 보호와 활용, 경희법학 제52권 제4호, 2017, 165-204면.

이권일, 일반에게 공개된 개인정보의 보호와 활용, 법학논고 제68집, 2020.01, 14-15면, 18-23면.

장재현, 계약자유에 대한 제한의 이론적 근거, 경북대 법학논고 제6집, 1990, 158면.

정상조 · 권영준, 개인정보의 보호와 민사적 구제수단, 법조 제58권 제3호 통권 630호, 2009, 5-73면.

정필운, 헌법 제22조 제2항 연구, 연세대학교 법학연구원 제20권 제1호 통권 45호, 2010, 212면.

지원림, 계약정의에 관한 연구 - 계약자유와의 관계를 중심으로, 비교사법 제9권 제2호, 2002 102면.

3. 기타 자료

개인정보보호위원회, 「개인정보 보호 법령 및 지침·고시 해설」, 서울: 개인정보보호위원회, 2020, 381-382면.

매일경제, 이재명, "데이터에서 나오는 이익, 제공자에게 돌려줘야", 2021.9.8. https://www.mk.co.kr/news/politics/view/2021/09/867842/(2024.10.28. 최종확인)

지성우, 개인정보보호와 소위 "잊혀질 권리"(Right to be forgotten)의 관계에 관한 연구, 한국 정보화진흥원 입법정책좌담회 발표자료, 2012.12, 16-17면.

해외문헌

Commission, 'On the free flow of data and emerging issues of the European data econo-my, accompanying COM(2017) 9 final'(Commission Staff Working Document) SWD (2017) 2 final, esp. 23, at 34.

Cristiano Codagnone, Francesco Bogliacino and Giuseppe Veltri, Testing CO2/Car label-ling options and consumer information, Final Report (2013)

G Malgieri, and B. Custers. Pricing privacy - the right to know the value of your personal data, Computer Law & Security Review, 2018.

C Wendehorst, 'Of Elephants in the Room and Paper Tigers: How to Reconcile Data Protection and the Data Economy' in Lohsse, Schulze and Staudenmayer (eds) (n 6) 2017, at 330.

EC, Proposal for a DIRECTIVE OF THE EUROPEAN PARLIAMENT AND OF THE COUNCIL on certain aspects concerning contracts for the supply of digital content, COM(2015) 634 final.

Esayas, Samson, The Role of Anonymisation and Pseudonymisation Under the EU Data Privacy Rules: Beyond the 'All or Nothing' Approach (Oct 15, 2015). European Journal of Law and Technology, Vol 6, No 2, 2015.

EU, 「Handbook」, p. 83.

European Union Agency for Fundamental Rights 외, 「Handbook on European data protection law (2018 edition)」 p. 95

F Costa－Cabral and O Lynskey, Family ties: the intersection between data protection and competition in EU Law.Common Market Law Review, 54 (1). 2017. at. 11－50.

F Thouvenin, RH Weber and A Früh, 'Data ownership: Taking stock and mapping the issues' in M Dehmer and F Emmert－Streib(eds), Frontiers in Data Science(CRC Press 2018) at 134.

Janeček, Ownership of Personal Data in the Internet of Things (December 1, 2017). Computer Law & Security Review, 2018, 34(5), 1039－1052.

McDonald, A. M.and L. F. Cranor, "The Cost of Reading Privacy Policies ," I/S Journal for Law and Policy for the Information Society4(3). 2010.

N Helberger, FJ Zuiderveen Borgesius and A Reyna, 'The Perfect Match? A Closer Look at the Relationship between EU Consumer Law and Data Protection Law', Common Market Law Review, Vol. 54, No. 5, 2017.

N Purtova, 'The illusion of personal data as no one's property'(2015) 7 Law, Innovation and Technology 83.

O Lynskey, The Foundations of EU Data Protection Law(OUP 2015) at 195.

P De Hert and others, 'The right to data portability in the GDPR: Towards user－centric interoperability of digital services' (2018) 34 CLSRev 193.

Richard A. Posner, THE ECONOMICS OF JUSTICE (1981); Arslan Aziz and Rahul Telang, 'What Is a Digital Cookie Worth?' Carnegie Mellon University(March 31, 2016).

Richard G. Newell, Juha V. & Siikamäki, 'Nudging Energy Efficiency Behaviour: The Role of Information Labels', 2014 1 J. Association Environmental & Resource Economists 555, 593.

Richard S. Murphy, Property Rights in Personal Information: An Economic Defense of Privacy, 84 Geo. L.J. 2381 (1996).

Roberta Rosenthal Kwall, Fame, 73 Ind. L.J. 1, 57 (1997). p57.

S van Erp, 'Ownership of Data: The Numerus Clausus of Legal Objects' Brigham－Kanner Property Rights Conference Journal vol.6, 2017.

S van Erp, S van Erp, 'Ownership of Data: The Numerus Clausus of Legal Objects'

(2017) 6 Brigham−Kanner Property Rights Conference Journal.

Toubiana, V. and H. Nissenbaum, "An Analysis of Google Logs Retention Policies," Journal of Privacy and Confidentiality3(1) Article 2, 2011.

V Mayer−Schönberger, 'Data Protection in Europe' in PE Agre and M Rotenberg(eds), Technology and Privacy: The New Landscape(MIT Press 1997).

Werner Flume, Allgemeiner Teil des Bürgerlichen Rechts, Bd. 2, Springer−Verlag, 1992, S. 1., Franz Bydlinski, Privatautonomie und objektive Grundlagen des verp−flichtenden Rechtsgeschäfts, Springer−Verlag, 1967, S. 127ff.

03

개인정보와 공익

김 도 승 | 전북대학교 법학전문대학원 교수

저자소개

성균관대학교에서 공법학으로 법학박사학위를 받고 한국법제연구원 법제분석지원실장, 국립목포대학교 법학과 교수를 거쳐 현재 전북대학교 법학전문대학원 교수로 재직하고 있다. 대통령소속 국가정보화전략위원회 전문위원, 전자정부추진위원회 위원, 공공데이터분쟁조정위원회 위원, 국가정보원 국가사이버안보센터(NCSC) 정책자문위원, 행정안전부 데이터기반행정 실태평가 위원, 과학기술정보통신부 데이터가치평가자문단 위원 등을 역임하였으며, '제1회 개인정보 보호의 날(2021)' 개인정보 보호법 발전 유공으로 대통령 표창을 수상한 바 있다. 개인정보보호법학회 수석부회장, 한국인터넷윤리학회 부회장, 한국행정법학회 연구이사, 한국공법학회 연구이사, 한국정보법학회 총무이사 등을 맡아 정보법 분야 활발한 학술활동을 이어가고 있다. 주요 저서로는 『디지털 사회의 기본가치』(2023), 『20개 핵심개념으로 읽는 디지털 기술사회』(2022), 『개인정보 판례백선』(2022), 『재정건전성과 법치』(2020), 『사이버안보의 국가전략 3.0』(2019) 등이 있다.

요약

　오늘날 현대 국가는 시장의 실패를 극복하고 국민의 인간다운 생존을 보장하기 위해 개인의 생활영역에 더욱 깊숙이 개입하게 되었고, 이는 국가의 개인(개인정보)에 대한 통제력을 강화하고 국가와 국민간의 관계성을 확장시켰다. 「개인정보 보호법」은 개인정보의 수집, 이용, 제공 등 활용 전반을 규율하며, 이를 정당화하는 합법성 요건은 기본적으로 '정보주체의 동의' 또는 '법적 근거'이다. 개인정보 보호 이슈와 관련하여 동의의 형식화 문제는 이미 너무나 잘 알려진 바이고, 법률상 근거는 개별·구체적인 경우에만 정당화된다는 조건 역시 자료제출요구권이나 포괄적인 행정권한 앞에 무력하기 일쑤이다. 결국 개인정보 활용이라는 지점에서 온 국민을 잠재적 범죄자로 만드는 광범위하고 불명확한 현행 규율체계는 허무하게도 당사자의 관성적이고 형식적인 동의나 일반추상적인 법률상의 근거로 개인정보 활용의 해방구가 발생하고 한 번 해방된 개인정보에 후발적인 실효적 통제는 사실상 전무하다. 이러한 문제는 아이러니하게도 동의나 법적 근거 외의 일반적인 개인정보 활용의 정당화 요소(본고에서는 이를 바로 '공익'으로 보아 주목하는 것이다)에 대한 제도적 법리적 결핍에서 비롯된다. 혹자는 공익을 목적으로 하는 개인정보 활용에 대한 정당화 논의가 개인정보에 대한 국가의 무분별한 활용을 조장하는 권위주의적 시도로 오해할 수 있다. 그러나 오히려 개인정보 활용의 근거로서 개별 법령이 아닌 일반적 정당화 요건으로서 '공익'에 대한 논의를 촉발함으로써 '공익' 개념의 추상성을 극복하고, 각 분야의 구체화된 공익의 실체와 정당화 기준을 모색함으로써 개인정보의 무분별한 활용에 입체적인 방어 논리를 도출할 수 있을 것이다. 특히 이러한 과정에서 축적된 구체화된 공익은 법률상 근거를 정당화 요소로 하는 개인정보 활용에 있어 보다 구체적인 논증, 즉 '실체적 정당성(해당 법률의 정당화 범위)'과 '절차적 정당성(개인정보 보호를 위한 절차적 노력)'을 모두 실질적으로 충족하는 경우에만 합법성이 인정되도록 하는 법리적 자산이 될 것이다. 이에 본고에서는 '공익' 중에서도 가장 전통적이면서도 기본권 제한 가능성이 큰 '국가안보'를 중심으로 개인정보 활용의 정당화 요건을 살펴보았다.

　현행 「개인정보 보호법」은 제58조 제2호에서 "2. 국가안전보장과 관련된 정보 분석을 목적으로 수집 또는 제공 요청되는 개인정보"에 대해서는 「개인정보 보호법」 제3장부터 제7장까지를 적용하지 아니함을 규정하여 사이버안보와 관련한 예외적 조치에 관한 근거를 마련하고 있다. 그러나 정보 수집에 있어 비식별화 조치에 관한 사항 등 세부적인 절차에 관하여는 「개인정보 보호법」에도 관련 규정이 부재하고, 수차례 입법 시도된 사이버안보 관련 법안에도 비중을 두어 따로 논의되지 못하고 있는 실정이다. 또한 정부 입법안에서는 「개인정보 보호법」 제58조의 취지를 충분히 반영하지 못한 지나치게 광범위한 예외 가능성 문제도 지적된다. 이와 관련하여 미국은 정부와 민간 사이의 사이버위협정보의 공유의 불가피성을 바탕으로 공유의 중요성을 인식하여 「사이버안보정보공유법(CISA)」 등 관련 법제를 통해 정부와 민간

사이에 정보 공유가 원활히 이루어질 수 있는 기반을 구축하였는 바, 주목을 요한다. 특히, 정부와 민간 사이의 정보 공유 기준 및 절차 규정, 개인정보 보호를 비롯한 국민의 프라이버시 보호 규정, 정부의 정보 남용 방지를 위한 가이드라인 마련 등은 국가안보 목적으로 이루어지는 광범위한 정보의 수집, 처리, 공유의 과정에서 국가안보 달성과 개인정보 보호 사이의 조화를 도모하고 있는 점을 주목해야 한다.

법원리로서의 공익은 사익과의 이익형량, 그리고 공익 간의 이익형량과정에서 구체적인 모습을 드러낸다. 「개인정보 보호법」의 규율 영역에서도 법원칙으로서의 공익은 개인의 자유권과 공동체 이익 간의 조절 기능을 수행하여야 함은 물론이다. 특히 이른바 디지털심화기를 맞이하고 있는 오늘날 개인의 개인정보자기결정권 그 자체만을 지나치게 과몰하여 조망하는 것은 궁극적으로 공동체의 이익 나아가 그 개인의 이익에도 반하는 결과가 초래될 수 있다. 반면 공익의 정당성을 과대평가하거나 지나치게 추상화하여 목적(공익)이 정당하다면 이를 달성하는 수단을 세밀화하고 구체화하며 궁극적으로 개인정보자기결정권과의 조화로운 동행을 모색하는 노력을 게을리한다면 이 또한 받아들일 수 없음은 물론이다. 그렇다면 이제 공익의 구체적 내용들을 해명하고, 다양한 공익들 사이의 이익형량, 공익과 사익의 이익형량이 보다 합리적으로 이루어지도록 이익형량의 기준을 마련하는 노력이 수반되어야 할 것이다.

목차

Ⅰ. 들어가며

Ⅱ. 개인정보 규율 체계에서 공익의 함의

Ⅲ. 공익 목적 개인정보 활용의 합법성 조건

Ⅳ. 마치며

Ⅰ 들어가며

1. 국가와 국민의 관계성 확장과 개인정보

개인정보의 보호는 정보주체가 자신에 관한 정보의 생성과 유통, 소멸 등에 주도적으로 관여할 법적 지위를 보장받는 것이다. 이에 따라 정보주체는 그 개인에 관한 정보를 타인에게 알릴 것인지, 알린다면 언제, 어떻게 또 어느 정도 전할 것인가에 관하여 스스로 결정할 수 있는 '개인정보자기결정권'을 보장받는다. 우리 헌법재판소는 개인정보자기결정권을 "자신에 관한 정보가 언제 누구에게 어느 범위까지 알려지고 또 이용되도록 할 것인지를 그 정보주체가 스스로 결정할 수 있는 권리"로 정의한다.[1] 개인정보자기결정권은 자신에 관한 정보를 공권력 기타 다른 주체가 그 의사에 반하여 수집·제공·이용하지 못하도록 한다는 측면에서 기본적으로 자유권적 방어권적 성격을 가지지만 한편 자신에 관한 정보가 부정확한 데서 초래될 수 있는 폐해를 예방하기 위하여 개인정보의 열람과 정정을 적극적으로 요구할 수 있는 권리 또한 포함하고 있다. 요컨대 개인정보자기결정권은 개인정보 그 자체가 아니라 개인정보의 처리에 대한 정보주체의 자율적 통제력을 실효적으로 확보하는 것이 권리 내용의 요체이다.

개인정보자기결정권은 주관적 공권으로서 다른 기본권과 마찬가지로 행정권, 입법권, 사법권에 대하여 직접적인 구속력을 가진다.[2] 따라서 헌법상 보장되는 개인정보자기결정권에 기하여 개인은 자신의 개인정보에 대한 통제를 방해하거나 불가능하게 하는 공권력의 행사에 대하여 작위·부작위를 청구할 수 있다고 해야 할 것이며, 이는 부당한 개인정보의 수집·보유·제공의 거부를 비롯해 자신의 정보에 대한 열람 및 정정·삭제요구 등으로 실현될 수 있다. 이와 같은 정보주체의 정당한 권리행사에 응하지 않는 공행정 작용은 위법하여 효력이 없고 국가배상의 대상이 될 것이다.[3]

국가는 그동안 각종 공적 목적을 수행함에 필요한 자료를 조사하기 위하여 무수한 개인정보를 수집해 왔으며, 그렇게 수집된 정보를 체계적으로 분류하여 보관하고 이를 활용해 오고 있음은 주지의 사실이다. 과거 국민을 효과적으로 통치하는 데 필요한 정보조사 활동은 국가의 성립과 더불어 시작되었다고 할 수 있으며, 국가의 유지와 존속

---

1) 헌재 2005. 5. 26. 99헌마513 결정 등.
2) 권건보, 「개인정보 보호와 자기정보통제권」, 경인문화사, 2005, 93면.
3) 대법원 1998. 7. 24. 선고 96다42789 판결.

을 위한 필수적 기능이라 할 수 있는 국방과 조세 행정에서 국민에 관한 필요한 정보에 대한 파악이 없이는 행정은 존속하기 어려웠다. 오늘날 현대 복지국가의 기능은 점차 확대되어 왔고, 더욱이 현대 사회가 직면하는 다양한 위험을 예방하고 질서를 유지하기 위한 기능 역시 더욱 증대되었다. 시장의 실패를 극복하고 국민의 인간다운 생존을 보장하기 위해서는 국가는 개인의 생활영역에 더욱 깊숙이 개입할 수밖에 없고, 이는 국가의 개인(개인정보)에 대한 통제력을 강화하고 국가와 국민 간의 관계성을 확장시켰다. 복지국가의 등장은 개인의 후견인으로서의 국가의 위상을 보편화시키고 이러한 후견적 역할의 원활한 수행이라는 과제는 국가가 개인의 다양한 정보에 대해 종합적으로 또 일상적으로 모니터링하는 체제에 대한 정당성을 제공하였다. 이처럼 개인정보주체의 대국가적 관계에서 국가의 개인정보에 대한 통제력의 확장은 자의적 권력에 의한 국민의 억압이 아니라, 국가의 기본적인 활동 자체가 국민의 일상생활에 대한 감시에 의해 영위될 수 있는 체제로의 전환을 의미한다. 비단 급부행정을 중심으로 하는 복지국가의 모습을 떠올리지 않더라도 불과 몇 년 전 인류가 경험한 미증유의 팬데믹, '코로나 19'의 위기에서 공중위생 등 공공의 안전과 안녕을 위한 공적 주체에 의한 개인정보의 효과적인 활용은 오히려 국가경쟁력의 핵심적 기반이 되었다는 점을 부인할 수 없다. 더욱이 오늘날 디지털심화기로의 급속한 진행은 대규모 정보의 신속한 유통을 통하여 현대 인류의 모든 삶의 영역에 있어서 매우 유용한 변화를 가져다 줌과 동시에 정보 내지 데이터의 광범위한 유통과 활용은 피할 수 없게 되었다.[4]

오늘날 개인이 사회로부터 완전히 분리되어 타인의 관심사에서 벗어나 홀로 살아간다는 것은 상상하기 어려우며, 오히려 개인은 자신이 의식하든 못하든 사회적 편익과 비용을 누리고 지불하는 공동체의 일원으로서 삶을 영위해 가고 있다. 따라서 일정한 개인정보의 소통과 활용은 필연적이고 개인정보자기결정권 역시 어떠한 이유로도 제한할 수 없는 절대적인 의미라 할 수 없으며 공동체 관련성 내지 공동체 구속성을 가지는 한도에서 우리 공동체의 이익을 위하여 일정 정도 후퇴되지 않으면 안 된다. 국민의 자유와 권리는 국가안전보장·질서유지 또는 공공복리를 위하여 필요한 경우에 한하여 법률로써 제한할 수 있는 바(헌법 제37조 제2항), 이는 공동체 자체의 존립과 내부의 조화로운 공존을 도모하기 위해 기본권의 보호범위 가운데 필요한 최소한의 정도

---

4) 디지털 사회의 가장 원초적이고 핵심적인 기반이 데이터이기 때문이다. 디지털심화기에서 데이터가 우리 공동체에 미치는 영향은 실로 광범위하고 근본적이기에 데이터가 어떻게 공공의 이익에 기여하는가에 대한 물음은 커질 수밖에 없다. 데이터 활용과 공익의 제도적 상관성에 관하여는 김도승, "데이터와 공익", 공법연구 제52집 제2호, 2023.12, 552–555면.

를 법률로써 제약할 수 있음을 선언한 것이다. 개인정보 보호에 관한 논의에 있어 정보주체의 개인정보자기결정권을 어떻게 확보할 것인지에 관하여 논의하는 것이 매우 중요하다. 그런데 개인정보자기결정권은 개인정보 그 자체가 아니라 개인정보의 처리에 대한 정보주체의 자율적 통제력을 확보해주기 위한 것이라는 점을 고려할 때 개인정보자기결정권이 그 자체로서 무조건적으로 중요한 것은 아니고, 이를 통해 어떤 목표를 달성하고자 하는 것인지에 관해 주목할 필요가 있다.

2. 공익 목적 개인정보 활용의 법정책적 함의

「개인정보 보호법」은 개인정보의 수집, 이용, 제공 등 활용 전반을 규율하며, 이를 정당화하는 합법성 요건은 기본적으로 '정보주체의 동의' 또는 '법적 근거'이다. 개인정보 보호 이슈와 관련하여 동의의 형식화 문제는 이미 너무나 잘 알려진 바이고, 법률상 근거는 개별·구체적인 경우에만 정당화된다는 조건 역시 자료제출요구권이나 포괄적인 행정권한 앞에 무력하기 일쑤이다. 결국 개인정보 활용이라는 지점에서 온 국민을 잠재적 범죄자로 만드는 광범위하고 불명확한 현행 규율체계는 허무하게도 당사자의 관성적이고 형식적인 동의나 일반추상적인 법률상의 근거로 개인정보 활용의 해방구가 발생하고 한 번 해방된 개인정보에 후발적인 실효적 통제는 사실상 전무하다. 이러한 문제는 아이러니하게도 동의나 법적 근거 외의 일반적인 개인정보 활용의 정당화 요소('공익')에 대한 제도적 법리적 결핍에서 비롯된다.

혹자는 공익을 목적으로 하는 개인정보 활용에 대한 정당화 논의가 개인정보에 대한 국가의 무분별한 활용을 조장하는 권위주의적 시도로 오해할 수 있다. 그러나 오히려 개인정보 활용의 근거로서 개별 법령이 아닌 일반적 정당화 요건으로서 '공익'에 대한 논의를 촉발함으로써 '공익' 개념의 추상성을 극복하고, 각 분야의 구체화된 공익의 실체와 정당화 기준을 모색함으로써 개인정보의 무분별한 활용에 입체적인 방어 논리를 도출할 수 있을 것이다. 특히 이러한 과정에서 축적된 구체화된 공익은 법률상 근거를 정당화 요소로 하는 개인정보 활용에 있어 보다 구체적인 논증, 즉 '실체적 정당성(해당 법률의 정당화 범위)'과 '절차적 정당성(개인정보 보호를 위한 절차적 노력)'을 모두 실질적으로 충족하는 경우에만 합법성이 인정되도록 하는 법리적 자산이 될 것이다.

Ⅱ 개인정보 규율 체계에서 공익의 함의

1. 법원리로서 공익

공익은 공동체(국가 또는 지방자치단체) 구성원 전체의 이익을 의미하며, 이는 각 개인의 이익의 총합이 아니며 개인의 이익을 초월하는 이익이다.[5] 기본권 제한사유인 국가안전보장·질서유지 및 공공복리는 공익이 구체화된 개념이다.[6] 헌법 이외의 실정법 분야에서도 공익 개념은 실로 다양하게 사용되고 있다. 행정법이론의 영역에서 공익은 행정법의 특수성(일방적 조치권, 공정력, 공권 및 공의무의 특수성, 공법상 계약의 특수성 등)과 주요 개념(공권력, 공물)의 기초가 되며 행정작용의 기본적 정당화사유가 된다.[7] 공익은 평등원칙의 예외사유로서 공익상 필요한 경우에는 다른 법적 규율이 가능하고 비례원칙의 적용에서 이익형량의 요소가 되어 공익 상호간 및 공익과 사익 상호간, 사익 상호간에 이익이 적절히 조정되어야 한다는 요청의 근간이 된다. 헌법상 기본권 제한에는 법률의 근거가 있어야 하지만, 공익은 일정한 경우에 보충적으로 명문의 법규정이 없는 경우에도 일정한 권익 제한의 직접적 근거가 되기도 한다. 즉 공익상 필요만으로 행정행위의 철회가 가능하고,[8] 재량행위에서 공익을 이유로 특허 등 수익적 행위를 거부할 수 있다. 법치행정의 원칙상 국민의 기본권 및 권익의 제한은 법률의 근거가 있어야 하지만, 무엇보다 공익이 그 궁극적 근거이다. 이처럼 '일반조항' 또는 '불확정개념'으로서의 공익 개념은 입법목표 내지 규제정책의 목표로서, 개인의 자유를 제한하는 근거(공용침해의 정당화 사유로서 공공필요), 인허가 등 행정처분 및 그 거부(거부재량의 정당화 요건) 또는 철회의 근거, 사정변경의 근거 등 행정권 발동의 기본적인 정당화 요소뿐만 아니라 하위법령에서 구체화되어야 할 목표 및 전제로서 행정판례에서 다양한 맥락에서 사용되고 있다. 공익은 공동체 구성원 전체의 이익을 의미하지만, 국가 또는 지

---

5) 박균성, 「행정법강의」, 박영사, 2024, 7면.
6) 헌법에서 공익을 나타내는 법적 개념들로 '국가의 독립·영토의 보전·국가의 계속성·헌법수호'(제66조), '국가안전보장과 질서유지'(제23조 제2항, 제37조 제2항), '공공의 안녕질서'(제76조 제1항, 제77조 제1항), '국가의 안녕질서'(제109조), '공공복리'(제23조 제2항, 제37조 제2항), '공공필요'(제23조 제3항), '주민의 복리'(제117조), '환경보전'(제35조), '국토의 효율적이고 균형 있는 이용·개발과 보전'(제122조), '국민경제상 긴절한 필요'(제126조), '국민경제의 발전'(제127조), '공중도덕이나 사회윤리'(제21조 제4항), '선량한 풍속'(제109조) 등을 들 수 있다.
7) 공익의 행정법적 함의에 관하여는 박균성, "행정판례를 통해 본 공익의 행정법적 함의와 기능", 행정판례연구 제22집 제2호, 한국행정판례연구회, 2017 참조.
8) 행정기본법 제19조 제1항 제3호.

방자치단체의 단순한 재정상 이익과 같이 공동체 자체의 이익만으로는 공익이 될 수 없다.[9)]

공익은 행정법의 존재근거이지만 종종 그 개념은 공허하고, 다종다양한 내용들이 복합적으로 혼재하는 개념이므로 무용하다는 비판을 받는다. 하지만 동서고금을 막론하고 행정의 존재론적 근거이자 그 특수성을 설명하는데 필수불가결한 개념이기에 공익 개념을 폐기한다고 하더라도 이를 대체할 개념을 고안해내어 국가작용을 설명하고 정당화하고 비판할 수밖에 없을 것이다. 행정판례에서도 공익을 직접적으로 정의하지 않고 "공공 일반의 이익", "공공의 이익"이라는 용어를 쓰고, 공익을 특정 분야에서의 공익만 아니라 일반적 의미의 공익을 의미하는 것으로 보아 "불특정 다수인의 이익"으로 설명하기도 한다.[10)] 이처럼 사법부는 대체로 공익이 무엇인가에 대한 정의를 내리려고 하기보다는 개별적인 사안에서 개인적 권리를 제한하는 근거로서 공익보호나 공익침해 정도를 판정하는 데 관심을 기울이는 편이다.[11)] 헌법재판소는 정의 실현의 공익이라든가 입헌민주주의 체제의 보호라는 공익이 법적 안정성보다 우위에 서는 경우를 제시하면서 그러한 내용의 공익이 개인의 자유를 제한할 수 있는 정당한 사유임을 설시할 때 공익의 개념을 사용하고 있다.[12)]

2. 개인정보 보호법상 공익 관련 특례

(1) 현황

「개인정보 보호법」은 공익 목적의 개인정보 활용에 대한 위법성을 배제하는 일반적 근거규정은 두고 있지 아니하다. 때문에 개인정보 보호법 위반에 따른 형사책임에 있어 공익 목적의 항변은 형법상 위법성조각사유, 특히 제20조의 정당행위에 의해 합법성을 인정받을 수밖에 없다. 이와 관련하여 대리수술을 고발한 대학병원 전공의들에 대해 환자의 개인정보를 유출한 것을 문제삼아 「개인정보 보호법」 제59조를 위반하여 불법 유출한 것으로 기소된 사안[13)]에서 법원은 형법 제20조[14)]의 사회상규에 위배되지

---

9) 최송화, 「公益論」, 서울대학교출판문화원, 2016, 277면.
10) 대법원 1989. 5. 23. 선고 88누4034 판결.
11) 대법원 2001. 2. 23. 선고 2000다58088; 2001.4.24. 선고 2000후2149 판결 등.
12) 최송화, 앞의 책, 246-249면.
13) 이 사건에서 피고인들은 "공익적인 목적에서 대리수술 고발을 위하여 의료법상 허용되는 최소한의 증거만을 제출했고, 수사기관 외에는 ○○○의 진료기록을 열람할 수 없는 점 등에 비추어 보면, 피고인들의 행

아니하는 행위에 해당한다며 무죄를 선고한 바 있다.[15] 다만 「개인정보 보호법」은 제58조에서 일반적으로 공익 목적성이 강한 특정한 상황에서 공익을 이유로 한 포괄적인 적용 예외를 규정하고 있다.

즉, 1) 국가안전보장과 관련된 정보 분석을 목적으로 수집 또는 제공 요청되는 개인정보, 2) 언론, 종교단체, 정당이 각각 취재, 보도, 선교, 선거 입후보자 추천 등 고유 목적을 달성하기 위하여 수집, 이용하는 개인정보를 나열하고 이에 대해서는 제3장부터 제8장까지를 적용하지 아니한다고 규정하고 있다. 2023년 개정전에는 위 항목 외에도 공공기관이 처리하는 개인정보 중 통계법에 따라 수집되는 개인정보, 공중위생 등 공공의 안전과 안녕을 위하여 긴급히 필요한 경우로서 일시적으로 처리되는 개인정보에 대하여도 적용제외를 규정하고 있었으나, 법 개정을 통해 위 항목들을 삭제하여 포괄적인 예외에서는 제외하였다.[16] 그렇다고 이들에 대한 예외적 규율을 폐지한 것은 아니고 공중위생 관련 조항은 감염병 예방법 제76조의2 등에서 개인정보 처리에 관한 구체적인 규정을 두고 있으므로 이 법의 적용 예외로 볼 실익이 없다는 고려와 아울러 각 해당영역에서 보다 제한적이고 구체적으로 규율함으로써 국민의 개인정보를 보다 더 두텁게 보호하고자 한 것이다.[17] 특히 개인정보처리자는 '공중위생 등 공공의 안전과 안녕을 위하여 긴급히 필요한 경우'에는 정보주체의 동의 없이도 개인정보를 수집

위는 사회상규에 반하지 않은 정당행위에 해당해 위법성이 조각된다."고 주장했다.

14) 형법 제20조(정당행위) 법령에 의한 행위 또는 업무로 인한 행위 기타 사회상규에 위배되지 아니하는 행위는 벌하지 아니한다.

15) 대법원 2023. 6. 29. 선고 2020도10564(원심 서울동부지방법원 2020. 7. 9 선고 2019노1842 판결).

16) 구 「개인정보 보호법」 제58조 제1항은 "1. 공공기관이 처리하는 개인정보 중 「통계법」에 따라 수집되는 개인정보, 2. 국가안전보장과 관련된 정보 분석을 목적으로 수집 또는 제공 요청되는 개인정보, 3. 공중위생 등 공공의 안전과 안녕을 위하여 긴급히 필요한 경우로서 일시적으로 처리되는 개인정보, 4. 언론, 종교단체, 정당이 각각 취재·보도, 선교, 선거 입후보자 추천 등 고유 목적을 달성하기 위하여 수집·이용하는 개인정보" 등에 해당하는 경우에는 제3장부터 제7장까지를 적용하지 아니하였다.

17) 감염병 상황에서 공공의 안녕을 위한 경우에도 보호조치 및 파기 의무 등을 준수하도록 하여 국민의 개인정보를 두텁게 보호하고자 한 것이다. 실제로 코로나 19 관련 재난지원금 지급, 감염자 확인 등 급박한 개인정보의 처리가 요구되는 사안에서 매우 광범위한 예외가 인정되었으나 대체로 감염병 예방법 등의 관련 규정에 따라 적법 근거를 충족하는 경우에는 적법 처리로 인정되어 왔고 동호의 적용을 받아 「개인정보 보호법」이 적용배제되는 것은 일시적이고 예외적인 경우에만 인정되는 것으로 해석되어 왔다. 공중위생 등 공공의 안전과 안녕을 위해 긴급히 필요한 경우에 대한 예외적 규율은 동법 제15조(개인정보의 수집·이용) 제1항 제7호, 제17조(개인정보의 제공) 제1항 제2호, 제18조(개인정보의 목적 외 이용·제공 제한) 제2항 제10호 등에서 개인정보의 수집, 이용, 제공 등의 예외적 사유로 신설하여 인정하고 있다. 특히, 2023년 개정법은 공중위생 등 공공의 안전을 위하여 긴급히 필요한 경우로서 일시적으로 처리되는 개인정보 항목에 대해서는 법 제15조에 따라 별도의 정보주체의 동의 없이도 처리가 가능하도록 하는 규정을 추가하였다(법 제15조 제1항 제7호).

할 수 있으며 그 수집 목적의 범위에서 이용할 수 있고(법 제15조 제1항 제7호), 정보주체의 개인정보를 제3자에게 제공(공유를 포함한다)할 수 있으며(법 제17조 제1항 제2호), 정보주체 또는 제3자의 이익을 부당하게 침해할 우려가 있을 때를 제외하고는 개인정보를 목적 외의 용도로 이용하거나 이를 제3자에게 제공할 수 있다(법 제18조 제2항 제10호). 제3장부터 제7장까지를 적용하지 아니하는 것으로 규정하여 포괄적인 예외를 인정하던 것에서 벗어나 이러한 경우에도 「개인정보 보호법」에 따른 일정한 규율의 체계하에 둠으로써 개인정보에 대한 보호와 이용의 조화를 꾀하도록 하고 있다. 통계법 관련 조항의 경우, 통계법 제31조, 제33조 등에서 이미 개인정보의 수집, 이용 등 처리에 관한 구체적인 규정을 두고 있으므로 해당 조항에 따라서 개인정보의 처리에 관하여 적용하면 되고 이 법에서 포괄적인 적용 예외를 인정할 실익이 없다고 보았다.[18)

(2) 언론활동과 개인정보 보호 문제

언론은 취재과정이나 보도내용에서 개인의 정보를 일상적으로 다루게 된다. 사실을 확인하고 비평하며 시민의 알권리를 충족하고 민주주의 가치를 실현하기 위해 존재하는 것이 언론이기에 그 기본적 활동에서 취재원으로부터 다양한 개인정보를 수집·이용하게 되고 때로는 보도를 통해 특정 개인에 관한 사실이나 비평을 전하게 된다. 어찌보면 언론만큼 개인정보를 의욕적으로 다루는 영역도 드물다 하겠는데, 자연스럽게 그러한 과정에서 상대에 놓인 개인에게는 원치 않는 개인정보의 이용이나 공개로 인한 갈등 우려가 상존하게 된다. 정보주체의 '개인정보 자기결정권'은 우리 헌법에서 보호하는 일반적 인격권과 사생활의 비밀과 자유에 의해 보장되는 국민의 기본적 권리임은 분명하다. 하지만 개인정보 자기결정권 역시 헌법상 존중되어야 할 여러 가치 중의 하나일 뿐 절대적인 것은 아니며, 다른 기본권이나 헌법 가치를 위해 제한되거나 조정될 수 있다. 「개인정보 보호법」도 이러한 점을 감안하여 개인정보의 수집, 이용, 제3자 제공, 처리위탁, 폐기 등 일련의 과정을 촘촘하게 규율하면서도 언론활동에 대한 일정한 적용 제외를 선언하고 있는 바, 법 제58조 제1항 제4호에서 "언론, 종교단체, 정당이 각각 취재보도, 선교, 선거 입후보자 추천 등 고유목적을 달성하기 위하여 수집·이용

---

18) 조문별 제개정 이유서 17면 이하. 한편 개정 전 제58조의 포괄적인 예외 조항은 통계법에 따라 수집되는 정보에만 적용되고 통계법이 적용되지 않는 정보, 예컨대 통계법 제1조 제1항에 따른 통계청장의 승인을 받지 아니한 정보의 제공 등에 대하여는 법 제58조 제1항의 적용대상에 해당하지 아니한다 제한적으로 해석하였다(개인정보 보호위원회 결정 제2017−23−176호).

하는 개인정보"에 대해서는 포괄적 예외를 인정하고 있다.[19]

　언론활동과 관련한 개보법의 허용범위에 관해 법원이 직접적으로 다룬 사례는 많지 않으나, 몇몇 사례에서 보인 법원의 입장은 예외 인정에 그리 녹록하지 않다. 통상 취재를 위한 개인정보의 수집은 「개인정보 보호법」의 적용 예외를 인정하는데 큰 논란이 없으며 주로 '보도'의 영역에서 개인정보를 공개하는 것의 허용 범위가 문제된다. 이와 관련하여 경찰관에게 연행되어 가는 CCTV 화면을 한 방송사가 이를 수집하여 보도한 행위에 대해 「개인정보 보호법」의 적용 예외에 해당하는 언론의 '보도'로 인정한 하급심 판례가 있다.[20] 반면, 인터넷 신문이 기사를 통해 모 기업 회장의 성명, 지위, 거주지주소를 공개한 행위에 대해 개보법에서 금지하는 개인정보 누설에 해당한다며 유죄를 선고하기도 하였다.[21] 특히 이 사건에서 재판부는 "개인정보 보호법의 취지에 비추어 언론이 취재, 보도를 위하여 개인정보를 이용한다고 하더라도 그 이용에 개인정보를 일반 공중에게 보도하는 것이 포함된다고 보기 어렵다."고 판시함으로써 특정인의 개인정보가 포함된 기사를 작성한 행위를 정당한 개인정보의 이용으로서 언론활동인 '보도'로 인정하지 않고 업무상 알게 된 개인정보를 '누설'한 것으로 평가하였다.

　「개인정보 보호법」 제58조는 개인정보를 적절히 보호하면서도 다른 헌법적 가치들과 균형을 위하여 일정한 목적과 유형의 개인정보 처리에 대해서는 법률의 일부 적용을 제외할 필요가 있다는 점을 고려한 것이다. 언론의 취재 또는 보도 등 고유목적을 달성하기 위한 활동으로 취재란 언론이 보도, 논평 및 여론 등을 전파할 목적으로 기사작성에 필요한 기초자료 또는 정보를 수집하는 행위를 말하며, 보도란 언론이 취재를 통하여 얻어진 것을 신문, 잡지, 방송 또는 인터넷 등의 매체를 통하여 일반인에게 전달하는 행위를 말한다.[22] 이때 그 고유 목적을 달성하기 위하여 처리되는 개인정보에 한하여 이 법의 일부가 적용 배제될 뿐, 언론기관 등이 처리하는 모든 개인정보에

---

19) 다만 이때에도 일반적인 개인정보의 수집, 이용, 제공, 파기 등의 규정이 적용되지 않을 뿐 "1. 거짓이나 그 밖의 부정한 수단이나 방법으로 개인정보를 취득하거나 처리에 관한 동의를 받는 행위, 2. 업무상 알게 된 개인정보를 누설하거나 권한 없이 다른 사람이 이용하도록 제공하는 행위, 3. 정당한 권한 없이 또는 허용된 권한을 초과하여 다른 사람의 개인정보를 훼손, 멸실, 변경, 위조 또는 유출하는 행위"는 동일하게 처벌받는다(법 제59조). 따라서 취재활동에서 적극적으로 '거짓이나 부정한 수단이나 방법'을 동원하여 개인정보를 취득하거나, 취재과정에서 지득한 개인정보를 누설하거나 타인에게 무단으로 제공하는 것은 금지된다는 점을 유의해야 한다. 아울러 취재, 보도 등 언론의 고유한 활동영역에 관한 경우에만 인정될 뿐 언론기관의 인물DB 사업과 같이 본연의 고유 목적 활동이 아닌 경우에는 예외가 허용되지 않는다.

20) 서울중앙지방법원 2016. 8. 12. 선고 2015가소6734942 판결.

21) 서울서부지방법원 2015. 12. 18. 선고 2015고정1144 판결.

22) 개인정보 보호 법령 및 지침·고시 해설, 개인정보 보호위원회, 2020.12, 527-528면.

대하여 이 법의 적용이 제외되는 것은 아니다. 다만, 위 기업 회장의 성명, 지위, 거주
지주소를 보도를 통해 공개한 사건에서 법원이 "개인정보 보호법의 취지에 비추어 언
론이 취재, 보도를 위하여 개인정보를 이용한다고 하더라도 그 이용에 개인정보를 일
반 공동에서 보도하는 것이 포함된다고 보기 어렵다"고 단언하여 판시한 부분은 언론
활동과 개인정보 보호문제에 대한 보다 입체적인 논의가 필요하다는 점을 상기할 때
아쉬움이 남는 대목이다.

하지만 이러한 적용의 예외가 개인정보 활용의 무법지대를 허용하는 것으로 이해
하면 곤란하다. 「개인정보 보호법」이 일정한 예외를 허용한 것은 그 해당 영역의 특성
과 고유한 가치를 반영하여 그에 걸맞은 개인정보 규율체계를 바로 그 영역의 주체들
이 마련하라는 취지이다.[23] 뿐만 아니라 수집과 이용 등 직접적인 절차에 있어 「개인
정보 보호법」의 기준을 강제하지 않겠다는 것일 뿐 최소수집의 원칙을 비롯한 개인정
보 보호의 원칙과 정보주체의 권리 보호 이념은 예외 없이 동일하게 존중하여야 한다.
언론윤리헌장도 제3조에서 "공공의 이익을 위해 보도할 가치가 있는 정보를 취재하고
전달할 경우에도 개인의 인권과 존엄성을 해치지 않도록" 하여야 한다고 규정하고 있
는 바, 같은 취지로 이해할 수 있다.

개인의 신상정보를 취재과정이나 보도내용에서 수없이 다루게 되는 언론활동에서
개인정보 보호와 언론의 자유, 국민의 알권리 등과의 충돌 내지 긴장관계는 불가피하
다 할 것이다. 최근에는 경찰 심문과정의 강압수사를 폭로하는 동영상을 방송사에 제
보한 변호사에 대해 수사관이 자신의 얼굴이 노출되었다며 해당 변호사를 「개인정보
보호법」 위반으로 고발한 사건이 논란이 된 바 있다. 이처럼 언론활동은 기자의 취재
활동에서 제보자의 법적 위험까지 노출하고 있지만 현행 「개인정보 보호법」은 언론기
관이 아닌 언론에 정보를 제공하는 제보자에 대한 보호 장치는 없는 실정이다. 법원이
나 정부의 언론활동에 대한 몰이해를 비판하기에 앞서 언론 영역에서 스스로 언론의
공적 가치와 특수성을 고려하여 언론활동과 개인정보 보호의 조화로운 동행을 위한 기
준과 절차를 마련하는 노력이 절실하다.

---

23) 독일과 일본은 언론보도와 개인정보 보호에 관하여 보다 구체적인 법제를 두고 있는 것으로 알려져 있으
며, 특히 독일은 판례를 통해 언론영역에서의 인격권 보호에 관한 다양한 기준을 정립해 나가고 있다. 이
에 관한 상세는 이수종, "언론보도와 개인정보 보호의 법적 문제에 관한 연구", 헌법학연구 제22권 제4호,
2016 참조.

III 공익 목적 개인정보 활용의 합법성 조건

오늘날 데이터는 디지털 사회의 다양한 편익과 이익의 창조 기반인 동시에 디지털 사회를 위협하는 가장 근원적인 요인이 되기도 하는데, 이는 특히 신흥안보로서 사이버안보의 영역에서 매우 중요한 이슈가 되고 있다. 이하에서는 '공익' 중에서도 가장 전통적이면서도 기본권 제한 가능성이 큰 '국가안보'를 중심으로 개인정보 활용의 정당화 요건을 살펴보고자 한다. 즉, 공익 목적의 개인정보 활용에 관해 사이버안보와 개인정보 보호의 갈등을 중심으로 검토함으로써 개인정보 보호의 영역에서 헌법 제37조 제2항이 개인과 공동체 사이의 긴장관계를 조정하는 기본적 합헌성 확보 조건이라는 점을 확인하고 '사이버안보 목적 개인정보 처리의 합법성 조건'을 제시하고자 한다.

1. 사이버안보 영역에서 공익 목적 개인정보 활용

코로나 팬데믹으로 온라인 방식이 모든 영역에서 더욱 급격하게 새로운 원칙으로 자리잡았다. 과거 정보화 초기에는 사이버공간의 안전 문제는 하드웨어와 소프트웨어의 오작동으로부터 기인하는 컴퓨터 시스템의 장애 방지나 인터넷이라는 물리망의 보호에 중점으로 둔 좁은 의미로 이해되었다. 그러나 인터넷의 활용이 전 세계 확산되면서 논리적 층위에 대한 보호가 각국의 주권적 관할권을 넘어서는 국제안보의 문제로 인식되기 시작했다. 특히 2000년대 후반 이후 사이버 공간에서 벌어지는 정치·사회·문화적 활동의 중요성이 강조되면서 사이버 공간의 안전이나 안보로 관심이 확대되었다. 특히 9.11 테러 이후 외부로부터 악의적이고 의도적인 테러의 공격으로부터 사이버 공간에서의 활동이나 그 기반이 되는 시스템과 지식정보를 보호하려는 정책적 목적이 커졌다. 사이버 공간의 확장속도가 예상을 뛰어넘고 그 확장범위가 국경을 무색하게 하면서 그 안에서 벌어지는 활동의 안정성을 해치는 사이버 위협도 사이버 전쟁, 사이버 테러, 사이버 범죄, 사이버 교란, 사이버 간첩, 사이버 범죄 등 점점 더 복잡한 양상으로 전개되고 그 잠재적 위험도 날로 커지고 있다.[24] 사이버안보가 단순히 개인안전의 문제나 시스템 보안의 문제에만 그치지 않고 국가안보의 문제로 인식되는 이유이다. 다층적 사이버 위협은 단순히 기술공학적 의미에서 본 개인 컴퓨터의 기술적 안전과 이에 담긴 정보의 기밀성과 무결성을 보호하는 문제를 넘어서 기업이나 정부 차원의

---

24) 김상배, 「버추얼 창과 그물망 방패」, 서울대학교 국제문제연구소 총서 11, 한울 아카데미, 2018, 46-47면.

시스템 보안 문제가 되고, 더 나아가 핵심 기반시설과 관련된 국가안보의 문제가 되었다. 사이버안보는 新안보위협으로서 국가안보의 대상 및 목적, 주체의 확대를 가져왔으며, 사이버공격으로 인한 피해 발생이 지속적으로 증가하고 위협 기술 및 공격주체의 다양화, 위협 기술 확보의 용이성 등으로 인해 다양한 형태의 사이버 위협 대응이 절실한 실정이다.

최근 주요국의 사이버안보 전략의 핵심은 사이버위협 정보공유와 이를 통한 민·관 협력의 강화로 요약된다. 사이버위협에 효과적으로 대응하기 위해서는 민간과 공공의 정보가 원활하게 공유돼야 하고 이를 기초로 한 유기적인 협업이 필수적이다. 미국의 정보공유서비스(ECS), EU의 협력 메커니즘 운영, 영국의 사이버보안 정보공유협력체(CISP) 등이 소속을 초월한 협업 프로세스를 만들기 위한 노력을 보여준다고 할 수 있다. 사이버위협에 효과적으로 대응하기 위해서는 공공 영역과 민간영역의 협력 네트워크를 유기적으로 구축하여 사이버 공간의 안전성과 신뢰성을 확보하고 더 나아가 국가의 핵심가치를 보호하기 위한 플랫폼으로 삼아야 할 것이다. 사이버안보 위협에 대한 원활한 대응을 위해서 무엇보다 위협정보의 원활한 공유가 중요하며, 안전기준의 설정 단계에서부터 사이버안전에 대한 침해를 예방하기 위한 대응체계, 사이버안전사고 발생 시 조치 등 일련의 과정에서 민간의 협력은 필수적이다. 민간의 자율적인 협력을 최대한 이끌어 낼 수 있는 유인체계를 만들어 내는 것이 무엇보다 중요하고, 특히 사이버안보 침해정보(위협정보) 공유 제도 설계가 핵심과제이다. 문제는 이 과정에서 필연적으로 개인정보에 대한 활용이 불가피하고 개인정보 보호와 사이버안보와의 긴장관계가 형성된다는 점이다. 즉, 개인정보를 보호하는 일련의 법제는 정보수집을 핵심 기능으로 하는 정보기관에 의한 사이버안보 활동에 필연적으로 제약을 가하게 되며, 여기에 개인정보 보호를 통한 개인의 권리의 보장과 국가안보를 위한 실효적인 사이버안보 활동의 보장이라는 법익의 충돌을 적절히 조화할 과제가 대두되는 것이다. 그런데 개인정보 보호와 사이버안보는 서로 긴장관계에 있으면서도 불가분의 관계에 있다고 보아야 한다. 사이버안보를 꾀하기 위해서는 개인정보의 처리가 불가피하지만, 개인정보 보호를 함으로써 사이버안보도 도모할 수 있으며, 사이버안보가 확보되면 개인정보 보호도 함께 이루어질 수 있는 긴밀한 관계이다.[25]

---

25) 최경진, "사이버안보와 개인정보 보호법령의 상관성", 가천법학 제8권 제4호, 2015, 219면.

2. 위협정보 공유와 민관협력

사이버안보는 통상 국가안보와 직결되는 사이버공간의 안전이라 이해되는 바, 우리나라 사이버안보법체계는 기본적으로 범국가 정보보호 법체계 내에서 파악할 수 있다. 현행 법제하에서 정보보호 체계는 공공과 민간으로 구분되어 있으며, 민간영역은 「정보통신망 이용촉진 및 정보보호 등에 관한 법률(이하 '정보통신망법')」을 중심으로 과학기술정보통신부가 관장하고, 공공부문은 대통령훈령인 「국가사이버안전관리규정」과 최근 제정된 대통령령인 「사이버안보 업무규정」을 중심으로 국가정보원이 총괄하고 있다. 이처럼 공공의 영역과 민간의 영역으로 구분하는 것은 사이버공격의 기술적 특성상 그 구분이 비현실적인 한계가 있지만, 법적 측면에서는 기본적으로 자치와 자율의 영역인 민간부문과 보다 강화된 정부 개입의 영역인 공공부문을 구분되어야 한다는 점, 공공의 영역에서 행정부만을 대상으로 하면서 대국민을 직접 규율하지 않는 한 법률이 아닌 법규명령이나 행정규칙으로도 규율이 가능하다는 점에서 구분의 실익이 있다. 여기에 「정보통신기반보호법」을 근거로 공공과 민간을 불문하고, 다른 정보통신기반시설과의 상호연계성이 높고 자칫 침해사고가 발생할 경우 국가안전보장과 경제사회에 미치는 피해규모 및 범위가 큰 정보통시기반시설[26]에 대해 '주요 정보통신기반시설'로 지정하여 정기적으로 소관 주요정보통신기반시설의 취약점을 분석·평가하고 필요한 조치를 내리는 등 강화된 정보보안 규율을 적용하고 있다. 주요 정보통신기반보호체계도 과학기술정보통신부장관과 국가정보원장이 민간과 공공을 분담하여 총괄하며 국무총리 소속 '정보통신기반보호위원회(위원장: 국무조정실장)'가 주요사항을 심의하는 체계를 두고 있다. 안보의 영역에 공공과 민간의 구분이 있을 수 없고 행정부는 물론 입법부, 사법부 등 모든 헌법기관에 대한 보호가 중요하다는 점을 상기할 때, 현재로서는 공공과 민간을 관통하고 행정부 외 다른 헌법기관도 모두 포괄하는 사이버안보 관련 법률이 없다는 점은 문제로 지적된다. 이러한 점이 '국가사이버안보법'의 제정이 필요하다는 주장의 논거로 활용되는데, 현재로서는 「정보통신기반보호법」이 독일의 「사이버안보법 (Gesetz zur Erhöhung der Sicherheit informationstechnischer Systeme)」,[27] 일본 「사이버시큐

---

26) "정보통신기반시설"이라 함은 국가안전보장·행정·국방·치안·금융·통신·운송·에너지 등의 업무와 관련된 전자적 제어·관리시스템 및 「정보통신망 이용촉진 및 정보보호 등에 관한 법률」 제2조 제1항 제1호에 따른 정보통신망을 말한다(정보통신기반보호법 제2조 제1호).

27) 2011년 사이버안전전략을 구체화한 것으로 단행법률이 아니라 「연방정보기술보안청법(BSIG)」, 「전기통신법(TKG)」, 「텔레미디어법(TMG)」, 「연방범죄수사청법(BKAG)」의 규정 중 IT보안과 관련한 규정에 대한 일괄정비 법률(Artikelgesetz)이다. 독일 사이버안보법은 주요 인프라 운영자들의 책임과 권한을 정하고

리티 기본법 (サイバーセキュリティ基本法)」[28] 등과 같은 외국 입법례와의 유사성 측면에서 '사이버안보법'에 가장 근접해 있는데 현재 그 운용이 사실상 형식화되어 있다는 점이 한계로 지적된다.[29]

최근 인터넷 및 정보통신기술의 급속한 발전으로 예상치 못한 보안 취약점 및 이를 악용한 공격이 지속적으로 발생하는 등 사이버공격이 고도화·지능화되고 있다. 따라서 이를 사전에 예방하는 것도 중요하지만, 알려지지 않은 공격 수법의 경우 이를 예방하는 것이 현실적으로 매우 어렵다. 이에 갑작스러운 공격이 발생할 경우 이를 실시간 탐지·대응하여 공격 확산을 차단하고, 피해를 최소화하는 대응 활동이 중요한 요소로 대두되고 있다. 이에 따라 우리나라에서는 공공 부문에서는 국가정보원을 중심으로 국가정보보호수행체계를 구축하고, 행정·에너지·금융 등 국가 운영에 필수적인 주요 정보통신시스템에 대한 공격 징후를 조기 탐지하고 대응하는 체계를 구성하고 있다. 민간부문에서는 한국인터넷진흥원을 중심으로 정보통신서비스제공자 및 집적정보통신시설 사업자, 유관기관 및 정보보호 업체, 해외의 국제기구 또는 해외보안업체 등과 협력하여 정보를 공유·분석하고, 중대한 침해사고가 발생한 때에는 민·관합동조사단을 구성하여 원인분석을 할 수 있다. 이처럼 민간부문에서의 정보 공유 체계는 공공 부문에서와 같이 트리 구조가 아닌 한국인터넷진흥원을 중심으로 하는 Peer-to-Peer 구조라 할 수 있다.

공공·민간의 구분이 없는 사이버공간에서의 사이버위협은 대부분 공공분야보다 상대적으로 보안관리가 허술한 민간분야에서 대부분 발생하고 있는데, 민간분야는 비용 부담이나 기술부족 등으로 인하여 신속한 조치를 하지 않아 피해규모가 커지고 있다.

사이버안보 위협시 민간의 역할까지 규정하고 있다. 독일 사이버안보법의 제정배경에 관한 상세는 김주희, "독일 사이버안보 국가전략 형성의 국내적 요인", 유럽연구 제39권 제1호, 한국유럽학회, 2021, 106-110면.

28) 일본의 「사이버시큐리티기본법」은 2014년 제정 이후 몇 차례 개정을 통해 추진체계와 대응조치를 강화하였는데, 협의체를 통한 협력 활성화 시도, 자료제출 등 각종 협력 요구의 규범적 정당성 확보, 자료제출 등 각종 협력 요구에 응할 의무의 법제화, 공공부문 사이버시큐리티의 대상 확대, 아웃소싱을 통한 전문가 활용 확대 등 지속적으로 관련사항을 입법화하였다. 특히 2018년 개정을 통해 공공과 민간이 협력하는 협의체를 구성·운영토록 함으로써 공공부문과 민간부문이 유기적으로 연계하여 사이버안전을 위한 대책을 실행하고 있다. 박상돈, "일본 「사이버시큐리티기본법」의 형성과 발전에 대한 시론적 고찰 — 제정 이후 2018년 개정까지의 변화상을 중심으로 —", 법학연구 통권 제60집, 전북대학교 법학연구소, 2019, 281-283면.

29) 사이버안보 관련 법체계의 현황과 문제점에 관하여는 졸고, "국가 사이버안보의 법적 과제", 미국헌법연구 제28집 제2호, 2017; 졸고, "사이버안보 법제의 입법 동향과 향후 과제 — 개정 「국가정보원법」에 따른 법제변화를 중심으로 —", 과학기술과 법 제12권 제1호, 2021 등 참조.

이와 같은 상황에서 현행 사이버위협정보 공유는 공공과 민간이 사실상 분절되어 있고, 공공·민간 영역간 사이버위협정보의 공유가 법적 근거의 부재로 이루어지고 있지 못하고 있어 사고예방에 한계가 발생한다는 지적을 받는다. 사이버안보 위협에 대한 원활한 대응을 위해서 무엇보다 위협정보의 원활한 공유가 중요하기 때문에 위협정보 공유는 민관협력이 강조되는 영역이라 할 것이다. 안전기준의 설정단계에서부터 사이버 안전에 대한 침해를 예방하기 위한 대응체계, 사이버안전사고 발생시 조치 등 일련의 과정에서 민간의 협력은 필수적이다. 그러나 사이버위협정보를 공유하는 과정에서 이와 직접적인 관련이 있는 민간부문의 개인정보도 함께 유출될 가능성이 존재하며, 향후 국민에 대한 국가의 감시가 이루어질 수 있다는 우려 또한 제기되고 있다.

3. 공익으로서 사이버안보의 개념적 징표

(1) 논의 필요성

최근 사이버안보에 대한 위협에 강력하게 대응하기 위한 조치가 개인정보 보호와의 갈등 양상을 보이면서 사이버안보와 개인의 정보인권은 일정한 긴장관계에 있는 것으로 보는 것이 일반적이다. 그러나 개인정보 보호를 위한 조치는 아울러 정보보안의 수준 제고에도 긍정적인 영향을 미치는 상호 협력적 관계라 볼 것이며, 정보보안과 개인정보 보호가 선순환의 관계가 될 수 있도록 제도와 정책을 수립할 필요가 있다. 이와 관련하여 특히 미국은 사이버안보정보의 공유를 통한 프라이버시 침해를 막기 위한 최소한의 보호막으로서 프라이버시 지침을 수립하도록 하거나 내부 고발자 보호를 통한 투명성 촉진 등의 법제도적 기반도 일부 법안에서 함께 추진되었는데, 이는 사이버안보와 관련한 신법 제정 등 입법적 조치를 추진하고 있는 우리나라에 시사하는 바가 크다 할 것이다.[30]

현행 「개인정보 보호법」은 제58조 제2호에서 "2. 국가안전보장과 관련된 정보 분석을 목적으로 수집 또는 제공 요청되는 개인정보"에 대해서는 「개인정보 보호법」 제3장부터 제7장까지를 적용하지 아니함을 규정하여 사이버안보와 관련한 예외적 조치에 관한 근거를 마련하고 있다.[31] 그러나 정보 수집에 있어 비식별화 조치에 관한 사항

---

30) Eric A. Fischer, "Cybersecurity and information sharing: comparison of H.R. 1560 (PCNA and NCPAA) and S. 754 (CISA)", Congressional Research Service, 2015.

31) 본호가 적용되는 행위 태양은 '수집 또는 제공 요청되는' 경우로 한정되는데, 그 범위에는 '이용'이 포함된

등 세부적인 절차에 관하여는 「개인정보 보호법」에도 관련 규정이 부재하고, 현재 추진되고 있는 '국가 사이버안보 법안' 등에도 비중을 두어 따로 논의되지 못하고 있는 실정이다. 또한 정부 입법안에서는 「개인정보 보호법」 제58조의 취지를 충분히 반영하지 못한 지나치게 광범위한 예외 가능성 문제도 지적된다.[32] 사이버안보와 사이버위협 정보의 개념 및 범위, 정보 공유 기타 제공 목적, 정보 제공범위 등을 명확하게 규정할 필요가 있으나, 이에 대한 구체적인 법적 기준이 부재한 실정이다. 현행 「국가사이버안전관리규정」등에서 사이버공격 탐지·대응 체계인 보안관제센터를 구축·운영한다는 것 자체가 개인정보 수집·이용에 대한 직접적 근거가 되기에 충분하지 않으므로 보안관제센터가 접근기록자료를 수집·이용할 수 있다는 근거를 별도로 규정하여 개인정보의 수집·이용에 대한 근거를 마련할 필요가 있다. 무엇보다 사이버보안 위협정보의 원활한 공유를 위해서는 민간이 정보를 수집하고 활용함은 물론 수집된 정보를 공공에 제공하는 과정에서 개인정보 보호를 위한 법적 의무를 충실하게 이행하여야 하며, 이에 대한 구체화된 기준을 정립하는 것이 시급하다.

사이버안보를 위협하는 사이버공격을 대응하기 위해서는 무엇보다 위협정보 공유조직의 원활한 운영이 핵심이다. 그러나 앞서 살펴본 바와 같이 우리의 경우 「사이버안보 업무규정」 등 관련법령상 민간의 위협정보에 대한 수집 및 공유는 허용되지 않으며, 민·관의 통합된 위협정보 공유체계는 마련되어 있지 못하다. 그런데 사이버공격의 기술적 특성을 고려할 때, 일반 사이버보안 위협 정보와 국가사이버안보 위협정보에

다고 해석된다. 개인정보 보호위원회는 보령시가 영상정보처리기기로부터 수집한 영상정보를 군경합동상황실 이외에 통합방위법에 따른 통합방위 지원본부 전체에서 이용하고 검색하는 것이 가능한지 여부에 대한 질의한 사안에서, 법 제15조 제1항이 '수집'의 요건을 규정함에 있어 '이용'을 전제로 하고 있는 점, 제2호의 목적인 '정보 분석'이 그 자체로 이용에 해당하고 동호가 '제3자 제공'까지 허용하고 있는 점 등을 고려할 때 제2호의 '수집 또는 제공 요청'에는 '이용'이 포함되는 것으로 해석하는 것이 법 전체 체계 및 입법취지에 부합한다고 보았다[개인정보 보호위원회 결정 제2019-04_044호(2019. 2. 25)]. 한편 지자체가 설치한 CCTV 영상정보를 수도방위사령부가 국가안전보장과 관련한 정보 분석을 목적으로 영상정보를 요청하는 경우에는 그 제공이 가능하나 이를 군부대가 상시 관제하는 것은 「개인정보 보호법」 위반에 해당한다고 보았고(개인정보 보호위원회 2012. 11. 12.자 의결), 통합방위법에 따른 경계태세가 발령되기 이전의 위기상황 대응 상황은 통합방위사태 선포 등 국가안전보장과 직접적으로 관련된 사항이라기 보다는 군사시설에 위협행위를 한 자에 대한 증거 수집 또는 상황을 파악하기 위한 행위에 해당하므로 이를 위하여 법 제58조 제1항 제2호를 근거로 영상정보를 지역책임부대에 제공할 수 없다고 보았다[개인정보 보호위원회 결정 제202040-180호(2020. 5. 25)].

32) 「국가사이버안보법안」은 제21조에서 "사이버안보를 위하여 처리되는 개인정보는 「개인정보 보호법」 제58조제1항에 따라 같은 법이 적용되지 아니하는 개인정보로 본다."고 규정하고 있는데, 이때 '사이버안보'의 개념 정의의 명확성이 충분히 전제되지 않을 경우 자칫 「개인정보 보호법」 제58조의 입법취지에 반하는 예외가 설정될 수 있다.

대한 사전적 구분은 사실상 불가능한데, 사이버안보를 위협할 것으로 예견되거나 의심되는 일반 사이버공격 정보 일체에 대해서도 국가정보원이 수집 공유하는 것이 권한 발동의 근거인 국가정보원법을 위반할 소지가 있는지 논란이 될 수 있다. 이를 해소하기 위해서는 충분치 못하더라도 국가안보를 위협하는 사이버공격 정보에 대한 개념 모색이 필요하고, 아울러 정보 수집으로 인한 개인정보 침해 기타 정보인권에 대한 보호를 위한 충분한 프로세스 구축이 중요할 것이다. 사이버안보 위협정보 공유체계를 구성하기 위해서는 공유의 대상이 될 사이버안보 위협정보가 무엇인지 개념을 설정해야 하고 이를 위해서는 사이버안보의 범위를 규명해야 할 것이다. 이는 앞서 살펴본 「개인정보 보호법」 규율의 포괄적 예외로서 국가안보 목적의 해석범위를 정하는 문제와 직결된다.

(2) 국가안보와 사이버안보

법학의 영역에서 '국가안보'는 국가의 존립을 위한 필수불가결한 중요한 헌법적 가치를 가지는데, 우리 헌법은 제37조제2항에서 "국민의 모든 자유와 권리는 국가안전보장·질서유지 또는 공공복리를 위하여 필요한 경우에 한하여 법률로써 제한할 수 있으며, 제한하는 경우에도 자유와 권리의 본질적인 내용을 침해할 수 없다."라고 규정하고 국가안보를 기본권 제한의 유력한 근거로 인정하고 있다. 뿐만 아니라 국회 회의의 비공개 사유(헌법 제50조), 재판의 비공개 사유(헌법 제109조), 법률적 지위를 가지는 대통령 긴급재정경제명령권의 발동요건(헌법 제76조) 등 예외적 상황의 인정근거로 헌법상 명시되어 있다. 개별법률에서도 공공기관 정보공개에 있어 비공개 대상정보(「공공기관의 정보공개에 관한 법률」 제9조), 국가안보를 위한 통신제한 조치(「통신비밀보호법」 제7조) 등 국민의 기본권 제한의 근거로 인정하고 있다. 뿐만 아니라 공공소프트웨어사업 대기업 참여제한의 예외(「소프트웨어진흥법」 제48조), 재정의 효율적 운용을 위한 예비타당성조사의 적용 제외(「국가재정법」 제38조) 등 정부의 정책과정상의 예외로도 규정되어 있다. 때문에 국가안전보장, 국가안보, 안보 등에 대한 해석은 제한적이고 엄격하게 하는 것이 마땅하다고 이해되어 왔다. 이는 과거 우리의 현대사에서 국가안보에 대한 무분별한 적용과 확장적 해석이 가져온 폐해가 남긴 흔적이기도 하다. 법원은 국가안보에 대해 "국가의 존립·헌법의 기본질서의 유지 등을 포함하는 개념으로서 결국 국가의 독립, 영토의 보전, 헌법과 법률의 기능, 헌법에 의하여 설치된 국가기관의 유지 등의 의미"

로 이해하고 그 인정범위를 엄격하게 판단하고 있다.[33]

　전통적인 국가안보의 영역은 주로 국민국가(nation－state) 행위자, 즉 국가(nation) 차원에서 이해되는 국가안보(nation security)로서 안보를 의미하였다. 때문에 무엇이 국가안보 위협인지에 대해서도 공격의 방식이나 주체를 근거로 판단하는데 모호함이 크지 않았고, 따라서 그 소관도 군(軍)(주로 무기체계와 전력체계와 관련한 위험을 소관)이나 정보기관으로 비교적 명확하였다. 또한 이를 대응하기 위한 수단이나 형식도 오랜 경험을 거쳐 그 방법과 한계가 정립되어 있다. 이에 비해 신흥안보 이슈로서 사이버안보는 '피해자는 있는데 가해자는 없는' 특유의 성질을 가지며, 국가 후원뿐만 아니라 비국가 행위자, 어나니머스, 비인간 행위자, 핵티비스트 등 공격주체의 국가성을 정확하게 판명하기 어렵거나 국가성이 희미한 경우도 빈번하다.[34] 공격의 대상도 전통적인 안보시설이나 기관뿐만 아니라 정치, 사회, 경제, 문화 등 전 영역에 있어 막대한 파급효과를 가져오는 사이버위협으로 단순히 "사회공공의 질서를 유지"하는 치안의 차원에서 대응하기에 충분치 않은 경우도 많다. 뿐만 아니라 사이버공간의 네트워크적 속성으로 초기 공격양상이나 피해정도가 안보위협으로 명확하지 않은 경우라도 안보위협 공격으로 증폭될 가능성도 배제할 수 없다. 이러한 특성을 고려하여 사이버안보에 대해서는 "사이버공간과 관련된 다양한 공격으로부터 국민생활과 국가안위 등을 안정적으로 유지·방어하기 위한 수단들의 총체", "일반적으로 사이버위협으로부터 사이버공간을 보호하는 것으로, 사이버공간과 관련된 다양한 공격으로부터 국민생활과 국가안위 등을 안정

---

33) 국가안보에 대한 법원의 해석례

구분	판시 내용
군사기밀보호법 제6조 등에 관한 위헌심판 (헌재 1992. 2. 25. 결정, 89헌가104 결정)	"국가의 안전보장의 개념은 국가의 존립·헌법의 기본질서의 유지 등을 포함하는 개념으로서 결국 국가의 독립, 영토의 보전, 헌법과 법률의 기능, 헌법에 의하여 설치된 국가기관의 유지 등의 의미로 이해될 수 있을 것이다."
병역법 제3조 제1항 등 위헌확인(제8조 제1항) (헌재 2010. 11. 25. 2006헌마328 결정)	"국가의 안전보장'은 국가의 존립과 영토의 보존, 국민의 생명·안전의 수호를 위한 불가결한 전제조건이자 모든 국민이 자유를 행사하기 위한 기본적 전제조건으로서 헌법상 인정되는 중대한 법익이다."
정보공개거부처분취소 (대법원 2013. 1. 24. 선고 2010두18918 판결)	"국가안전보장'이란 국가의 존립, 헌법의 기본질서의 유지 등을 포함하는 개념으로서 국가의 독립, 영토의 보전, 헌법과 법률의 기능 및 헌법에 의하여 설치된 국가기관의 유지 등의 의미로 이해할 수 있다."

34) 김상배, "신흥안보와 메타 거버넌스 : 새로운 안보 패러다임의 이론적 이해", 한국정치학회보 제50권 제1호, 한국정치학회, 2016, 81－83면.

적으로 유지방어하기 위한 수단들의 총체" 등과 같이 국가안보에 대한 법적 개념과 비교할 때 확장적 개념이 주를 이룬다.[35)]

(3) 사이버안보 개념의 입체화

현행 법령에서 "사이버안보"를 직접적으로 정의하는 규정은 없으며 개정 「국가정보원법」에서 사이버안보 직무를 명시하면서도 이에 대한 별도의 정의 규정을 두지 않았다. 다만, 「국가사이버안전규정」에서 사이버안전을 "사이버공격으로부터 국가정보통신망을 보호함으로써 국가정보통신망과 정보의 기밀성·무결성·가용성 등 안전성을 유지하는 상태"로 정의하고, 이어 사이버위기를 "사이버공격으로 정보통신망을 통해 유통·저장되는 정보를 유출·변경·파괴함으로써 국가안보에 영향을 미치거나 사회·경제적 혼란을 발생시키거나 국가 정보통신시스템의 핵심기능이 훼손·정지되는 등 무력화되는 상황"으로 정의하고 있다. 한편 「국가사이버안전규정」 내에서도 총괄적인 기능은 국가정보원이 담당하지만 민간분야는 과학기술정보통신부장관이, 국방분야는 국방부장관이 관장하는 것으로 집행기능은 분화시켜 놓고 있다. 우리나라에서 사이버안보와 관련한 법적 논의가 답보상태에 있는 근본 원인은 사이버안보의 관점에서 규율할 범위에 대한 시각차이이다. 전통안보와 다른 사이버안보의 특성을 기초로 침해에 대한 효과적 대응이라는 관점에서 논의하면 사이버안보는 확장적 개념이 불가피하다. 때문에 주로 사이버안보와 관련한 기술공학적, 정치외교적 관점의 논의에서는 비교적 확장적 개념이 등장한다. 하지만 이러한 개념정의는 앞서 살펴본 '국가안보'에 대한 법학적 관점에서는 용인하기 어려운 상황이 된다. 오히려 사이버안보라는 개념의 불확실성이 기존의 '국가안보'를 이유로 한 다양한 기본권 제한, 정부에 대한 법치주의 통제의 완화에 대한 통제불능의 상황을 가져올 것이라 우려한다. 특히 이러한 관점의 우려는 2017년 정부가 발의했던 「국가사이버안보법안(의안번호 2004955, 2017.1.3)」에 대한 시민단체의 부정적 반응에서 일반적으로 나타난다. 요컨대, 이러한 문제는 권한분장 내지 조직법적 기준으로서 사이버안보의 개념과 효과적 집행이라는 측면의 사이버안보 대응방안 사이의 혼란이 원인이다.

---

35) 사이버안보의 개념 정의를 다룬 선행연구로서 권헌영, 「국제 사이버협력 기준 및 의제 발굴 연구」, 국방부 연구보고서, 2016; 채재병, "안보환경의 변화와 사이버안보", 정치정보연구 제16권 제2호, 2013; 신범식 외, 「한국의 중장기 미래전략－국가안보의 새로운 방향 모색－」, 인간사랑, 2015 등 참조.

국가사이버안보 관련 논의에서 장애요인이 되고 있는 소관의 불분명(국가안보 ⇔ 일반 치안, 국가정보원 ⇔ 국방부) 문제는 국가사이버안보의 개념에 대한 보다 입체적인 정립을 통해 그 해결점을 모색할 수 있다. 즉, 사이버안보의 개념을 공격주체, 공격대상, 공격 방식으로 입체적으로 분석함으로써 우선적으로 사이버안보에 해당하는 사항을 도출함은 물론, 일반 정보보호의 영역이나 사이버안보로 사후 포섭하거나 그 반대의 경우에 대한 기준을 모색할 수 있다. 조직법적 권한분장에 유의미한 개념을 도출하고, 아울러 국가안보 이슈의 확장에 대한 시민사회의 두려움과 우려를 최대한 불식시키기 위한 구체적인 논의가 필요하다. 아울러 이러한 논의과정에서 전통적 안보의 관점에서는 주로 군의 역할이 1차적이고 주된 것이나, 오늘날 사이버공간에서 이루어지는 안보의 위협은 비군사적 영역(예: 전력, 선거, 금융 등)에서 더욱 크게 또 빈번하게 나타날 수 있다는 점에서 전통적 국가안보의 영역과 달리 비군사적 영역을 관장하는 국가정보원의 역할이 더욱 포괄적이고 종합적으로 요구된다는 점도 논증이 가능하다. 이와 관련하여 지난 20대 국회에서 발의된 「국가사이버안보법안(의안번호 2004955)」에서는 사이버안보를 "사이버공격으로부터 사이버공간을 보호함으로써 사이버공간의 기능을 정상적으로 유지하거나 정보의 안전성을 유지하여 국가의 안전을 보장하고 국민의 이익을 보호하는 것"으로 정의하고 있다. 이어 국가안보위협 사이버공격을 "가. 군사분계선 이북지역에 기반을 두고 있는 반국가단체의 구성원 또는 그 지령을 받은 자가 하는 사이버공격, 나. 에너지·통신·교통·금융 등 국가기반체계 또는 전자정부를 운영하는 데 사용되는 사이버공간 등 국가적 사이버공간을 불법침입·교란·마비·파괴하는 사이버공격, 다. 국가기밀, 군사기밀 또는 국가핵심기술 등 국가적으로 중요한 정보를 빼내거나 훼손하는 사이버공격"으로 정의하고 있다(법안 제2조). 사이버안보의 개념은 확장적이고 국가안보위협 사이버공격은 너무 좁거나 불분명하다. 북한의 공격을 염두에 둔 '가목'은 대상측면에서 너무 좁고 한편 실질적 위협이라는 측면에서는 또 너무 넓을 수 있다. 더욱이 공격자를 특정 주체로 하게 될 경우 공격자의 명확한 판명이 어려운 사이버공격의 특성상 주체의 판명에 과도하게 노력이 허비되거나 또는 정치적 논란으로 흐를 가능성마저 상존한다. 그렇다면 국가안보 영역에 해당하는 사이버공격인지를 판단함에 있어 주체의 기준은 몇 가지 예외적인 사정을 제외하고는 기준으로 한계가 있다.[36] 오히려

---

36) 공격주체와 관련한 국가조직차원(후원 포함)의 공격 사례로는 ① 오로라 공격(2009년): 구글뿐만 아니라 어도비나 시스코 등과 같은 미국의 IT기업들을 목표로 하여 중국 해커들이 벌인 사례, ② 구글 해킹(2010년): 중국 해커들이 적극적인 역할을 수행한 사례, ③ 미국의 소니영화사 해킹 사건(2014년): 북한의 해킹 공격. 미국 국가안보에 대한 중요한 도전으로 간주함. 2018년 해당 사건을 주도한 북한 해커를 기소한 사례

공격의 대상이나 방법에서 보다 구체적인 기준을 도출하는 것이 보다 유용할 것이다. 이와 관련하여 다양한 사이버 공격의 방법이나 수단 중에서 일정한 공격유형은 1차적으로 사이버안보의 위협요인으로 두고 대응해야 할 이슈들도 파악된다. 즉, 사이버위협이 되는 사이버공격이 진화하는 가운데, 특히 스틱스넷(Stuxnet)과 같은 사이버공격은 원자로, 전력, 통신 등 국가기반시설 제어에 직접적으로 관여함으로써 일시적인 오작동만으로 발생되는 파괴력은 치명적으로 국가안보에 직접적인 위협이 되는 사이버공격으로 인정할 수 있다.[37] 공격 대상 내지 객체와 관련하여서는 국가안보에 대한 법원의 해석 등을 참고하여 국회, 법원, 중앙선거관리위원회, 대통령(청와대) 등 주요 헌법기관, 국가정보원, 국방부 등 국가안보기관, 국가안보관점의 주요 정부기관, 국가안보관점의 주요 기반시설 등을 예정할 수 있을 것이다.

이처럼 사이버안보의 개념을 공격주체, 공격대상, 공격방식으로 입체적으로 상세 분석함으로써 총론적 개념으로서 사이버안보 개념뿐만 아니라 권한의 분장과 집행의 관점에서 기준이 되는 사이버안보의 범위를 도출하면 사이버안보와 관련한 여러 혼선과 갈등문제에 합리적으로 대응할 수 있는 법적, 논리적 기초가 마련될 것이다. 즉, 사이버공격의 기술적 특성과 피해의 중대성을 토대로 그 유형을 지속적으로 분석하여 스틱스넷(Stuxnet)과 같이 해당 사이버공격에 대한 예방과 대응이 국가안보위협 요인으로 판단되는 것은 1차적으로는 국가정보원의 권한 사항으로 하되 이후 위험도가 국가안보를 위협할 정도에 이르지 않는 것으로 평가된 경우에는 일반 정보보호의 영역으로 이관하는 것이다. 반대로 해당 사이버공격이 기준상 일응 국가안보위협 요인이 이르지 않는 유형인 경우에는 먼저 일반 정보보호의 대응체계로 하되 이후 위험도가 국가안보에 대한 중대한 위협요인으로 가시화될 경우에는 국가정보원의 사이버안보 대응체계로 대응하는 체계를 고려해 볼 수 있다. 이처럼 사이버안보에 대한 입체적인 개념 정립은 개

등을 들 수 있다.

37) 스틱스넷(Stunxet)은 2010년 7월 벨라루스(Belarus)에 본사를 두고 있는 바이러스블로카(VirusBlockAda)라는 보안회사가 최초로 발견, 보고한 것으로 알려진 프로그램이다. 기존 악성코드가 자기 과시나 금전적인 이득을 목적으로 한 것과 달리 스틱스넷은 단지 핵심 시설의 파괴만을 목표로 폐쇄망으로 운용되는 대규모 산업 시설을 겨냥해 제작된 악성코드로서, 특정 산업 자동화시스템만을 공격 목표로 제작된 일종의 사이버공격무기라 할 수 있다. 스틱스넷(Stuxnet)은 원자력, 전기, 철강, 반도체, 화학 등 주요 산업 기반 시설의 제어 시스템에 오작동을 유발함으로써 시스템 마비 및 파괴 등의 치명적인 손상을 입힐 수 있는 것으로 알려져 있다. AhnLab, "[Special Report 3] 악성코드의 새로운 패러다임 Stuxnet", 안철수연구소, 2010.10.9.(검색일: 2024.10.11. https://www.ahnlab.com/kr/site/securityinfo/secunews/secuNewsView.do?menu_dist=2&seq=16852); 허재준·이상철, "스틱스넷(Stuxnet)의 감염 경로와 대응방안", 정보보호 학회지 제21권 제7호, 2011, 23면.

인정보 활용에 있어 특수한 규율이 정당화되는 범위를 설정하는 기준으로 활용될 수
있을 것이다.

4. 정보공유체계에서 개인정보 활용의 합법성 조건

미국은 9/11 이후 사이버안보의 중요성을 인식하고 관련 정책과 제도 마련에 박차
를 가하였다. 특히 민간과 공공 사이의 협업과 정보 공유에 대한 중요성을 인지하여
사이버안보 보호 및 증진을 위한 입법적 노력을 계속하여 2015년 「사이버안보법(The
Cybersecurity Act of 2015)」을 제정하였다. 표현의 자유와 함께 국가의 존립 및 안보를
중요하게 고려하는 미국에서 법적 측면에서 어떻게 시민의 기본적 자유와 권리를 침해
하지 않으면서도 궁극적으로 시민의 기본적 자유와 권리를 수호하고 국가의 안보를 지
키기 위하여 노력하여 왔는지를 살펴보는 것은 우리나라가 동일한 목적과 취지 하에
어떻게 정보공유체계를 구축해야 하는지에 대한 유익한 시사점을 제공할 수 있을 것이
다. 미국은 2015년 「사이버안보법」 제정과 「사이버안보정보공유법(CISA)」을 통해 사이
버안보 대응체계와 민·관통합정보공유체계의 법적 기반을 획기적으로 강화하고, 국토
안보부의 국가사이버보안정보통합센터(NCCIC) 기능 및 연방정부의 사이버보안 역량을
강화하였다.[38] 2015년 사이버안보법 내용 중 개인정보 보호와 관련해 특별한 의미를
가지는 조항은 연방기관은 2002년 전자정부법(E-Government Act of 2002)에 따라 개인
정보 보호 영향평가(Privacy Impact Assessment)를 받거나 내지 개인정보 보호 방침
(Privacy policy)을 작성하고 게시할 의무를 지고, 정보공유 전에 사이버안보 위협과 직
접적 관련이 없는 특정 개인의 개인정보나 특정개인을 식별할 수 있는 정보의 포함 여
부를 심사하여 이를 삭제하는 절차를 확보할 의무가 있으며, 「사이버안보정보공유법」을
위반하여 공유된 것으로 알려진 개인정보가 있는 경우 연방기관은 해당 미국인에게 적
시에 이를 통지하는 절차를 확보할 의무가 있다는 점이다. 또한 연방기관이 사이버위
협 표지에 「사이버안보정보공유법」에 허용된 사용과 직접 관련이 없는 특정 개인의 개
인정보나 특정 개인을 식별할 수 있는 정보가 포함된 것을 알게 된 경우 이를 즉시 파
기하는 조치의 의무화도 규정하였는데, 미국이 사이버안보를 위해 위협정보의 민관공유
를 추진하면서도 그 처리과정에서 개인정보의 적정 보호에도 상당한 주의를 기울이고

---

[38] A Guide To The Cybersecurity Act Of 2015, https://www.law360.com/articles/745523/a-guide-to-the-cybersecurity-act-of-2015(검색일: 2024.9.20)

있음을 알 수 있다.

　또한 주목할 점은 명시적인 절차와 예외사항에 따라 연방정부와 사이버위협지표 또는 방어적 조치를 공유한 민간 주체들은 정보 시스템 모니터링과 위협 지표의 공유 및 수령으로부터 발생할 수 있는 모든 법적 책임으로부터 면책된다는 점이다.[39] 여기에는 연방 독점금지법, 연방 정보공개법, 주정보공개법 등이 포함된다. 즉, 민간 기관이 이 법에 따라 사이버위협지표와 방어조치를 모니터링, 공유·제공받는 행위는 소송의 원인(cause of action)이 되지 못하도록 규정하고, 반독점법에 따른 책임 면제 등 보호규정(제106조)을 마련하여 원활한 민관협조체계를 구축하고 있다. 면책에는 일정한 요건이 충족되어야 하는데, ① 정보 공유 기업은 위협 지표들과 방어 조치에 대한 정보들을 권한 없는 접근과 취급으로부터 보호하기 위한 적절한 보안 통제 조치를 취해야 하며, ② 사기업들이 정보를 공유하기 전에는 반드시 사이버 보안 위협과 직접적으로 관련되지 않은 특정 개인 정보를 삭제하여야 하고, ③ 사기업들이 법적 면책을 받기 위해서는, 연방 정부 기관과 정보를 공유하는 경우, 반드시 국토안보부가 인증한 절차를 준수하여야 한다. 이처럼 면책에 있어서도 개인정보 보호와의 조화를 도모하고 있다.

　동법은 관련 정부 기관들의 역할에 관하여도 규정하고 있는데, 법무부와 국토안보부는 연방정부가 사이버위협지표 및 방어조치를 수령하는 것에 관한 절차를 적정 연방 주체와 협의하여 가이드라인을 수립 및 공표하여야 하며, 최소한 2년 이내의 주기로 재검토하도록 규정하였다. 해당 절차는 자동화된 실시간 공유절차, 역량 감사, 권한 없는 행위를 한 연방 정부의 공무원과 고용인 및 대리인에게 적용되는 적절한 제재를 포함하여야 한다. 이러한 가이드라인은 사이버안보 위협으로부터 정보시스템을 보호하고 사이버안보 위협을 완화하면서도 연방 정부로부터 프라이버시나 시민의 자유(civil liberties)에 대한 제한을 최소화하여야 한다. 동법이 승인하는 정보의 사용과 관련이 없는 경우 지체 없이 파기하는 절차를 두고 사이버 위협정보를 보유할 수 있는 기한을 지정함으로써 개인정보 및 특정인을 식별할 수 있는 정보를 담고 있는 사이버 위협 정보의 수령, 보유, 사용 배포를 제한하는 내용 등을 담고 있어야 한다.[40]

　이처럼 미국 사이버안보법은 정부와 민간 사이의 사이버위협정보의 공유의 불가피성을 바탕으로 공유의 중요성을 인식하여 정부와 민간 사이에 정보 공유가 원활히 이루어질 수 있는 기반을 구축한 것으로 평가할 수 있다. 특히, 정부와 민간 사이의 정보

---

39) 6 U.S.C. §1505(a)
40) 6 U.S.C. §1504(b)(3)

공유 기준 및 절차 규정, 개인정보 보호를 비롯한 국민의 프라이버시 보호 규정, 정부의 정보 남용 방지를 위한 가이드라인 마련 등은 국가안보 목적으로 이루어지는 광범위한 정보의 수집, 처리, 공유의 과정에서 국가안보 달성과 개인정보 보호 사이의 조화를 도모하고 있는 점을 높이 평가할 수 있겠다.

사이버안보 위협에 대응하기 위하여 국가기관의 정보수집 활동을 법률로써 보장하게 될 경우 이에 대한 오남용의 통제 수단은 필수적으로 다루어야 할 과제이다. 사이버안보 위협 대응 활동의 일환으로 이루어지는 위협정보의 공유, 기기와 서버 등에 대한 접근권한 확보 등 다양한 정보수집 활동이 요구되는 상황에서 발생하는 프라이버시 이슈를 파악하고 이에 대한 침해를 최소화할 수 있는 법제도적 통제 방안을 마련하는 것이 시급하다.

사이버안보와 정보인권의 조화로운 발전이라는 이념하에 국민의 개인정보 보호 등 정보인권을 존중하고 실질적으로 보장하는 체계를 마련하여야 한다. 사이버 공간에서 개인과 집단의 안전을 강화하면서도 개인의 사생활 기타 기본적 가치에 대한 권리와 자유를 보장하여야 하는 바, 사이버안보를 위한 일련의 조치들은 국민의 정보인권을 존중하는 가운데 이루어져야 할 것이다. 정부는 사이버안보 활동에 있어 개인정보 보호를 위한 합리적이고 충분한 조치를 통해 대국민 신뢰도를 높여 정보보안과 개인정보 보호가 선순환의 관계가 될 수 있도록 제도와 정책을 수립해야 한다. 또한 국가안보를 위한 개인정보의 활용 가능성을 인정하고, 개인정보 보호위원회 등과 협력하여 「개인정보 보호법」상 국가안보 예외규정의 인정 범위와 기준을 구체적으로 마련해야 할 것이다. 사이버안보 활동에 있어 개인정보의 수집 이용과 관련한 보고서를 작성하여 국회에 보고하는 방안 등 강화된 개인정보 보호 기반을 통한 신뢰성 제고를 모색하여야 한다. 이러한 정보인권 보호를 위한 세심한 노력이야 말로 위협정보의 원활한 공유를 위한 첫걸음이라 할 것이며, 이는 미국 「사이버안보정보공유법」에서 개인정보 보호를 위한 가이드라인 마련 등 세심한 노력에서 그 취지를 확인할 수 있다.[41]

---

41) 미국은 「사이버안보정보공유법(CISA, Cyber security Information Sharing Act of 2015)」에서 사생활 및 시민의 자유에 영향을 끼치는 연방활동은 정해진 절차를 따라야 함을 강조하고, 특정 개인정보를 제거한 후 정보를 공유하도록 하고 구체적인 방법을 가이드라인으로 제시하였다. 즉, 정보 공유 전에 사이버보안 위협과 직접적 관련이 없는 특정 개인을 식별할 수 있는 정보 또는 특정인의 개인정보 포함 여부를 심사ㆍ삭제 절차 확보하도록 하였으며, 법무부와 국토안보부는 이에 관한 구체적인 가이드라인을 별도로 제시하며, 연방기관장들은 2년마다 정보공유 활동 보고서를 공동으로 의회에 제출해야 함을 규정하고 있다. 최근 미국의 주요 기업들은 사이버안보와 관련한 개인의 인식을 획기적으로 제고하는 한편 취약점을 개선하기 위한 노력의 일환으로 인정과 보상을 제공하는 'Bug Bounty' 프로그램을 도입하였다.

사이버안보 활동에서 정보인권 보장의 중요성을 인식하고, 정보의 수집·분석·제공에 있어 개인정보 보호조치를 적극적으로 이행하고 그 성과를 민간에 확산해야 할 것이다. 사이버안보 활동에서도 개인정보 보호 등 정보인권 보장의 중요성을 천명하고, 수집된 정보의 오남용 금지를 위한 보호의무를 부과하며, 사이버보안 활동 프로세스에 있어 개인정보 보호 조치에 관한 유형별 구체화된 기준과 개인정보 침해도 평가 등 관련 절차를 마련하도록 제도적 근거를 마련하여 사이버 위협 정보 공유에 있어 국민의 권리가 침해되지 않도록 기술적, 관리적, 물리적 보호조치를 강구해야 할 것이다.

Ⅳ 마치며

이상의 논의를 통해 공익 목적의 개인정보 활용의 합법성 조건을 사이버안보 분야를 예시로 하여 다각도로 탐색하였다. 공익 목적의 개인정보 활용을 논의하는 것은 '정보주체의 동의' 또는 '법적 근거'라는 정당화 조건에만 과몰입하는 것을 경계하고 다양한 영역에서 발생하는 이슈에 대해 보다 입체적인 기준을 찾아가기 위한 단초를 마련하기 위함이다. 정부가 발의했던 「국가사이버안보법안」에서 개인정보 보호와 직접적으로 관련된 조문은 "사이버안보를 위하여 처리되는 개인정보는 「개인정보 보호법」 제58조제1항에 따라 같은 법이 적용되지 아니하는 개인정보로 본다."는 규정이었는데(법안 제21조), 이는 「개인정보 보호법」 제58조의 내용을 그저 동어반복하는 수준이었다. 이같이 규정할 경우 '사이버안보'의 개념 정의의 명확성이 충분히 전제되지 않는 한 「개인정보 보호법」 제58조의 입법취지에 반하는 예외가 설정될 수 있을 뿐만 아니라 동법의 수범자는 더 이상 사이버안보 영역에서 개인정보 보호를 위한 다양한 실체적·절차적 노력을 할 필요성을 느끼지 못할 것이다. 공익으로서 사이버안보가 어떠한 실체(개념)와 과정(절차)에서 정당성을 부여받게 되는지에 대한 논의가 시급한 이유이며, 본 논의의 궁극적인 취지이다.

법원리로서의 공익은 사익과의 이익형량, 그리고 공익 간의 이익형량과정에서 구체적인 모습을 드러낸다. 「개인정보 보호법」의 규율 영역에서도 법원칙으로서의 공익은 개인의 자유권과 공동체 이익간의 조절 기능을 수행하여야 함은 물론이다. 특히 이른바 디지털심화기를 맞이하고 있는 오늘날 개인의 개인정보자기결정권 그 자체만을 지나치게 과몰하여 조망하는 것은 궁극적으로 공동체의 이익 나아가 그 개인의 이익에도 반하는 결과가 초래될 수 있다. 반면 공익의 정당성을 과대평가하거나 지나치게 추상화하여 목적(공익)이 정당하다면 이를 달성하는 수단을 세밀화하고 구체화하며 궁극적으로 개인정보자기결정권과의 조화로운 동행을 모색하는 노력을 게을리한다면 이 또한 받아들일 수 없음은 물론이다. 그렇다면 이제 공익의 구체적 내용들을 해명하고, 다양한 공익들 사이의 이익형량, 공익과 사익의 이익형량이 보다 합리적으로 이루어지도록 이익형량의 기준을 마련하는 노력이 수반되어야 할 것이다. 향후 사이버안보 외에도 공익적 활동과 개인정보 보호가 일응 긴장관계를 형성하는 다양한 분야에서 공익 목적 개인정보 활용의 정당화 요소를 입체적으로 도출하기 위한 다양한 후속 연구가 절실하다.

참고문헌

국내문헌

권건보, 「개인정보 보호와 자기정보통제권」, 경인문화사, 2005.

김도승, "사이버안보 법제의 입법 동향과 향후 과제 – 개정 「국가정보원법」에 따른 법제변화를 중심으로 –", 과학기술과 법 제12권 제1호, 2021.

김도승, "데이터와 공익", 공법연구 제52집 제2호, 2023.12.

김민호, "개인정보의 의미", 성균관법학 제28권 제4호, 2016.

김상배, 「버추얼 창과 그물망 방패」, 서울대학교 국제문제연구소 총서 11, 한울 아카데미, 2018.

김상배, "신흥안보와 메타 거버넌스 : 새로운 안보 패러다임의 이론적 이해", 한국정치학회보 제50권 제1호, 한국정치학회, 2016.

박균성, 「행정법강의」, 박영사, 2024.

박균성, "행정판례를 통해 본 공익의 행정법적 함의와 기능", 행정판례연구 제22집 제2호, 한국행정판례연구회, 2017.

박상돈, "일본 「사이버시큐리티기본법」의 형성과 발전에 대한 시론적 고찰 – 제정 이후 2018년 개정까지의 변화상을 중심으로 –", 법학연구 통권 제60집, 전북대학교 법학연구소, 2019.

이성엽, "미국의 사이버안보법상 개인정보 보호에 관한 연구", 행정법연구 제54호, 행정법이론실무학회, 2018.

이수종, "언론보도와 개인정보 보호의 법적 문제에 관한 연구", 헌법학연구 제22권 제4호, 헌법학회, 2016.

최경진, "사이버안보와 개인정보 보호법령의 상관성", 가천법학 제8권 제4호, 2015.

최송화, 「公益論」, 서울대학교 출판문화원, 2016.

외국문헌

Eric A. Fischer, "Cybersecurity and information sharing: comparison of H.R. 1560 (PCNA and NCPAA) and S. 754 (CISA)", Congressional Research Service, 2015.

04

개인정보 '동의'에 대한
규범적 관점 再考*

김 현 수 | 부산대학교 법학전문대학원 교수

저자소개

부산대학교 법학전문대학원에서 교수로 재직 중이며 민법 과목을 가르치고 있다. 부산대학교에서 학사, 석사학위를 받은 후, 미국 일리노이 주립대학교(University of Illinois at Urbana-Champaign)에서 석사(LL.M.), 박사(J.S.D.)학위와 뉴욕주 변호사 자격을 취득했다. 과학기술정보통신부 정책자문위원, UNCITRAL 한국대표단, 개인정보보호위원회 공공기관 개인정보보호 수준 평가 위원 등을 역임했다. 현재 한국소비자법학회 회장, 한국민사법학회 미국법연구회 회장, 공정거래조정원 약관분쟁조정협의회 위원, 부산 블록체인 규제자유특구 법률자문위원 등으로 활동하고 있다. 민법에 대한 기초적·비교법적 연구와 함께 인공지능, 블록체인, 데이터 등 첨단 기술로 인한 소비자 보호, 개인정보 보호와 관련한 민사법적 쟁점에도 많은 관심을 가지고 있다. 관련 저술로는 「미국 계약법의 현대적 이론에 관한 서론적 고찰(2014)」, 「스마트 컨트랙트와 계약법적 과제(2022)」, 「디지털 시대의 플랫폼과 소비자(2023)」, 「개인정보 판례백선(2022)」 등이 있다.

---

* 이 글은 2024년 12월 발행된 "개인정보 보호법상 '동의'와 '동의 방식'에 대한 再考-AI와 빅데이터 시대의 개인정보 동의의 한계와 제도의 방향성을 중심으로 -", 「소비자문제연구(제55권 제3호)」의 내용을 수정·보완하여 작성되었다.

요약

　　종래 정보주체의 개인정보에 대한 동의는 오랫동안 개인정보자기결정권을 실현하는 핵심 수단이자 개인정보 처리의 가장 중요한 합법화 근거로 인식되어 왔다. 따라서 동의 제도의 한계를 극복하고 정보주체의 실질적 동의를 확보하기 위한 논의가 지속적으로 이루어졌다. 2024년 9월부터 시행된 「개인정보 보호법」 시행령 제17조 제1항에서는 동의 방식에 관한 구체적인 기준이 명시적으로 규정되었다. 현행법상 동의 방식은 입법취지 및 목적과는 달리 동의의 실질성을 충족시키기에는 많은 한계를 가지고 있으며, 데이터 중심의 인공지능 시대에서는 현행법상 동의 제도에 대한 규범적 인식의 전환이 필요하다.

　　현행 동의 제도의 개선 또는 규범적 인식의 전환을 모색하기 위해서는 다음과 같은 점들을 고려할 필요가 있다. 첫째, 개인정보 보호의 맥락을 반영하여 동의의 정의를 내용적 측면과 형식적 측면을 포괄하는 방식으로 명확히 규정할 필요가 있다. 동시에, 「개인정보 보호법」에 산재한 동의 방식에 관한 규정을 체계화하고 계층적으로 재편하여, 규제 대상자의 이해도를 높이는 방안을 마련해야 한다. 둘째, 정보주체의 권리를 보호하면서도 개인정보처리자의 부담을 완화하고, 합법적인 개인정보 처리를 유도하기 위해 동의 방식의 위반 중 다크패턴을 이용한 동의는 동의 불비로 간주하는 것이 적절하다. 셋째, 개인정보 처리 과정에서 정보주체의 동의가 가지는 제한된 중요성을 고려할 때, 개인정보 처리의 합법화 근거를 개인정보자기결정권에서만 찾는 관점은 재고할 필요가 있다. 이러한 관점의 전환을 통해 보다 현실적이고 효과적인 접근법을 마련해야 한다. 넷째, 정보주체의 실질적 동의가 형식화될 가능성을 전제로, 개인정보 처리의 근거로서 동의 외에 다른 합법화 근거를 적극적으로 활용할 수 있도록 사전동의 필수화 관행을 개선해야 한다. 아울러, 개인정보 처리로 인해 정보주체에게 발생할 수 있는 위험의 정도에 따라 동의 획득 방식에 차등을 두는 방안을 검토할 필요가 있다.

목차

Ⅰ. 들어가며

Ⅱ. 개인정보 동의의 법적 지위

Ⅲ. 현행법상 동의 방식과 실질적 동의의 한계

Ⅳ. 개인정보 동의 제도의 방향성

Ⅴ. 나가며

I 들어가며

정보주체의 동의(consent)는 개인정보처리자에게 개인정보의 수집, 이용, 제3자에 대한 제공 등과 같은 개인정보의 처리를 가능케 한다. 우리나라 「개인정보 보호법」 제4조에서는 정보주체는 자신의 개인정보 처리와 관련하여 동의 여부, 동의 범위 등을 선택하고 결정할 권리를 가진다고 규정하고 있다.[2] 미국의 하이디 허드(Heidi Hurd) 교수는 개인정보 동의를 "도덕적 마법(moral magic)"의 한 형태로 관념화하여, 불법침입을 만찬으로, 폭행을 악수로, 절도를 증여로 변화시킨다고 지적한다.[3] 정보주체의 동의는 정보주체 자신에 관한 정보가 언제 누구에게 어느 범위까지 알려지고 또 이용되도록 할 것인지를 그 정보주체가 스스로 결정할 수 있는 권리로서의 개인정보자기결정권을 구현하는 기본적인 수단으로 인식되어 왔다.[4] 따라서 정보주체의 동의와 관련한 실질성이나 유효성 확보를 위하여 종래 많은 논의가 이루어져 왔다.[5] 동의는 여전히 많은 개인정보 처리행위의 기초를 이루며 합법화 근거로 작용하는 점에서 개인정보 보호를 위한 여러 가지 법적 장치 중에서 가장 중요한 역할을 하는 것으로 인식되고 있다.[6] 그럼에도 불구하고 대량거래를 기본으로 하는 현대사회에서 실질적인 동의는 사실상 담보되기 어렵다는 인식은 널리 공감대를 형성하고 있다.[7] 특히, 인공지능, 빅데이터, IoT, 웹 크

---

2) 이하 법명을 특정하지 않고 "법"이라고 표시한 경우 「개인정보 보호법」을 의미한다.

3) Heidi M. Hurd, *The Moral Magic of Consent*, 2 Legal Theory 121, 121 – 123 (1996)("turns a trespass into a dinner party; a battery into a handshake; a theft into a gift; an invasion of privacy into an intimate moment; a commercial appropriation of name and likeness into a biography.").

4) 헌재 2005. 5. 26. 99헌마513등 결정, 판례집 17 – 1, 668("개인정보자기결정권은 자신에 관한 정보가 언제 누구에게 어느 범위까지 알려지고 또 이용되도록 할 것인지를 그 정보주체가 스스로 결정할 수 있는 권리, 즉 정보주체가 개인정보의 공개와 이용에 관하여 스스로 결정할 권리"를 말한다). 개인정보자기결정권의 성격에 관해서는 개인정보처리자의 개인정보 처리의 전 과정을 직접적으로 통제하는 권리가 아니며 대신 그 처리의 과정에 "참여하는 권리"로 설명하는 설득력 있는 견해로는 이인호, 한국 개인정보 보호권의 절대화 현상에 대한 비판, 공법연구 제52집 제1호, 2023, 226–230면 참조.

5) 국내의 선행연구도 권영준, 개인정보자기결정권과 동의 제도에 대한 고찰, 법학논총 제36권 제1호, 2016; 김현경, 정보주체의 권리보장과 '동의'제도의 딜레마, 성균관법학 제32권 제3호, 2020; 황보연, 개인정보 보호법상 동의 제도의 개선 방안, 정보법학 제27권 제3호, 2023; 정찬모, 개인정보 보호에 있어 정보주체의 동의, 법학연구 제18집 제1호, 2015 외 다수가 있다.

6) 2023 개인정보 보호 및 활용조사에 의하면, 공공기관의 경우 개인정보 수집 근거에 관해서 '정보주체의 동의를 받은 경우'가 99.2%로 가장 높았으며, 민간부문에서도 '정보주체의 동의를 받은 경우'가 85.6%로 가장 높게 나타났다. 개인정보 보호위원회, 2023 개인정보 보호 및 활용조사, 2023, 69면 및 122면.

7) Daniel J. Solove, *Murky Consent: An Approach to the Fictions of Consent in Privacy Law*, 104 B.U. L. Rev. 593 (2024); Daniel J. Solove, *Privacy Self_Management and the Consent Dilemma*, 126 Harv. L. Rev. 1880 (2013); 권영준, 앞의 논문(주 5), 708–710면; 김현경, 앞의 논문(주 5); 정찬모, 앞의 논문(주 5), 82–83면 등.

롤링이나 스크래핑 등 개인정보 동의에 친숙하지 않은 기술들이 보편화되는 환경에서 기존의 개인정보 동의 제도를 관철하는 것은 사실상 불가능할 것으로 보인다.[8]

이러한 점을 감안하여 이 글에서는 인공지능, 데이터 시대에 현행 개인정보 동의 제도의 의의와 문제점을 재검토하고, 개인정보 동의 제도의 개선을 위한 방향성을 모색하고자 한다. 이하에서는 우선 개인정보 동의의 규범적 형성 과정과 개인정보 처리의 합법화 근거로서의 법적 지위에 대해 살펴본다(Ⅱ). 다음으로 현행법상 개인정보 동의의 실질화를 위한 네 가지 기준을 도출하여 그 의의를 분석하고, 동시에 실질적 동의가 가지는 한계에 대해 검토한다(Ⅲ). 마지막으로, 현행 동의 제도의 규정 방식을 개선하고, 실직적 동의의 한계를 고려한 동의 제도 설계와 운용의 관점을 투영하여 개인정보 동의 제도의 방향성을 제시한다(Ⅳ).

Ⅱ 개인정보 동의의 법적 지위

1. 개인정보 동의에 관한 규범적 전개

(1) 규범적 개념의 형성

정보주체의 동의가 개인정보 처리에 관한 법률에 의해 명시적인 적법화 근거로서 중요한 역할을 한 것은 그리 오래되지 않았다. 1970년대 초반까지만 해도 국제적 관점이나 개별 국가 차원에서 개인정보의 처리에 대한 정보주체의 동의는 주목받지 못했다.[9] 그러나 점차 개인정보의 처리에 관한 동의와 관련한 규범 형성을 위한 논의와 입법이 이루어지게 되었다. 우선 국제적인 차원에서 1980년 채택된 OECD 가이드라인에서는 개인정보의 수집 및 이용에 있어 최초 목적 이외의 목적으로 사용되는 경우 정보주체의 동의가 필요하다는 원칙이 채택되었다.[10] 미국에서도 공정정보처리원칙(Fair

---

8) Hessel/Dillschneider, Datenschutzrechtliche Herausforderungen beim Einsatz von Künstlicher Intelligenz, RDi 2023, 458 Rn.5.

9) Eleni Kosta, Consent in European Data Protection Law 12-17 (2013).

10) (수집제한원칙) 7. 개인정보 수집에는 제한이 있어야 하며, 그러한 데이터는 적법하고 공정한 방법으로 수집되어야 하고, 적절한 경우 정보 주체의 인지 또는 동의를 받아야 한다.
(이용 제한 원칙) 10. 개인정보는 제9항에 따라 명시된 목적 이외의 목적으로 공개되거나 제공되거나 사용되어서는 안 된다. 다만, 다음의 경우는 예외로 한다:
a) 정보 주체의 동의가 있는 경우; 또는

Information Practice Principles, FIPPs)에 관한 내용이 1973년 미국 보건교육부의 보고서에서 제시되었다.[11] 동 보고서에서는 개인정보가 최초 수집된 목적 이외의 용도로 이용될 경우 정보주체의 동의가 필요하며, 개인정보가 조직 간에 전송될 때는 사전에 정보주체의 동의가 필요하다는 내용이 명시되었다.[12] 영국에서도 컴퓨터 및 프라이버시에 관한 백서를 통해 개인정보는 처음 수집된 목적 이외의 용도로 이용될 수 없음을 명시하였다.[13] 1977년 독일 연방데이터 보호법(Bundesdatenschutzgesetz)은 법률이나 관련 당사자가 동의한 경우에만 개인정보 처리를 허용하도록 규정함으로써 최초로 정보주체의 동의에 적극적 기능을 부여한 법률로 평가받는다.[14] 개인정보 동의에 관한 규범적 개념이 형성되면서 이러한 흐름은 1995년 채택된 개인정보 보호지침(Data Protection Directive)[15] 에 직접적인 영향을 미치게 되었다. 동 지침은 제7조(a)에서 개인정보 처리를 합법화하는 근거로서 정보주체의 동의를 인정하였다.[16]

---

b) 법적 권한에 의해 허용되는 경우.
   OECD Guidelines on the Protection of Privacy and Transborder Flows of Personal Data 14, 15 (1980).

11) US Department of Health, Education & Welfare, Records, Computers, and the Rights of Citizens (1973).

12) US Department of Health, Education & Welfare, 위의 보고서, 218면("Assure that the data are used only for the stated purposes of the system, unless the informed consent of the subject is obtained.").

13) 1970년대는 컴퓨터 기술이 급격히 발전하면서 데이터 처리 속도와 규모가 크게 증가한 시기였다. 이러한 기술 발전은 정부와 대기업이 대규모 데이터베이스를 구축하고 개인정보를 관리하는 방식을 근본적으로 변화시켰다. 이 과정에서 개인정보의 부적절한 사용과 남용 위험이 제기되었으며, 이러한 우려가 White Paper 작성의 배경이 되었다. White Paper Computers and Privacy, 1975, H.M.S.O. Cmnd 6353.

14) 제3조 데이터 처리의 허용성
   이 법에 의해 보호되는 개인정보의 처리는 제1조 제1항에서 규정된 각 단계에서 다음 경우에만 허용된다.
   1. 이 법 또는 다른 법규가 이를 허용하거나
   2. 정보 주체가 동의한 경우
      동의는 특별한 사정으로 인해 다른 방식이 적합하다고 인정되지 않는 한 서면(Schriftform)으로 이루어져야 한다. 동의가 다른 진술과 함께 서면으로 제공되는 경우, 정보 주체에게 이에 대해 서면으로 별도로 명확히 고지되어야 한다.
      § 3 Bundesdatenschutzgesetz (BDSG) 1977.

15) Directive 95/46/EC of the European Parliament and of the Council of 24 October 1995 on the Protection of Individuals with Regard to the Processing of Personal Data and on the Free Movement of Such Data, 1995 O.J. (L 281) 31.

16) 회원국은 다음의 경우에만 개인정보 처리가 가능하도록 규정한다:
   (a) 데이터 주체가 자신의 동의를 명확하게 제공한 경우.
   Council Directive 95/46, art. 7(a), 1995 O.J. (L 281) 31 (EC).

(2) 규범적 발전

초기 개인정보 처리에 관한 입법이나 정책 문서에서는 정보주체의 동의 개념의 중요성은 그리 크지 않았다. 개인정보 처리 규제가 시작된 초기에는 대체로 정부기관이나 대규모 기업이 운영하는 중앙집중화된 데이터 은행에서의 방대한 정보수집을 통제해야 한다는 것에서 출발한 것이 그 이유라고 할 수 있다. 그러나 대규모 컴퓨팅과 중앙집중화된 데이터 은행, 그리고 고도화된 데이터 연결 기능은 점차 개인정보 보호의 필요성을 촉발시키게 된다. 반면, 당시 개인정보 보호는 일반 시민의 개인 프라이버시 보호를 목적으로 하기 보다는, 기술발전이 사회에 초래한 위험을 해결하기 위한 포괄적인 법적 체계를 구축하는 데 초점이 맞추어져 있었다. 따라서 개인정보 보호 입법은 기술을 제어하기 위한 더 큰 노력의 한 부분으로 간주되는 측면이 강했다.[17]

한편, 컴퓨터의 광범위한 활용과 다양한 대규모 작업을 수행하기 위하여 개인정보 수집과 처리가 증가하면서 개인정보 처리에 대해서는 단순히 초기의 목적을 넘어서 개인의 권리를 보호하기 위한 필요성이 더욱 강조되게 된다. 그 계기가 된 것은 1983년 독일 연방헌법재판소의 인구조사 사건(Volkszählungsurteil)[18]이다. 이 사건에서 독일 헌법재판소는 독일 기본법 제1조(인간의 존엄성)와 제2조(개인의 자유)에 근거를 둔 권리로서, 개인이 자신의 개인정보가 언제, 어디서, 어떻게 사용될지 스스로 결정할 권리가 있다는 새로운 기본권, 즉 개인정보자기결정권(Recht auf informationelle Selbstbestimmung)을 인정했다. 이는 개인정보 보호가 지향하는 목적에도 큰 영향을 미치게 되었다. 아울러 개인정보자기결정권에 대한 인정은 개인정보의 처리에 있어 정보주체가 더 적극적으로 참여할 수 있도록 하는 동시에 동의의 중요성에 대한 내용을 규범화하고 강화함으로써 정보주체의 권리를 더욱 증대시킬 수 있는 가능성을 내포하고 있었다. 동 판결은 정보자기결정권을 헌법상 인정한 최초의 사례로 독일뿐만 아니라 전 세계 개인정보 보호법의 발전에 큰 영향을 미쳤다. 또한, 동 판결은 EU의 개인정보 보호지침 및 유럽 일반개인정보 보호법(GDPR: General Data Protection Regulation)[19]에도 큰 영향을 미쳤다.

---

17) Eleni Kosta, 앞의 책(주 9), 107면.

18) BVerfG, Urteil vom 15. Dezember 1983, 1 BvR 209/83, BVerfGE 65, 1−71 ("Freie Entfaltung der Persönlichkeit setzt unter den modernen Bedingungen der Datenverarbeitung den Schutz des Einzelnen gegen unbegrenzte Erhebung, Speicherung, Verwendung und Weitergabe seiner persönlichen Daten voraus. Dieser Schutz ist daher von dem Grundrecht des Art. 2 Abs. 1 in Verbindung mit Art. 1 Abs. 1 GG umfaßt. Das Grundrecht gewährleistet insoweit die Befugnis des Einzelnen, grundsätzlich selbst über die Preisgabe und Verwendung seiner persönlichen Daten zu bestimmen.").

실제로 유럽연합의 개인정보 보호지침은 개인정보 동의를 둘러싼 이와 같은 규범 환경 변화에 많은 영향을 받은 것으로 평가된다. 당시 대규모 컴퓨터 활용과 시스템의 저장 및 연결 기능의 확대는 정보주체의 개인정보 수집을 더욱 용이하게 하였다. 사기업들은 개인의 프라이버시 침해를 간과하면서 개인정보를 처리하여 이윤의 극대화를 추구하게 되었다. 개인정보 처리는 경제활동의 일부로 취급되었으며 결국 유럽 내부 시장의 발전과 기능에 악영향을 미치게 되었다. 이에 따라 개인정보 보호지침은 개인정보 처리에 대한 의무적 체계를 수립하는 동시에 정보주체의 동의에 중요한 역할을 부여하게 되었다. GDPR 역시 개인정보자기결정권을 직접적으로 언급하지는 않지만, "자연인은 자신의 개인정보를 통제할 수 있어야 한다"[20]고 명시하며 관련 근거를 제시하고 있다. 자연인이 자신의 개인정보를 통제할 수 있다는 개념은 개인정보자기결정권과 동일한 개념으로 볼 수 있으며, 최소한 독일어권 유럽에서는 많은 학자들이 개인정보자기결정권의 개념이 GDPR의 근본적인 근거라고 동의하고 있다고 한다.[21] 반면, 이에 대해서는 반론이 있다. 플로랑 투베넹(Florent Thouvenin) 교수는 GDPR의 주요 조항을 살펴보면, 개인정보 처리의 대부분은 동의가 아니라 처리자의 정당한 이익에 근거하고 있어, 사적 행위자 간 관계가 개인정보자기결정권에 기반한다는 주장은 설득력이 떨어진다는 점을 지적하고 있다. 따라서 개인정보자기결정권은 국가가 시민들에게 정보를 제공하도록 요구하거나 정부기관이 정당한 법적 근거 없이 정보를 사용할 수 없다는 의미일 뿐, 사적 행위자 간의 관계가 개인정보자기결정권에 기반해야 한다는 것을 의미하지는 않는다고 한다. 결국 개인정보자기결정권은 기본권으로 인정될 수 있지만, 사적 행위자 간 개인정보 처리에 대한 포괄적 규제를 정당화하는 이론적 근거로는 적합하지 않다는 견해를 제시하고 있다.[22]

---

19) Regulation (EU) 2016/679 of the European Parliament and of the Council of 27 April 2016 on the Protection of Natural Persons with Regard to the Processing of Personal Data and on the Free Movement of Such Data (General Data Protection Regulation), 2016 O.J. (L 119) 1.

20) GDPR recital 7, 2016 O.J. (L 119)("Natural persons should have control of their own personal data.").

21) Florent Thouvenin, *Informational Self-Determination: A Convincing Rationale for Data Protection Law?*, 12 J. Intell. Prop. Info. Tech. & Elec. Com. L. 246, 250 (2021).

22) Florent Thouvenin, 위의 논문 255면.

2. 개인정보 처리행위에 대한 합법화 근거

(1) 동의의 법적 기능

일반적으로 '동의'는 "다른 사람이 어떠한 행위를 하는 것에 대하여 찬성의 의사를 표시하는 것" 또는 "타인의 행위를 승인하거나 시인하는 것"을 의미한다.[23] 한편, 법적 관점에서의 '동의'는 당사자가 특정 행위나 조건을 자발적으로 수락함으로써 일정한 법적 효과를 발생시키는 것으로 이해할 수 있다. 동의는 사적 자치를 기본원리로 하는 근대법의 형성과 발전에 중요한 역할을 해 왔다. 19세기 영국의 법학자이자 역사학자로, 법의 발전과 사회 구조의 변화에 대한 중요한 이론을 제시한 인물로 평가받고 있는 헨리 섬너 메인(Henry Sumner Maine)은 "진보적인 사회의 발전은 신분에서 계약으로의 이동"이라고 설명하며, 동의가 계약 사회의 기초임을 강조했다.[24]

동의는 전통적으로 민법 법리에 깊이 뿌리내린 개념이며, 특히 동의의 역할이 강조되는 영역은 계약법이다.[25] GDPR 제4조 제11호에서 규정하고 있는 정보주체의 동의 개념은 정보주체의 의사표시로서, 진술 등을 통해 자신과 관련한 개인정보 처리에 대한 합의를 표시하는 것[26]으로 정의된다. GDPR에서 규정하고 있는 동의 개념 역시 개별 회원국에서 민법의 기본원리로 깊이 뿌리내린 동의 개념을 개인정보 보호의 맥락에서 명확히 정의하여 회원국 간에 이를 조화롭게 적용할 수 있도록 보장하고자 하는 차원에서 마련된 것이다.[27] 계약법의 영역에서는 당사자의 의사(그리고 합치인 '합의')가 법률관계의 중심에 있어야 한다는 관점에서 법적 의무나 책임을 당사자가 자율적으로 결

---

23) 표준국어대사전 '동의'의 개념 참조.

24) 메인의 주장은 친족 관계와 기타 위계적 구조로 형성된 사회적 상호작용이 특징인 전근대 사회와 달리, 현대 사회는 동의를 특징으로 하는 사적 계약에 의해 형성된 사회적 상호작용이 점점 더 두드러진다는 것이다. 이처럼 동의는 우리 사회의 중요한 법적 장치 중 하나가 되었으며 어디에서나 그 흔적을 발견할 수 있다. Katharina Isabel Schmidt, *Henry Maine's "Modern Law": From Status to Contract and Back Again?*, 65 Am. J. Comp. L. 145, 154 (2017).

25) 미국 계약법상 합의는 상호동의의 표시(manifestation of mutual assent)로 정의된다. Restatement (Second) of Contracts § 3 (1981).

26) GDPR art. 4(11), 2016 O.J. (L 119) 113("'consent' of the data subject means any freely given, specific, informed and unambiguous indication of the data subject's wishes by which he or she, by a statement or by a clear affirmative action, signifies agreement to the processing of personal data relating to him or her;").

27) Article 29 Data Protection Working Party, Opinion 15/2011 on the Definition of Consent (WP 187), at 6 (2011) 참조. EU 개인정보 보호지침(EU Directive 95/46/EC)의 동의에 관한 정의 규정은 개별 회원국이 채택하고 있는 민법상 동의 개념과 무관하게 적용될 수 있도록 명확하게 정의한 것이라고 한다. Eleni Kosta, 앞의 책(주 9), 382면.

정할 수 있는 구조를 지향한다.[28] 따라서 자유주의적 사고에 기반하여 법적 구속력이 당사자의 자발적 의사에 따라 발생하도록 하는 계약자유의 원칙이 강조된다. 다만, 사적 자치 내지 계약 자유의 원칙은 절대적이지 않고 공익 등을 이유로 제한될 수 있는 것으로 이해된다.[29]

한편, 동의는 상대방이 동의한 행위에 대해 책임을 면제받을 수 있도록 하는 중요한 법적 장치로도 작용한다. 형법 제24조[30]는 피해자의 승낙에 관해 규정하고 있다. 동조는 법익의 처분권한을 가진 자가 가해자에게 자신의 법익에 대한 침해를 허락하거나 동의하는 경우에 그 가해행위의 불법을 배제하는 제도이다.[31] 권투와 같은 생명이나 신체에 위험을 수반할 수 있는 운동 경기에 참가하는 사람은 경기 중 발생할 수 있는 상대방의 과실로 인한 상해에 대해 사전에 승낙한 것으로 볼 수 있다.[32]

이처럼 현행법에서는 공법과 사법을 불문하고 특정 행위에 대한 법적 효력의 전제로서 당사자의 동의를 요구하는 경우가 많다. 이때 동의는 원칙적으로 당사자의 자율성을 보호하고 권리와 의무의 형성을 명확히 하기 위해 중요한 역할을 수행한다. 반면, 법적 효력의 전제가 되는 동의가 부재한 경우에는 법적 효력이 제한되거나 불법행위책임 또는 형사책임에서 면제될 수 없게 된다.[33]

---

28) 특히, 우리나라를 포함하여 근대 대륙법계 국가에서 이와 같은 의사이론(Willensdogma)이 강조되었다. Roscoe Pound, The Spirit of the Common Law 143－154 (1921) 참조.

29) 헌법 제119조 제1항. 대법원 2007. 11. 22. 선고 2002두8626 전원합의체 판결("사유재산제도와 경제활동에 관한 사적자치의 원칙에 입각한 시장경제질서를 기본으로 하는 우리나라에서는 원칙적으로 사업자들에게 계약체결 여부의 결정, 거래상대방 선택, 거래내용의 결정 등을 포괄하는 계약의 자유가 인정되지만, 시장의 지배와 경제력의 남용이 우려되는 경우에는 그러한 계약의 자유가 제한될 수 있다").

30) 형법 제24조(피해자의 승낙) 처분할 수 있는 자의 승낙에 의하여 그 법익을 훼손한 행위는 법률에 특별한 규정이 없는 한 벌하지 아니한다.

31) 피해자의 승낙의 효과에 대해서는 양해와 승낙을 구별하는 견해에 의하면, 양해에 해당하는 경우에는 구성요건해당성이 배제되고 승낙이 있는 경우에는 위법성이 조각된다. 편집대표 박성옥, 김대휘, 주석 형법, 제3판, 637－638면.

32) 대법원 2008. 10. 23. 선고 2008도6940 판결("운동경기에 참가하는 자가 경기규칙을 준수하는 중에 또는 그 경기의 성격상 당연히 예상되는 정도의 경미한 규칙위반 속에 제3자에게 상해의 결과를 발생시킨 것으로서, 사회적 상당성의 범위를 벗어나지 아니하는 행위라면 과실치상죄가 성립하지 않는다. 그러나 골프 경기를 하던 중 골프공을 쳐서 아무도 예상하지 못한 자신의 등 뒤편으로 보내어 등 뒤에 있던 경기보조원(캐디)에게 상해를 입힌 경우에는 주의의무를 현저히 위반하여 사회적 상당성의 범위를 벗어난 행위로서 과실치상죄가 성립한다").

33) Neil Richards & Woodrow Hartzog, *The Pathologies of Digital Consent*, 96 Wash. U.L. Rev. 1461, 1467 (2019) 이하; *Ella Corren, The Consent Burden in Consumer and Digital Markets*, 36 Harv. J.L. & Tech. 551, 553 (2023)("Consent is a uniquely important mechanism.").

(2) 개인정보 처리에 대한 동의

우리나라 「개인정보 보호법」에서는 동의에 관한 정의 규정을 두고 있지 않다. 개인 정보보호위원회의 해설서에서는 "개인정보처리자가 개인정보를 수집·이용하는 것에 대한 정보주체의 자발적인 승낙의 의사표시로서(서명날인, 구두, 홈페이지 동의 등) 동의 여부를 명확하게 확인할 수 있어야 한다."고 설명하고 있다.[34] 한편, GDPR에서는 정보주체의 동의를 "자유롭게 주어진(freely given) 구체적이며 정보에 근거한(informed) 모호하지 않은 정보주체의 의사표시로서, 진술 또는 명확한 적극적 행위를 통해 자신과 관련한 개인정보 처리에 대한 합의(agreement)를 표하는 것을 의미한다."[35]고 정의하고 있다. 개인정보 보호법상 동의에 관한 개념은 그 입법취지와 법 규정을 고려할 때 '개인정보처리자가 개인정보를 수집, 이용 등 처리하는 것에 대하여 정보주체가 승인하는 의사표시'라는 동의의 내용적 측면과 함께, '정보주체가 충분한 정보를 제공받아 자율적으로 구체적이고 명확한 방식으로 이루어지는 것'이라는 형식적 측면을 함께 포함하고 있다고 할 수 있다.

개인정보 보호법제에서 동의에 관한 규정 형식은 다양한 형태가 가능하다. 그러나 일반적으로는 ① 고지·선택(notice-and-choice) 방식과 ② 명시적 동의(express consent) 방식으로 나눌 수 있다. 미국이 채택하고 있는 고지·선택 방식에서 개인정보처리자는 개인정보 처리 관행에 대한 고지를 하며, 정보주체가 특정한 데이터 수집 및 이용에 대해 거부(opt-out)하거나 해당 처리자와 계속 거래를 유지하는 경우 동의가 묵시적으로 이루어진 것으로 된다.[36] 반면, 우리나라나 EU가 택하고 있는 명시적 동의 방식에서는 정보주체가 자신의 개인정보 수집이나 처리를 명확히 승인하기 위하여 체크박스를 선택하거나 동의 버튼을 클릭하는 등 명백한 행위를 요구한다. 따라서 이 방식은 정보주체의 의사결정을 강조하는 것으로 묵시적 동의가 가지는 불확실성을 제거할 수 있다는 장점이 있다.

---

34) 개인정보 보호위원회, 개인정보 보호 법령 및 지침·고시 해설, 2020, 12면.

35) GDPR art. 4(11), 2016 O.J. (L 119).

36) 미국의 개인정보 보호법제에서도 일부 분야별 법령에서는 명시적 동의 방식을 채택하고 있는 경우도 있다. 예를 들어, 1996년 의료정보보호법(HIPPA)의 구체적 기준을 정하고 있는 HIPAA 프라이버시 규칙(HIPAA Privacy Rule)에서는 보호되는 건강정보(PHI)의 사용 및 개시에 대해 명시적으로 허용하지 않은 모든 PHI의 사용 또는 공개에는 동의(consent)에 비하여 더 세부적이고 구체적인 승인(authorization)이 필요하다. 45 C.F.R. § 164.508 (2024). 동의는 정보주체의 자발적 의사에 기초한 허락의 개념이 강하다면 승인은 개인이 공식적으로 개인정보에 대한 권한을 허가하거나 부여하는 것으로 법적, 조직적 맥락에서의 행위라는 점에서 구별할 수 있다.

  동의에 관한 규정 형태와 관계없이 개인정보 보호법제에서 동의는 개인정보의 처리를 규제하기 위한 '합법화 근거(lawful basis)'로서 지위를 가지고 있다. '합법화 근거'란 개인정보처리자가 개인정보를 처리하는 데 있어 허용가능한 이유로서, 동의가 없으면 금지되는 처리행위를 합법화하는 역할을 담당하는 것으로 이해된다. GDPR에서는 정보주체의 동의에 대해 개인정보 처리의 합법화 근거로서의 지위를 명시하고 있다. 개인정보 처리의 합법성(lawfulness of processing)에 관한 규정인 GDPR 제6조 제1항에서는 "정보 처리는 다음 중 적어도 하나에 해당하는 경우 그 범위 내에서만 합법적이다."라고 규정하고 있다. 그리고 개인정보 처리행위의 합법화 근거로서 정보주체의 동의를 다른 다섯 가지 사유와 함께 첫 번째로 규정하고 있다.37) 다만, 규정의 순서와 관련해서 동의의 중요성이 인정되지만 동의가 개인정보 처리를 정당화하는 가장 적합한 근거임을 의미하지 않고 다른 근거들에 비하여 더 큰 재량을 부여하는 것은 아니라고 이해된다.38)

  우리나라 「개인정보 보호법」에서도 동의는 특정한 개인정보 처리의 합법화 근거로서 규정되어 있다. 「개인정보 보호법」에서는 개인정보의 수집·이용(제15조), 개인정보의 제3자에 대한 제공(제17조), 개인정보의 목적 외 이용·제공 제한(제18조), 개인정보를 제공받은 자의 이용·제공 제한(제19조), 민감정보의 처리 제한(제23조), 고유식별정보의 처리 제한(제24조), 개인정보의 국외 이전(제28조의8) 등의 경우에 개인정보 처리에 관한 합법성을 기초 지우는 근거의 하나로서 동의가 요구되고 있다.

---

37) 여섯 가지 사유는 다음과 같다. ① 정보주체의 동의, ② 정보주체가 당사자인 계약 이행을 위해 필요한 처리, ③ 법적 의무 준수를 위해 필요한 처리, ④ 정보주체 또는 타인의 중대한 이익을 보호하기 위해 필요한 처리, ⑤ 공익적 업무 수행을 위해 필요한 처리, ⑥ 개인정보처리자 또는 제3자의 정당한 이익을 위해 필요한 처리. Commission Regulation 2016/679, art. 6(1), 2016 O.J. (L 119).

38) Article 29 Data Protection Working Party, Opinion 15/2011 on the Definition of Consent, WP187, 7 (2011)("이에 대한 규정형식과 관련하여 열거된 법적 근거의 순서는 중요하지만, 이는 동의가 항상 개인정보 처리를 정당화하는 가장 적절한 근거임을 의미하지는 않는다. 동의 이후에 이어지는 다섯 가지 다른 근거들은 "필요성" 테스트를 요구한다는 점에 유의해야 하며, 이는 적용될 수 있는 맥락을 엄격히 제한한다. 그럼에도 불구하고 이는 동의 요건이 다른 근거들보다 더 큰 재량을 허용한다는 것을 의미하지는 않는다.") 참조.

Ⅲ   현행법상 동의 방식과 실질적 동의의 한계

1. 문제의식

동의는 개인정보자기결정권을 구현하는 수단으로서 개인정보 처리를 적법하게 만드는 근거 중 하나로서의 지위를 가진다. 이는 다른 합법화 근거가 없는 한 동의가 없으면 위법이 되는 개인정보 처리행위를 정보주체의 의사에 따라 합법화할 수 있는 기능을 부여한다는 것이다. 동의제도가 가지는 이와 같은 합법화 기능을 담보하기 위해서는 동의가 정보주체의 '실질적인 의사'를 반영해야 한다는 동의의 '실질성' 또는 '진실성'이 전제되어야 한다. 이는 개인정보 동의가 개인정보 처리에 대한 정보주체의 의사표시라는 점을 고려하면 당연한 전제라고 할 수 있다. 의사표시는 개인의 의사에 따라서 법률효과가 주어지는 것이므로 표의자인 정보주체의 진실하고 실질적인 '의사'가 현실적으로 있어야 한다. 따라서 동의를 표시하는 때에 정보주체의 의사와 표시가 일치하는 때에 비로소 정보주체가 원한 대로 법률효과가 발생하여야 한다. 이와 함께 정보주체의 동의의 표시가 완전히 유효하기 위해서는 그것이 자유로이 결정된 의사에 의한 것이어야 한다. 이처럼 정보주체의 자유로워야 할 의사가 개인정보처리자와 같은 타인의 위법한 간섭 등으로 방해를 받아 자유롭지 못한 상태에서 한 의사표시를 그대로 효력을 발생하는 것으로 하는 경우, 정보주체에게 가혹할 뿐만 아니라, 그러한 간섭을 한 개인정보처리자에게 정보주체의 실질적인 동의 없이 개인정보 처리를 합법화할 수 있도록 하게 되어 부당하게 된다.[39]

GDPR에서는 정보주체의 동의에 관한 정의 규정에 정보주체의 실질적 동의 또는 유효한 동의를 위한 요건을 포함하고 있다. GDPR 제4조 제11호에서는 전술한 바와 같이 정보주체의 동의를 "자유롭게 주어진 구체적이며 정보에 근거한 모호하지 않은 정보주체의 의사표시로서, 진술 또는 명확한 적극적 행위를 통해 자신과 관련한 개인정보 처리에 대한 합의를 표하는 것"[40]을 의미한다. 우리나라 「개인정보 보호법」에서는 유효

---

39) 곽윤직·김재형, 민법총칙, 제9판, 2013, 254면 이하; 김증한·김학동, 민법총칙, 제10판, 2013, 301면 이하; 이은영, 민법총칙, 제5판, 2009, 352면 이하; 곽윤직 편집대표, 민법주해 제2권, 1992, 81면(송덕수 집필부분) 이하 참조. 민법은 의사표시에 관하여 표의자를 보호할 필요가 있는 때에는 의사주의를 택하고 상대방을 보호할 필요가 있는 때에는 표시주의를 따르는 절충주의를 입장을 취하면서 진의 아닌 의사표시(민법 제107조), 허위표시(민법 제108조), 착오(민법 제109조), 사기나 강박에 의한 의사표시(민법 제110조) 법리로 이를 해결하고 있다.

40) GDPR, art. 4(11), 2016 O.J. (L 119).

한 정보주체의 동의를 정의하는 방식을 택하는 대신, 「개인정보 보호법」 제22조 등에서 동의를 실질화하고 효과적으로 이루어질 수 있도록 동의의 방법에 관한 구체적인 규정을 두고 있다. 특히, 2024년 9월 15일부터 시행된 「개인정보 보호법」 시행령 제17조 제1항에서는 동의를 받는 방법을 구체화하여 규정하고 있다.[41]

현행법이 정보주체의 실질적 동의를 담보하기 위한 동의의 방식으로 규정하고 있는 것은 ① 인지된 동의(informed consent), ② 자유로운 의사에 따른 동의, ③ 구체적이고 명확성이 전제된 동의, ④ 동의 여부를 명확히 표시한 동의와 같이 네 가지 범주로 나눌 수 있다. 이하에서는 현행법상 규정하고 있는 이와 같은 동의의 방식이 가지는 의의에 관해 살펴본다. 그리고 현행법상 동의의 방식이 정보주체의 실질적 동의를 담보할 수 있는지, 특히 동의 제도가 인공지능이나 데이터 시대에 어떠한 한계를 가지고 있는지에 대해서도 살펴본다.

2. '동의의 방식'에 관한 현행법상 법리

(1) 인지된 동의

「개인정보 보호법」은 개인정보처리자로 하여금 「개인정보 보호법」에 따른 개인정보의 처리에 관하여 정보주체의 동의를 받을 때에 정보주체가 이를 명확하게 인지할 수 있도록 알리고 동의를 받아야 한다고 규정하고 있다(법 제22조 제1항). 이와 같은 투명성 요건은 개인정보 처리에 대한 합법화 근거로서 '인지된 동의' 요건을 충족시키기 위한 기본적 전제가 된다.[42] 만약 개인정보처리자가 동의가 이루어지기 전에 관련 정보를 적절히 제공하지 않는다면 정보주체의 동의는 사실상 형식적인 것이 될 수밖에 없다.[43] 동의를 얻기 전에 관련 정보를 제공받은 정보주체는 충분한 정보에 기반한 결정

---

41) 「개인정보 보호법」 시행령 제17조(동의를 받는 방법) ① 개인정보처리자는 법 제22조에 따라 개인정보의 처리에 대하여 정보주체의 동의를 받을 때에는 다음 각 호의 조건을 모두 충족해야 한다. <신설 2023. 9. 12.>
　1. 정보주체가 자유로운 의사에 따라 동의 여부를 결정할 수 있을 것
　2. 동의를 받으려는 내용이 구체적이고 명확할 것
　3. 그 내용을 쉽게 읽고 이해할 수 있는 문구를 사용할 것
　4. 동의 여부를 명확하게 표시할 수 있는 방법을 정보주체에게 제공할 것.
42) 대법원 2016. 6. 28. 선고 2014두2638 판결. 대법원은 인터넷 사이트에서 개인정보를 수집하면서 적법한 동의를 받았는지 문제된 사건에서 구 정보통신망법상 적법한 동의를 받기 위해서는 구체적 내용을 알아볼 수 있을 정도로 법정 고지사항 전부를 명확히 게재하여야 한다고 판시하였다.
43) GDPR에서는 정보주체가 인지한 상태에서 동의를 하도록 한 요건을 위반한 경우, 해당 동의는 무효가 되

을 내리고 자신이 동의하는 내용을 이해하며 실질적인 동의를 할 수 있게 된다. 이처럼 인지된 동의 요건을 충족하기 위해서는 개인정보 처리에 관하여 정보주체에 대해 충분한 정보를 제공해야 하는 '내용'적인 기준과 개인정보 처리에 관한 정보주체의 이해가 가능할 수 있도록 '형식'이나 '방법'적인 기준을 충족해야 한다.

우선, 내용적인 측면에서 현행 「개인정보 보호법」은 개인정보 처리의 목적에 따라 정보주체에 대하여 일정한 정보를 제공토록 하고 있다(법 제15조, 제17조, 제18조, 시행령 제17조 등). 개인정보의 수집·이용에 관한 제15조 제2항에서는 개인정보처리자로 하여금 ① 개인정보의 수집·이용 목적, ② 수집하려는 개인정보의 항목, ③ 개인정보의 보유 및 이용 기간, ④ 동의를 거부할 권리가 있다는 사실 및 동의 거부에 따른 불이익이 있는 경우에는 그 불이익의 내용에 관한 사항을 정보주체에게 알리도록 하고 있다. 한편, 법 제17조 제2항에서는 개인정보의 제3자 제공에 맞추어 제공되는 정보(제2항 제2호에서 "개인정보를 제공받는 자")를 추가적인 정보로 제공하도록 규정하고 있다. 이는 정보주체가 동의를 함으로써 개인정보처리자가 누구인지 쉽게 식별하고, 무엇에 동의하는지 이해할 수 있는 정보를 바탕으로 제공되도록 보장하고 있다.

동의의 방식에 관해서도 「개인정보 보호법」은 정보의 명확성과 접근성을 높일 수 있도록 구체적인 방식을 상세히 규정하고 있다. 개인정보처리자는 정보주체의 동의를 서면(전자문서 및 전자거래 기본법상 전자문서 포함)으로 받는 경우, 개인정보 수집·이용 목적, 수집·이용하려는 개인정보의 항목 등 법 시행령 제17조 제3항[44]에서 정한 사항을 명확히 표시하여 알아보기 쉽게 하여야 한다(법 제22조 제2항). 구체적으로는 종이 인쇄물, 컴퓨터 표시화면 등 서면 동의를 요구하는 매체의 특성과 정보주체의 이용환경 등을 고려하여 ① 글씨의 크기, 색깔, 굵기 또는 밑줄 등을 통하여 그 내용이 명확히 표시되도록 하고, ② 동의 사항이 많아 중요한 내용이 명확히 구분되기 어려운 경우에는 중요한 내용이 쉽게 확인될 수 있도록 그 밖의 내용과 별도로 구분하여 표시하여 정보

며 컨트롤러는 GDPR 제6조를 위반하게 될 수 있다.

44) 「개인정보 보호법」 시행령 제17조(동의를 받는 방법) ③ 법 제22조 제2항에서 "대통령령으로 정하는 중요한 내용"이란 다음 각 호의 사항을 말한다. <신설 2017. 10. 17., 2023. 9. 12.>
　1. 개인정보의 수집·이용 목적 중 재화나 서비스의 홍보 또는 판매 권유 등을 위하여 해당 개인정보를 이용하여 정보주체에게 연락할 수 있다는 사실
　2. 처리하려는 개인정보의 항목 중 다음 각 목의 사항
　　가. 민감정보
　　나. 제19조제2호부터 제4호까지의 규정에 따른 여권번호, 운전면허의 면허번호 및 외국인등록번호
　3. 개인정보의 보유 및 이용 기간(제공 시에는 제공받는 자의 보유 및 이용 기간을 말한다)
　4. 개인정보를 제공받는 자 및 개인정보를 제공받는 자의 개인정보 이용 목적.

주체가 쉽게 알아볼 수 있도록 표시하여야 한다(개인정보 처리 방법에 관한 고시 제4조). 아울러 개인정보처리자는 정보주체의 동의를 받을 때 개인정보 처리의 내용을 쉽게 읽고 이해할 수 있는 문구를 사용하도록 하여야 한다(법 시행령 제17조 제1항 제3호).

한편, 개인정보처리자는 개인정보를 제공하는 대상이 어떤 그룹의 사용자인지 식별한 후, 제공해야 할 정보의 내용을 결정하고 이를 정보주체에게 제공하는 방식을 정해야 한다. 예를 들어, 미성년자인 정보주체가 포함될 경우, 개인정보처리자는 정보가 미성년자가 이해할 수 있는 방식으로 제공되도록 해야 한다. 「개인정보 보호법」 제22조의2에서는 개인정보처리자로 하여금 만 14세 미만의 아동에게 개인정보 처리와 관련한 사항의 고지 등을 할 때에는 이해하기 쉬운 양식과 명확하고 알기 쉬운 언어를 사용하여야 한다고 규정하고 있다.

(2) 자유로운 의사에 의한 동의

정보주체의 동의는 정보주체의 자유로운 의사에 따라 이루어져야 한다(법 시행령 제17조 제1항 제1호). '자유로운'이라는 요소는 정보주체에게 동의에 있어 실질적인 선택권과 통제권이 제공되어야 한다는 것을 의미한다. 따라서 정보주체가 실질적인 선택권이 없거나, 동의하지 않을 경우 불이익한 결과를 겪게 될 것이라는 압박을 느끼게 되는 경우 해당 동의는 유효하지 않게 된다.45) 또한, 동의가 이용약관의 일부로 선택의 여지가 없는 부분으로 함께 포함되어 있는 경우 역시 정보주체의 자유로운 동의로 간주되지 않을 가능성이 크다. 따라서 정보주체가 동의를 거부하거나 철회할 수 없거나 이를 통해 불이익을 받는 상황에서는 동의가 자유롭게 제공된 것으로 보지 않는다.46) 「개인정보 보호법」에서도 이를 고려하여 개인정보처리자는 정보주체가 선택적으로 동의할 수 있는 사항을 동의하지 아니하거나, 개인정보의 목적 외 이용이나 제3자 제공에 대한 동의 및 재화나 서비스를 홍보하거나 판매를 권유하기 위하여 개인정보의 처리에 대하여 동의하지 아니한다는 이유로 정보주체에게 재화 또는 서비스의 제공을 거부하여서는 아니 된다고 규정하고 있다(제22조 제5항).

정보주체의 자유로운 의사에 따른 동의 여부를 결정하는 기준으로는 개인정보처리자

---

45) Article 29 Data Protection Working Party, Opinion 15/2011 on the Definition of Consent (WP187), at 12 (July 13, 2011).
46) GDPR recitals 42–43, 2016 O.J. (L 119); Article 29 Data Protection Working Party, Opinion 15/2011 on the Definition of Consent, at 12, WP 187 (July 13, 2011).

와 정보주체 간의 '힘의 불균형' 역시 고려되어야 한다. GDPR에서도 개인정보처리자가 공공기관인 경우, 개인정보처리자와 정보주체 간의 명백한 권력 불균형으로 인해 동의를 처리 근거로 삼는 것이 적절하지 않을 가능성이 높다는 점을 명확히 밝히고 있다.[47] 권력 불균형은 고용관계에서도 발생한다. 이에 관해 GDPR에서는 고용주와 근로자 간의 관계 특성상, 동의가 자유롭게 이루어졌다고 보기 어려우므로, 근로자가 제공하는 개인정보의 처리를 동의를 근거로 삼는 것은 대다수의 경우 부적절하며 허용되지 않아야 한다고 설명하고 있다.[48] 결국 동의가 강요, 압박 또는 정보주체의 자유 의사를 행사할 수 없는 요소가 포함된 경우, 해당 동의는 자유롭게 이루어진 것으로 볼 수 없다.

(3) 구체적이고 명확한 동의

「개인정보 보호법」은 개인정보처리자로 하여금 「개인정보 보호법」에 따른 개인정보의 처리에 관하여 정보주체의 동의를 받을 때에 동의를 받으려는 내용을 구체적이고 명확히 하도록 요구하고 있다(법 시행령 제17조 제1항 제2호). 정보주체의 동의가 '구체적이고 명확할 것'이라는 요건은 정보주체에게 투명성을 보장함으로써 개인정보에 대한 통제를 가능케 하는 것이다. 한편, 이 요건은 '인지된 동의' 요건이나 '자유로운 의사에 기한 동의' 요건과도 밀접한 관련이 있다. 정보주체의 실질적 동의를 얻기 위해서는 항상 계획된 개인정보 처리 활동에 대하여 구체적이고, 명시적이며, 적법한 목적을 사전에 결정해야 한다. 구체적이고 명확한 동의가 필요한 이유는 정보주체가 초기 개인정보 수집에 동의한 이후, 처리 목적이 점차 확대되거나 모호해지는 "기능 확대(function creep)"[49]를 방지하는 보호장치로 작용한다. 즉, 정보주체의 개인정보가 개인정보처리자나 제3자에 의해 예기치 못한 방식으로 사용되거나 정보주체의 통제권을 상실하는 위험을 초래하는 것을 방지하는 역할을 하게 된다.

---

47) GDPR 전문 43에서는 "동의가 자유롭게 이루어졌는지 보장하기 위해, 정보주체와 개인정보처리자 간에 명백한 불균형이 존재하는 특정 상황에서는 동의가 개인정보 처리의 유효한 법적 근거를 제공하지 못해야 한다. 특히 개인정보처리자가 공공기관인 경우, 해당 상황의 모든 정황을 고려할 때 동의가 자유롭게 제공되었을 가능성이 낮다."고 설명하고 있다. GDPR Recital 43, 2016 O.J. (L 119).

48) Article 29 Data Protection Working Party, Opinion 2/2017 on Data Processing at Work, WP 249, ¶ 6.2 (June 8, 2017).

49) Bert-Jaap Koops, *The Concept of Function Creep,* 13 Law, Innovation & Tech. 29 (2021) 참조.

(4) 동의 여부를 명확히 표시한 동의

「개인정보 보호법」은 개인정보처리자로 하여금 개인정보의 처리에 대하여 정보주체의 동의를 받을 때에는 동의 여부를 명확하게 표시할 수 있는 방법을 정보주체에게 제공할 것을 요구한다. 「개인정보 보호법」에서는 동의에 관한 정의 규정을 두고 있지 않지만, 동의는 전술한 바와 같이 정보주체가 자신의 개인정보 처리를 자발적으로 승인하는 의사표시라고 정의된다. 이 정의에 부합하기 위해서는 구두나 서면에 의한 진술이나 명백한 적극적 행위를 통한 명확한 표시일 것이 요구된다. 이때 명백한 적극적 행위는 정보주체가 특정한 개인정보 처리에 동의하기 위하여 의도적으로 행동하는 것을 의미한다. 따라서 의사표시가 어떠한 형태로 이루어지더라도 동의로서 충분히 인정될 수 있으며, 이는 일반적으로 명시적 동의뿐만 아니라 묵시적 동의를 포함한다. 또한, 서면, 구두, 전자적 수단 등 다양한 방식으로 의사표시가 이루어질 수 있다. 그러나 동의의 법적 기능을 고려할 때, 완전한 침묵이나 부작위를 개인정보 처리 행위의 적법성을 정당화하는 동의로 간주하는 것은 부적절하다. 묵시적 동의의 경우에도, 동의의 존재를 합리적으로 추론할 수 있는 명백한 적극적 행위를 통한 명확한 표시일 것이 요구된다.[50]

아울러 명확한 동의의 표시를 위해서는 정보주체의 동의 의사에 대해 의심의 여지가 없는 방법의 사용을 요구한다는 점이 중요하다.[51] 구체적으로는 온라인 환경에서 정보주체가 개인정보 처리에 반대의사를 표명하기 위해서 사전에 자동 체크된 기본 옵션을 변경해야 하는 경우, 사전 선택된 자체로 이루어진 동의는 명확한 의사표시라고 할 수 없을 것이다.[52] 또한, 동의가 계약에 대한 승낙 또는 이용약관에 동의하는 행위

---

50) 예를 들어, 온라인 쇼핑몰의 회원가입 과정에서 이메일 주소를 제공하는 경우 정보주체가 특별한 추가 할인을 내용으로 하는 이메일 수신에 동의한다는 내용의 고지가 제공된다. 정보주체가 해당 고지를 열람한 후 이메일 주소를 입력하는 적극적인 행위는 묵시적 동의로 간주할 수 있는 충분한 근거가 된다.

51) European Commission, Commission Staff Working Paper, Impact Assessment, Annex 2, at 20, 105-06 (SEC) 2012 72 final (2012) 참조.

52) 개인정보 보호위원회는 2022년 구글과 메타에 대하여 위반행위 시정명령과 함께 구글에는 692억 원, 메타에는 308억 원의 과징금 부과를 의결하였다. 이 사안에서 구글과 메타는 자사 서비스 이용자의 타사 행태 정보를 수집·분석하여 이용자의 관심사를 추론하거나 맞춤형 광고에 활용하면서, 이러한 사실을 이용자에게 명확히 고지하거나 사전 동의를 받지 않은 것으로 확인되었다. 구글은 서비스 가입 과정에서 타사 행태 정보의 수집 및 이용 사실을 명확히 알리지 않았으며, '옵션 더보기' 설정 화면을 숨기고 기본값을 '동의'로 설정하는 방식을 사용하였다. 한편, 메타는 계정 생성 시 동의받아야 할 내용을 데이터 정책 전문에 포함하였으나, 해당 내용을 이용자가 쉽게 확인할 수 없는 형태로 제시하여 법정 고지사항을 구체적으로 알리거나 동의를 받지 않았다. 개인정보 보호위원회, 보도자료, 개인정보위, 구글과 메타의 개인정보 불법 수집 제재, 2022. 9. 14.

와 동일한 과정으로 이루어지는 경우에는 정보주체가 한 이와 같은 동의는 개인정보 처리에 대한 명확한 의사표시라고 할 수 없다. 우리나라 「개인정보 보호법」은 정보주체에 대하여 동의의 의사를 확인하는 방법에 대해서 예시적 열거의 방식으로 이를 구체화하고 있다.[53]

3. 현행법상 동의 방식의 한계

「개인정보 보호법」은 개인정보 처리에 대한 실질적 동의를 위하여 동의의 방식에 관한 규정을 두고 있다. 특히, 2024년 9월 15일부터 시행된 시행령 제17조 제1항에서는 동의를 받을 때 요구되는 구체적인 조건을 신설하였다. 전술한 바와 같이, 시행령 제17조 제1항 각호는 정보주체의 개인정보 처리에 대한 실질적 동의를 담보하기 위한 중요한 기준으로 작용할 것을 상정하고 있다. 그럼에도 불구하고 후술하는 바와 같이 각호에서 제시하고 있는 기준들은 개인정보 처리를 둘러싼 다양한 환경을 고려할 때 일정한 한계를 가질 수밖에 없다.

(1) 인지된 동의

'인지된 동의' 요건은 실질적 동의를 위해서 정보주체로 하여금 충분한 정보에 기반한 결정을 내리게 하고, 정보주체는 자신이 동의하는 내용을 이해하는 것을 전제한다. 그럼에도 불구하고 인지된 동의 요건은 현실적으로 충족되기 어렵다. 프라이버시 역설 (privacy paradox) 이론[54]에 따르면, 정보주체들은 개인정보 보호를 중요하게 생각한다

---

53) 「개인정보 보호법」 시행령 제17조
　② 개인정보처리자는 법 제22조에 따라 개인정보의 처리에 대하여 다음 각 호의 어느 하나에 해당하는 방법으로 정보주체의 동의를 받아야 한다. <개정 2023. 9. 12.>
　1. 동의 내용이 적힌 서면을 정보주체에게 직접 발급하거나 우편 또는 팩스 등의 방법으로 전달하고, 정보주체가 서명하거나 날인한 동의서를 받는 방법
　2. 전화를 통하여 동의 내용을 정보주체에게 알리고 동의의 의사표시를 확인하는 방법
　3. 전화를 통하여 동의 내용을 정보주체에게 알리고 정보주체에게 인터넷주소 등을 통하여 동의 사항을 확인하도록 한 후 다시 전화를 통하여 그 동의 사항에 대한 동의의 의사표시를 확인하는 방법
　4. 인터넷 홈페이지 등에 동의 내용을 게재하고 정보주체가 동의 여부를 표시하도록 하는 방법
　5. 동의 내용이 적힌 전자우편을 발송하여 정보주체로부터 동의의 의사표시가 적힌 전자우편을 받는 방법
　6. 그 밖에 제1호부터 제5호까지의 규정에 따른 방법에 준하는 방법으로 동의 내용을 알리고 동의의 의사표시를 확인하는 방법에 해당하는 방법.
54) 한편, 프라이버시 역설 이론의 허구성과 이에 기초한 법제도 구축은 재고되어야 한다는 주장으로는 Daniel J. Solove, *The Myth of the Privacy Paradox*, 89 Geo. Wash. L. Rev. 1 (2021) 참조.

고 말하면서도 실제 행동에서는 그렇지 않은 모습을 보인다. 실제로 개인정보처리자가 개인정보 처리에 관한 동의를 위하여 정보주체에게 이에 관한 정보를 제공하는 경우에도 정보주체가 이를 읽고 적극적으로 이해하고자 하는 경우는 많지 않다. 2023년 개인정보위원회의 조사에 따르면, 성인의 94.3%가 개인정보 보호에 대해 중요하게 생각하고 있다고 응답하였으나, 개인정보처리자가 개인정보를 요구할 경우 개인정보 처리 동의 내용을 확인하지 않는다는 응답은 성인의 경우 67.5%로 정보의 중요성에 대한 인식과 비교해서 낮게 나타났다.[55] 이 조사 결과는 3분의 1에 해당하는 정보주체의 동의는 '인지된 동의' 요건을 충족시키지 못한 채 이루어졌다는 점을 나타낸다.

　이와 같은 문제를 해결하는 일환으로 「개인정보 보호법」은 전술한 바와 같이 동의의 방식에 관한 구체적인 규정을 두고 있다. 즉, 개인정보처리자는 정보제공 시 해당 내용을 명확히 표시하고, 쉽게 읽고 이해할 수 있는 문구를 사용하여야 하며, 중요내용이 명확히 구별되기 어려운 경우에는 이를 그 밖의 내용과 별도로 구분하여 표시함으로써 정보주체가 쉽게 알아볼 수 있도록 표시해야 한다고 명시하고 있다(법 제22조 제2항, 법 시행령 제17조 제1항 제3호, 개인정보 처리 방법에 관한 고시 제4조). 그러나 이러한 법 규정이 정보주체가 제공된 정보를 읽는다는 것을 담보하지는 못한다. 미국의 관련 사례이긴 하지만, 최종 사용자 라이선스 계약(end user license agreements)이 두드러진 형태로 작성되어 고지되더라도 거의 대부분 소비자에게 무시된다는 연구결과가 존재한다.[56] 이러한 점을 고려하면 개인정보처리자가 현행법상 인지된 동의를 위한 방식에 관한 조치를 취했다고 하더라도 사실상 정보주체가 제공된 정보를 읽고 이해하는 것을 보장하기는 어렵다. 또한, 정보주체가 제공된 정보에 노출되고 이를 읽었다고 하더라도, 정보를 제공받는 것과 이를 진정으로 이해하는 것은 다른 문제이다. 정보에 기반한 인지된 동의 요건을 충족시키기 위해서는 정보주체가 자신이 내리는 선택의 의미를 진정으로 이해해야 한다. 2023년 개인정보 보호위원회의 보고서에 따르면, 동의 내용을 확인하지 않는 주된 이유로 성인의 경우 '내용이 많고 읽어도 이해가 안 가서'라고 응답한 비율이 40.5%로 조사되었다.[57] 이는 '확인하는 것이 귀찮고, 번거로워서(32%)', '대부분 동의 내용이 비슷하여 굳이 확인할 필요를 못 느껴서(6.7%)', '동의서 내용에 상관없이 서비스를 반드시 이용해야 해서(19.5%)'와 같은 다른 이유에 비하여 상대적으로

---

55) 개인정보 보호위원회, 2023 개인정보 보호 및 활용조사, 2023, 53, 58면.

56) Florencia Marotta‒Wurgler, *Will Increased Disclosure Help? Evaluating the Recommendations of the ALI's "Principles of the Law of Software Contracts"*, 78 U. Chi. L. Rev. 165, 182 (2011).

57) 개인정보 보호위원회, 2023 개인정보 보호 및 활용조사, 2023, 53면.

높은 비율이다. 결국, 「개인정보 보호법」은 '정보주체가 명확하게 인지할 수 있도록 알리고 동의를 받아야 한다(법 제22조 제1항)'는 인지된 동의 요건을 규정하고 있지만, 실제로 정보주체의 동의가 얼마나 개인정보처리자로부터 제공된 정보에 기반하여 이해를 바탕으로 이루어진 인지된 동의인지 여부는 확인하기 어렵다.

또한, 인지된 동의는 기술의 발전에 따라 그 요건의 충족이 더욱 어렵게 되고 있다. 인공지능의 경우 기술이 가지는 속성상 복잡성과 불투명성이 문제될 수 있다. 인지된 동의는 정보주체가 개인정보 처리의 작동방식을 이해할 수 있도록 제공되는 정보가 정확하고, 이해하기 쉬우며, 접근하기 쉽고, 명확하고 간단한 내용으로 제공되어야 한다. 그러나 심지어 전문가조차도 딥러닝 신경망과 같은 복잡한 인공지능 시스템의 구조와 데이터 처리 과정을 명확히 이해하지 못하는 경우도 있다. 이는 이러한 시스템이 '블랙박스' 특성을 지니고 있어, 내부 작동 원리를 완전히 파악하기 어려운 데 기인한다.[58] 이러한 점을 감안하면, 인공지능 기술의 개발이나 훈련을 위한 개인정보 처리의 경우에서는 정보주체가 충분한 정보에 기반하여 자신이 동의하는 내용을 이해하는 '인지된 동의' 요건을 충족하기에는 어려운 측면이 존재한다.

(2) 자유로운 동의

자발성은 동의의 개념을 지탱하는 근본적인 요소로 여겨진다. 모든 결정이 외부의 제약이나 영향을 완전히 배제한 상태에서 이루어지기 어려운 것은 사실이지만, 개인정보와 관련된 동의는 정보주체의 자유로운 선택에 기반한 실질적인 동의가 이루어지기 어려운 경우가 많다. 현재의 정보사회에서는 다양한 경제활동이나 일상생활에 필요한 서비스를 이용하고자 하는 때에 그에 부수하는 개인정보 처리에 동의하지 않을 수 없는 상황에서는 정보주체가 입는 필요한 서비스를 이용할 수 없다고 하는 불이익을 고려하면 '자유로운' 동의 요건은 충족되기 어렵다.[59] 아울러 공공기관의 서비스 제공에 있어서 대부분의 경우 정보주체는 개인정보처리자의 처리 조건을 수락하는 것 외에 현

---

58) 이러한 문제를 해결하기 위해 '설명 가능한 인공지능(eXplainable AI, XAI)'에 대한 연구가 활발히 진행되고 있다. XAI는 인공지능의 결정 과정을 인간이 이해할 수 있도록 설명하는 기술을 개발하는 분야로, 이를 통해 AI 시스템의 투명성과 신뢰성을 높이고자 한다. Luca Longo et al., *Explainable Artificial Intelligence (XAI) 2.0: A Manifesto of Open Challenges and Interdisciplinary Research Directions*, 106 Info. Fusion 102301 (2024) 참조.

59) 개인정보 보호위원회는 메타의 「개인정보 보호법」 제39조의3 제3항 위반행위(이용자가 타사 행태정보를 제공하지 않는다는 이유로 페이스북 및 인스타그램 서비스의 제공을 거부)에 대해 시정명령 및 과태료를 부과하였다. 개인정보 보호위원회, 2023년 제2회 개인정보 보호위원회 회의록, 2023. 2. 8.

실적인 대안을 가지지 못할 가능성이 크다. 이 때문에 유럽 데이터 보호 이사회(EDPB)는 공공기관의 활동에는 원칙적으로 더 적합한 다른 적법한 처리 근거가 있다고 보고 있다.[60] 이와 함께, 고용주와 근로자 간의 의존관계로 인해 정보주체인 근로자가 동의하지 않을 경우 불이익에 대한 두려움이나 실제적인 위험을 느끼지 않고 고용주의 개인정보 처리 요청을 거부하기는 어렵다. 예를 들어, 고용주가 직장에서의 카메라 관찰과 같은 모니터링 시스템을 활성화하거나 평가서를 작성하도록 요청할 때, 근로자가 동의에 대한 압박감을 느끼지 않고 자유롭게 응답하기는 어려울 가능성이 높다. 따라서 이와 같은 근로자의 동의는 '자유로운' 동의로 보기 어렵다.[61]

이와 같이 지금까지 '자유로운' 동의 요건에 대한 쟁점은 주로 개인정보처리자와 정보주체 간의 관계에 기초하여 정보주체가 자유의지로 개인정보의 처리에 동의하지 않을 수 없는 상황에서 문제되었다. '자유로운' 동의는 정보주체가 실제로 선택권을 행사할 수 있는 것을 전제한다. 또한, 정보주체가 개인정보 처리에 대한 동의를 거부하거나 동의를 철회하더라도 중대한 불이익을 받지 않아야 한다. 계약의 이행이나 서비스 제공을 동의에 조건화하는 경우에는 '자유로운' 동의의 요건을 충족하지 못하게 된다. 각종 사물에 센서와 통신 기능을 내장하여 인터넷에 연결하는 기술인 사물인터넷(Internet of Things) 기술을 사용하여 온라인에 연결된 스마트 제품과 기기가 급증하면서 자유로운 동의는 더욱 어렵게 된다. 실제로 소비자는 단일 사물인터넷 거래에 참여함으로써 단일 제공자와 계약을 체결하는 경우에도, 서로 다른 이용약관, 개인정보 처리, 서비스 계약을 포함한 여러 문서에 동의해야 하는 경우가 많다.[62] 물론 정보주체는 충분히 이해되지 않은 개인정보 처리에 대해 동의하지 않을 자유가 있다. 그러나 실제로는 적절한 대안이 없는 경우가 많다. 예를 들어, 착용자의 심박수와 걸음 수를 측정할 뿐만 아니라 위치도 추적하는 스마트 웨어러블 기기의 경우, 심박수 센서는 GPS와 완전히 독립적으로 작동할 수 있다. 그러나 만약 이 웨어러블 기기가 심박수 모니터의 작동을

---

60) GDPR art. 6(1)(c), (1)(e). 다만, GDPR에서는 공공기관이 동의를 데이터 처리의 합법한 근거로 사용하는 것을 완전히 배제하지는 않는다. 예를 들어, 공립학교가 학생들에게 인쇄된 학생 잡지에 사진을 사용하기 위한 동의를 요청하는 경우, 학생들이 교육이나 서비스를 거부당하지 않고, 사진 사용을 거부하더라도 어떠한 불이익도 받지 않는다면, 이러한 상황에서의 동의는 '진정한 선택(genuine choice)'으로 간주될 수 있다. European Data Protection Board, Guidelines 05/2020 on Consent Under Regulation 2016/679, Version 1.1, at 9, (May 4, 2020).

61) 같은 취지: 이인호, 한국 개인정보 보호권의 절대화 현상에 대한 비판, 공법연구 제52집 제1호, 2023, 228면, 각주 19번.

62) Solove, 앞의 논문(주 7), 104 B.U. L. Rev. 593, 608 (2024).

위치 데이터 수집에 대한 동의를 조건으로 한다면 정보주체로부터 행해진 동의는 '자유로운' 동의로 보기 어렵다.[63] 결국 정보주체들이 부딪치는 다양한 사회적, 상업적, 경제적 활동에 참여하지 않는 대가는 매우 크기 때문에 그에 반하지 않기 위하여 이루어진 정보주체의 개인정보 처리에 대한 동의의 자율성에는 의문이 제기될 수밖에 없다. 유사한 맥락에서, 그럼에도 불구하고 현대사회에서 이용약관을 통한 계약을 체결할 때 계약 주체의 자유로운 동의 여부가 문제될 수 있는 많은 경우에도 계약의 성립과 구속력을 인정하는 것은 계약 당사자의 자율성을 지나치게 강조함으로써 경제활동에 요구되는 법적 안정성을 저해할 우려가 있기 때문이다.[64]

(3) 구체적이고 명확한 동의

정보주체의 동의가 구체적이고 명확할 것이라는 요건은 개인정보처리자로 하여금 ① 기능확대를 막기 위하여 개인정보 처리 목적을 명확히 지정해야 하며, ② 각 개인정보 처리에 대한 구체적이고 세분화된 동의를 요청하고, ③ 개인정보 처리와 관련된 정보와 다른 목적의 정보를 명확히 구분하기 위하여 동의 획득을 위한 정보와 기타 사항에 대한 정보를 명확히 분리할 것을 요구한다.[65] 그러나 IoT 기술은 개인정보 처리 목적을 사전에 명확히 정의하지 않고, 기능확대를 통해 개인정보를 추가적으로 활용할 수 있다. 개인정보처리자가 동의를 근거로 개인정보를 처리하면서 추가적인 목적을 위해 개인정보를 처리하려는 경우, 다른 합법화 근거[66]가 해당 상황에 더 적합하지 않는

---

63) Christof Koolen, *Transparency and Consent in Data-Driven Smart Environments*, 7 Eur. Data Prot. L. Rev. 174, 184 (2021).

64) Brian H. Bix, Contract Law: Rules, Theory, and Context 128-138 (2012).

65) European Data Protection Board, Guidelines 05/2020 on Consent Under Regulation 2016/679, Version 1.1, at 12-13, (May 4, 2020).

66) 예를 들어, 「개인정보 보호법」 제18조 제2항 참조.
    제18조(개인정보의 목적 외 이용·제공 제한) ① 개인정보처리자는 개인정보를 제15조제1항에 따른 범위를 초과하여 이용하거나 제17조제1항 및 제28조의8제1항에 따른 범위를 초과하여 제3자에게 제공하여서는 아니 된다. <개정 2020. 2. 4., 2023. 3. 14.>
    ② 제1항에도 불구하고 개인정보처리자는 다음 각 호의 어느 하나에 해당하는 경우에는 정보주체 또는 제3자의 이익을 부당하게 침해할 우려가 있을 때를 제외하고는 개인정보를 목적 외의 용도로 이용하거나 이를 제3자에게 제공할 수 있다. 다만, 제5호부터 제9호까지에 따른 경우는 공공기관의 경우로 한정한다. <개정 2020. 2. 4., 2023. 3. 14.>
    1. 정보주체로부터 별도의 동의를 받은 경우
    2. 다른 법률에 특별한 규정이 있는 경우
    3. 명백히 정보주체 또는 제3자의 급박한 생명, 신체, 재산의 이익을 위하여 필요하다고 인정되는 경우
    4. 삭제 <2020. 2. 4.>

한, 개인정보처리자는 이 추가 목적에 대해 별도의 동의를 구해야 한다. 그러나 예를 들어, 웨어러블 기기가 처음에는 운동 데이터를 수집하기 위하여 사용되지만, 이후 사용자의 위치정보를 마케팅 목적으로 활용하는 경우가 발생할 수 있다. 또한, IoT 기기는 정보주체로부터 포괄동의를 요구하며, 각 개인정보 처리행위에 대해 개별동의를 요청하지 않는 경우가 있다. 예를 들어, 스마트 가전 제품은 사용자의 소비 습관, 위치, 기기 사용 패턴 등을 동시에 수집하지만, 각 개인정보 처리에 대한 개별적 동의를 구하지 않는 경우가 있다. 이러한 방식은 정보주체가 특정 처리 활동을 수용하거나 거부할 수 있는 선택권을 제한하며 구체적인 동의 요건을 충족시키지 못한다.

(4) 동의 여부를 명확히 표시한 동의

개인정보 처리에 대한 정보주체의 동의 표시는 명확하지 않고 모호한 경우가 많다. 명확히 표시한 동의 요건은 일반적으로 문서에 서명하거나, 온라인 양식을 작성하거나, 웹사이트에서 버튼을 클릭하는 등 정보주체들이 어떠한 형태로든 적극적인 행위를 함으로써 충족될 수 있다. 그러나 이와 같이 정보주체가 동의 여부를 명확히 표시했다고 하더라도 이는 동의에 대한 피상적인 표시만을 제공하는 경우가 많다. 즉, 명확히 표시한 동의가 있다고 하더라도 정보주체가 얼마나 정보에 기반한 인지된 동의를 하고 있는지, 그리고 개인정보처리자가 제공한 정보를 실제로 이해했는지에 대해서는 알 수 없다. 미국의 한 연구에 따르면, 사람들이 계약 내용 옆에 "동의합니다" 체크박스를 클릭하여 동의를 의무화하는 경우에도 계약 내용을 읽는 비율이 단 1% 증가하는 데 그쳤다.[67] 이 연구가 시사하는 것은 계약 접근성이 증가하더라도 계약을 읽는 비율이 경제적으로 유의미하게 증가하지 않는다는 점이다.

한편, 스마트 기기의 경우, 많은 기기가 여러 데이터 소스에 대한 접근을 요구한다. 따라서 정보주체는 기기를 사용하기 전에 여러 단계의 동의 요청에 직면하게 됨으로써

---

5. 개인정보를 목적 외의 용도로 이용하거나 이를 제3자에게 제공하지 아니하면 다른 법률에서 정하는 소관 업무를 수행할 수 없는 경우로서 보호위원회의 심의·의결을 거친 경우
6. 조약, 그 밖의 국제협정의 이행을 위하여 외국정부 또는 국제기구에 제공하기 위하여 필요한 경우
7. 범죄의 수사와 공소의 제기 및 유지를 위하여 필요한 경우
8. 법원의 재판업무 수행을 위하여 필요한 경우
9. 형(刑) 및 감호, 보호처분의 집행을 위하여 필요한 경우
10. 공중위생 등 공공의 안전과 안녕을 위하여 긴급히 필요한 경우.

67) Florencia Marotta–Wurgler, *Will Increased Disclosure Help? Evaluating the Recommendations of the ALI's "Principles of the Law of Software Contracts"*, 78 U. Chi. L. Rev. 165, 168 (2011).

클릭 피로(clicking fatigue)[68]나 스와이프 피로(swiping fatigue)[69]를 겪게 될 수 있다. 클릭 피로나 스와이프 피로의 경우 사용자의 주의력이 점점 떨어지게 되고 클릭이나 스와이프하는 항목에 대해 신중히 검토하지 않고 그 자체가 자동화된 동작으로 변하게 되어, 동의 여부를 명확히 표시한 동의 요건을 충족시키게 되기 어렵다.

(5) 데이터 기반 인공지능 맥락에서의 동의

데이터가 기반이 되는 인공지능 시대에는 종래와 같은 정보주체의 특정 개인정보 처리에 대한 사전동의는 그 목적을 달성하기 어렵다. 특히, 개인정보의 처리가 동의를 기반으로 이루어질 수 있는지, 그리고 어느 정도까지 이를 적용할 수 있는지는 대상이 되는 처리의 단계와 해당 단계의 구체적 특성에 따라 달라진다. 인공지능 개발이나 학습과정에서 웹스크랩핑, 공공 데이터베이스, 소셜 미디어 등 다양한 출처에서 자동화된 방식으로 대규모 훈련 데이터셋이 사용된다. 이는 특히 비정형 데이터(예: 이미지, 음성, 텍스트)가 많이 사용되어 데이터의 자동수집, 처리, 분석, 학습에 의존하는 데이터 집약 기술을 통해 수집되는 경우가 많다. 그러나 이러한 상황에서는 정보주체가 식별되기 어려워 각 정보주체로부터 동의를 얻는 것이 현실적으로 어려울 수 있다. 아울러 훈련 단계에서는 동의 제도의 특수성으로 인해 동의를 개인정보 처리의 근거로 삼는 데 제약이 존재한다. 예를 들어, 「개인정보 보호법」 제37조 제1항에서는 정보주체로 하여금 개인정보처리자에 대하여 자신의 개인정보 처리에 대한 동의를 철회할 수 있다. 정보주체가 철회권을 행사하는 경우, 제37조 제3항에 따라 동조 제2항 각 호[70]에 해당되지

---

68) 사용자가 웹사이트, 애플리케이션 또는 디지털 플랫폼에서 지나치게 많은 클릭을 요구받을 때 발생하는 심리적, 신체적 피로감 또는 불편함을 의미한다. 특히, 사용자가 정보 제공이나 동의 과정에서 반복적으로 클릭해야 할 때 나타날 수 있다.

69) 스마트폰, 태블릿 또는 기타 스마트 기기에서 사용자가 화면을 넘기거나 스와이프(swipe) 동작을 반복적으로 수행해야 할 때 발생하는 피로감 또는 불편함을 의미한다. GDPR에서는 스와이프하는 것과 같은 사용자 활동은 어떠한 경우에도 명확하고 적극적인 행위의 요건을 충족할 수 없는 것으로 하고 있다. 이러한 행위는 다른 사용자 활동이나 상호작용과 구별하기 어려우며, 따라서 명확한 동의가 제공되었음을 확인하는 것도 불가능한 것이 그 이유이다. European Data Protection Board, Guidelines 05/2020 on Consent Under Regulation 2016/679, Version 1.1, at 19, (May 4, 2020).

70) 「개인정보 보호법」 제37조(개인정보의 처리정지 등)
   ② 개인정보처리자는 제1항에 따른 처리정지 요구를 받았을 때에는 지체 없이 정보주체의 요구에 따라 개인정보 처리의 전부를 정지하거나 일부를 정지하여야 한다. 다만, 다음 각 호의 어느 하나에 해당하는 경우에는 정보주체의 처리정지 요구를 거절할 수 있다. <개정 2023. 3. 14.>
   1. 법률에 특별한 규정이 있거나 법령상 의무를 준수하기 위하여 불가피한 경우
   2. 다른 사람의 생명·신체를 해할 우려가 있거나 다른 사람의 재산과 그 밖의 이익을 부당하게 침해할 우려가 있는 경우

않는 한, 지체없이 수집된 개인정보를 복구·재생할 수 없도록 파기하는 등 필요한 조치를 취하여야 한다. 그러나 개인정보가 이미 인공지능 시스템의 훈련에 사용되었거나, 삭제 의무를 이행하기 위해 데이터 셋을 분리하는 데 비례성을 초과하는 과도한 비용이 소요되는 경우, 이는 인공지능 시스템의 기능에 영향을 미칠 수 있다. 이처럼 데이터 처리의 복잡성이 증가하고 이와 본질적으로 연관된 불투명성이 나타나는 경우에는 동의가 개인정보 처리의 법적 근거로 적합하지 않을 수 있다는 중요한 지표가 될 수 있다.[71] 따라서 인공지능의 맥락에서 동의를 개인정보 처리의 근거로 사용하는 것이 적당한지 여부를 판단하는 때에는 구체적인 인공지능 시스템과 그에 수반되는 데이터 처리의 특수성을 감안해야 한다.

Ⅳ 개인정보 동의 제도의 방향성

1. 현행법상 동의 제도의 개선

(1) 동의 제도 규정방식 개선

우리나라 「개인정보 보호법」에는 GDPR과는 달리 동의에 대한 정의 규정이 마련되어 있지 않고, 제22조에서 동의의 방법을 구체적으로 규정하고 있다. 하지만 동의 제도의 규정방식에는 다음과 같은 개선이 필요하다. 첫째, 「개인정보 보호법」상 '동의'에 대한 정의 규정을 두어야 할 필요가 있다. 법령에서 정의 규정은 법령의 해석이나 적용에 있어 의문점을 해소하고 법적 분쟁을 미리 예방하여 일관성 있게 법령을 집행하고 국민 권익을 보호하기 위한 것이다. 특히 법령에서 정의 규정의 유용성은 대상이 되는 용어가 법령에서 사용되는 용어 중 개념상 중요한 용어인 경우, 또는 일반적으로 사용되는 용어와 다른 의미로 사용되는 용어인 경우 법령 자체에서 그 의미를 명확하게 할 목적으로 두게 되는 것이다.[72] EU의 개인정보 보호지침이나 GDPR의 동의에 대한 정의 규정은 개별

---

3. 공공기관이 개인정보를 처리하지 아니하면 다른 법률에서 정하는 소관 업무를 수행할 수 없는 경우
4. 개인정보를 처리하지 아니하면 정보주체와 약정한 서비스를 제공하지 못하는 등 계약의 이행이 곤란한 경우로서 정보주체가 그 계약의 해지 의사를 명확하게 밝히지 아니한 경우.

71) 이유정·김민호, 인공지능 학습데이터와 개인정보 보호법상 동의제도에 관한 연구─미국의 사후동의(opt─out) 제도를 중심으로─, 미국헌법연구 제34권 제2호, 2023, 12면.

회원국의 민법상 동의 개념과 구별될 수 있도록 개인정보 보호 맥락에서 명확히 정의한 것이다. 미국 캘리포니아주의 「소비자 프라이버시법(California Consumer Privacy Act)」에서 도 프라이버시 보호 맥락에서 '동의'에 대한 정의 규정을 두고 있다. 동 규정에 의하면 동의는 "소비자가 ...... 진술이나 명확하고 적극적인 행동을 통해 소비자와 관련된 개인 정보를 특정하고 제한된 목적을 위해 처리하는 것에 대해 소비자의 의사를 자유롭게, 구체적이며, 충분히 알게 된 상태에서, 그리고 명확하게 표시하는 것을 의미한다. 개인 정보 처리에 대한 설명과 관계없는 정보가 포함된 일반적이거나 광범위한 이용약관 또 는 유사 문서에 대한 승낙은 "동의"를 구성하지 않는다. 특정 콘텐츠에 마우스를 올려 놓거나, 음소거, 일시 정지, 닫기 등의 행동은 "동의"를 구성하지 않는다. 마찬가지로, 다크패턴(dark patterns)을 사용하여 얻어진 동의는 "동의"로 간주되지 않는다."로 정의하 고 있다.[73] 우리나라에서도 '동의'라는 용어나 관념은 계약법, 불법행위법, 형사법 등 영역에서 다양하게 사용되며 그 법적 효과에도 차이가 있다. 「개인정보 보호법」에서 동의는 전술한 바와 같이, 정보주체의 개인정보 처리에 대한 승인의 의사표시라는 내 용적 측면과 정보주체가 충분한 정보를 제공받아 자율적으로 명확히 이루어지는 표시 라는 방법적 측면을 포괄하는 것으로 이해할 수 있다. 그러나 그 법적 성격, 유효성, 동의 방식 위반의 경우에 대한 법적 취급에 관해서는 해석에 이견이 존재한다. 이러한 점을 고려하면 개인정보 보호의 맥락을 고려해 동의의 내용적 측면과 형식적 측면을 포괄하는 동의의 정의 규정을 두는 것이 타당할 것이다.

　둘째, 동의는 개인정보처리자가 하고자 하는 개인정보 처리에 대한 합법화 근거로 서 중요한 역할을 한다. 그러나 현행법상 규정 방식은 개정을 거듭하며 수범자가 이해 하기 어려운 형태가 되었다. 실제로 개인정보 보호위원회의 『2024 개인정보 보호 연차 보고서』에서는 응답 대상 기관 중 공공기관의 79.8%, 민간기업의 72.9%가 관련 법률

---

72) 법제처, 법령입안 심사기준, 2023, 57면.

73) Cal. Civ. Code § 1798.140, subd. (h)(effective Jan. 1, 2023)("(h) "Consent" means <u>any freely given, specific, informed, and unambiguous indication of the consumer's wishes by which the consumer</u>, or the consumer's legal guardian, a person who has power of attorney, or a person acting as a conservator for the consumer, <u>including by a statement or by a clear affirmative action, signifies agreement to the processing of personal information relating to the consumer for a narrowly defined particular purpose. Acceptance of a general or broad terms of use</u>, or similar document, that contains descriptions of personal information processing along with other, unrelated information, <u>does not constitute consent</u>. Hovering over, muting, pausing, or closing a given piece of content does not constitute consent. Likewise, agreement obtained through use of dark patterns does not constitute consent.")(밑줄은 저자가 표시).

내용이 어려운 것이 개인정보의 보호를 어렵게 한다는 의견을 제시하고 있다.[74] 따라서 「개인정보 보호법」 제22조를 중심으로 시행령 제17조, 개인정보 처리 방법에 관한 고시 제4조로 산재해 있는 동의의 방법에 관한 규정을 체계화하고 계층적으로 재편하여 수범자의 이해를 제고하도록 하여야 한다.

(2) 동의 방식 위반의 법적 효과

「개인정보 보호법」은 제22조 제1항부터 제3항에서 규정하고 있는 '동의의 방법을 위반하여' 동의를 받은 자에 대해서는 5천만 원 이하의 과태료를 부과할 수 있도록 규정하고 있다(법 제75조). 반면, '정보주체의 동의를 받지 않고' 개인정보처리자가 개인정보 처리를 한 경우에는 해당 개인정보처리자에게 전체 매출액의 100분의 3을 초과하지 아니하는 범위에서 과징금을 부과할 수 있다(법 제64조의2). 따라서 개인정보 보호법상 동의의 방법을 위반하여 동의를 받은 경우 그 동의를 어떻게 취급할 것인가는 중요한 문제이다. 이에 대해서 학설과 판례에는 이견이 존재한다. 우선, 학설은 ① 동의 불인정설과 ② 동의 방식 위반설로 나뉜다. 동의 불인정설은 동의 방식에 위반이 있는 때에는 정보주체의 실질적 동의권을 보장하지 못하는 것이기 때문에 적법한 동의가 없는 것으로 보아야 한다고 한다. 반면, 동의 방식 위반설은 동의 방식의 위반과 동의를 받지 않은 무동의를 동일시하는 것은 수범자에 대한 과도한 규제로서 법 해석의 범위를 초과한다고 한다.[75] 판례는 구 「정보통신망법」 위반을 이유로 원고에 대하여 과징금 등의 처분을 한 것에 대하여 원고가 불복하여 이 처분의 취소를 구하는 소송에서, 적법한 동의를 받기 위하여는 법정 고지사항의 구체적 내용을 알아볼 수 있을 정도로 법정 고지사항 전부를 명확하게 게재하여야 하고, 이용자가 법정 고지사항을 인지하여 확인할 수 있는 상태에서 개인정보의 수집·제공에 대한 동의 여부를 판단할 수 있어야 하고, 그에 따른 동의의 표시는 이용자가 개인정보의 수집·제공에 동의를 한다는 명확한 인식하에 행하여질 수 있도록 실행 방법이 마련되어야 한다고 판시하였다.[76]

---

74) 개인정보 보호위원회, 2024 개인정보보호 연차보고서, 2024. 8면 및 47면.

75) 최경진 외 12인 공저, 개인정보보호법, 2024, 154−156면.

76) 대법원 2016. 6. 28. 선고 2014두2638 판결("정보통신서비스 제공자가 이용자에게서 개인정보 수집·제공에 관하여 정보통신망법에 따라 적법한 동의를 받기 위하여는, 이용자가 개인정보 제공에 관한 결정권을 충분히 자유롭게 행사할 수 있도록, 정보통신서비스 제공자가 미리 인터넷 사이트에 통상의 이용자라면 용이하게 '개인정보를 제공받는 자, 개인정보를 제공받는 자의 개인정보 이용 목적, 제공하는 개인정보의 항목, 개인정보를 제공받는 자의 개인정보 보유 및 이용 기간'(이하 통틀어 '법정 고지사항'이라 한다)의 구체적 내용을 알아볼 수 있을 정도로 법정 고지사항 전부를 명확하게 게재하여야 한다. 아울러, 법정 고

생각건대, 동의 방식을 위반한 동의는 동의 불비와 마찬가지로 다루는 것이 타당하다. 그 이유는 다음과 같다. 첫째, 최근 시행된 시행령 제17조에서는 "개인정보처리자는 법 제22조에 따라 개인정보처리에 대하여 정보주체의 동의를 받을 때 각 호의 조건을 모두 충족해야 한다"고 동의의 방식에 관한 기준을 두고 이에 대한 충족 의무를 명시하고 있다. 따라서 동의의 방식은 정보주체의 자기결정권을 보호하기 위한 필수적인 요건이 된다고 볼 수 있다. 이러한 점을 고려할 때, 모든 동의 방식 위반의 경우를 단순히 동의 방식 위반으로 보고 동의가 없는 것으로 취급하지 않는다면 개인정보처리자들에게 동의 방식을 준수하지 않을 유인을 제공하게 되어, 사실상 동의의 방식에 관한 규정이 형해화되는 결과에 이르게 될 수 있다. 둘째, 동의의 방식이 동의 불비로 취급되는 경우 법적 불확실성을 최소화할 수 있다. 다만, 동의 방식을 위반한 모든 동의를 동의가 없는 것으로 취급하게 되는 경우, 개인정보처리자에게 과도한 부담을 줄 수 있다는 점 역시 고려되어야 한다. 따라서 동의 방식 위반이 거짓이나 부정한 방법에까지 이르지는 않더라도 소위 다크패턴[77])에 해당할 정도(전자상거래법 제21조의2 참조)에 이른 경우에만 동의를 얻지 못한 것으로 보는 해석이 필요하다. 다크패턴에 대한 규범적 개념은 "사용자의 자율성, 의사결정 또는 선택을 전복하거나 손상시키는 실질적인 효과를 가지도록 설계되거나 조작된 사용자 인터페이스"로 정의된다. 미국 캘리포니아주의 「소비자 프라이버시법」에서도 "다크패턴을 사용하여 얻어진 동의는 "동의"로 간주되지 않는다."라는 내용이 동의의 정의 규정에 포함되어 있다.[78]) 이와 같은 절충적 관점을 채택함으로써 정보주체의 권리를 보호하는 동시에 경제활동을 하는 개인정보처리자의 부담을 완화하면서 합법적인 개인정보 처리를 유인할 수 있을 것이다.

지사항을 게재하는 부분과 이용자의 동의 여부를 표시할 수 있는 부분을 밀접하게 배치하여 <u>이용자가 법정 고지사항을 인지하여 확인할 수 있는 상태에서 개인정보의 수집·제공에 대한 동의 여부를 판단할 수 있어야 하고, 그에 따른 동의의 표시는 이용자가 개인정보의 수집·제공에 동의를 한다는 명확한 인식하에</u> 행하여질 수 있도록 실행 방법이 마련되어야 한다.")(밑줄은 저자가 표시).

77) 김현수, 미국에서의 온라인 타크패턴과 시사점, IT와 법연구 제26호, 2023, 47-49면. 다크패턴에 관한 상세는 김현수, EU와 미국의 온라인 다크패턴 규율 동향 및 시사점, 한국법제연구원 Global Legal Issue 제1호, 2023 참조.

78) Cal. Civ. Code § 1798.140, subd. (l)(effective Jan. 1, 2023).

2. 동의에 대한 새로운 규범적 관점

(1) 동의와 개인정보자기결정권의 관계 재평가

우리 헌법재판소는 개인정보자기결정권에 대하여 "자신에 관한 정보가 언제 누구에게 어느 범위까지 알려지고 또 이용되도록 할 것인지를 그 정보주체가 스스로 결정할 수 있는 권리이다. 즉 정보주체가 개인정보의 공개와 이용에 관하여 스스로 결정할 권리를 말한다."고 정의하면서, "개인정보를 대상으로 한 조사·수집·보관·처리·이용 등의 행위는 모두 원칙적으로 개인정보자기결정권에 대한 제한에 해당한다."79)고 결정하고 있다. 이와 같은 개인정보자기결정권이라는 기본권의 관념에 기반하여, 종래 개인정보 처리의 합법화 근거로서 가장 주목받아 왔던 것은 정보주체의 '동의'이다. 동의는 분명히 정보주체의 개인정보자기결정권을 구현하는 직접적인 방식이라고 할 수 있다. 그러나 유럽의 경우 동의는 개인정보 처리의 합법화 근거로서 다른 근거들에 비해서 상대적으로 지배적인 지위를 가지지 못하는 것으로 평가된다. 통계에 기반한 실증적 증거는 존재하지 않지만 유럽의 개인정보 보호 담당자, 법률가, 감독당국에 의하면 개인정보 처리의 90% 이상이 정보주체의 동의가 아니라 개인정보처리자의 GDPR 제6조 제1항 (f)에서 규정하고 있는 '정당한 이익(legitimate interest)'을 근거로 이루어진다고 한다.80)

반면, 종래 우리나라에서 동의는 개인정보처리자의 개인정보 처리를 위한 합법화 근거로서 가장 중요한 역할을 수행해 왔다. 그러나 개인정보 처리의 합법화 근거는 정보주체의 동의에만 국한되지 않는다. 2023년 개인정보 보호위원회의 『개인정보보호 및 활용조사』보고서에 따르면, 공공기관의 경우, 정보주체의 동의(99.2%) 다음으로 '법률에 특별한 규정이 있거나 법령상 의무를 준수하기 위하여 불가피한 경우'(78.2%), '공공기관이 법령 등에서 정하는 소관 업무의 수행을 위하여 불가피한 경우'(74.3%)를 개인정보 처리 근거로 응답하고 있다. 한편, 민간부문에서는 정보주체의 동의(85.6%), 다음으로 '정보주체와의 계약 체결 및 이해를 위해 필수적인 정보 수집의 경우'(38.5%), '개인정보처리자의 정당한 이익을 달성하기 위하여 필요한 경우'(8.8%) 등의 순으로 나타났다.81) 이 조사 결과는 정보주체의 동의와 관련하여 중요한 함의를 가진다. 우선, 우리

---

79) 헌재 2005. 5. 26. 99헌마513등 결정, 판례집 17-1, 668, 682.
80) Florent Thouvenin, *Informational Self-Determination: A Convincing Rationale for Data Protection Law?*, 12 J. Intell. Prop. Info. Tech. & Elec. Com. L. 246, 250 (2021).
81) 개인정보보호위원회, 2023 개인정보보호 및 활용조사, 2023, 69면 및 122면.

나라에서는 그간 개인정보 처리의 합법화 근거로서 정보주체의 '동의'가 지배적인 역할을 수행하였고, 다른 근거에 비해서 상대적으로 중요한 지위를 점하고 있다는 것이다. 문제는 전술한 바와 같이 정보주체의 동의는 실질성이라는 관점에서 형식화될 수 있는 가능성이 상존함에도 불구하고, 그 하자를 치유하지 못하고 동의 관행을 지속하고 있다는 점에 있다. 이와 함께, 이 조사결과는 우리나라의 개인정보처리자 역시 정보주체의 동의만이 아니라 다양한 근거를 개인정보 처리에 활용하고 있다는 점을 나타낸다.

　　정보주체의 동의는 개인정보자기결정권을 구현하는 것으로서 개인정보 처리의 합법화 근거 중 하나로 그 법적 지위를 인정할 수 있지만, 개인정보자기결정권을 개인정보 처리에 대한 가장 중요하고 포괄적인 합법화 근거로서 인식하기에는 한계가 있다.[82] 예를 들어, 「개인정보 보호법」 제15조 제1항에서는 제1호의 정보주체의 동의 이외에 다른 개인정보 처리에 대한 합법화 근거들[제2호(법률에 특별한 규정이 있거나 법령상 의무를 준수하기 위하여 불가피한 경우), 제3호(공공기관이 법령 등에서 정하는 소관 업무의 수행을 위하여 불가피한 경우), 제4호(정보주체와 체결한 계약을 이행하거나 계약을 체결하는 과정에서 정보주체의 요청에 따른 조치를 이행하기 위하여 필요한 경우), 제6호(개인정보처리자의 정당한 이익을 달성하기 위하여 필요한 경우로서 명백하게 정보주체의 권리보다 우선하는 경우), 제7호(공중위생 등 공공의 안전과 안녕을 위하여 긴급히 필요한 경우)]을 두고 있는데, 이들에 대해서는 개인정보자기결정권을 근거로 보기는 어렵다. 사적 자치를 기반으로 하는 계약법에서도 계약의 구속력의 근거를 당사자의 의사(will)에만 근거하지 않고, 계약상의 과실책임 법리와 같이 당사자의 신뢰나 공정이라고 하는 외적 요소를 투영하고 있다.[83] 개인정보 처리에 있어 정보주체의 동의가 매우 제한적인 중요성을 가지는 점을 고려하면, 개인정보 처리의 합법화 근거에 대한 평가를 개인정보자기결정권 개념에 기반하는 것은 어렵다고 할 수 있다.

---

82) 이인호 교수는 동의와 개인정보자기결정권의 관계에 대해서 다음과 같은 통찰력 있는 설명을 제시하고 있다. "동의는 개인정보자기결정권의 본질적 내용이 아니라, 정보처리에 관한 개인정보 보호의 헌법원칙을 대신하는, 즉 정보처리의 합법성을 승인하는 의사표시인 것이다. 그렇지만 정보주체인 개인은, 동의를 했든 혹은 동의 없이 다른 법률적 근거에 의해 정보처리가 이루어지든 간에, 정부의 계속된 정보처리에 대해 장래의 오·남용을 예방하기 위해 (절대적이 아닌) '일정한' 통제권을 갖는다. 이러한 예방 차원의 수단적 권리로서의 통제권이 개인정보자기결정권의 본질적 내용인 것이다." 이인호, 한국 개인정보 보호권의 절대화 현상에 대한 비판, 공법연구 제52집 제1호, 2023, 228-229면.

83) 김현수, 계약의 공정성에 관한 소고-미국법상 비양심성 법리를 소재로-, 정태윤·지원림 교수 논문집 새봄을 여는 민법학, 2023 참조.

(2) 실질적 동의의 한계를 고려한 동의제도 설계와 운용

우리나라에서 정보주체의 동의는 개인정보 처리의 합법화 근거로서 지배적인 역할을 해 왔다. 따라서 그간의 개인정보 동의 제도에 대한 주된 관심은 정보주체의 동의가 형식화되는 것을 막고 실질적인 동의가 될 수 있는 방안을 강구하는 것이었다. 그러나 전술한 바와 같이 제도의 정비만으로는 정보주체의 실질적 동의를 담보하는 것은 사실상 어려운 일이다. 이와 관련된 문제는 동의의 실질성이 결여된 형식화된 동의의 경우에도 동의만 받게 되면 개인정보 처리에 대한 책임이 정보주체로 넘어가게 되는 것이다. 더구나 데이터가 중심이 되는 인공지능 시대에는 현행법상 '특정한 개인정보 처리에 대한 사전동의'라고 하는 동의모델은 더 이상 정보주체의 자율성을 효과적으로 보호할 수 없다. 따라서 실질적 동의의 한계를 인정하면서 현재의 동의제도를 운용하거나 새로운 동의 제도를 설계할 필요가 있다.

첫째, 현행법상 동의모델에서 정보주체의 실질적 동의가 형식화될 수 있다는 가능성을 전제로, 개인정보 처리의 근거로서 동의 이외의 다른 합법화 근거를 활용할 수 있도록 사전동의의 필수화 관행을 개선할 필요가 있다. 이러한 관점에서 최근 개인정보 보호위원회가 당사자 간 계약에 수반되는 개인정보에 대한 형식적 필수동의는 없애고, 대신 동의가 필요한 영역에서는 인지된 동의를 할 수 있도록 문화를 정착시키고자 하는 노력은 의미가 있는 것으로 평가된다.[84] 둘째, 현행 동의제도가 형식화될 가능성을 전제한다면, 개인정보의 처리로 인하여 정보주체에게 발생할 수 있는 위험의 정도에 따라 동의 획득 방식에 차등을 두는 방안도 고려할 수 있다.[85] 구체적으로는 개인정보의 처리에 있어 정보주체에 미칠 위험의 정도가 낮은 경우에는 미국과 같이 고지·선택 방식이 적합할 수 있다. 현재와 같은 명시적 동의 방식의 경우 정보주체에 대한 위험 가능성이 낮은 상황에서도 동의를 강요받게 되고, 동의피로를 느낀 정보주체들이 동의 자체를 사소한 것으로 인식하여 정작 중요한 상황에서도 개인정보 처리에 대한 동의를 진지하게 받아들이지 않게 되는 문제가 발생할 수 있다. 한편, 개인정보의 처리를 통하여 정보주체에게 미칠 위험성이 큰 경우의 동의 획득 방식은 명시적인 사전동

84) 개인정보 보호위원회는 향후 홈페이지 가입 등 서비스 이용계약과 관련하여 개인정보를 수집·이용할 때에는 동의 없이 가능하다는 점을 명확히 하고, 계약과 관련이 없는 영역에서 정보주체의 동의가 필요한 경우 정보주체의 선택권을 제약하지 않도록 하는 조치방법에 대하여 지속적으로 안내하는 등 필수동의 관행을 단계적으로 개선해 나갈 계획이라고 한다. 개인정보 보호위원회 보도자료, "개인정보 필수동의 관행 개선한다", 2024. 9. 12.
85) Solove, 앞의 논문(주 7), 104 B.U. L. Rev. 593, 633 (2024).

의 방식을 택하면서 동시에 현행법상 동의 방식에 비하여 엄격한 형식(예를 들어, 팝업 경고나 즉각적인 결정 대신 정보주체에 대하여 관련 내용을 재확인하도록 하는 지연조치 등)이나 디자인[86]을 채택하는 방법도 고려할 필요가 있다.

V　나가며

　　우리나라에서는 정보주체의 개인정보에 대한 동의가 오랫동안 개인정보 자기결정권을 실현하는 핵심 수단이자 개인정보 처리의 가장 중요한 합법화 근거로 인식되어 왔다. 이에 따라, 동의 제도의 한계를 극복하고 정보주체의 실질적 동의를 확보하기 위한 논의가 지속적으로 이루어졌으며, 입법 과정에서도 이를 반영하려는 노력이 계속되었다. 특히, 2024년 9월부터 시행된 「개인정보 보호법」 시행령 제17조 제1항에서는 동의 방식에 관한 구체적인 기준이 명시적으로 규정되었다. 그러나 앞서 언급한 바와 같이, 현행법상 동의 방식은 입법 취지 및 목적과 달리, 동의의 실질성을 충족시키기에는 많은 한계를 가지고 있다. 또한, 데이터 중심의 인공지능 시대에서는 현행법상 동의 제도에 대한 규범적 인식의 전환이 필요하다.

　　구체적으로 현행 동의 제도의 개선 또는 규범적 인식의 전환을 모색하기 위해 다음과 같은 점들을 고려할 필요가 있다. 첫째, 개인정보 보호의 맥락을 반영하여 동의의 정의를 내용적 측면과 형식적 측면을 포괄하는 방식으로 명확히 규정할 필요가 있다. 동시에, 「개인정보 보호법」에 산재한 동의 방식에 관한 규정을 체계화하고 계층적으로 재편하여, 규제 대상자의 이해도를 높이는 방안을 마련해야 한다. 둘째, 정보주체의 권리를 보호하면서도 개인정보처리자의 부담을 완화하고, 합법적인 개인정보 처리를 유도하기 위해 동의 방식의 위반 중 다크패턴을 이용한 동의는 동의 불비로 간주하는 것이 적절하다. 셋째, 개인정보 처리 과정에서 정보주체의 동의가 가지는 제한된 중요성을 고려할 때, 개인정보 처리의 합법화 근거를 개인정보 자기결정권에서만 찾는 관점은 재고할 필요가 있다. 이러한 관점의 전환을 통해 보다 현실적이고 효과적인 접근법을

---

86) 디자인은 단순한 미적 요소를 넘어 사용자 경험과 의사결정에 심대한 영향을 미친다. 개인정보 보호 규제 당국은 관련 법 또는 정책 내용뿐만 아니라 디자인 방식에 대해서도 면밀히 검토하여, 사용자가 정보를 올바르게 이해하고 안전한 선택을 할 수 있는 환경을 조성해야 한다는 주장으로 Ari Ezra Waldman, *Designing Without Privacy: The Misplaced Reliance on User−Friendly Design in Privacy Law*, 21 Stan. Tech. L. Rev. 74 (2018) 참조.

마련해야 한다. 넷째, 정보주체의 실질적 동의가 형식화될 가능성을 전제로, 개인정보 처리의 근거로서 동의 외에 다른 합법화 근거를 적극적으로 활용할 수 있도록 사전동의 필수화 관행을 개선해야 한다. 아울러, 개인정보 처리로 인해 정보주체에게 발생할 수 있는 위험의 정도에 따라 동의 획득 방식에 차등을 두는 방안을 검토할 필요가 있다. 이러한 방향성으로의 전환은 개인정보 보호와 처리의 합법성을 조화롭게 유지하면서, 정보주체와 개인정보처리자 간의 이익 균형을 도모하는 데 기여할 수 있을 것이다.

참고문헌

국내문헌

1. 단행본

곽윤직 편집대표, 민법주해 제2권, 1992.

곽윤직·김재형, 민법총칙, 제9판, 2013.

김증한·김학동, 민법총칙, 제10판, 2013.

김현수, 계약의 공정성에 관한 소고-미국법상 비양심성 법리를 소재로-, 정태윤·지원림
       교수 논문집 새봄을 여는 민법학, 2023.

박성옥 편집대표, 김대휘, 주석 형법, 제3판, 2020.

이은영, 민법총칙, 제5판, 2009.

최경진 외 12인 공저, 개인정보 보호법, 2024.

2. 논문

권영준, 개인정보자기결정권과 동의 제도에 대한 고찰, 법학논총 제36권 제1호, 2016.

김현경, 정보주체의 권리보장과 '동의'제도의 딜레마, 성균관법학 제32권 제3호, 2020.

김현수, 미국에서의 온라인 타크패턴과 시사점, IT와 법연구 제26호, 2023.

김현수, EU와 미국의 온라인 다크패턴 규율 동향 및 시사점, 한국법제연구원 Global Legal
       Issue 제1호, 2023.

이유정·김민호, 인공지능 학습데이터와 개인정보 보호법상 동의제도에 관한 연구-미국의
       사후동의(opt-out) 제도를 중심으로-, 미국헌법연구 제34권 제2호, 2023.

이인호, 한국 개인정보 보호권의 절대화 현상에 대한 비판, 공법연구 제52집 제1호, 2023.

정찬모, 개인정보 보호에 있어 정보주체의 동의, 법학연구 제18집 제1호, 2015.

황보연, 개인정보 보호법상 동의 제도의 개선 방안, 정보법학 제27권 제3호, 2023.

3. 보고서 및 기타자료

개인정보 보호위원회, 2023 개인정보 보호 및 활용조사, 2023.

개인정보 보호위원회, 2024 개인정보 보호 연차보고서, 2024.

개인정보 보호위원회, 개인정보 보호 법령 및 지침·고시 해설, 2020.

법제처, 법령입안 심사기준, 2023.

외국문헌

1. 단행본

American Law Institute, Restatement (Second) of Contracts (1981).

Brian H. Bix, Contract Law: Rules, Theory, and Context (2012).

Eleni Kosta, Consent in European Data Protection Law (2013).

Roscoe Pound, The Spirit of the Common Law (1921).

2. 논문

Ari Ezra Waldman, *Designing Without Privacy: The Misplaced Reliance on User−Friendly Design in Privacy Law,* 21 Stan. Tech. L. Rev. 74 (2018).

Bert−Jaap Koops, *The Concept of Function Creep*, 13 Law, Innovation & Tech. 29 (2021).

Christof Koolen, *Transparency and Consent in Data−Driven Smart Environments,* 7 Eur. Data Prot. L. Rev. 174 (2021).

Daniel J. Solove, *Murky Consent: An Approach to the Fictions of Consent in Privacy Law,* 104 B.U. L. Rev. 593 (2024).

Daniel J. Solove, *Privacy Self_Management and the Consent Dilemma,* 126 Harv. L. Rev. 1880 (2013).

Daniel J. Solove, *The Myth of the Privacy Paradox,* 89 Geo. Wash. L. Rev. 1 (2021).

Ella Corren, *The Consent Burden in Consumer and Digital Markets,* 36 Harv. J.L. & Tech. 551 (2023).

Florencia Marotta−Wurgler, *Will Increased Disclosure Help? Evaluating the Recommendations of the ALI's "Principles of the Law of Software Contracts",* 78 U. Chi. L. Rev. 165 (2011).

Florent Thouvenin, *Informational Self−Determination: A Convincing Rationale for Data Protection Law?,* 12 J. Intell. Prop. Info. Tech. & Elec. Com. L. 246 (2021).

Heidi M. Hurd, *The Moral Magic of Consent,* 2 Legal Theory 121 (1996).

Hessel/Dillschneider, Datenschutzrechtliche Herausforderungen beim Einsatz von Künstlicher Intelligenz, RDi 2023, 458.

Katharina Isabel Schmidt, *Henry Maine's "Modern Law": From Status to Contract and Back Again?,* 65 Am. J. Comp. L. 145 (2017).

Luca Longo et al., *Explainable Artificial Intelligence (XAI) 2.0: A Manifesto of Open Challenges and Interdisciplinary Research Directions,* 106 Info. Fusion 102301 (2024).

Neil Richards & Woodrow Hartzog, *The Pathologies of Digital Consent,* 96 Wash. U.L.

Rev. 1461 (2019).

3. 보고서 및 기타자료

Directive 95/46/EC of the European Parliament and of the Council of 24 October 1995 on the Protection of Individuals with Regard to the Processing of Personal Data and on the Free Movement of Such Data, 1995 O.J. (L 281) 31.

European Commission, Commission Staff Working Paper, Impact Assessment, Annex 2 (SEC) 2012 72 final (2012).

European Data Protection Board, Guidelines 05/2020 on Consent Under Regulation 2016/679, Version 1.1 (May 4, 2020).

OECD Guidelines on the Protection of Privacy and Transborder Flows of Personal Data 14, 15 (1980).

Regulation (EU) 2016/679 of the European Parliament and of the Council of 27 April 2016 on the Protection of Natural Persons with Regard to the Processing of Personal Data and on the Free Movement of Such Data (General Data Protection Regulation), 2016 O.J. (L 119) 1.

US Department of Health, Education & Welfare, Records, Computers, and the Rights of Citizens (1973).

White Paper Computers and Privacy, 1975, H.M.S.O. Cmnd 6353.

제 2 장

01 개인정보와 상속

02 데이터 이동권과 경쟁법

03 개인정보 보호법에서의 자율규제

제2장

01
개인정보와 상속*

이해원(Haewon Lee)

저자소개

　서울대학교 컴퓨터공학과에서 학사 및 석사를, 연세대학교 법학전문대학원에서 석사 및 박사(민법)를 각 마쳤다. 2003년 제39회 기술고등고시에 합격한 후 행정안전부에서 정보화 법제 및 정책 담당 사무관으로 근무하던 중 2009년 연세대학교 법학전문대학원에 제1기로 입학하여 동 과정을 수석 졸업하였고 2012년 제1회 변호사시험에 합격하였다. 2012년 3월부터 2019년 2월까지 법무법인(유한) 지평 파트너 변호사를 역임하였으며 2019년 3월부터 2024년 8월까지 국립목포대학교 법학과 교수로 근무하였다. 2024년 9월부터 강원대학교 법학전문대학원 교수(민사실무)로 재직하고 있다. 과거 대통령직속 국가정보화전략위원회 법제도전문위원, 4차산업혁명위원회 혁신위원 등으로 활동하였으며, 현재 개인정보보호위원회 개인정보분쟁조정위원, 과학기술정보통신부 신기술·서비스 심의위원(규제샌드박스위원) 등을 맡고 있다. 2023년 국무총리표창(개인정보보호)을 받았다.

　공학과 법학을 모두 전공한 배경을 바탕으로 인공지능, 데이터 등 신기술과 법학 간의 통섭과 융합 문제를 주로 연구하고 있다. 『인공지능과 불법행위책임』(단독), 『인공지능법 총론』(공저), 『개인정보 판례백선』(공저), 『사이버안보의 법과 정책』(공저) 등을 저술하였다.

---

* 이 글은 필자의 졸고["데이터 상속", 가족법연구 제27권 제1호, 한국가족법학회(2024. 7.)]를 총서의 취지에 맞게 수정, 보완한 것이다. 이 글에서 언급한 URL의 최종 검색일은 2024. 10. 31.이다.

요약

개인정보 보호법의 규율을 받는 개인정보는 살아있는 개인을 특정하는 정보 중 '무형의 관념'이 아니라 타자가 인식할 수 있도록 '외부로 표출된(즉 유형의 매체를 매개로 형상화된) 정보', 그중에서도 '개인정보파일'이라는 개인정보의 집합물이다. 이는 오늘날 거의 예외없이 ICT를 통하여 자동처리가 가능한 디지털화된 형태, 즉 '데이터(data)'로 존재한다. 처리의 한계비용이 0이라는 특성상 한 번 생성된 데이터는 인터넷 상에서 무한 복제, 유통되며 소멸되지 않는다. 하지만 인간은 유한한 존재이므로 언젠가 사망한다. 사망으로 인하여 인간의 '개인정보자기결정권'은 소멸하지만, 고인의 '데이터'는 그대로 온라인 상에 남아있게 된다. 그리고 실정법상 개인정보 정의 규정의 포괄성 및 광범위성을 감안하면, 데이터의 상당수는 개인정보에 해당할 것이다. 그렇다면 고인이 사망한 후 온라인 상에 남아있는 고인의 데이터는 누구의 것이 되는가(보다 정확하게는, 누가 처리 권한을 가지는가)? 이는 근본적으로 고인이 생전에 처리하던 데이터는 누구의 것으로 보아야 하는지, 즉 '데이터 상속'의 문제와 연결된다. 구체적으로는 실정법의 규정 및 해석론상 데이터 상속을 이론적, 현실적으로 합리적이며 타당하게 해결할 수 있는지, 아니면 데이터 상속을 위하여 새로운 입법이 필요한지의 문제이다. 이에 관한 본고의 주장은 다음과 같다.

① 데이터는 민법상 물건은 아니지만 민법상(특히 상속법의 맥락에서) 재산이라고 보아야 하며, 이는 데이터가 표상하는 관념이 인격적 가치라고 하여 달라지지 않는다. ② 데이터 상속에서의 핵심 쟁점은 피상속인과 정보통신서비스제공자간 체결된 온라인 서비스 이용계약상 피상속인의 지위 자체의 상속 혹은 피상속인이 이용계약상 가지는 데이터 처리권의 상속 문제이다. ③ 계약상 지위 자체가 상속되는 경우는 일률적으로 단언할 수는 없지만, 실정법 규정 및 해석론상 계약상 지위 자체가 상속된다고 보기 어려운 경우가 상당수 존재한다. ④ 계약상 지위 자체가 상속되지 않는 경우에도 특별한 사정이 없는 한 상속인은 피상속인이 계약상 가졌던 데이터 처리권의 권능 중 데이터를 백업할 권능인 '데이터 백업권'을 상속받고, 이를 통하여 데이터의 재산적 가치가 실질적으로 상속인에게 귀속된다.

결론적으로 데이터 상속 문제는 상당 부분 실정법 규정 및 현행 상속법리상 충분히 합리적이고 타당한 해결이 가능하다는 것이 이 글의 핵심 주장이다. 다만 입법 혹은 코드와 같은 연성 규범을 통하여 데이터에 관한 피상속인의 자기결정권을 강화하는 방안은 지속적으로 논의될 필요가 있다.

목차

Ⅰ. 서론

Ⅱ. 데이터의 법적 성격

Ⅲ. 데이터 상속이 문제되는 국면

Ⅳ. 온라인 서비스 이용계약의 상속성

Ⅴ. 결론

I 서론

우리 「개인정보 보호법」은 '개인정보'를 "살아 있는 개인에 관한 정보로서 그 자체로 특정 개인을 식별할 수 있거나, 그렇지 않더라도 다른 정보와 쉽게 결합하여 특정 개인을 식별할 수 있는 정보"로 정의한다(「개인정보 보호법」 제2조 제1호). 개인정보의 개념 및 보호 범위에 관하여 백가쟁명식 논의가 이루어져 왔지만, 적어도 우리의 경우 망인(亡人)의 정보는 설령 그 망인을 특정할 수 있다 하더라도(예컨대 망인의 얼굴이 찍힌 사진이나 동영상 등이 망인 사후에 남아 있더라도) 그 자체는 개인정보가 아니라는 점에 이론(異論)은 없는 것으로 보인다. 다만 망인을 특정할 수 있는 정보가 다른 정보와 '쉽게 결합'하여 살아있는 개인을 특정할 수 있다면, 망인의 정보는 '망인'이 아닌 '생존인'의 개인정보가 된다는 것이 현행 「개인정보 보호법」 규정이자 실무 해석례이다.[1] 예컨대, X가 평소에 SNS에 공개하던 사진(D)이 X 사후 X의 친구 Y(생존인)을 쉽게 특정할 수 있다면, D는 'X'가 아닌 'Y'의 개인정보가 된다. 따라서 D의 정보주체는 X가 아닌 Y가 되며, D에 관하여 「개인정보 보호법」에 위반한 처리가 이루어지더라도 이로 보호받는 당사자는 X가 아닌(또한, X의 상속인도 아닌) Y가 된다. 이는 판례가 '사자(死者)의 인격권'이라는 개념을 인정하지 않으며, 사자의 인격적 가치가 사후에 침해되더라도(예컨대, 위 사안에서 X 사후 X 사진을 누군가 합성하여 딥페이크를 만든 경우) 사자의 유족이나 지인 등 생존인의 사자에 대한 경애·추모 감정을 해하는 경우에 한하여 '사자'가 아닌 '생존하고 있는 유족이나 지인'의 인격권 침해로 이론구성하는 것과 유사한 결론이다.[2] 그러나 개인정보의 개념을 '살아있는 개인'으로 한정하는 것이 소위 '글로벌 스탠다드'는 아니다. 일례로 캐나다나 싱가포르의 개인정보 보호법은 생존 여부를 불문하고 개인을 식별할 수 있는 정보를 개인정보로 규정하고 있으며, EU GDPR 역시 망인의 개인정보 보호 여부는 각 회원국의 입법 재량에 맡겨져 있음을 밝히고 있다.[3]

주지하다시피 우리의 경우 개인정보 보호의 이론적 근거는 헌법상 기본권으로 승인된 '개인정보자기결정권'에서부터 출발하며,[4] '개인정보자기결정권'의 법적 성격은 공권, 사권 불문 '인격권'이다.[5] 인격권의 본질인 '일신전속성'상 개인정보자기결정권은 정보

---

1) 개인정보 보호위원회, "개인정보 보호법 해석 사례집"(2024. 6.), 8면.

2) 대법원 2010. 6. 10. 선고 2010다8341, 8358 판결 참조.

3) GDPR Recital 27. "This Regulation does not apply to the personal data of deceased persons. Member States may provide for rules regarding the processing of personal data of deceased persons."

4) 헌재 2005. 7. 21. 2003헌마282 결정 참조.

주체가 사망하면 소멸하며 상속되지 않는다. 그렇다면 개인정보자기결정권으로 보호받던 객체(object)인 개인정보 또한 소멸하는가? 앞서 든 사례에서 알 수 있듯이, 그렇지 않다. X가 생전에 찍은 사진, 동영상과 같이 "X의 개인정보 중 무형의 관념(abstraction)이 아니라 외부로 표출되어 매체(medium)로 표현된 개인정보"는 X가 사망하더라도 자동으로 소멸하지 않는다. 그런데 개인정보 보호법의 규율을 받는 개인정보는 사실 살아있는 개인을 특정하는 정보 중 '무형의 관념'이 아니라 타자가 인식할 수 있도록 '외부로 표출된(즉 유형의 매체를 매개로 형상화된) 정보', 그중에서도 '개인정보파일'이라는 개인정보의 집합물을 말하며(『개인정보 보호법』 제2조 제4호), 이는 오늘날 거의 예외없이 ICT를 통하여 자동처리가 가능한 디지털화된 형태, 즉 '데이터(data)'로 존재한다. 그리고 이러한 데이터의 상당수는 클라우드(cloud)나 SNS 등 온라인 상에서 정보통신서비스제공자(이자 개인정보처리자)가 제공하는 서비스에서 처리되며, 그 양은 기하급수적으로 증가하는 추세이다.[6]

데이터는 처리한계비용이 사실상 '0'이라는 특성을 가지므로,[7] 인류 문명이 파괴되는 대재앙이 발생하지 않는 한 인터넷을 통하여 무한 복제, 유통됨으로써 사실상 영구히 보존된다.[8] 하지만 인간은 유한한 존재이므로 언젠가는 사망한다. 이로 인하여 인간(정보주체)의 개인정보자기결정권은 소멸하지만, 그가 생전에 온라인 상에 축적하였던 데이터는 그대로 온라인 상에 남아있게 된다. 그리고 실정법상 개인정보 정의 규정의 포괄성 및 광범위성을 감안하면, 데이터의 상당수는 개인정보에 해당할 것이다. 그렇다면 고인이 사망한 후 온라인 상에 남아있는 고인의 데이터는 누구의 것이 되는가(보다 정확하게는, 누가 처리 권한을 가지는가)? 특히, 이 데이터 중 '고인을 특정할 수 있는 정보'는 고인의 사망으로 개인정보가 아니게 되어 개인정보처리자가 자유롭게 처리할 수 있는 것인가?

주지하다시피 우리 상속법상 피상속인의 재산에 관한 권리의무는 피상속인 일신에 전속한 것이 아니라면 상속인이 포괄승계한다(『민법』 제1005조[9]). 피상속인이 처리하던

---

5) 공권, 사권 불문 인격권으로 보는 것이 판례와 통설이다. 헌재 2005. 7. 21. 2003헌마282 결정, 대법원 2014. 7. 24. 선고 2012다49933 판결 각 참조.

6) 2020년 기준으로 인류 문명이 생성하는 디지털 정보량은 하루에 25억 기가바이트로 추산되며, 빠르면 150년 후에는 디지털화된 정보의 비트 수가 지구상 원자의 수보다도 많을 것으로 예측되고 있다. Melvin M. Vopson, *The Information Catastrophe,* AIP Advance 10 (2020), at 10.

7) Jeremy Rifkin, 안진환(역), 『한계비용 제로 사회』, 민음사(2014), 제5장.

8) 오병철, "인격적 가치 있는 온라인 디지털정보의 상속성", 가족법연구 제27권 제1호, 한국가족법학회 2013.3, 164면.

정보가 위 규정에 따른 상속재산이라면, 기존 상속법리에 따라 상속인이 해당 정보에 관한 권리의무를 포괄승계할 것이다. 그러나 후술하듯이 정보는 그 자체로 민법상 물건이라고 보기 어려울 뿐 아니라, 피상속인이 생전에 처리하던 정보 중에는 상속인에게도 공개하고 싶지 않은 사생활이나 민감한 취향, 비밀 등 피상속인의 인격적 가치에 관한 정보도 있다는 점에서(예를 들어 비공개 SNS 게시물이나 이메일 내용 등), 정보에도 상속법상 포괄승계원칙을 적용할 수 있는지(또는 적용해야 하는지)는 깊은 고민이 필요하다. 이 점에 관하여 2010년대 초반부터 2020년경까지 활발한 논의가 있었고,[10] 국회에서 별도 입법안이 발의되기도 하였지만,[11] 여러 사정으로 입법이 무산되면서 시장에서 사업자별로 약관이나 정책 등을 통하여 자율적으로 해결하고 있는 상황이며, 국내 학계의 관심도 최근에는 다소 멀어진 것으로 생각된다. 그러나 전 세계 어느 나라보다도 디지털화가 빠르게 진행되는 우리의 사정을 고려하면, 위 문제에 관하여 이론적, 현실적으로 타당한 결론을 도출하여 사회적 합의를 이끌어낼 시기가 도래하였다고 생각한다.

'피상속인이 남긴 정보'와 관련, 국내외를 불문하고 학계 및 실무에서는 '디지털 유산(Digital Legacy, Digital Estate, Digitaler Nachlass)' 혹은 '디지털 유품(Digital Assets)'이라는 용어를 주로 사용하는 것으로 보인다.[12] 그러나 유산(遺産)이나 유품(遺品)은 모두 재산 혹은 물건을 전제한 용어인데, 후술하듯이 '정보'가 재산 또는 물건에 해당하는지부터 견해가 나누어지고 있으므로, 재산성 혹은 물건성을 전제하지 않은 가치중립적인 용어를 사용하는 것이 타당하다.[13] 이러한 이유로 이 글에서는 '피상속인이 남긴 정보'에

---

9) 이하 민법 조문을 인용하는 경우에는 조문 번호만 표시한다.

10) 일례로 한국인터넷자율정책기구가 발간한 KISO 저널 제3호(2010. 11.)에서 위 주제를 특집으로 다룬 바 있다. 당시 게재된 글은 다음과 같다. 김기중, "사자(死者)의 '디지털 유품'의 법률문제"(발제문), 심영섭, "유럽에서의 사자(死者)의 디지털유품 상속"(토론문), 권헌영, "'죽을 이'의 자기결정권이 먼저 보장되어야"(토론문), 조인혜, "이미 'DEATH 2.0'의 시대… '디지털 유품'의 범위는 어디까지인가?"(토론문), 김광수, "우선 ISP의 자율적인 절차 마련이 필요하다"(토론문), 김유향, "'디지털 유품' 관련 쟁점과 국내 입법현황"(토론문), 윤주희, "'디지털 유품을 상속할 것이냐 말 것이냐'는 상속인이 판단한다"(토론문). 그러나 한국학술지인용색인(KCI) 검색 결과 위 주제를 다룬 논문이 등재(후보)학술지에 실린 경우는 2020. 12. 이후에는 찾아보기 어렵다.

11) 지면 관계상 입법안에 대한 소개는 생략한다. 상세한 내용은 양종찬, "디지털유산 중 비공개 정보의 상속성", 중앙법학 제22집 제4호, 중앙법학회, 2020.12, 58–60면 각 참조.

12) 일례로 윤주희, "디지털유품의 상속성에 관한 민사법적 고찰", 법학연구 제14권 제1호, 인하대학교 법학연구소, 2011.4, 183–228면; 양종찬(각주 11); 김세준, "디지털유산에 대한 상속인의 정보청구권", 가족법연구 제31권 제3호, 한국가족법학회, 2017.11, 319–344면; 최현태, "디지털유산 상속 보호에 관한 입법론적 고찰", 법과정책연구 제17권 제3호, 한국법정책학회, 2017.9, 209–236면; 최경진, "디지털遺産의 法的 考察 – 온라인遺産의 相續을 중심으로 –", 경희법학 제46권 제3호, 경희대학교 법학연구소, 2011.9, 253–287면 등.

13) 유사한 취지로 오병철(각주 8), 151면.

관하여 '데이터'[14]라는 용어를 사용한다. 따라서 이 글에서의 문제 상황은 결국 데이터가 상속가능한지, 즉 '데이터 상속(Data Inheritance)'이라는 용어로 칭하는 것이 적절하다.[15]

이러한 배경 하에 이 글은 데이터 상속에 관한 해석론 및 입법론을 시론적으로 제언하는 것을 목적으로 한다. 구체적으로 이 글은 ① 데이터의 법적 성격을 물건(物件)과 재산(財産)의 관점에서 간략하게 살펴보고(Ⅱ), ② 데이터 상속이 이론적, 현실적으로 문제되는 국면을 피상속인과 정보통신서비스제공자[16] 사이의 '온라인 서비스 이용계약'으로 파악한 후(Ⅲ), ③ 온라인 서비스 이용계약과 관련된 상속법상 문제, 구체적으로 계약상 지위 자체의 포괄승계 또는 계약상 데이터 접근과 관련된 개별 권리의무의 승계 문제를 검토하고(Ⅳ), ④ 결론을 제시한다(Ⅴ).

Ⅱ　데이터의 법적 성격

데이터 상속을 본격적으로 살펴보기에 앞서 데이터의 법적 성격을 '물건'과 '재산'의 관점에서 간략히 살펴본다. 상속재산은 "피상속인의 재산에 관한 포괄적 권리의무"이므로, 데이터 상속을 본격적으로 논하기에 앞서 데이터의 물건성 및 재산성을 검토하는 것이 논리적으로 자연스럽기 때문이다.

1. 물건성

데이터가 민법상 물건(제98조)이라면 '데이터 상속' 문제는 '데이터에 성립한 물권(物權)의 상속' 문제로 귀결되고, 이는 기존의 상속법리로 충분히 해결가능하므로, 이 글의 문제상황을 더 이상 논의할 실익이 없다.

---

14) 데이터의 규범적 개념에 관하여도 다양한 견해가 공존하여 왔으나, 최근에는 국내외를 불문하고 '정보처리기기에 의한 처리 가능성'이 주목받는 추세이며, 실제 입법 사례 또한 그러하다. 일례로 「데이터기반행정활성화에 관한 법률」(시행 2023. 11. 17. 법률 제19408호) 제2조 제1호 참조. 이러한 이유로 이 글은 데이터의 개념을 "컴퓨터 등 정보처리기기에 의하여 처리 가능한 정보", 즉 '디지털화된 정보'로 정의한다.

15) 유사한 취지로 김민호, "사자(死者)의 온라인 디지털 정보에 대한 법적 쟁점", 토지공법연구 제76집, 한국토지공법학회, 2016.11, 203면.

16) '정보통신서비스제공자'는 실정법상 온라인에서 영리 목적으로 서비스를 제공하는 자를 가장 폭넓게 칭할 수 있는 용어로, "「전기통신사업법」 제2조 제8호에 따른 전기통신사업자와 영리를 목적으로 전기통신사업자의 전기통신역무를 이용하여 정보를 제공하거나 정보의 제공을 매개하는 자"로 정의된다[「정보통신망 이용촉진 및 정보보호 등에 관한 법률」(이하 '정보통신망법') 제2조 제3호].

데이터의 물건성과 관련해서는 국내로만 한정하여 보더라도 2010년대 중반부터 긍정설,[17] 부정설,[18] 제한적 긍정설[19] 등 다양한 견해가 제시되어 왔으나,[20] 현재의 주류적 견해는 부정설이라고 생각된다. 해외 주요국의 경향 또한 이와 같다.[21] 형법 판례이기는 하지만 대법원 또한 데이터 그 자체는 물건으로 보지 않고 있다.[22]

부정설의 기존 논거들에 더하여 다음과 같은 이유로 적어도 해석론으로는 데이터를 물건으로 인정할 수 없고, 데이터를 물건으로 취급하려면 별도의 입법이 필요하다고 생각한다.[23] ① 물건의 핵심 속성은 배타성(exclusivity)과 경합성(rivaly)인 반면, 데이터의 핵심 속성은 비배타성과 비경합성이므로,[24] 데이터는 물건과 기본적으로 친하지 않다. ② 현재 데이터를 물건으로 보는 입법이 이루어지지 않았음은 명백하다. 또한 현재 데이터를 물건으로 취급하는 관습이 형성되었는지도 의문이지만, 설령 이러한 관습이 형성되었다 하더라도 그 관습이 사회의 법적 확인과 인식에 의하여 법적 규범으로 승인되었다고 볼 수도 없다. 법률 또는 관습법상 물권의 객체로 볼 수 없는 데이터에 물

---

17) 최경진, "데이터와 사법상의 권리, 그리고 데이터 소유권", 정보법학 제23권 제1호, 한국정보법학회, 2019.4, 220－221면; 정차호·이승현, "우리민법상 전자파일(electronic file)의 물건성 인정 여부에 관한 연구", 성균관법학 제30권 제1호, 성균관대학교 법학연구원, 2018.3, 147－159면.

18) 이동진, "데이터 소유권(Data Ownership), 그 개념과 실익", 정보법학 제22권 제3호, 한국정보법학회, 2018.12, 237면; 권영준, "데이터 귀속·보호·거래에 관한 법리 체계와 방향", 비교사법 제28권 제1호, 한국사법학회, 2021.2, 24면; 오병철, "현대 사회의 변화와 민법전의 대응", 민사법학 제93호, 한국민사법학회, 2020.12, 454면; 정진명, "데이터 이용과 사법적 권리구제", 민사법학 제92호, 한국민사법학회, 2020.9, 321－322면 등.

19) 블록체인과 같은 특정 정보통신기술에 기반하여 경합성, 배제성, 존립성이 모두 인정되는 데이터는 민법상 물건으로 볼 수 있다는 견해이다. 백대열, "데이터 물권법 시론(試論)", 민사법학 제90호, 한국민사법학회, 2020.3, 136면.

20) 백대열(각주 19), 120－126면, 권영준(각주 18), 9－16면. 특히 EU의 경우 데이터를 물건으로 보아 민법상 소유권으로 규율하는 것이 아니라, 민법상 소유권과는 결이 다른 '비배타적 지배권'을 데이터에 인정하자는 주장이 제기되어 왔고[European Commission, COMMISSION STAFF WORKING DOCUMENT on the free flow of data and emerging issues of the European data economy, Accompanying COM(2017) 9 final, SWD(2017) 2 final(2017. 1. 10.), at 19－25], 이러한 주장은 2024. 1. 11. 시행된 EU 데이터 법 [REGULATION OF THE EUROPEAN PARLIAMENT AND OF THE COUNCIL on harmonised rules on fair access to and use of data (Data Act)]에 실제로 반영되었다.

21) 권영준(각주 18), 16면.

22) 대법원 2002. 7. 12. 선고 2002도745 판결, 대법원 2021. 12. 16. 선고 2020도9789 판결 등 참조.

23) 물건의 개념을 "전기나 데이터 등 관리할 수 있는 무체물"로 개정하는 민법 개정안이 지난 20대 국회에서 발의되었으나 회기 만료로 자동 폐기되었다. 민법 일부개정안(김세연 의원 대표발의, 의안번호 제23867호).

24) 유체물로서의 형태가 없고 개념적으로만 존재하는 데이터의 본질상 다수가 같은 데이터를 공유할 수 있고, 특정인이 다른 사람의 데이터 사용을 배제할 수 없으며, 여러 명이 데이터를 공유하더라도 소비 가능한 데이터의 총량이 감소하지 않기 때문이다. Luciano Floridi, Information: A Very Short Introduction 78, Oxford University Press(2001).

권이 성립한다고 보는 것은 물권법정주의(제185조)에 위배된다. ③ 데이터는 눈에 보이지 않으며 비정형화된 '관념'이므로 데이터에 성립하는 권리의 내용, 범위 및 귀속 관계는 기존의 전통적인 물건에 성립하는 물권과 달리 외부에 공시되기 어렵고 불분명하다. 따라서 데이터를 물건으로 취급하는 것은 오히려 데이터 거래비용(transaction cost) 증가와 법적 혼란을 야기할 수 있다. ④ 제한적 긍정설은 블록체인과 같은 특정한 기술에 종속된 데이터만을 물건으로 취급하자는 것으로서 사법관계 전반을 규율하는 보편적·일반적이며 수용가능한 법리라고 보기 어렵다.[25]

물론 데이터가 물건이 아니라고 하여, 즉 데이터에 물권법적 보호가 없다고 하여 데이터가 일체의 사법상 보호를 받지 못하는 것은 아니다. 데이터는 소유권과 같은 물권법적 보호를 받지 않더라도 계약법, 지식재산권법, 불법행위법 등과 같이 다른 법리를 통하여 일정 부분 보호받을 수 있고, 실제로도 이러한 법리 하에서 데이터에 관한 법적 보호가 이루어지고 있다.[26]

2. 재산성

1.에서 데이터가 민법상 물건에는 해당하지 않는다고 결론지었다. 그렇다면 데이터가 민법상 재산에는 해당하는가?

사실 민법에는 재산의 개념을 정의한 규정이 없다. 민법상 재산은 때로는 재산권과 동일한 의미로 사용되기도 하고, 때로는 재산권의 객체로서의 의미로 사용되기도 하는, 모호한 개념이다.[27] 영미법에서도 재산(property)이라는 용어가 물건 그 자체를 의미하는지, 아니면 여러 권리의 총체(aggregate of rights)를 의미하는지는 분명하지 않다. 영미법상 재산이 유체물에 한정되지 않으며, 눈에 보이지 않는 대상(object)이나 권리를 재산 개념에서 제외할 수 없는 것은 분명하지만, 모든 대상이나 권리가 재산에 해당하지 않는다는 점 또한 명확하다.[28] 결국 민법상 '재산'의 규범적 의미는 법 해석의 일반 원칙에 따라 "법률에 사용된 문언의 통상적인 의미에 충실한 문리적 해석과 체계적·논리적 해석을 동원"하여 "법적 안정성을 해하지 않는 범위 내에서 구체적 타당성을 달성"

---

25) 유사한 취지로 권영준(각주 18), 22면; 이일호, "지식재산에서 디지털 재화로", 동북아법연구 제16권 제3호, 전북대학교 동북아법연구소, 2022.10, 582면.

26) 이동진(각주 18), 227－233면.

27) 곽윤직·김재형, 『민법총칙』, 박영사, 2018, 224－225면.

28) William Geldart, 박홍규(역), 『영국법 원리』, 박영사, 2020, 107－108면.

할 수 있도록 해석해야 한다.[29]

문리적으로 재산은 재화(財貨)와 자산(資産)을 통틀어 이르는 말이며, 경제학적으로 재산은 재화 중 자유재가 아닌 경제재, 즉 희소성이 있어 대가를 지불해야만 사용할 수 있는 재화를 말한다. 한편 상속법에서 말하는 '재산'의 규범적 의미와 관련, 세법에서는 상속재산을 "피상속인에게 귀속되는 모든 재산을 말하며, ① 금전으로 환산할 수 있는 경제적 가치가 있는 모든 물건, ② 재산적 가치가 있는 법률상 또는 사실상의 모든 권리를 포함한다. 다만, 피상속인의 일신(一身)에 전속(專屬)하는 것으로서 피상속인의 사망으로 인하여 소멸되는 것은 제외한다."으로 정의한다(「상속세 및 증여세법」 제2조 제3호). 이상을 종합해보면, 민법상 재산, 특히 상속법에서의 맥락에서의 재산은 결국 경제적 가치(교환가치 혹은 사용가치)를 갖는 유·무형의 대상을 포괄적으로 상정한 개념으로 파악하는 것이 타당하다고 생각한다. 그런데 데이터의 경제적 가치는 0과 1의 집합인 데이터 그 자체가 아니라, 데이터가 표상하는 무형의 '관념'에 따라 결정된다. 그러므로 데이터가 표상하는 관념에 경제적 가치가 인정된다면, 그러한 데이터는 규범적으로도 재산으로 평가되어야 한다.

우선 데이터가 표상하는 관념이 실정법상 지식재산권의 보호 객체(저작물, 발명, 영업비밀, 디자인 등)인 경우, 그러한 데이터의 재산성은 당연히 긍정된다.[30] 문제는 실정법상 지식재산권으로 보호되지 않는 관념을 표상한 데이터이다. 이러한 데이터의 재산성은 구체적·개별적 사정을 고려하지 않은 채 단언할 수 없다. 사회통념 및 거래 실정상 무의미하고 무가치한 관념만을 표상한 데이터라면 경제학적으로 가치가 전혀 없을 것인바(예컨대 무의미한 숫자나 글자를 나열한 경우 등), 그러한 데이터는 규범적으로도 재산으로 볼 수 없을 것이다. 그러나 소위 '데이터 경제'라는 용어가 폭넓게 통용될 정도로 오늘날 데이터가 경제와 사회 전 분야의 핵심 자원으로 인식되고 있고, 특히 GPT와 같은 생성형 인공지능(AI)의 출현 이후 AI 학습 데이터의 교환가치 및 사용가치가 부각되고 있는 점을 감안하면, 특별한 사정이 없는 한 데이터의 경제적 가치가 '0'인 경우는 상정하기 어렵다고 생각한다. 현실에서 데이터는 이미 그 자체로 시장에서 거래되는 상품(commodity)이며,[31] 사용 또는 소비 등을 통하여 인간의 효용을 증가시킬 수 있

---

29) 대법원 2010. 12. 23. 선고 2010다81254 판결 참조.

30) 박세일, 『법경제학』, 박영사, 2006, 177-178면.

31) 2020년 기준 글로벌 데이터 거래 시장 규모는 3,452억 달러이며, 전 세계에서 처리되는 데이터의 총량은 64.2ZB(1ZB=1조 GB)에 달한다. 정준화·박소영, "데이터 거래 활성화를 위한 거래소·거래사·크롤링의 현황과 개선과제", NARS 현안분석 제254호, 국회입법조사처, 2022.7, 3면.

는 재화로 인식되고 있기 때문이다.[32]

　문제는 데이터가 표상하는 관념이 인격적 가치인 경우이다. 인격적 가치를 표상하는 데이터의 경우에는 인격권의 일신전속성에 비추어 상속재산이라고 볼 수 없다는(즉, 피상속인에 일신전속한다는) 견해도 있다.[33] 이러한 견해의 근저에는 인격적 가치를 표상하는 데이터의 상속을 허용할 경우 피상속인 인격을 사후적으로 침해할 수 있다는 문제인식이 깔려있다. 그러나 피상속인에게 일신전속하는 것은 피상속인의 인격권이라는 '권리'이지, 피상속인의 인격을 표상한 데이터 그 자체는 아니다.[34] 그런데 인격권의 보호 대상인 '인격적 가치'는 그 가치의 주체가 사망함으로써 소멸하지만, 그 인격적 가치가 외부로 발현된 대상은 그 가치의 주체가 사망한다고 하여 자동으로 소멸하지 않는다.[35] 마치 피상속인의 얼굴을 촬영한 유체물 형태의 사진, 피상속인의 사생활을 기록한 유체물 형태의 일기장 등은 비록 그 내용(content)이 피상속인의 인격적 가치를 표상하고 있다 하더라도 피상속인의 사망으로 자동 소멸하지 않고 상속재산을 구성하는 것과 마찬가지 이치다.

　나아가 '피상속인 인격의 사후적 보호'와 '피상속인 인격을 표상하는 데이터의 상속'은 사실 별개의 법적 문제이다.[36] 예를 들어 피상속인(A) 소유 컴퓨터(C)에 "A에게 혼외자(B)가 있다."는 데이터(D)가 저장되어 있는 경우를 생각해보자. A가 사망하면 특별한 사정이 없는 한 상속인(E)은 유체물인 C를 상속받고, C에 대한 소유권자로서의 권능을 행사함으로써 C에 저장된 D에 적법하게 접근할 수 있을 것이며, 이로 인하여 B의 존재를 알게 될 것이다. 그러나 E가 B의 존재를 알게 된다고 하여 곧바로 A의 인격이 사후적으로 침해되는 것은 아니다. 이후 추가적 행위(예를 들어 B의 존재 사실을 외부에 공개)가 있는 경우 비로서 A 인격의 사후적 침해가 문제될 수 있을 뿐이다. 즉, 데이터 상속 및 그에 의한 상속인의 데이터 접근 자체가 피상속인의 인격에 대한 사후적 침해로 바로 연결된다고 할 수는 없다.[37]

---

32) 이상용, "데이터 거래의 법적 기초", 법조 제67권 제2호, 법조협회, 2018.4, 7면; 박신욱, "급부대상으로서의 개인 데이터", 민사법학 제100호, 한국민사법학회, 2022.9, 96면.

33) 오병철(각주 8), 163−166면; 김세준(각주 12), 324−325면은 소위 '우세적 인적 관계' 정보는 인격에 관련된 정보로서 상속될 수 없다는 취지로 이해된다.

34) 김상용, "디지털 유산의 상속성 − 상속법의 관점에서 −", 법학논문집 제39집 제1호, 중앙대학교 법학연구원, 2015.4, 77−81면; 임채웅, "디지털 유산의 상속성에 관한 연구", 가족법연구 제28권 제2호, 한국가족법학회, 2014.7, 346면; 최현태(각주 12), 217면.

35) 최현태(각주 12), 217면.

36) Nicola Preuß, Digitaler Nachlass—Vererbbarkeit eines Kontos bei einem sozialen Netzwerk, NJW 2018, 3146, 3148 f.

　　이상의 점을 종합하면, 데이터가 표상하는 관념이 설령 인격적 가치(성명, 음성, 초상, 명예, 개인정보 등)라 하더라도 그러한 데이터의 재산성 자체가 부정되지 않는다고 봄이 타당하다.[38] 예를 들어 데이터가 특정 개인의 초상만을 촬영한 사진 혹은 동영상이라 하더라도, 그러한 데이터가 저작물성을 갖추면 당연히 재산(지식재산권의 보호 객체)으로 인정될 수 있을 뿐 아니라, 저작물에 해당하지 않더라도 적어도 AI 학습(안면인식 등) 데이터로서의 경제적 가치가 있음은 부인하기 어렵다. 데이터가 개인정보인 경우에도 거래 현실에서 이용자는 온라인 서비스나 앱을 사용하기 위하여 개인정보를 반대급부로 제공하고 있으며,[39] B2C 유상계약에 적용되는 EU 디지털 지침[40] 제3조는 개인정보의 반대급부성을 명문으로 규정하고 있기도 하다. 물론 데이터에 표상된 인격적 가치는 인격권의 보호 대상이 되지만, 데이터의 재산성 인정과 데이터가 표상하는 가치의 인격권적 보호는 양립가능한 법리이다.

▉ Ⅲ 데이터 상속이 문제되는 국면

　　Ⅱ.에서 데이터 상속을 논하기 위한 전제로서 데이터의 물건성과 재산성을 검토하였다. 그 결과 데이터가 민법상 '물건'은 아니지만 특별한 사정이 없는 한 민법(특히 상속법)에서의 '재산'에 해당하며, 이는 데이터가 인격적 가치만을 표상하고 있는지에 따라 달라지지 않는다고 결론지었다. 이를 토대로 데이터 상속이 구체적으로 문제되는 국면을 생각해보면 다음과 같다.

　　(1) 우선 데이터가 저작물, 발명, 영업비밀, 디자인 등 '지식재산권의 객체를 표창하는 데이터'에 해당하는 경우, 그 데이터에 관한 포괄적 권리의무는 지식재산권법상의 권리의무인 '지식재산권'이며, 지식재산권의 상속은 이미 지식재산권법리 및 기존 상속법리로 충분히 설명 및 해결이 가능하므로,[41] '데이터 상속'의 국면

---

37) Haimo Schack, Weiterleben nach dem Tode—wie lange? Postmortale Begrenzungen subjektiver Rechte, JZ 2019, 864, 870 f.

38) 임채웅(각주 34), 345－346면; 최현태(각주 12), 217면.

39) 김진우, "결제 수단으로서의 개인 데이터", 재산법연구 제38권 제3호, 한국재산법학회, 2021.11, 236면; Paul M. Schwartz, *Property, Privacy, and Personal Data,* 117 HARV. L. REV. 2056, 2060－2075 (2004).

40) Directive (EU) 2019/770 of the European Parliament and of the Council of 20 May 2019 on certain aspects concerning contracts for the supply of digital content and digital services.

에서 새롭게 논의할 필요가 없다.[42]

(2) 다음으로 데이터가 피상속인 소유 물건(SSD, USB 등 저장 매체)에 기록된 경우를 살펴본다. 기존 연구들은 "피상속인 소유 물건은 상속재산으로서 상속인에게 승계되고, 그 안에 저장된 데이터도 당연히 함께 상속인에게 승계된다."라는 취지로 이 역시 데이터 상속의 논의 대상에서 제외하고 있다.[43] 그러나 데이터가 저장된 유체물(X)에 관한 권리관계와 X에 저장된 데이터(Y)에 관한 권리관계는 이원화될 수 있음에 유의하여야 한다. 마치 저작물이 화체된 물건(예컨대 캔버스)의 소유권자와 그 물건에 표상된 저작물의 저작재산권자는 다를 수 있는 것과 마찬가지이다. 따라서 X가 상속인에게 포괄승계된다고 하여 X에 기록된 Y까지 당연히 해당 상속인에게 포괄승계된다라고 보는 것은 다소 성급한 결론이 될 수 있다.

앞서 검토하였듯이 데이터는 민법상 물건이 아니므로 물권의 객체가 될 수 없고, 실정법의 규정이나 해석론상 데이터에 성립하는 물권과 유사한 배타적 권리 또한 일반적으로는 인정되지 않는다. 따라서 피상속인 소유 X에 저장되어 있는 Y의 권리자가 누구인지를(예컨대, 피상속인이 제3자에게 'X에 Y를 저장할 권리'를 부여하였는지) 특별한 사정이 없는 한 상속인이 알 방법은 없으며, 이를 공시할 방법도 생각하기 어렵다. 다만 X가 누구의 것인지는 점유라는 방법으로 공시가 된다. 그리고 X가 피상속인 소유물이었다면, 통상적인 경우는 X에 저장된 Y에 관한 법률상 혹은 사실상의 권한 또한 피상속인이 보유하고 있었다고 봄이 합리적이다. 그러므로 X를 상속받은 상속인이라면 X에 저장된 Y에 관한 법률상 혹은 사실상의 권한도 적법하게 보유하고 있는 것으로 추정함이 타당하다(제200조 유추적용 혹은 사실상의 추정). 마치 피상속인 소유 금고에 제3자 소유물이 보관되어 있었으나 상속인은 이러한 사실을 모른 경우, 금고를 상속받음으로써 상속인은 피상속인의 점유 태양을 그대로 승계하고(제199조 제2항), 그 금고 안에 보관된 제3자 소유물에 관하여도 상속인이 적법한 권한을 보유하고 있는 것으로 추정되는 것과 마찬가지 이치다(제200조).[44]

---

41) 예컨대 「저작권법」 제14조, 제15조, 제49조 등.

42) 기존 연구들의 견해도 이와 같다. 예컨대 오병철(각주 8), 151면; 김민호(각주 15), 204면.

43) 김상용(각주 34), 80면; 오병철(각주 8), 151–152면.

44) 물론 제3자는 피상속인과의 임치계약 체결 사실을 증명하고 상속인이 위 계약에 따른 권리의무를 포괄승계하였음을 증명하는 등 추정을 번복함으로써 상속인으로부터 자신의 소유물을 반환받을 수 있으며, 이는

정리하면, 피상속인 소유의 매체에 저장된 데이터의 상속 문제 역시 물건의 상속에 관한 기존의 상속법리로 충분히 설명 및 해결이 가능하므로, (1)과 마찬가지로 '데이터 상속'의 관점에서 추가로 논의할 필요는 없다.

(3) 결국 데이터 상속이 본격적으로 문제되는 국면은 피상속인이 생전에 처리하던 데이터가 (1), (2)에 모두 해당하지 않는 경우, 즉 "데이터가 표상하는 관념이 지식재산권의 보호 대상이 아니고", "피상속인의 데이터가 제3자가 소유 또는 지배하는 매체에 저장된 경우"이다. 이 경우 상속인은 (2)와 달리 데이터가 저장된 유체물에 관한 권리의무를 포괄승계하더라도 데이터 자체에 대한 법률상 또는 사실상 권리의무를 승계할 수 없고,[45] 특히 제3자 소유(또는 지배) 매체에 저장된 데이터는 기본적으로 제3자의 통제하에 놓여 있으므로, 설령 그 데이터가 피상속인과 관련된 것이라 하더라도 해당 데이터가 상속인에게 자동으로 이전될 수는 없기 때문이다.[46] 대표적으로 피상속인이 정보통신서비스제공자와 체결한 '온라인 서비스 이용계약'에 따라 SNS, 이메일, 클라우드(Cloud), 게임 등을 이용하면서 생성, 기록, 보관해 온 데이터의 사후 처리가 문제된다. 이러한 데이터는 정보통신서비스제공자가 소유(혹은 지배)하는 매체에 기록되어 있기는 하나 해당 서비스가 제공하는 인터페이스를 통하여 온라인 상으로만 접근 (access) 가능한 경우가 일반적이며, 그 접근 권한의 구체적 내용은 계약의 내용에 따라 정해지기 때문이다.

이러한 상황을 기존의 상속법리로 해결하기 위해서는 상속인이 ① 피상속인과 정보통신서비스제공자 사이에 체결된 온라인 서비스 이용계약상 지위 자체를 승계하거나, ② 적어도 온라인 서비스 이용계약상 피상속인이 정보통신서비스제공자에게 가지고 있었던 '데이터에 관한 권리'를 승계하여야 한다. 그런데 온라인 서비스 이용계약은 정보통신서비스제공자별로 또 이들이 제공하는 서비스의 성격이나 내용별로 매우 다양하며, 특히 해당 계약에서 제공하는 서비스의 상당수는 오프라인 환경에서의 인격 형성이나 자아 실현 및 발현 등에 관한 인간의 활동을 온라인 환경에서 제공하는 것이 주된 급

상속법리와는 무관하다.

45) 김상용(각주 34), 81면.

46) 이성범, "상속법상 포괄승계원칙과 디지털 유산 – 소셜 네트워크 서비스 계정의 상속성에 관한 독일 연방대법원 판결(BGH, Urteil v. 12. 07. 2018 – Ⅲ ZR 183/17)을 중심으로 –", 가족법연구 제34권 제3호, 한국가족법학회, 2020.11, 262면.

부인 경우가 있는바(예를 들어 이메일, 채팅, 블로그, SNS 등), 이러한 경우에도 피상속인의 온라인 서비스 이용계약상 지위 또는 해당 계약상의 데이터 접근권이 상속재산인지, 아니면 피상속인의 일신전속적 지위 혹은 권리에 해당하여 상속재산을 구성하지 않는지가 문제된다. 실제로도 2000년대 이후 국내외를 불문하고 데이터 상속이 사회 문제로 대두된 사안은 고인의 온라인 서비스 이용계약상 지위의 승계 또는 해당 이용계약상 온라인 상에 존재하는 고인의 데이터의 접근 문제였다.[47]

아직까지 위 문제를 정면으로 다룬 대법원 판례나 선례가 될 만한 하급심 판결은 존재하지 않는 것으로 보이고, 학계의 견해도 통일되지 않은 상황인바, 결국 '데이터 상속' 논의를 통하여 이론적으로 규명되어야 하는 쟁점은 "온라인 서비스 이용계약상 지위 혹은 권리의 상속 문제"로 귀결된다.

Ⅳ 온라인 서비스 이용계약의 상속성

1. 계약상 지위 자체의 승계

(1) 일반론

주지하다시피 우리 상속법상 상속재산은 정확히 말하여 피상속인의 재산 그 자체가 아니라 피상속인의 재산에 관한 '포괄적 권리의무'이다. 포괄적 권리의무는 법상 권리의무보다 넓은 개념으로, 현실의 권리의무에 한하지 않고 아직 구체적으로 발생하지 않은 법률관계(예컨대 청약을 받은 지위, 매도인으로서의 담보책임을 지는 지위), 조건부권리, 기한부권리를 포함하며, 점유와 같은 사실상의 관계도 포함한다.[48] 특히 판례 및 통설에 의하면 '계약상 또는 법률상의 지위'도 상속재산에 해당한다. 물론 민법 제1005조의 규정상 모든 계약상 또는 법률상 지위가 상속재산이 되는 것은 아니며, ① '재산'에 관한 계약상 또는 법률상 지위이어야 하며, ② 그 지위가 피상속인에 일신전속하지 않아야 한다.

---

47) 우리의 경우 2010. 3. 천안함사태 이후 유족들이 희생자들의 미니홈피나 블로그 등의 접근 권한을 요구한 사건이 대표적이다. 윤주희(각주 12), 187면; 미국의 사례는 김현진, "디지털 자산의 사후 처리에 관한 소고 - 미국 델라웨어 주법을 중심으로 -", 저스티스 제147호, 한국법학원, 2015.4, 273−276면; 독일의 사례는 이성범(각주 42), 264면.

48) 민유숙 편집대표, 『주석 민법(제5편 상속)』, 한국사법행정학회, 2020, 174면.

민법이 피상속인의 '재산'이 아니라 피상속인의 '재산에 관한 포괄적 권리의무'를 상속재산으로 규정한 취지, 그리고 판례 및 통설이 위 규정을 넓게 해석하여 재산에 관한 계약상 또는 법률상 지위까지 포함하는 것으로 해석하는 근본 이유는 다름아닌 우리 상속법의 근본 원리인 사적(私的) 상속 원칙과 당연·포괄승계 원칙, 바꾸어 말하면 "권리자가 가졌던 소유권을 비롯한 재산권의 내용을 구성하는 권능의 연장"이라는 우리 상속법의 본질에서 찾을 수 있다.[49] 당사자가 일단 재산권을 목적으로 하는 계약을 체결한 후에는 당사자의 사망이라는 우연한 사건이 발생하더라도 유효하게 성립한 계약에는 영향을 미치지 않으며, 상속인이 해당 계약을 이행토록 함으로써 계약 당사자의 신뢰와 거래의 계속을 담보하는 것이다.[50]

(2) 학설

온라인 서비스 이용계약상 지위 자체의 상속과 관련하여 다양한 견해가 존재하지만, 일응 이를 긍정하는 견해와(긍정설)[51] 부정하는 견해의(부정설)[52] 양자로 정리할 수 있다고 본다.

긍정설의 주된 논거는 다음과 같다. ① 당연·포괄승계의 원칙에 따라 계약상의 지위도 원칙적으로 상속인에게 승계되며, 다만 예외적으로 계약상 지위가 일신전속적인 성질을 가진 경우에는 상속되지 않는다. ② 계약상의 지위가 일신전속적인 성질을 가지는지는 그 계약이 성립할 때 계약당사자의 능력, 자질, 또는 당사자간 신뢰관계 등이 중요한 요소로 고려되는가에 따라 결정된다(예컨대 근로계약은 근로자의 능력과 자질이 결정적인 요소로 고려되고, 위임계약은 당사자간 신뢰관계가 중요한 요소로 고려되므로, 근로자의 지위 또는 수임인의 지위는 상속되지 않는다). ③ 온라인 서비스 이용계약 체결 당시 이용자나 정보통신서비스제공자는 계약상대방의 능력이나 자질 등을 고려하지 않고, 상대방의 신뢰성도 고려하지 않는다. 즉, 온라인 서비스 이용계약은 계약상대방의 인격에 대한 고려 없이 획일적으로 체결되는 계약이므로 그 계약상 지위가 일신전속적이라 할 수 없다.

---

49) 이진기, "상속의 이념과 방향", 비교사법 제26권 제1호, 한국사법학회, 2019.2, 293면.

50) 이진기(각주 49), 293면.

51) 김상용(각주 34), 81–82쪽; 김민호(각주 15), 214면; 양종찬(각주 11), 72–73면; 최경진, "국내·외 디지털 유산 관리 현황 및 정책·법제 동향", 고인의 디지털 유산 관리와 입법 방향 세미나 자료집, 2013. 4, 21면. 후술하듯이 독일 연방대법원의 입장도 이와 같다.

52) 김기중(각주 6); 이성범(각주 46), 282면; 한편 김세준(각주 12), 324–325면은 계약상 지위가 재산권적 성격보다는 인격권적 성격이 큰 '우세적 인적관계'인 경우에는 상속성을 부정해야 한다는 취지로 이해된다.

한편 부정설은 ① 온라인 서비스 이용계약, 특히 계정의 이용행위는 가상공간에서의 인격의 발현으로 볼 여지가 있고, ② 정보통신서비스제공자는 이용자 '개인'의 신분을 구분하여 서비스를 제공하며, ③ 계약상 지위 자체가 상속인에게 승계될 경우 이미 사망한 피상속인의 인격이 비현실적으로 존속하는 것과 다름없는 상황, 즉 '피상속인의 인격에 대한 비현실적 의제'가 발생될 수 있다는 등의 이유로 온라인 서비스 이용계약상 지위의 승계는 타당하지 않다고 본다. 그러나 부정설이 모든 온라인 서비스 이용계약상 지위가 승계될 수 없다는 입장은 아닌 것으로 보이며, 온라인 서비스 이용계약의 내용, 당사자의 의사 등 구체적, 개별적 사정에 따라 판단해야 한다는 것으로 생각된다.[53)]

(3) 국내 현황

국내에 서비스 중인 모든 온라인 서비스 이용계약을 언급하는 것은 지면의 한계나 이 글의 성격을 고려할 때 적절하지 않으므로,[54)] 2024. 12. 기준으로 국내 대표 온라인 플랫폼사인 네이버와 카카오의 약관 및 실무만을 살펴본다.

1) 네이버

네이버 약관상 ① 이용자는 본인 계정을 타인에게 판매, 양도, 대여, 담보제공 또는 사용허락할 수 없으며, ② 이용자는 언제든지 서비스 이용계약을 해지할 수 있고, ③ 서비스 이용계약이 해지되면 해당 계정에 부속된 게시물 일체를 포함하여 이용자의 모든 데이터를 삭제(단, 다른 이용자가 스크랩하거나 공개 게시판에 게시된 데이터 등은 제외)하는 것을 원칙으로 한다.[55)]

또한 데이터 상속과 관련, 네이버는 ① 피상속인의 계정 정보(ID, 비밀번호)는 일신전속적 정보로 보아 유족에게 제공하지 않고, ② 유족의 요청이 있으면 피상속인의 탈퇴 처리 및 피상속인 계정 중 공개된 정보(예를 들어 블로그 공개글)의 백업 제공은 지원하며, ③ 피상속인이 생전에 비공개한 정보(예를 들어 블로그 비공개글, 이메일 등)는 유족에게 제공하지 않는 정책을 시행하고 있다.[56)]

---

53) 이성범(각주 46), 282면.

54) 2024. 10. 31. 기준으로 국내의 경우만 보더라도 정보통신서비스제공자별로 각기 다른 약관 또는 정책을 사용하고 있으며, 표준약관이나 표준정책 등은 존재하지 않는다. 양종찬(각주 11), 57-58면.

55) 네이버 계정 운영정책(2023. 9. 15.자 시행.) https://policy.naver.com/policy/service_group2.html

56) 네이버 프라이버시 센터(https://privacy.naver.com/) 중 '디지털 유산 관련 정책'. 다만 해당 정책이 약관

2) 카카오

카카오는 네이버와 유사하게 약관을 통하여 본인 계정의 양도, 타인 이용허락, 타인 무단 사용을 금지한다.[57]

데이터 상속과 관련, 카카오의 경우 약관이나 정책상의 명확한 규정은 없고, 고객센터 검색을 통하여 관련 내용을 찾아볼 수 있을 뿐이다.[58] 우선 고객센터 '가입/변경/탈퇴' 메뉴에서는 "이용자 사망시 고인의 생전 의사와 유가족의 뜻에 따라 카카오톡을 탈퇴하거나(이 경우 영구 삭제됨) 추모 프로필로의 전환[이 경우 추모 메시지만 보낼 수 있으며, 5년(최대 10년)후 자동 탈퇴됨]을 선택할 수 있다"는 내용을 확인할 수 있다. 또한 고객센터에서 '디지털 유산'을 검색하면 "한국인터넷자율정책기구(KISO)의 정책규정을 따른다"라고만 안내하고 있는데, KISO의 관련 정책규정은 ① 원칙적으로 회원사는 상속인에게 피상속인의 계정 접속권 등을 제공하지 않고(단 관계 법령 및 약관에 따라 다를 수 있음), ② 상속인은 피상속인의 사망을 소명하여 회원사에 계정 폐쇄를 요청할 수 있으며, ③ 회원사는 상속인의 요청에 따라 상속인에게 게시물 등 공개된 콘텐츠를 별도 매체에 복사하여 주는 백업서비스를 제공할 수 있는데, 이 경우 백업 범위는 회원사의 기술적, 경제적 현실을 고려하여 별도로 정한다고 규정하고 있어 회원사에게 폭넓은 재량을 인정하고 있다.[59]

(4) 해외 현황

1) 법제

미국의 경우 주지하다시피 상속에 관하여는 연방법이 아닌 주법이 우선 적용된다. 2004년 엘스워스(Ellsworth) 사건을[60] 계기로 데이터 상속에 관한 법률이 주 단위로 제

인지, 또 약관이라 하더라도 유효하게 계약에 편입되었는지는 논란의 여지가 있다.

57) 카카오 계정 약관(2024. 4. 16. 시행) 제9조. https://www.kakao.com/policy/terms?type=a&lang=ko

58) 카카오 고객센터(https://cs.kakao.com/) 검색 결과. 다만 이는 이는 카카오의 일방적인 입장(일종의 Q&A)일 뿐, 약관 또는 계약의 내용이라고 보기는 어려울 것이다.

59) KISO 정책규정 제28조, 제29조. https://www.kiso.or.kr/

60) 존 엘스워스(John Ellsworth)는 이라크에 파병된 미군으로 2004년 21세의 나이로 전사하였다. 엘스워스의 아버지는 그가 주고받은 야후(Yahoo) 계정의 이메일을 수집하기를 원하였으나 야후는 프라이버시 정책을 이유로 거절하였다. 엘스워스의 아버지는 소송을 제기하여 미시간주 법원으로부터 이메일계정 정보 상속 판결을 받았다. Jonathan J. Darrow & Gerald R. Ferrera, *Who owns a decedent's e-mails: Inheritable probate assets or property of the network,* 10 NEW YORK UNIVERSITY JOURNAL OF LEGISLATION AND PUBLIC POLICY 281, 281-283 (2007).

정되기 시작하였고, 연방 차원에서도 통일주법위원회가 2012년부터 '디지털 자산(Digital Assets)에 관한 수탁자 접근권한 통일법(Uniform Fiduciary Access to Digital Assets ACT, 'UFADAA')'의 제정을 추진하여 주법으로 입법을 권장하였다.[61] 2024. 4. 기준으로 총 48개 주가 2015년 수정된(revised) UFADAA(이하 'RUFADAA')를 채택하여 입법하였다.[62] 즉, 미국은 거의 모든 주가 RUFADAA를 채택하였고, 그 결과 데이터 상속과 관련하여 사실상 연방 차원의 동일한 규율이 이루어지고 있다. RUFADAA는 온라인 서비스 이용계약상 지위의 상속을 다룬 법은 아니지만, 피상속인이 정보통신서비스제공자가 제공한 방식 또는 유언에 따라 생전에 지정한 인격대표자나 그 외 대리인, 수탁자 등이 피상속인이 이용계약에 따라 온라인 상에 남긴 데이터의 '접근권'을 부여하고,[63] 이에 관하여 민·형사상 면책을 인정하고 있다.[64]

국내에 널리 소개되었듯이, 독일은 2018년 선고된 연방대법원 판결에서 페이스북(facebook) 이용계약상의 지위 자체가 상속인에게 승계된다고 판시하였다.[65] ① 상속법상 포괄승계원칙에 따라 페이스북 이용계약상의 지위는 상속인에게 원칙적으로 승계되며, ② 이에 반하는 페이스북의 정책(계약상 지위 이전 불가 및 추모 계정으로의 전환)은 약관의 내용으로 볼 수 없어 이용계약상 지위 승계를 부정하는 근거로 쓰일 수 없고, ③ 이용계약상 페이스북이 부담하는 급부의무는 기술적인 것들 뿐이고 고도의 인격적 가치가 있지 않으며, ④ 이용계약상 지위를 상속인이 승계하더라도 피상속인의 사후인격권이나 피상속인과 통신한 제3자(예컨대, 이메일 상대방)의 인격권을 침해하지 않으며, ⑤ 독일 연방통신법(제88조 제3항)상의 비밀침해금지 규정도[66] 위반하지 않는다는 것이 주된 논거였다.[67]

2) 약관 및 실무

논의의 간명함을 위하여 주요 글로벌 기업의 사례에 한정하여 간략히 살펴본다.

---

61) 제정 배경 및 과정에 관하여는 김현진(각주 47), 280-282면.

62) https://www.uniformlaws.org/committees/community-home?CommunityKey=f7237fc4-74c2-4728-81c6-b39a91ecdf22

63) RUFADAA section 4.

64) RUFADAA section 15. (e).

65) BGH, Urteil vom 12.07.2018 - Ⅲ ZR 183/17. 위 판결을 다룬 연구로는 이성범(각주 46).

66) 우리의 경우 「정보통신망법」 제49조가 이와 유사하다. 해당 규정은 다음과 같다.
「정보통신망법」 제49조(비밀 등의 보호) 누구든지 정보통신망에 의하여 처리·보관 또는 전송되는 타인의 정보를 훼손하거나 타인의 비밀을 침해·도용 또는 누설하여서는 아니 된다.

67) 이성범(각주 46), 267-268면.

가. 마이크로소프트(Microsoft)는 개인정보 보호를 들어 이용자 본인이 아닌 타인에게 이용자 계정 정보를 제공하지 않으며 계정 접속도 허용하지 않는 것을 원칙으로 삼고 있다. 따라서 유족에게도 고인의 계정 정보를 제공하지 않고 있으며, 예외적으로 법원의 명령이나 관련 법률의 규정이 있는 경우에 한하여 계정에 대한 접근 권한을 부여하고 있다.[68] 다만 독일의 경우에는 위에서 언급한 독일 연방대법원 판결을 일부 반영하여 상속 증명서 및 신분증 등의 문서가 있는 경우 상속인에게 계정 접근 권한을 부여하고 있다(단, 계약상 지위의 승계 자체는 아님).

나. 구글(Google)은 이용자가 일정 기간(기본값은 3개월이며, 최대 18개월까지 설정 가능함) 동안 계정을 사용하지 않을 경우 해당 계정을 휴면 계정으로 처리한다. 이 경우 구글은 휴면 계정의 처리 방법을 사전에 이용자가 정할 수 있도록 '휴면 계정 관리자' 정책을 운영하고 있다.[69] 구체적으로는 다음과 같다. ① 이용자는 계정이 휴면 상태가 된 후 3개월 뒤에 해당 계정을 삭제할 것인지를 결정할 수 있으며, 휴면 계정이 삭제될 경우 데이터의 처리는 그 계정과 연결된 서비스마다 상이하다. ② 이용자는 본인 계정의 휴면 사실을 신뢰할 수 있는 사람에게 알리고 그 사람이 계정 휴면 사실을 알게 된 날로부터 3개월 동안 이용자가 사전에 접근을 허용한 휴면 계정의 데이터(예컨대 블로그, 드라이브, 메일, 유튜브 등)를 다운로드받을 수 있도록 설정할 수 있다.

다. 메타(Meta. 舊 Facebook)는 원칙적으로 이용자가 장기간(기본 1년) 이용하지 않는 계정을 삭제하며, 이 경우 계정에 연결된 데이터도 삭제된다. 단 이용자는 자신이 사망할 경우 본인 계정을 기념 계정으로 전환할 것인지 아니면 삭제할 것인지에 관한 선택권이 있으며, 전자를 선택할 경우 기념 계정 관리자를 지정할 수 있다.[70] 기념 계정 관리자는 기념 계정 관리, 기념 계정 상단에 고정 게시물 작성(예컨대, 기념 계정 전환 사실의 공지 등), 새친구 요청 응답, 기념 계정의 프로필 사진과 커버 사진 업데이트는 할 수 있지만, 기념 계정에 로그인 이전 게시물의 삭제·수정, 메시지 읽기, 친구 삭제하기는 할 수 없다. 즉 기념 계정

---

68) 마이크로소프트 고객지원센터(https://support.microsoft.com/), "accounts / 계정 관리 / 누군가 사망했을 때" 참조.

69) https://myaccount.google.com/inactive

70) https://www.facebook.com/legal/terms/update

으로의 전환이 허용될 뿐 고인의 계정 승계는 허용되지 않으며,[71] 기념 계정 관리자가 고인의 기념에 필요한 범위 내에서 해당 계정을 관리할 수 있을 뿐이다.

라. 애플(Apple)은 애초 이용자의 프라이버시 보호를 강조하며 피상속인 계정의 승계나 데이터 제공 등을 일체 허용하지 않았으나, 2021. 11. iOS 15.2.를 공개하면서 '디지털 유산 관리자' 제도를 도입하였다. 이용자가 생전에 디지털 유산 관리자를 지정하면 이용자가 사망한 후 해당 관리자가 이용자의 계정에 로그인하여 애플의 클라우드 서비스(iCloud)에 저장된 사진, 메모, 이메일, 연락처, 캘린더, 메시지, 통화기록, 파일, 건강 데이터, 음성 메모 등에 접근할 수 있다. 그러나 계정 자체를 승계받는 것은 아니며, 사용권이 부여된 미디어(영화, 음악, 도서 등), 결제 정보, 인터넷 계정 정보 등에는 접근할 수 없다.[72]

(5) 검토

1) 원칙

우리 상속법의 기본 원리인 사적(私的) 상속 원칙과 당연·포괄승계 원칙은 데이터 상속이 문제되는 국면에서도 원칙적으로 준수되어야 한다. 따라서 온라인 서비스 이용계약상의 지위도 위 원칙과 민법 제1005조의 규정에 따라 "재산에 관한 포괄적 권리의무로서 피상속인의 일신에 전속하지 않는 것"이라면 상속인에게 상속되어야 함은 당연하다. 그러나 온라인 서비스 이용계약은 민법상의 전형계약처럼 그 법적 성격이나 내용이 어느 정도 고정된 '특정한 계약'이 아니며, 사실 오프라인에서 이루어지고 있는(또는 이루어질 수 있는) 모든 경제사회 활동들이 온라인 상에서 구현된 것을 '통칭'하는 매우 추상적이고 포괄적이며 집합적인 용어이다. 따라서 온라인 서비스 이용계약상의 피상속인(즉 이용자) 지위를 마치 매매계약에서의 매수인의 지위나 임대차계약에서의 임차인의 지위와 같이 특정적, 획일적으로 상정한 후 그 지위의 상속 여부를 일률적으로 논하는 것은 타당하지 않다. 온라인 서비스 이용계약이 어떠한 내용과 어떠한 성격을 지녔는지, 즉 '온라인 서비스 이용계약'이라는 용어로 총체적으로 관념한 개별 계약들의

---

71) 즉 독일 연방대법원 판결(각주 65)에도 불구하고 Meta는 2024. 10. 31. 기준으로 여전히 계정 승계 불가 정책을 유지하고 있는 것으로 보인다. 참고로 독일 연방대법원 판결에도 불구하고 메타는 계정 자체의 승계를 거부하고 계정에 저장된 데이터를 별도 매체에 백업하여 제공했을 뿐이라고 알려졌다. 이성범(각주 46), 283면 각주 70.

72) https://support.apple.com/ko-kr/HT212362

구체적·개별적인 내용과 성격을 면밀히 검토하여 그 지위의 승계 여부를 판단해야 한다고 본다.

특히 현재 네이버, 카카오, 구글 등 대형 플랫폼 사업자가 제공하는 온라인 서비스는 하나의 계정에 터잡아 다양한 서비스(이메일, 채팅, 블로그, SNS, 쇼핑, 게임, 쇼핑몰 운영, 광고 등)를 운영하는 방식이고, 이러한 서비스 중에는 최초 서비스 이용계약과 별도의 계약 체결을 요구하는 경우도 많으므로(예를 들어 쇼핑몰 운영, 광고, 유료 콘텐츠 이용 등), 이러한 사정을 간과한 채 온라인 서비스 이용계약상 지위를 상속인에게 승계할 경우 하나의 계정에 연결된 모든 서비스 이용계약상의 지위가 말 그대로 '포괄승계'될 수 있다는 점도 충분히 고려하여야 한다.

이러한 점을 감안하여 본다면, 온라인 서비스 이용계약상 지위의 상속 여부는 독일 연방대법원 판결례를 그대로 계수하거나, 기존 학설 중 한쪽을 선택하여 형식논리적으로 따르는 것은 타당하지 않다고 생각한다. 바꾸어 말하면, 페이스북과 같은 SNS 서비스 이용계약상 지위라는 이유로 독일 연방대법원 판결의 법리를 그대로 적용하여 계약상 지위 자체가 상속된다고 판단하거나, 온라인 서비스 이용계약상 지위의 일신전속성을 획일적으로 긍정 또는 부정하고 그에 따라 지위의 상속 여부를 모든 온라인 서비스 이용계약에 대하여 일률적으로 결정하는 것 모두 타당하지 않다. 재차 강조하지만, 데이터 상속이 문제된 온라인 서비스 이용계약의 내용과 성격을 구체적, 개별적으로 고려하여 계약상 지위 자체의 상속 여부를 판단하여야 한다. 또한 계약의 성격은 결국 계약 내용의 해석과 밀접하게 관련되고, 계약 내용의 해석은 당사자의 합치된 의사가 무엇인지를 탐구하는 것이므로, 결국 사법의 근본 원리인 '사적 자치의 원칙'에 대한 고찰이 필연적으로 요구된다.

따라서 온라인 서비스 이용계약상 지위의 상속 여부를 판단하기 위해서는 다른 무엇보다도 온라인 서비스 이용계약 당사자(이용자와 정보통신서비스제공자) 사이의 합치된 의사가 무엇이었는지, 바꾸어 말하면 이용계약상 지위 자체를 이용자 본인이 아닌 타인(설령 상속인이라 하더라도)이 승계하는 것을 허용하지 않는다는 점에 관하여 당사자간 의사 합치가 있었는지를 규명하여야 한다.[73] 만약 이러한 의사 합치가 있었다면 계약상 지위의 일신전속성을 인정하고, 이러한 의사 합치가 없었거나 의사 합치 여부가 불

---

73) 물론 거의 모든 온라인 서비스 이용계약은 약관에 의하여 체결되므로, 신의성실의 원칙에 따라 약관의 목적과 취지를 고려하여 공정하고 합리적으로 해석하되, 개개의 계약당사자가 기도한 목적이나 의사를 참작함이 없이 평균적 고객의 이해가능성을 기준으로 객관적·획일적으로 해석하여야 할 것이다. 대법원 2011. 4. 28. 선고 2010다106337 판결 참조.

분명하면 상속법의 원칙 및 민법 제1005조의 규정으로 돌아가 계약상 지위의 상속을 인정하는 것이 사적 자치의 원칙과 상속법상 당연·포괄승계 원칙간의 조화로운 해석이 아닐까 생각한다.

2) 적용

온라인 서비스 이용계약 중에는 계약 당사자가 누구인지는 중요치 않으며, 계약에 따른 대가 수수, 계약의 계속성, 영리성, 연속성 등이 중요한 계약이 분명히 존재한다. 일례로 ① 클라우드 서비스 이용계약과 같이 이용자가 자신의 데이터를 정보통신서비스제공자에게 보관과 관리를 맡기는 일종의 '임치유사계약'이나 ② 온라인 쇼핑몰과 같이 정보통신서비스제공자는 거래의 '장'만 제공하고 이용자가 다른 이용자와 개별적, 구체적 계약을 체결하는 형태의 일종의 '중개계약', ③ 이용자가 콘텐츠에 기반하여 광고 등을 유치하여 수익을 올리는 계약(파워블로그, 인플루언서, 상업적, 영리적 목적의 유튜버 등), ④ 게임서비스(특히 고가의 아이템이 현실적으로 거래되는 게임) 이용계약 등이다. 이러한 계약은 특별한 사정이 없는 한 계약의 성립, 유지 및 이행에 있어 당사자의 개성이 그리 중요하지 않으며, 당사자의 사망으로 인한 계약 종료가 오히려 타방 당사자를 해하거나 거래 안전을 해칠 우려가 있고, 계약상 지위 자체를 상속인이 승계함으로써 상속인뿐 아니라 이해관계인들의 법적 안정성을 확보할 수 있으므로, 계약상 지위 자체의 상속을 인정하는 것이 타당하다. 이것이 상속법상 포괄승계 원칙의 합리적 적용이다.[74]

하지만 온라인 서비스 이용계약의 상당수는 본질적으로 계약 당사자(특히 이용자)가 누구인지가 중요하며, 정보통신서비스제공자는 애초 계약을 체결한 이용자에게만 각종 서비스(이메일, 채팅, SNS 등)를 제공할 것이라는 점에 관하여 당사자간 의사의 합치가 존재하는 계약이라고 생각한다. 일례로 네이버나 카카오는 약관에서 이용자 본인 계정의 양도, 타인 이용허락, 타인 무단 사용을 금지하는 규정을 명문으로 두고 있고, 최초 회원 가입시(즉 계약 체결시) 휴대전화인증 등 본인확인 수단을 통하여 비대면 방식이기는 하지만 이용자 본인 여부를 확인한 후에 비로소 가입을 허용하며, 이용자 또한 본인 여부가 확인되어야만 회원 가입이 가능하다는 점을 인지하고 있다. 이러한 성격과 내용을 가지는 온라인 서비스 이용계약은 이용자가 누구인지에 관한 개성과 신뢰가 중

---

74) 유사한 취지로 이성범(각주 46), 276면 참조("상속법상 포괄승계원칙은 근본적으로 승계과정 자체의 합리성에 주안을 둔 것으로서 … 포괄적인 승계를 통해 상속재산의 누락을 방지하고 명확한 상속관계를 형성하여 상속인이나 상속재산에 대한 채권자 등 이해관계인 등에게 상속관계 형성에 있어서의 법적 안정성을 보여주는 것이 그 실질적 존재이유의 핵심이다.").

시되며, 이용자가 누구인지에 따라 급부의 내용이 달라지므로, 계약상 지위(특히, 이용자의 지위) 자체가 상속인에게 포괄승계된다고 보기는 어렵다고 생각한다.

특히 독일과 달리 우리의 경우 정보통신망법은 "정당한 접근권한 없이 또는 허용된 접근권한을 초과하여 정보통신망에 침입하는 행위"를 형사처벌 대상으로 규정하고(동법 제48조 제1항, 제72조 제1항 제1호), 위 규정의 해석에 관하여 대법원은 "정보통신서비스제공자로부터 권한을 부여받은 이용자가 아닌 제3자가 정보통신망에 접속한 경우 그에게 접근권한이 있는지는 정보통신서비스제공자가 부여한 접근권한을 기준으로 판단하여야 하며",[75] "이용자가 ID와 비밀번호를 제3자에게 알려주어 제3자의 사용을 승낙하였더라도, 사회통념상 이용자가 직접 사용하는 것에 불과하거나, 정보통신서비스제공자가 이용자에게 제3자로 하여금 사용할 수 있도록 승낙하는 권한을 부여하였다고 볼 수 있거나 또는 정보통신서비스제공자에게 제3자로 하여금 사용하도록 한 사정을 고지하였다면 정보통신서비스제공자도 동의하였으리라고 추인되는 경우 등을 제외하고는, 원칙적으로 이용자가 아닌 제3자에게는 정당한 접근권한이 없다."라고 판단하고 있다.[76] 앞서 살펴보았듯이 네이버나 카카오의 약관은 최초 회원가입한 본인에게만 접근 권한을 부여하고 있으며, 타인에게 계정을 양도하거나 이용허락하는 행위를 금지하고 있는바, 이러한 약관의 유효성이 긍정된다면 상속인이 피상속인인 것처럼 피상속인 계정에 접근하는 것은 정보통신망법이 금지하는 '정당한 접근권한없이 정보통신망에 침입하는 행위'로 의율될 가능성이 크다고 생각된다. 그렇다면 결국 우리의 실정법 규정 및 해석론상으로는 이용자 본인이 서비스를 이용할 것임에 관하여 당사자간 의사 합치가 인정되는 온라인 서비스 이용계약에서는 상속인이 계약상 지위를 승계하여 피상속인인 것처럼 서비스를 이용하는 것은 허용되지 않는다고 보아야 할 것이다.

나아가 온라인 서비스 이용계약의 상당수는 본질적으로 이용자가 자신의 사상과 감정을 표현하고 다른 사람과 소통할 수 있는 가상의 공간을 제공하는 서비스 계약이라고 볼 수 있고, 이러한 점에서 급부의 내용이 재산권적 성격보다는 인격권적 성격이 강한 계약이라고 생각한다.[77] 일례로 SNS 상에서 이용자는 현실에서의 자신과는 다른 가상의 '새로운 자아(自我)', 소위 '부캐'를 창조하고, 이를 통하여 현실과는 구별되는 '새롭게 형성된 인격'을 기초로 타인과 관계를 맺게 되는바, 이런 상황에서 상속인이

---

75) 대법원 2005. 11. 25. 선고 2005도870 판결 참조.
76) 대법원 2005. 11. 25. 선고 2005도870 판결 참조.
77) 유사한 취지로 김세준(각주 12), 324-325면.

피상속인의 계약상 지위를 그대로 승계하여 마치 피상속인인 것처럼 행세하는 것은 이미 사망하여 현실 세계에서 인격이 소멸한 존재가 사이버 공간에서는 여전히 살아있는 것처럼 '환각(hallucination)'을 발생시킬 수 있다. 이와 같이 인격적 가치에 관한 급부의 제공을 본질을 가진 온라인 서비스 이용계약 또한 특별한 사정이 없는 한 계약상 지위 자체는 상속되지 않는다고 봄이 타당하다. 상속법의 포괄승계원칙은 피상속인의 인격이 상속인을 통하여 비현실적으로 존속하는 것을 추구하지 않기 때문이다.[78]

2. 계약상 권리('데이터 접근권')의 승계

1.에서 온라인 서비스 이용계약상 지위 자체의 상속 여부는 획일적으로 정할 수 없으며 계약별로 개별적, 구체적 내용과 사정, 특히 당사자의 합치된 의사를 살펴본 후에 상속 여부를 판단하여야 한다고 결론지었다. 그렇다면 남은 문제는 온라인 서비스 이용계약 중 계약상 지위 자체가 상속인에게 승계되지 않는 경우에 있어 온라인 상에 남겨진 피상속인의 데이터가 어떻게 처리되어야 하는지이다.

앞서 검토하였듯이 데이터는 민법상 물건은 아니지만 재산에는 해당하는바, 재산으로서의 데이터, 즉 데이터에 성립한 재산적 가치는 원칙적으로 데이터를 생성한 자에게 귀속되는 것이[79] 이론적으로나 현실적으로나 타당하다. 따라서 온라인 서비스 이용계약상 지위 자체가 상속인에게 포괄승계되지 않는 경우라 하더라도, 피상속인이 이용계약에 따라 서비스를 이용하면서 생성한 데이터에 관하여 피상속인이 생전에 누렸던 재산적 가치는 상속인에게 포괄승계되어야 할 것이다.

피상속인이 생존하고 있고 온라인 서비스 이용계약이 유효한 경우에는 피상속인은 이용계약에 따라 정보통신서비스제공자가 소유 또는 지배하는 매체(예컨대, 클라우드 등)에 자신의 데이터를 처리할 권리(이하 편의상 '데이터 처리권')를 가지므로 데이터의 재산적 가치를 향유함에 있어 별다른 문제가 없다. 구체적으로 데이터 처리권은 정보통신서비스제공자가 소유 또는 지배하는 매체에 이용자가 자신의 데이터를 생성, 저장, 복제, 전송 등을 할 권리로서, 이용자 또는 이용자가 지정하는 제3자가 소유 또는 점유하는 저장 매체로 데이터를 복사 또는 이동(소위 '백업')할 권리를 포함한다. 데이터 처리

---

78) 이성범(각주 46), 282면.

79) 데이터에 대한 권리자를 누구로 할 것인가에 관한 논의[소위 '데이터 오너십(data ownership)']의 경우 암묵적으로 데이터 생성자가 해당 데이터의 권리자일 것이 전제되어 있다. 이동진, "데이터의 법적 성질과 오너십", 『데이터법』, 세창출판사, 2022, 103면.

권은 이용계약상 명시되는 경우가 일반적일 것이나, 설령 명시되지 않았더라도 이용계약상의 주된 권리 혹은 이용계약의 본질적 성격에서 파생되는 부수적 권리로서 묵시적으로 인정된다.[80]

유의할 점은, 온라인 서비스 이용계약상 지위 자체의 상속 여부와 이용계약상 개별적 권리의 상속 여부는 결이 다른 문제라는 것이다. 온라인 서비스 이용계약상 지위는 앞서 검토하였듯이 일신전속적이어서 상속되지 않을 수 있어도, 해당 계약에 따라 성립한 구체적 권리들이 일신전속적 성격을 갖는 것인지는 개별적으로 검토되어야 한다.[81] 앞서 검토하였듯이 이 글은 데이터가 표상하는 관념이 설령 인격적 가치라 하더라도 데이터 자체는 민법상 재산이라고 주장하는바, 데이터의 재산성을 전제한다면 데이터 처리권은 그 권리의 대상이 되는 데이터가 인격적 가치를 표상하는지와 무관하게 온라인 서비스 이용계약상 피상속인에게 인정되는 재산권적 권리이므로 특별한 사정(예컨대, 피상속인의 생전 반대 의사나 이용계약상 데이터 처리권의 상속을 금지한다는 취지의 규정 등)이 없는 한 피상속인의 일신전속권이라고 볼 수 없고, 따라서 상속인에게 상속된다.

다만 상속인에게 피상속인과 동일한 내용의 데이터 처리권을 인정할 경우, 즉 데이터 생성, 기록, 수정, 삭제, 복제, 전송 등의 모든 권한을 인정할 경우에는 사실상 데이터 처리권이라는 이용계약상 '특정 권리'가 아니라 온라인 서비스 이용계약상 '지위 자체'를 상속받은 것과 동일한 효과가 발생할 수 있다. 따라서 상속인이 상속받는 데이터 처리권은 상속인이 데이터에 대한 재산적 가치를 향유하는 데 충분하면서도 피상속인이 여전히 사이버 공간상에 실존하는 것과 같은 환각 현상을 일으키지 않고 피상속인과 생전에 소통한 상대방 및 기타 이해관계인 등의 신뢰를 보호할 수 있는 적절한 수준, 예컨대 데이터 '백업(backup)권' 정도로 한정하는 것이 타당하다.[82] "사람은 생존한 동안 권리와 의무의 주체가 된다"는 우리 법질서의 근본 원칙은 온라인에서도 관철되어야 하기 때문이다.

참고로 위와 같은 이론 구성은 온라인 서비스 이용계약이 종료되기 전에 이미 피상속인에게 데이터 처리권이 명시적 혹은 묵시적으로 성립함을 전제한 것이다. 이러한 전제가 충족되지 않는다면(즉 온라인 서비스 이용계약상 피상속인에게 데이터 처리권이 인정되지 않는 개별적, 구체적 사정이 있는 경우라면), 피상속인이 사망하고 계약상 지위를 상속인

---

80) 일례로 네이버, 카카오 등은 약관에서 서비스의 자유로운 접속 및 이용을 보장하고 있다.
81) 이성범(각주 46), 279면.
82) 김상용(각주 34), 85면은 입법론으로 유사한 방안을 제안한다.

이 승계할 수 없어 온라인 서비스 이용계약이 종료된 상황에서 상속인에게 이용계약에 따라 처리된 피상속인 데이터에 관한 백업권을 사후적으로 인정하기는 이론적으로 곤란하다. 독일에서는 이를 '계약 종료에 따른 청산'으로 이론구성하는 경우가 있으나,[83] 이미 계약이 종료된 상황에서 계약상 지위뿐 아니라 데이터 처리권을 상속받지 못한 상속인에게 정보통신서비스제공자가 왜 청산 의무를 부담해야 하는지에 관한 논리적 설명이 부족하다는 한계가 있으므로, 채택하기 어렵다.[84]

V 결론

지금까지 "피상속인이 생전에 처리하던 데이터는 피상속인 사후 누구의 것인가?"라는 질문을 '데이터 상속'이라는 용어로 명명한 후 간략히 검토하였다. 검토 내용을 요약하면 다음과 같다.

(1) 데이터는 민법상 물건이 아니므로 물건에 성립하는 물권의 상속으로 데이터 상속 문제를 처리할 수 없다.

(2) 데이터는 민법상 물건은 아니지만 민법상(특히 상속법의 맥락에서) 재산이라고 보아야 하며, 이는 데이터가 표상하는 관념이 인격적 가치라고 하여 달라지지 않는다. 즉 데이터가 인격적 가치를 표상하고 있다고 하여 데이터 자체가 일신전속적인 것이어서 상속재산에서 제외된다고 볼 수 없다.

(3) 데이터 상속 논의를 통하여 이론적으로 규명되어야 할 쟁점은 피상속인과 정보통신서비스제공자간 체결된 온라인 서비스 이용계약상 피상속인의 지위 자체의 상속 혹은 피상속인이 이용계약상 가지는 데이터 처리권의 상속 문제이다.

(4) 온라인 서비스 이용계약상 피상속인의 지위 자체가 상속되는 경우는 이용계약별로 개별적, 구체적 내용 및 사정을 따져보아야 하며 일률적으로 단언할 수 없지만, 실정법 규정 및 해석론상 이용계약상 지위 자체가 상속된다고 보기 어려운 경우가 상당수 존재한다.

---

83) 이성범(각주 46), 284면.
84) 이성범(각주 46), 284-285면.

(5) 온라인 서비스 이용계약상 지위 자체가 상속되지 않는 경우에도 특별한 사정이
없는 한 상속인은 피상속인이 계약상 가졌던 데이터 처리권을 상속받고, 이를
통하여 피상속인의 재산인 데이터가 실질적으로 상속인에게 귀속되게 된다. 다
만 상속인이 상속받는 데이터 처리권의 구체적인 내용은 상속인이 데이터에 관
한 재산적 가치를 향유하기에 충분하면서도 피상속인이 생전에 소통한 제3자나
기타 이해관계인 등에게 혼란을 초래하지 않을 수준인 '데이터 백업권' 정도로
제한된다고 봄이 타당하다.

다소 검토 내용이 복잡해 보이지만, 결론적으로 '데이터 상속' 문제는 상당 부분 실
정법 규정 및 현행 상속법리로 충분히 합리적이고 타당한 해결이 가능하다는 것이 필
자 주장의 핵심이다. 특히 지면의 제약상 언급하지는 못하였지만, 데이터를 그 표상하
는 관념과 관계없이 민법상 재산으로 파악할 경우 피상속인은 생전에 데이터에 관하여
유효한 유언을 할 수 있고, 이를 통하여 피상속인이 상속인에게도 알리고 싶지 않은
정보나 사생활의 비밀 등을 일정 부분 통제할 수 있으므로, 인격권의 상속 혹은 사후
인격권의 인정과 같은 다소 논쟁적인 이론 구성이 없더라도 피상속인의 인격을 사후에
도 일정 부분 보호할 수 있을 것으로 생각한다.[85] 단 입법론으로 미국의 RUFADAA와
같이 데이터의 사후 처리에 관한 사항을 실정법상 유언사항으로 규정하는 방법을 고려
할 필요가 있다. 또한 유언이 일반적이지 않은 현실을 감안하면 유언이 아니라 피상속
인이 사후 자신의 데이터가 어떻게 처리될 것인지를 생전에 간이한 방식으로 결정할
수 있도록 제도적으로 보장하는 방안 또한 검토가 필요하다. 애플과 같은 글로벌 기업
이 제공하는 '디지털 유산 관리자'가 대표적인 예이다. 이를 반드시 법규범과 같은 경
성 규범으로 보장할 필요는 없다고 생각하며, 표준계약서, 자율규약, 기술표준 또는 코
드(code) 등과 같은 연성 규범을 채택하는 것도 충분히 가능하다고 본다.

지면의 제약상 데이터 상속에 관한 약관법상 쟁점이나 인격권 측면의 쟁점은 다루
지 못하였다. 추후 연구 과제로 남겨두고자 한다.

---

85) 물론 새로운 개별적 인격권으로서 생전에 자신의 데이터를 삭제 또는 보존할 것인지를 결정하는 권리를 인
정하는 이론 구성도 가능하다. 이해원, "디지털 신질서와 인격권", 법조 제73권 제2호, 법조협회, 2024.4,
33 – 35면.

참고문헌

국내문헌

1. 단행본

김주수, 『친족·상속법(제6판)』, 법문사, 2005.

곽윤직·김재형, 『민법총칙』, 박영사, 2018.

민유숙 편집대표, 『주석 민법(제5편 상속)』, 한국사법행정학회, 2020.

박세일, 『법경제학』, 박영사, 2006.

인하대학교 법학연구소 AI·데이터법 센터, 『데이터법』, 세창출판사, 2022.

Jeremy Rifkin, 안진환(역), 『한계비용 제로 사회』, 민음사, 2014.

William Geldart, 박홍규(역), 『영국법 원리』, 박영사, 2020.

2. 논문

김민호, "사자(死者)의 온라인 디지털 정보에 대한 법적 쟁점", 토지공법연구 제76집, 한국토
　　　지공법학회, 2016.11.

김상용, "디지털 유산의 상속성 – 상속법의 관점에서 –", 법학논문집 제39집 제1호, 중앙대학
　　　교 법학연구원, 2015.4.

김세준, "디지털유산에 대한 상속인의 정보청구권", 가족법연구 제31권 제3호, 한국가족법학
　　　회, 2017.11.

김진우, "결제 수단으로서의 개인 데이터", 재산법연구 제38권 제3호, 한국재산법학회, 2021.11.

김현진, "디지털 자산의 사후 처리에 관한 소고 – 미국 델라웨어 주법을 중심으로 –", 저스티스
　　　제147호, 한국법학원, 2015.4.

권영준, "데이터 귀속·보호·거래에 관한 법리 체계와 방향", 비교사법 제28권 제1호, 한국
　　　사법학회, 2021.2.

박신욱, "급부대상으로서의 개인 데이터", 민사법학 제100호, 한국민사법학회, 2022.9.

백대열, "데이터 물권법 시론(試論)", 민사법학 제90호, 한국민사법학회, 2020.3.

양종찬, "디지털유산 중 비공개 정보의 상속성", 중앙법학 제22집 제4호, 중앙법학회, 2020.12.

오병철, "인격적 가치 있는 온라인 디지털정보의 상속성", 가족법연구 제27권 제1호, 한국가
　　　족법학회, 2013.3.

_____, "현대 사회의 변화와 민법전의 대응", 민사법학 제93호, 한국민사법학회, 2020.12.

_____, "제3의 재산으로서의 데이터의 체계적 정립", 정보법학 제25권 제2호, 한국정보법
　　　학회, 2021.8.

윤주희, "디지털유품의 상속성에 관한 민사법적 고찰", 법학연구 제14권 제1호, 인하대학교 법학연구소, 2011.4.

이동진, "데이터 소유권(Data Ownership), 그 개념과 실익", 정보법학 제22권 제3호, 한국정보법학회, 2018.12.

이성범, "상속법상 포괄승계원칙과 디지털 유산 ―소셜 네트워크 서비스 계정의 상속성에 관한 독일 연방대법원 판결(BGH, Urteil v. 12. 07. 2018 ― Ⅲ ZR 183/17)을 중심으로―", 가족법연구 제34권 제3호, 한국가족법학회, 2020.11.

이진기, "상속의 이념과 방향", 비교사법 제26권 제1호, 한국사법학회, 2019.2.

이상용, "데이터 거래의 법적 기초", 법조 제67권 제2호, 법조협회, 2018.4.

이일호, "지식재산에서 디지털 재화로", 동북아법연구 제16권 제3호, 전북대학교 동북아법연구소, 2022.10.

이해원, "디지털 신질서와 인격권", 법조 제73권 제2호, 법조협회, 2024.4.

임채웅, "디지털 유산의 상속성에 관한 연구", 가족법연구 제28권 제2호, 한국가족법학회, 2014.7.

정진명, "데이터 이용과 사법적 권리구제", 민사법학 제92호, 한국민사법학회, 2020.9.

정차호·이승현, "우리민법상 전자파일(electronic file)의 물건성 인정 여부에 관한 연구", 성균관법학 제30권 제1호, 성균관대학교 법학연구원, 2018.3.

최경진, "디지털遺産의 法的 考察 - 온라인遺産의 相續을 중심으로 -", 경희법학 제46권 제3호, 경희대학교 법학연구소, 2011.9.

_____, "데이터와 사법상의 권리, 그리고 데이터 소유권", 정보법학 제23권 제1호, 한국정보법학회, 2019.4.

최현태, "디지털유산 상속 보호에 관한 입법론적 고찰", 법과정책연구 제17권 제3호, 한국법정책학회, 2017.9.

3. 기타자료

정준화·박소영, "데이터 거래 활성화를 위한 거래소·거래사·크롤링의 현황과 개선과제", NARS 현안분석 제254호, 국회입법조사처, 2022.7.

최경진, "국내·외 디지털 유산 관리 현황 및 정책·법제 동향", 고인의 디지털 유산 관리와 입법 방향 세미나 자료집, 2013.4.

외국문헌

Luciano Floridi, Information: A Very Short Introduction, Oxford University Press, 2001.

Haimo Schack, Weiterleben nach dem Tode – wie lange? Postmortale Begrenzungen subjektiver Rechte, JZ 2019, 864.

Nicola Preuß, Digitaler Nachlass - Vererbbarkeit eines Kontos bei einem sozialen Netzwerk, NJW 2018, 3146.

Melvin M. Vopson, *The Information Catastrophe,* AIP Advance 10, 2020.

Jonathan J. Darrow & Gerald R. Ferrera, *Who owns a decedent's e—mails: Inheritable probate assets or property of the network,* 10 NEW YORK UNIVERSITY JOURNAL OF LEGISLATION AND PUBLIC POLICY 281, 2007.

Paul M. Schwartz, *Property, Privacy, and Personal Data,* 117 HARV. L. REV. 2056, 2004.

European Commission, COMMISSION STAFF WORKING DOCUMENT on the free flow of data and emerging issues of the European data economy[Accompanying COM(2017) 9 final], SWD(2017) 2 final, 2017.1.10.

02

데이터 이동권과 경쟁법*

최 요 섭 | 한국외국어대학교 국제지역대학원 교수

저자소개

한국외국어대학교 네덜란드어과를 졸업하고, 미국 뉴욕주립대학교(버팔로)에서 경제학석사, 네덜란드 에라스무스대학교에서 법학석사, 영국 더럼대학교에서 법학석사, 영국 글래스고대학교에서 법학박사학위를 취득하였다. 2012년부터 한국외국어대학교에서 재직하고 있으며, 한국경쟁법학회, 미디어커뮤니케이션학회, 정보통신정책학회, 규제법학회 학회원으로 활동하고 있다. Academic Society for Competition Law(ASCOLA)와 Dynamic Competition Initiative(DCI) 회원이며, 국내외 학술지에 다수의 논문을 게재하였다.

* 이 연구는 2024년 11월 발간된 "데이터 이동권 관련 경쟁법적 문제 — 비교법적 방법으로 —", 「외법논집 (제48권 제4호)」의 내용을 수정·보완하여 작성되었다.

요약

개인정보 또는 데이터는 디지털 플랫폼 생태계(digital platform ecosystem)의 사업모델 설계에서 중요한 내용이 된다. 플랫폼 사업자는 최종이용자(end user)의 개인정보를 수집·활용하여 수익창출에 집중하는 것이 일반적이다. 그런데 이러한 사업모델은 다양한 법적 문제를 가져올 수 있다. 우선, 최종이용자 또는 정보주체가 자신의 개인정보를 통제할 수 없게 되어 권리를 보장받을 수 없는 상황이 발생할 수 있다. 또한 만약 특정 분야의 데이터가 필수설비의 성격을 갖는다고 가정한다면, 규모가 작은 이용사업자(business user)가 해당 데이터에 접근이 어려워 시장에 진출할 수 없거나 시장에서 퇴출될 수도 있다.

이러한 문제는 최종이용자의 데이터 이동권 혹은 개인정보 전송요구권의 보장으로 어느 정도 해결될 수 있을 것이다. 다만, 데이터 이동권 자체가 제3자의 개인정보 침해로 이어지거나 기존 플랫폼(incumbent platform)의 데이터 독점을 오히려 강화시키는 역효과를 발생시킬 수 있다. 따라서 데이터 이동권이 추구하는 목적을 달성할 수 있는 정책의 설계와 법집행의 방향을 고민하는 것은 향후 개인정보 보호법과 경쟁법의 중복과 충돌을 방지하는 데 필요할 것이다. 데이터 이동권의 궁극적인 목적은 정보주체(최종이용자 또는 소비자)에게 자신의 데이터를 통제할 수 있는 권한을 부여하여 기본권을 보장하는 것에 있다. 또한 데이터 이동권은 장기적으로 시장진입장벽의 문제를 해결할 수 있으며, 경쟁과 소비자후생을 증진시킬 수 있다. 따라서 이 연구는 개인정보 보호법상 효과적인 데이터 이동권의 보장이 경쟁법이 추구하는 목적에 합치되는 지에 대해서 살펴보고, 데이터 이동권과 관련하여 경쟁법의 역할에 대해서 논의하는 것을 목적으로 한다.

목차

Ⅰ. 서론: 개인정보와 디지털 경쟁법

Ⅱ. 데이터 이동권(개인정보 전송요구권)의 의미: 유럽연합
   법률과의 비교분석

Ⅲ. 경쟁법상 필수설비 데이터의 논의와 분석: 데이터 이동
   관련 경쟁효과

Ⅳ. 결론: 데이터 이동권의 보장과 경쟁법의 역할

I 서론: 개인정보와 디지털 경쟁법

　최근 디지털 경제가 빠르게 성장하면서, 다양한 사업모델(business model)이 등장하고 발전하고 있다. 디지털 플랫폼 생태계(digital platform ecosystem: 이하, '디지털 생태계')가 형성되고 발전하는 과정에서, 플랫폼 사업자는 개인정보 또는 데이터 수집과 활용에 집중하는 경우가 많다. 특히, '데이터 주도(data–driven)' 사업모델이 디지털 생태계의 '파괴적 혁신(disruptive innovation)'과 관련하여 중요한 요소가 되고 있다.[1] 하지만 다양한 방법의 개인정보 수집과 활용이 개인정보 보호의 문제뿐만 아니라 디지털 시장 경쟁의 문제가 될 것으로 보인다. 그런데 최근 개인정보 규율과 관련된 다양한 법률들의 목적과 집행을 살펴보면, 향후 법률들 사이에 서로 중복되거나 충돌할 가능성이 있다. 예를 들어, 정보주체의 권리를 보장하는 「개인정보 보호법」과 공정하고 자유로운 경쟁을 목적으로 하는 「독점규제 및 공정거래에 관한 법률」(이하, '경쟁법' 또는 '공정거래법')의 중복과 충돌이 문제가 될 수 있다.[2] 중복과 충돌이 발생하는 주요한 이유는 경쟁법의 목적과 집행의 범위가 확장되고 있기 때문이다. 예를 들어, 이탈리아 경쟁당국은 구글이 데이터 이동을 제한한 행위를 시장지배적지위의 남용으로 판단했으며,[3] 유럽연합 경쟁당국은 기업결합심사에서 데이터 관련 독점의 문제를 논의하기도 하였다.[4]

　최근에는 경쟁법을 보완하는 전문규제(sector–specific regulation)로서의 디지털 법률들이 도입되거나 빅테크를 규제하기 위한 경쟁법 개정이 논의되면서,[5] 개인정보 또는 데이터에 관한 문제를 시장경쟁의 문제로 설명하기도 한다.[6] 예컨대, 유럽연합 「디지

---

1) Geoffrey G. Parker, Marshall W. Van Alstyne and Sangeet Paul Coundary, *Platform Revolution* (W.W. Norton 2016) 217–218; 이성엽, 데이터법의 의의와 체계, 이성엽(편), 데이터와 법, 제2판, 박영사, 2024, 3면; 변용완·나현대, 마이데이터 산업에서의 정보이동권 – 정보주체와 처리자간의 균형을 위한 개인정보 전송 요구권 –, IT와 법연구, 제22집, 2021.2, 211면.

2) 홍대식·안정민, 경쟁법과 개인정보 보호법의 상충과 조화 – 빅테크 기업들의 개인정보 보호 강화조치에 대한 검토를 중심으로 –, 경쟁법연구 한국경쟁법학회, 제47권, 2023.3, 367–368면.

3) AGCM, 'A552 – Italian Competition Authority: Following the Authority's intervention, Google's data portability becomes easier' (31 July 2023), available at: https://en.agcm.it/en/media/press–releases/ 2023/7/A552 (accessed 22 Oct. 2024).

4) 최난설헌, '디지털 경제에서의 데이터 집중과 경쟁정책', 이성엽(편), 데이터와 법, 제2판, 박영사, 2024, 416–424면.

5) 최근 공정거래위원회는 유럽연합의 디지털 전문 규제와 유사한 입법이 아닌, 공정거래법 개정을 통해 시장지배적 플랫폼을 규제할 것으로 발표하였다. 공정거래위원회, '보도자료: 플랫폼 공정경쟁 촉진 및 티몬 위메프 사태 재발방지 입법방향' (2024.9.9.) <https://www.ftc.go.kr/www/selectReportUserView.do?key =10&rpttype=1>(2024.10.23.).

6) Viktoria H.S.E. Robertson, 'The Complementary Nature of the Digital Markets Act and the EU Antitrust

털시장법」(Digital Markets Act, 이하 'DMA')[7]을 '특별경쟁법(sector-specific competition law)'
으로 이해하기도 하는데,[8] DMA는 유럽연합의 「데이터 보호에 관한 일반법률」(General
Data Protection Regulation, 이하 'GDPR')[9]에서 규율하는 데이터 결합금지와 '데이터 이동
권(data portability)'[10]의 실체규정을 포함하고 있다.[11] 따라서 유럽연합에서는 두 법률의
집행에서 중복의 문제가 발생할 수 있다.[12] DMA와 같은 디지털 법률은 시장경쟁과
관련된 '새로운 경쟁폐해이론(new theories of harm to competition)'을 근거로 하고 있다.
새로운 경쟁폐해이론은 기존의 경쟁법으로 규제하지 않았던 새로운 행위 또는 사업모
델이 독점을 강화하거나 소비자후생을 저해하여 경쟁폐해를 발생시킨다는 이론을 말한
다. 특히, '신브랜다이스학파(New Brandeisian School)'는 경쟁법이 추구하는 후생증진의
범위를 노동이나 환경 분야뿐만 아니라 프라이버시까지 포함하기 때문에, 경쟁법 집행
이 데이터 보호 분야까지 확대될 수 있다고 주장한다.[13] 위의 주장에 따르면, 경쟁법
이 추구하는 소비자후생의 증진이 가격, 품질, 선택, 혁신과 함께 프라이버시를 포함할
수 있다. 프라이버시가 경쟁법상 소비자후생에 포함되는 경우에 개인정보를 포함한 모
든 형태의 데이터 분야(비개인정보)에서 경쟁법의 적용이 가능하게 된다.[14]

위의 의견을 바탕으로 유럽연합에서는 페이스북(메타)의 최종이용자 또는 소비자의
데이터 결합과 관련된 경쟁법상 착취남용 사건이 있었으며,[15] 이를 근거로 DMA는 데

Rules' (2024) 12 *Journal of Antitrust Enforcement* 325-330.

7) Regulation (EU) 2022/1925 of the European Parliament and of the Council on contestable and fair markets in the digital sector and amending Directives (EU) 2019/1937 and (EU) 2020/1828 (Digital Markets Act) OJ L 265.

8) Nicolas Petit, 'The Proposed Digital Markets Act (DMA): A Legal and Policy Review' (2021) 12(7) *Journal of European Competition Law & Practice* 529-541.

9) Regulation (EU) 2016/679 of the European Parliament and of the Council on the protection of natural persons with regard to the processing of personal data and on the free movement of such data, and repealing Directive 95/46/EC (General Data Protection Regulation) OJ L 119.

10) 유럽연합에서는 '데이터 이동권'의 용어를 사용하고 있으므로 본고에서 유럽연합 규제의 내용이나 일반적인 내용을 다루는 경우에는 '데이터 이동권'의 표현을 사용하고, 우리나라 개인정보 보호법의 내용을 설명하는 경우에는 '개인정보 전송요구권'의 용어를 사용하도록 한다.

11) DMA 해석조항(recitals) 59 & 96 및 DMA 제6조 제9항.

12) 최난설헌, 앞의 논문, 409면.

13) Andrew I. Gavil, William E. Kovacic and Jonathan B. Baker, *Antitrust Law in Perspective* (5th edn, West Academic 2024) 76-78; Alison Jones, Brenda Sufrin and Niamh Dunne, *EU Competition Law* (8th edn, Oxford University Press 2023) 26-27.

14) 최요섭, 디지털 경제에서의 경쟁법 상 착취남용규제 - 비교법적 방법으로 -, 법학논고 경북대 법학연구원, 제74집, 2021.7, 411면.

15) Case C-252/21, *Meta and others v Bundeskartellamt* ECLI:EU:C:2023:537.

이터 결합을 규율하는 실체규정을 포함하고 있다.[16] 따라서 유럽연합에서는 경쟁법상 시장지배적 지위남용 금지규정이 개인정보 보호법상 데이터 결합 금지규정과 중복될 수 있다.[17] 요컨대, '소비자 또는 최종이용자' 후생증진의 측면에서 경쟁법 혹은 특별 디지털 법률을 적용하는 것이 '정보주체'의 권리보장 측면에서 개인정보 보호법의 적용과 중복될 수 있다. 결국, 유럽연합 경쟁법과 DMA는 데이터의 결합과 데이터 이동을 규율할 수 있으므로,[18] GDPR의 실체규정과 중복될 수 있다. 물론 우리나라와 유럽연합 사이에는 경쟁법 집행 및 디지털 입법과 관련하여 많은 차이점이 있다. 우리나라와 달리, 유럽연합에서는 규제기관 간 협력의 거버넌스 또는 법집행 관할권 중복이 큰 문제가 되지 않는 것으로 보인다. 다만, GDPR의 경우에는 주로 유럽연합 회원국이 집행을 담당하며 DMA는 유럽집행위원회(European Commission)가 담당하고 있으므로, 앞으로 두 법률의 집행과 관련하여 유럽에서 많은 논의가 있을 것으로 보인다.

개인정보 결합의 문제와 마찬가지로, 데이터 이동권의 보장은 개인정보 보호법과 디지털 관련 경쟁법 혹은 '디지털 경쟁법(digital competition law)'[19]과 중복될 수 있다. 개인정보 보호법상 데이터 이동권의 내용은 정보주체의 데이터 통제권·선택권 또는 정보자기결정권[20]을 기반으로 도입된 반면, 경쟁법 또는 DMA와 같은 디지털 법률의 데이터 이동권 보장은 데이터의 '필수설비(essential facility)'[21] 또는 '필수적인 요소(indispensable element)'의 측면에서[22] 독점 플랫폼이 보유한 데이터에 대한 접근을 간접

---

16) DMA 제5조 제2항 제b호.

17) Bárbara da Rosa Lazarotto, 'The Right to Data Portability: A Holistic Analysis of GDPR, DMA and the Data Act' (2024) 15(1) *European Journal of Law and Technology* (special issue).

18) DMA 제5조 제2항.

19) 본고의 '디지털 경쟁법'은 디지털 분야에 적용이 가능한 경쟁법 실체규정과 특별 디지털 법률에서 경쟁에 영향을 줄 수 있는 실체규정 모두를 포함하는 개념을 말한다.

20) 고수윤·이수안·손경호, 데이터 이동권 도입을 위한 비교법적 연구, 과학기술법연구 한남대 과학기술법연구원, 제26집 제2호, 2020, 9면; 계인국, 마이데이터 사업에서의 시장창궐적 규제 – 규제법 모델에 의한 개인정보 이동권의 실현 –, 고려법학, 고려대 법학연구원, 제106호, 2022.9, 363면; 박주희, 마이데이터 서비스 활성화의 법적 과제, 아주법학, 아주대학교 법학연구소, 제14권 제1호, 2020, 97면; 윤주호·정원준, '개인정보 이동권과 마이데이터의 제도화 그리고 그 시사점', 이성엽(편), 데이터와 법, 제2판, 박영사, 2024, 287면; 최철, 초 개인화(Hyper–Personalization)와 개인정보자기결정권의 재산권적 측면에 관한 소고 – 금융 마이데이터 사업을 중심으로 –, 외법논집, 제45권 제3호, 2021.8, 198면. '정보자기결정권'에 대한 비판적인 의견으로, [김민호, "자기결정권"의 함정, 2024 개인정보 보호법학회 가을 학술 세미나 발표문] 참고.

21) 정찬모, 데이터이동성을 위한 유럽연합의 입법동향과 쟁점, 과학기술과법연구, 제24집 제3호, 2018, 218–219면; 홍대식·안정민, 앞의 논문, 366면.

22) Angela Daly, *Private Power, Online Information Flows and EU Law: Mind the Gap* (Hart 2016) 28; Inge Graef, 'When Data Evolves into Market Power - Data Concentration and Data Abuse under

적으로 가능하게 하는 법적 장치로 이해하고 있다.[23) 데이터 이동권이 직접적으로 정보주체의 권리를 보장한다는 측면에서 개인정보 보호법의 영역에 포함되어야 하는 것이 분명하지만, 유럽에서는 데이터 이동권이 개인정보 분야에 포함되는 것보다는 경쟁과 혁신을 추구하는 새로운 법적 장치라는 주장도 있다.[24) 그 이유는 데이터 이동권의 보장이 데이터 개방과 재사용으로 이어지게 하여, 산업 전체의 혁신과 경쟁에 긍정적인 영향을 줄 수 있고,[25) 결과적으로 데이터 경제 활성화를 가능하게 하기 때문이다.[26) 따라서 유럽연합에서 GDPR 입법 당시에 영국, 독일, 프랑스를 포함한 몇몇 유럽연합 회원국은 데이터 이동권의 성격과 범위를 고려하여, GDPR의 데이터 이동권 조항을 삭제하고 이를 경쟁법 분야에 포함시켜야 한다고 주장하기도 하였다.[27)

개인정보 보호법과 경쟁법의 적용으로 데이터 이동권을 규율하는 실체규정의 목적을 달성할 수 있지만, 실제 집행에서는 차이가 발생할 수 있다. 예를 들어, 디지털 경쟁법상 데이터 자체를 필수설비로 인정하는 경우, 데이터 이동권의 보장을 지나치게 강조하여 제3자의 데이터 프라이버시를 침해하게 할 수도 있다. 그리고 경쟁정책의 관점에서 데이터 이동을 위해 다수의 상호호환 기준을 설정하게 하면 데이터보안 침해의 위험을 증가시킬 수도 있다.[28) 또한 개인정보 보호법상 데이터 이동권 보장을 위해 정한 데이터 전송표준이 특정 사업자에게 적합하지 않을 경우, 해당 사업자들에게는 데이터 수집의 열위가 발생하여 산업 전반적으로 기술투자의 유인이 낮아지고 혁신이 저해될 수도 있다.[29) 따라서 개인정보 보호법과 디지털 경쟁법상 데이터 이동권 관련 규

Competition Law' in Martin Moore and Damian Tambini (eds) *Digital Dominance: The Power of Google, Amazon, Facebook, and Apple* (Oxford University Press 2018) 92; Maurice E. Stucke and Allen P. Grunes, *Big Data and Competition Policy* (Oxford University Press 2016) 46−47.

23) Draghi Report, *The Future of European competitiveness, Part B: In−depth analysis and recommen−dations* (September 2024) 302; Paul De Hert, et al., 'The right to data portability in the GDPR: Towards user−centric interoperability of digital services' (2018) 34(2) *Computer Law & Security Review* 201.

24) Inge Graef, Martin Husovec and Nadezhda Purtova, 'Data Portability and Data Control: Lessons for an Emerging Concept in EU Law' (2018) 19(6) *German Law Journal* 1359; Johann Kranz, et al., 'Data Portability' (2023) 65(5) *Business & Information Systems Engineering* 602.

25) 이성엽, 앞의 논문(2024), 4면.

26) 고환경·손경민·주성환, 정보이동권과 마이데이터산업, BFL, 제93호, 2019.1, 23면.

27) Christopher Kuner, Lee A. Bygrave, and Christopher Docksey (eds), *The EU General Data Protection Regulation* (GDPR): *A Commentary* (Oxford University Press 2020) 499.

28) 김서안·이인호, 유럽연합과 미국에서의 개인정보이동권 논의와 한국에의 시사점, 중앙법학, 중앙법학회, 제21집 제4호, 2019.12, 285면; Kuner, et al., op cit, 505; Daniel Rubinfeld, 'Data portability and interoperability: An E.U.−U.S. comparison' (2024) 57 *European Journal of Law and Economics* 168.

율을 살펴보는 것은 향후 두 법률의 중복 및 충돌의 잠재적 문제를 예방하는데 필요할 것이다. 결론적으로 현대 개인정보 보호법상 데이터 이동권은 반드시 필요한 규율이지만, 경쟁법의 관점에서 다양한 긍정적·부정적 효과를 고려하고 경쟁법의 역할을 고민해야 한다.

본고는 데이터 이동권의 내용을 각각 개인정보 보호법과 경쟁법의 관점에서 살펴보고, 데이터 이동권과 관련하여 두 법률의 집행 및 해석에서 발생할 수 있는 잠재적 중복과 충돌의 문제를 논의하는 것을 목적으로 한다. 특히, 데이터 이동권 관련 유럽연합 경쟁법의 이론 및 DMA의 실체규정을 살펴보고, 관련하여 우리나라 공정거래법 및 공정거래정책에 주는 함의에 대해서 분석하도록 한다. 본 연구의 목적을 달성하기 위한 논문의 구성은 다음과 같다. 먼저, 제II장은 데이터 이동권 관련 개인정보 보호법과 경쟁법의 내용 일반에 대해서 정리하고, 유럽연합에서 논의되는 '데이터 통제권'과 관련된 내용을 GDPR 및 DMA와 비교하여 분석한다. 다음으로 제III장은 경쟁법 또는 DMA에서 규율할 수 있는 필수 데이터 혹은 데이터 필수설비 이론을 비판적으로 검토한다. 또한 제III장에서 개인정보 전송요구권의 보장이 디지털 시장에 미칠 수 있는 영향에 대해서 설명하고, 우리나라에서의 효과적인 경쟁법 집행을 위한 제언을 포함한다. 마지막으로 제IV장은 본고의 내용을 요약하고, 데이터 규제가 경쟁정책에 주는 함의에 대해서 간단히 논의하고 결론을 맺는다.

II   데이터 이동권(개인정보 전송요구권)의 의미: 유럽연합 법률과의 비교분석

1. 정보주체의 권리로서의 데이터 이동권(개인정보 전송요구권): GDPR과 비교[30]

우리나라 「개인정보 보호법」(또는 '법') 제4조 제3호는 '개인정보의 처리 여부를 확인하고 개인정보에 대한 열람 및 전송을 요구할 권리'를 정보주체의 권리에 포함하고 있

---

29) Rubinfeld, op cit, pp. 164 & 168.

30) GDPR의 데이터 이동권에 관한 선행연구로, [김서안·이인호, 앞의 논문, 274–276면; 변용완·나현대, 앞의 논문, 226–233면; 이성엽, 개인정보의 개념의 차등화와 개인정보이동권의 대상에 관한 연구, 경제규제와 법, 제12권 제2호, 2019.11, 203–204면] 참고.

다. 개인정보 전송요구권과 관련하여, 법 제35조의2 제1항은 정보주체가 대통령령의 기준에 해당하는 '개인정보처리자'[31)]에게 특정 요건을 충족하는 개인정보를 자신에게 전송할 것을 요구할 수 있도록 하고 있다. 동조 동항 제1호는 전송을 요구하는 개인정보가 정보주체 본인에 관한 정보로서, ① 법에 따른 동의를 받아 처리되고, ② 법에 따라 체결한 계약 이행 또는 계약 체결의 과정에서 정보주체의 요청에 따른 조치를 이행하기 위해 처리되고, ③ 법에 따라 처리되는 개인정보 중 정보주체의 이익이나 공익적 목적을 위해 관계 중앙행정기관장의 요청으로 보호위원회가 심의·의결하여 전송요구의 대상으로 지정한 개인정보이어야 한다. 다만, 동조 동항 제2호는 해당 개인정보가 개인정보처리자가 수집한 개인정보를 기초로 분석·가공하여 별도로 생성한 정보의 경우에 전송의 예외로 하고 있다. 또한 제3호는 해당 개인정보가 정보처리장치로 처리되는 정보일 경우에만 전송이 가능하도록 명시하고 있다.

법 제35조의2 제2항은 대통령령으로 정한 기준(매출액, 개인정보 보유 규모, 개인정보 처리 능력, 산업별 특성 등)에 해당하는 개인정보처리자에 대해, 전송요구 대상인 개인정보를 기술적으로 허용되는 합리적인 범위에서 법에 따른 개인정보관리 전문기관과 안전조치의무를 이행하고 대통령령으로 정하는 시설과 기술 기준을 충족하는 자에게 개인정보 전송을 요구할 수 있도록 규정한다. 그리고 동조 제3항에 따라 개인정보처리자는 전송요구에 따라 시간, 비용, 기술적으로 허용되는 합리적인 범위에서 정보처리장치로 처리 가능한 형태로 전송해야 한다. 또한 동조 제5항은 정보주체의 전송요구 철회를 보장하고 있으며, 제6항은 정보주체 본인 여부가 확인되지 않을 경우에 개인정보처리자가 전송요구를 거절하거나 중단할 수 있도록 하고 있다. 마지막으로 제7항에서는 정보주체가 전송요구로 인해 타인의 권리나 정당한 이익을 침해하지 못하도록 하고 있어, 제3자에게 불이익이 발생할 수 있는 전송을 금지하고 있다. 법 제35조의2가 도입된 이후 2025년 1월 현재에도 시행일이 지정되지 않았으며, 대통령령이 개정되면 개인정보 전송요구권이 시행될 것으로 예상된다.[32)]

국내 개인정보 전송권의 일반적인 내용을 논의하기 위해서는 유럽연합 GDPR 제20조에서 보장하고 있는 데이터 이동권의 내용을 살펴볼 필요가 있다. GDPR 제20조는 정보주체가 자신의 데이터를 통제할 수 있도록 허용하여 데이터에 대한 권리를 보장하

---

31) 법 제2조 제5호는 '개인정보처리자'를 '업무를 목적으로 개인정보파일을 운용하기 위하여 스스로 또는 다른 사람을 통하여 개인정보를 처리하는 공공기관, 법인, 단체 및 개인 등'으로 정의하고 있다.
32) 윤주호·정원준, 앞의 논문, 268면.

는 것을 주요한 목적으로 하고 있다.[33] 제20조 제1항은 정보주체 자신이 제공한 개인정보를 구조적이며 통상적으로 사용되는 기계정보처리가 가능한 형식으로 받을 수 있고 해당 개인정보를 제공한 컨트롤러(정보처리자)의 제한 또는 방해 없이 다른 컨트롤러에게 전송할 수 있도록 허용하고 있다.[34] 다만, 데이터 이동권을 보장받기 위해서 정보주체의 동의 또는 계약이 있어야 하며 정보처리가 자동화된 수단에 의해 이루어지는 경우에 가능하도록 하고 있다. 동조 제2항은 데이터 이동권의 행사는 기술적으로 가능한 경우에 컨트롤러 간 개인정보를 직접 전송할 수 있도록 하고 있고, 제3항은 데이터 이동권이 공익을 위한 정보처리 또는 컨트롤러에게 부여된 공적 권한 행사를 위한 정보처리에는 적용되지 않도록 하고 있다. 마지막으로 제4항은 데이터 이동이 제3자의 권리와 자유에 부정적인 영향을 주지 말아야 한다고 규정한다. 종합하면, 데이터 이동권이 가능한 개인정보는 ① 정보주체의 개인정보이며, ② 정보주체가 컨트롤러에게 제공한 개인정보이고, ③ 제3자 혹은 타인의 권리를 침해하지 않는 정보이다.[35] 따라서 유럽연합 GDPR의 데이터 이동권의 전체적인 규율은 우리나라 개인정보 보호법상 개인정보 전송요구권의 내용과 상당히 유사하다.[36] 다만, 유럽연합 GDPR과 달리, 우리나라 개인정보 보호법은 전송이 가능한 '개인정보처리자의 범위와 기준'을 포함한다.

유럽 학자들은 GDPR 제20조의 데이터 이동권 보장이 디지털 서비스에서 발생할 수 있는 이용자의 고착효과(lock–in effect)와 싱글호밍(single–homing)의 문제를 어느 정도 해결할 것으로 예상하였다.[37] 다만, 해당 조항은 경제규제 또는 경쟁법의 관점에서 설정된 것은 아니며, 순수하게 기본권의 보장을 위해 설계된 조항이라고 할 수 있다.[38] 그라에프 외(Graef et al)는 데이터 이동권과 관련한 '데이터 통제'의 본질 혹은 성격을 ① 기본권, ② 데이터 소유권, ③ 데이터 공유 및 재사용의 관점에서 설명하였다. 해당 내용을 세부적으로 논의하면, 먼저 ① 개인이 자신의 개인정보를 통제할 수 있는 것은 유럽기본권헌장 제8조에서 보장하는 데이터 보호 관련 기본권에 합치된다고 주장

33) 데이터 이동권은 이전에는 없었던 새로운 형태의 권리보장이다. Kuner, et al., op cit, p. 22.
34) 고수윤·이수안·손경호, 앞의 논문, 14면; 계인국, 마이데이터 사업에서의 시장창궐적 규제 – 규제법 모델에 의한 개인정보 이동권의 실현 –, 고려법학, 고려대 법학연구원, 제106호, 2022.9, 365면.
35) 고수윤·이수안·손경호, 위의 논문, 44면.
36) Anu Bradford, *Digital Empires: The Global Battle to Regulate Technology* (Oxford University Press 2023) 324–325.
37) Kuner, et al., op cit, p. 499; Rubinfeld, op cit, p. 167.
38) Jan Krämer, 'Personal Data Portability in the Platform Economy: Economic Implications and Policy Recommendations' (2020) 17(2) *Journal of Competition Law & Economics* 263, 264.

하였다.39) 또한 ② 데이터 이동권은 데이터 소유권의 관점에서도 부합된다고 설명하였다. 다만, 데이터 이동권 관련 소유권의 내용은 거래, 교환, 판매와 같은 영역에서만 가능하며, 배타적인 속성을 갖는 소유권을 의미하는 것은 아니다. 따라서 GDRP 제20조의 데이터 이동권이 삭제권과 함께 배타적 소유권을 보장하는 것이라 볼 수는 없다고 주장하였다. 마지막으로 ③ 데이터 공유 및 재사용의 관점에서도 데이터 이동권의 특징을 설명하였다. 데이터 이동권은 개인정보처리자(컨트롤러) 사이에 데이터가 이동할 수 있도록 허용하여 데이터 공유와 재사용을 가능하게 한다. 따라서 데이터 이동권은 정보주체가 자신의 데이터를 복사할 수 있는 권리와 해당 데이터를 다른 개인정보처리자에게 직접 전송할 수 있는 권리를 포함한다. 데이터 생태계에서 정보주체가 데이터 이동권을 통해 자신의 데이터에 대한 통제권을 갖게 되면, 기본권, 소유권, 공유 및 재사용의 목적을 달성할 수 있게 된다.40) 결론적으로, 정보주체가 자신의 개인정보를 조회하고 저장할 뿐만 아니라 제3자에게 정보전송을 요구함으로써, 정보주체의 '관리와 통제'에 따라 적절한 디지털 서비스 제공이 이루어질 수 있다.41)

GDPR상 데이터 이동권의 필요성과 효과와 관련하여, '유럽연합 제29조 개인정보보호 작업반'의 지침은 중요한 참고자료가 된다.42) 위의 자료에 따르면, 데이터 이동권은 정보주체의 권한을 강화시키고, 자신의 데이터에 대한 통제권을 강화시킬 수 있다. 또한 데이터 이동으로 인해 플랫폼들이 서비스의 품질을 증진시키려는 비가격경쟁이 발생하게 된다. 특히, 효율적이고 투명한 정보처리를 가능하게 하고, 플랫폼 사업자(개인정보처리자)와 정보주체 사이의 힘의 불균형 문제 또는 플랫폼의 우월적 지위남용을 해결할 수 있으며,43) 개인정보 활용으로 인한 가치창출의 이익을 정보주체가 얻을 수 있게 된다. 그리고 경쟁적인 시장환경을 만들 수 있고, 새로운 서비스 개발과 신규진입을 가능하게 한다.44) 결론적으로 데이터 이동권은 정보주체의 권리를 보장하면서 시장 경쟁을 증진시켜 정보주체의 후생을 증진시킬 수 있다. 특히, 데이터 이동권으로 경쟁

---

39) 데이터 소유권은 민주주의와 관련이 있다는 주장이 있다. Roberta Fischli, 'Data-owning Democracy: Citizen empowerment through data ownership' (2024) 23(2) *European Journal of Political Theory* 204-223.

40) Graef, et al., op cit, pp. 1366-1370.

41) 계인국, 앞의 논문, 361-362면.

42) Article 29 Data Protection Working Party, Guidelines on the right to data portability (adopted 13 Dec. 2016 & revised 5 Apr. 2017).

43) De Hert, et al., op cit, p. 195.

44) 이창범, 개인정보 이동권의 법적 이슈와 입법 정책 방향, 정보화정책, 제28권 제4호, 2021, 56-57면.

이 증진되는 경우, 정보주체에게 보다 개선된 개인정보 보호의 서비스 또는 개선된 품질의 서비스가 제공될 수도 있다.

2. 유럽연합 DMA의 데이터 이동권 규율: 디지털 시장에서의 경쟁과 전문규제

유럽연합의 GDPR과 DMA는 데이터 이동권을 보장한다는 측면에서 공통점이 있지만,[45] 규제의 측면에서 중요한 차이점이 있다. GDPR은 사후(ex post)규제를 DMA는 사전(ex ante)규제를 기본으로 하고 있다. 유럽집행위원회는 DMA상 사전에 금지하거나 의무를 부과하는 실체규정을 적용한다. 따라서 규제당국이 DMA를 적용할 때, 사업자의 특정 행위가 최종이용자 또는 이용사업자에게 폐해를 주는지에 대해서 심사할 필요가 없다. 다시 말해, DMA상 지정된 디지털 '게이트키퍼(gatekeeper)'는 정당화사유의 유무와 관계없이 DMA의 실체규정을 준수해야 한다.[46] 결국, DMA의 데이터 이동권은 GDPR의 규율보다 엄격하게 적용된다고 볼 수 있다. 그리고 DMA의 수범자는 사전에 지정된 특정 게이트키퍼 혹은 빅테크로 한정되어 있지만 GDPR의 경우 모든 사업자를 포함한다. 또한 DMA는 GDPR의 개인정보 전송 관련 규율을 포함하면서 비개인정보까지 모든 데이터를 규율한다.[47] 따라서 두 법률의 관할권과 집행범위에서 차이가 있다.

핵심 플랫폼 서비스(core platform service)[48] 분야에서 활동하면서 사전에 지정된 게이트키퍼는 데이터 이동과 관련하여 DMA 제6조 제9항이 정한 다음의 의무를 준수해야 한다. 게이트키퍼는 최종이용자와 최종이용자로부터 권한을 받은 제3자의 요구에 따라, 최종이용자가 제공했거나 최종이용자가 게이트키퍼의 핵심 플랫폼 서비스를 사용하면서 생성된 데이터의 효과적인 이동을 무료로 가능하게 해야 한다. 특히, 데이터 이동권을 효과적으로 행사할 수 있는 도구(방법)를 무료로 제공하고 지속적이며 실시간으로 해당 데이터에 접근할 수 있는 방법을 제공해야 한다. 위의 의무조항에 대한 근거

---

45) Rubinfeld, op cit, p. 173.

46) Bradford, op cit, p. 244.

47) 방정미, 데이터 유통 활성화를 위한 데이터 이동권 법제 연구, 법학연구, 경상대 법학연구소, 제32권 제3호, 2024.7, 63면.

48) DMA 제2조 제2항은 핵심 플랫폼 서비스 분야를 구분하고 있다. 핵심 플랫폼 서비스는 "중개서비스, 검색엔진, 소셜네트워크, 동영상공유 플랫폼, 개인 간 통신서비스, 운영체제, 웹브라우저, 가상비서, 클라우드 컴퓨팅 서비스, 온라인 광고서비스"를 포함한다. 김윤정, 독과점 플랫폼 사업자에 대한 규율방안 연구, 한국법제연구원, 현안분석 23-06, 2023, 47-48면 참고.

는 DMA 해석조항(recital) 제59조를 통해 알 수 있다.

해석조항 제59조에 따르면, 게이트키퍼는 핵심 플랫폼 서비스와 그 외의 디지털 서비스를 제공하면서 수집한 '상당한 규모'의 데이터에 접근할 수 있는 경쟁우위를 갖게 된다. 따라서 게이트키퍼가 ① 핵심 플랫폼 서비스 분야에서 경합성(contestability)을 저해하거나, ② 최종이용자와 최종이용자로부터 권한을 받은 제3자가 (게이트키퍼 이외의) 다른 플랫폼 서비스로 전환하거나 멀티호밍하는 것을 제한하는 방법으로 역동적인 디지털 분야에서 혁신을 저해하는 것을 방지하기 위해, 최종이용자가 제공한 데이터 또는 핵심 플랫폼 서비스를 사용하면서 생성된 데이터에 효과적이고 즉각적인 접근이 필요하다고 설명한다. 특히, 해당 데이터는 최종이용자 또는 최종이용자로부터 권한을 부여받은 제3자가 즉각적이며 효과적으로 접근하고 사용할 수 있는 형태로 제공되어야 한다고 설명한다. 무엇보다, 최종이용자 등이 지속적이며 실시간으로 자유롭게 데이터를 이동시킬 수 있도록 API[49]와 같은 적절하고 고품질의 기술적 방법을 보장해야 한다고 강조한다.[50] 다만, GDPR과의 중복과 충돌을 회피하기 위해, DMA의 실체규정이 GDPR에 따른 데이터 이동권을 보완하는 것으로 설명하고 있다. DMA 해석조항은 디지털 서비스의 전환과 멀티호밍을 가능하게 하는 것이 최종이용자의 선택의 증진으로 이어지고 게이트키퍼와 이용사업자의 혁신을 유인하도록 만든다고 강조한다.[51]

위의 내용을 분석해보면, DMA상 데이터 이동권은 GDPR의 규율내용에 보충적인 역할을 하고, 동시에 최종이용자가 핵심 플랫폼 서비스를 이용하면서 고착효과가 발생하지 않도록 데이터 이동을 통한 서비스 전환과 멀티호밍을 보장하는 장치로 이해할 수 있다.[52] 또한 데이터 이동이 게이트키퍼와 경쟁자 간 혁신경쟁을 유발하는 요소로 설명하고 있다.[53] 따라서 DMA상 데이터 이동권은 GDPR의 정보주체의 통제권 보장보다는 경쟁법상 소비자후생의 내용 중 소비자의 선택과 혁신증진에 중점을 두고 설계되었다. 무엇보다, 효과적인 데이터 이동을 위해서는 표준설정이 필요하다. 따라서 DMA 해석조항 제96조는 데이터 이동과 관련하여 다음과 같이 '표준화(standardisation)'를 강조하고 있다.[54] 위 조항은 데이터 접근, 데이터 이동, 상호운용(interoperability)과 같은 게

---

49) Application programming interface.

50) 우리나라 마이데이터 사업에서의 API 문제와 관련하여, [계인국, 앞의 논문, 371면] 참고.

51) 데이터 이동권은 이용자가 다른 플랫폼 서비스로 변경할 때 발생할 수 있는 전환비용 문제를 해결할 수 있다. Rubinfeld, op cit, p. 167.

52) 유사한 논의와 관련하여, [윤주호·정원준, 앞의 논문, 288면] 참고.

53) Jiawei Zhang, 'The Paradox of Data Portability and Lock—in Effects' (2024) 36(2) *Harvard Journal of Law & Technology* 665.

이트키퍼의 특정 의무이행이 기술표준을 통해 가능할 수 있다고 설명하면서,[55] 유럽집행위원회가 유럽 표준화 기구에 필요한 기준개발을 요청할 수 있도록 하고 있다. 결론적으로 데이터의 비배타성의 특징에도 불구하고, DMA 해석조항은 게이트키퍼가 보유한 데이터를 '필수설비적인 성격'으로 이해하고 있다. 물론, 데이터 이동권이 '데이터 접근권(data access)'의 확장이라는 관점에서,[56] 데이터 거래거절의 문제(배제남용)를 해결할 수도 있을 것이다. 하지만 시장지배적 지위 자체가 남용이 될 수 없는 것과 마찬가지로, 대규모 혹은 필수 데이터 보유 자체가 경쟁법상 배제남용에 해당될 수는 없다. 따라서 다른 사업자를 배제하기 위해 특정 데이터를 통제하는 경우가 경쟁법상 시장지배적 지위남용금지규정으로 규율할 수 있을 것이다.[57]

Ⅲ   경쟁법상 필수설비 데이터의 논의와 분석: 데이터 이동 관련 경쟁효과

1. 경쟁법상 데이터 관련 다양한 문제: 경쟁과 혁신 그리고 소비자 후생

플랫폼 경제에서 데이터는 중요한 가치의 원천이 된다. 따라서 플랫폼 사업자가 디지털 시장에서 경쟁우위를 점하기 위해서는 데이터 수집이 매우 중요하며, 사업자는 데이터를 전략적으로 활용함으로써 자신의 우위를 증진시킬 수 있다.[58] 이러한 측면에서 데이터 이동 자체는 디지털 시장에서 경쟁과 혁신을 유발할 수 있을 것이다. 또한 데이터 이동권이 경쟁뿐만 아니라 소비자의 권한도 강화시킬 수 있다는 의견도 있다. 예를 들어, 소비자가 자신의 데이터를 경쟁 플랫폼으로 전송하게 되면 DMA 해석조항에서 논의한 바와 같이, '데이터 주도 고착효과(data‒driven lock‒ins)'의 문제를 해결할 수 있다.[59] 따라서 데이터 이동은 정보주체 또는 소비자가 자신의 데이터를 통제할 수

---

54) 계인국, 앞의 논문, 372면. 제도적 측면에서 데이터 표준화가 중요한데, 데이터의 범위와 종류 및 '영역특수성'의 차이에 따라 다양한 기준이 논의될 수 있을 것이다.

55) 상호운용 의무에 대해 반대하는 의견으로, [정원준, 데이터 이동권 도입의 실익과 입법적 방안 모색, 성균관법학, 제32권 제2호, 2020.6, 102면] 참고.

56) Kuner, et al., op cit, p. 500.

57) Mark R. Patterson, *Antitrust Law in the New Economy* (Harvard University Press 2017) 119.

58) Parker, et al., op cit, p. 217.

있는 권한을 보장하면서, 부차적으로 데이터 관련 서비스 품질 증진에 영향을 줄 수 있다.[60] 데이터 주도의 디지털 분야에서 소비자의 고착효과 문제를 해결하고 혁신을 증진시키기 위한 데이터 이동권의 보장은 소비자의 권한을 강화시키는 결과를 가져오며, 이는 경쟁법이 추구하는 소비자후생 증진에 기여하게 된다.[61]

데이터 이동권은 새로운 법률로 인한 시장진입장벽을 어느 정도 해소하게 한다는 측면에서도 의미가 있다.[62] 특히, 신규 플랫폼이 낮은 비용으로 데이터를 수집할 수 있게 되어 경쟁을 유발시킬 수 있다.[63] 디지털 규제는 시장진입장벽을 만들어 경쟁에 부정적인 영향을 주는 경우가 많다. 예컨대, 개인정보 보호와 관련된 법률도 데이터 수집 및 활용과 관련하여 플랫폼 사업자에게 의무를 부과하고 있다. 따라서 해당 법률을 준수하는 것이 어려운 사업자가 시장에 진입하는 것을 불가능하게 만들어 기존 독점 플랫폼의 시장지배력을 강화시키는 효과를 가져왔다.[64] 데이터 이동권은 이러한 시장 진입장벽의 문제를 상쇄할 수 있는 법적 도구가 될 수 있다. 하지만 데이터 이동권은 개인정보 보호 서비스를 포함한 보다 좋은 품질의 서비스를 제공하는 플랫폼에게 데이터를 전송하도록 유도하여, 데이터 쏠림현상(tipping effect)을 발생시킬 수 있다. 결국, 기존 빅테크의 시장력을 강화시키거나 시장진입장벽을 형성할 가능성도 있다.[65]

요컨대, 기존 게이트키퍼가 경쟁사업자보다 개인정보 보호와 관련하여 우위가 있는 경우, 오히려 이용자가 게이트키퍼로 자신의 데이터를 이전하도록 유도하여 게이트키퍼의 독점력을 강화시키는 결과를 가져올 수 있다. 예를 들어, 2018년에 데이터 이동을 목적으로 구글, 애플, 페이스북, 마이크로소프트, 트위터 사이에서 '데이터 전송 프로젝트(Data Transfer Project)'가 시행되었으나, 데이터 이동이 실질적으로 이루어지지 않았다. 스터케(Stucke) 교수는 ① 네트워크효과로 이미 플랫폼의 시장력이 유지되는 상황에서 데이터 이동이 독점력 약화에 효과적이지 않으며,[66] ② 플랫폼 서비스 품질과 관련하

---

59) Simonetta Vezzoso, 'Competition Policy in Transition: Exploring Data Portability's Roles' (2021) 12(5) *Journal of European Competition Law & Practice* 361; 고수윤·이수안·손경호, 앞의 논문, 6면; 최철, 앞의 논문, 204면.

60) Graef, et al., op cit, p. 1365; 고수윤·이수안·손경호, 위의 논문, 7면.

61) Graef, et al., op cit, pp. 1369-1370; Zhang, op cit, p. 668.

62) 최난설헌, 앞의 논문, 414-415면.

63) 정원준, 앞의 논문, 82면.

64) Michal S. Gal and Oshrit Aviv, 'The Competitive Effects of the GDPR' (2020) 16(3) *Journal of Competition Law & Economics* 349.

65) Graef, et al., op cit, p. 1386; 계인국, 앞의 논문, 367면.

66) Zhang, op cit, p. 678.

여 속도가 중요한데, 이용자가 자신의 데이터를 낮은 품질(느린 속도)의 서비스를 제공하는 플랫폼으로 이전하지 않으며, ③ 데이터 이동 자체가 복잡하고 시간소요가 많아 실제 데이터 이전의 유인이 적기 때문에 데이터 이동권을 통한 데이터 독점의 문제가 해결되기 어렵다고 설명하였다.[67]

특히, 2018년 이후 GDPR과 DMA가 시행 중인 유럽연합에서는 정보주체 혹은 최종 이용자가 자신의 데이터를 제3자 플랫폼에게 전송하는 경우가 많지 않아, 실제 데이터 이동권이 혁신이나 투자 또는 데이터 관련 경쟁에 어느 정도의 영향을 줄 수 있는지 확인하기 어렵다. 무엇보다, 데이터 전송의 방법이 이용자의 관점에서 투명하거나 쉽지 않으면 효과적인 제도로 정착하기는 매우 어려울 것이다.[68] 데이터 이동에 따른 부정적 효과를 우려하는 주장들은 실제 데이터 전송이 활발하게 이루어지는 상황에서만 논의될 수 있다. 따라서 현재로서는 개인정보 전송요구권이 가져올 수 있는 실제 경쟁효과에 대해서 예측하는 것이 쉽지 않다. 또한 플랫폼의 사업모델이나 가치사슬의 내용에 따라 데이터 이동에 따른 효과가 상이한 경우도 있을 것이다. 결국, 데이터 이동에 따른 시장집중도의 심화와 같은 부수적인 문제는 현재 고민할 단계는 아니다. 그러나 혁신 및 투자유인과 관련하여 아래와 같은 문제는 논의될 필요가 있다.

앞에서 설명한 바와 같이, 데이터 이동권의 보장은 정보주체가 자신의 데이터를 통제할 수 있도록 권리를 보장한다는 측면[69]에서 중요할 뿐만 아니라, 시장에서 영향력 있는 플랫폼의 데이터 독점력 문제[70]를 간접적으로 해결할 수 있다는 측면에서도 중요한 의미를 갖는다. 그러나 데이터 이동권은 다음과 같은 부정적인 효과를 가져 올 수도 있다. 첫째, 제3자 플랫폼이 데이터 시장에서 데이터 이동권 제도를 통해 데이터 획득 관련 무임승차를 하게 되는 경우, 기존 플랫폼의 서비스 투자 유인을 감소시킬 수 있고 결과적으로 소비자후생에도 부정적인 영향을 줄 수 있다.[71] 둘째, 데이터 이동과 관련하여 공공기관의 적절한 규율이 없는 경우, 데이터 이동의 내용과 결과를 이해하지 못하는 최종이용자들에 의해 이루어지는 데이터 이동은 오히려 역효과를 발생시킬 수 있다. 예를 들어, 디지털 플랫폼이 정보주체 또는 최종이용자를 기만하여 쉽게 데이

---

67) Maurice E. Stucke, *Breaking Away: How to Regain Control Over Our Data, Privacy, and Autonomy* (Oxford University Press 2022) 159-161.

68) Krämer, op cit, p. 265.

69) Graef, et al., op cit, p. 1364.

70) 양천수, '데이터법의 형성과 분화', 이성엽(편), 데이터와 법, 제2판, 박영사, 2024, 61면; Kranz, et al., op cit, p. 597.

71) Krämer, op cit, pp. 264 & 278.

터 전송을 유인하기 위해 데이터 이동 제도를 활용하는 사업모델을 발전시킬 수도 있다.[72] 따라서 정보주체의 권리보장보다 데이터 활용과 촉진을 지나치게 강조하는 정책은 정보주체의 통제권을 약화시킬 수도 있다.[73] 하지만 현재 상황에서 위에서 말한 데이터 수집의 무임승차를 제한하는 제도를 설계하는 것은 어렵다.[74] 만약 최종이용자에게 멀티호밍이 가능하다면 좋은 품질의 플랫폼 서비스로 이동이 가능하여, 데이터 이동도 원활하게 이루어질 것이고 무임승차의 문제도 해결될 것이다. 또한 정보주체가 데이터 삭제권을 활용하면 소비자 기만을 통한 데이터 이동의 문제도 어렵지 않게 해결될 수 있을 것이다. 따라서 데이터 이동에 따른 소비자후생의 저해는 현재로서 지나친 우려라고 할 수 있다.

마지막으로 데이터 관련 경쟁법의 문제는 시장지배적 지위남용과 기업결합 사건에서도 찾아볼 수 있다. 2007년 Google/DoubleClick 기업결합 사건에서,[75] 미국과 유럽연합 경쟁당국은 해당 기업결합으로 인해 실질적이고 잠재적인 경쟁제한이 발생하지 않는다고 판단하였다. 경쟁당국은 기업결합 당사자들이 상당한 규모의 데이터에 접근할 수 있었기 때문에 잠재적 봉쇄효과 및 네트워크효과에 대해서 심사하였지만, 해당 데이터 사용이 온라인 광고 분야에서 부정적인 결과를 가져오지 않을 것으로 결정하였다. 또한 마이크로소프트와 야후와 같은 경쟁사들이 향후 유사한 규모의 데이터를 수집할 수 있을 것으로 판단하였다.[76] 2014년 Facebook/WhatsApp 기업결합 건에서도 Google/DoubleClick 사건과 유사한 경쟁당국의 결정이 있었다.[77] 당시에는 디지털 경제가 빠르게 발전하는 시기였으며, 데이터에 대한 내용을 시장진입장벽이나 필수설비로 확정하는 것에는 무리가 있었다. 그러나 시장경쟁에서 데이터의 유무가 경쟁우위와 관련하여 핵심 요소가 되자, 유럽연합은 DMA을 도입하여 사전규제를 통해 이를 규율하려는 것으로 보인다. DMA 이외에도 데이터 이동과 관련된 경쟁법 사건이 등장하기 시작하였다. 다만, 데이터 이동 제한이 경쟁법상 시장지배적 지위남용에 해당되기 위해서

---

72) Graef, et al., op cit, p. 1387.

73) 이창범, 앞의 논문, 73면.

74) 경쟁이 프라이버시 보호에 긍정적인 영향을 주지 않는다는 주장도 있다. Nicolas Petit, *Big Tech & the Digital Economy* (Oxford University Press 2020) 246.

75) Statement of FTC concerning Google/DoubleClick, FTC File No. 071-0170 (December 20, 2007); Case COMP/M.4731, *Google/DoubleClick*.

76) 최난설헌, 앞의 논문, 417-418면; Graef, op cit, p. 73.

77) Case COMP/M.7217, *Facebook/WhatsApp*. 최난설헌, 위의 논문, 420-422면; 홍대식·안정민, 앞의 논문, 369면.

는 개인정보 보호법상 데이터 이동이 허용되는 상황이어야 할 것이다. 결론적으로 비록 데이터가 필수설비로 인정되더라도 이에 대한 접근거절을 시장지배적 지위남용으로 판단하는 것은 매우 어렵다. 따라서 기업결합 혹은 시장지배적 지위남용 사건에서 데이터에 대한 접근을 강제하는 방법보다는 데이터 이동권의 적극적인 허용을 시정명령으로 부과하는 것이 현실적일 수 있다.[78] 이탈리아에서 이와 관련된 논의가 있었으므로, 사건에 대한 분석은 향후 데이터 이동권 관련 경쟁법 적용을 고려할 때 필요할 수 있을 것이다.[79]

2. 데이터 이동 관련 경쟁법 사건 분석: 이탈리아 구글사건

개인정보 보호법과 경쟁법은 모두 데이터 이동을 가능하게 할 수 있다. 하지만 집행의 내용은 서로 다르다. 개인정보 보호법은 정보주체에게 전송요구권을 부여하고 있으나, 경쟁법은 개인정보 전송이 부재하여 발생할 수 있는 특정 상황에서 경쟁제한적 폐해가 발생하는 경우에만 집행이 가능하다.[80] 이러한 문제와 관련하여, 최근 이탈리아 구글사건은 중요한 의미가 있다.[81] 지난 2022년 7월 이탈리아 경쟁당국은 구글이 정보주체가 자신의 데이터를 다른 플랫폼('혁신적 데이터 투자 은행'을 개발한 Hoda가 운영하는 Weople 앱)과 공유하지 못하도록 상호운용을 방해하여 경쟁법을 위반했다고 판단하였다. 경쟁당국은 해당 행위가 시장지배적 지위남용에 해당하며 기능조약[82] 제102조를 위반했다고 설명하였다. 경쟁당국에 따르면, 구글이 여러 관련시장에서 시장지배적지위에 있으며, 자신이 제공하는 서비스를 통해 상당한 규모의 데이터를 수집할 수 있었고 이는 많은 매출(약 2500억 달러)로 이어졌다고 설명했다. 경쟁당국은 구글이 Hoda가 운영하는 Weople 앱과 상호호환을 어렵게 하여 GDPR 제20조에 따른 데이터 이동권을 제한했다고 판단했다. 따라서 해당 행위는 구글 서비스를 대체할 수 있는 경쟁자가 혁

---

78) Kuner, et al., op cit, p. 502.
79) 이탈리아 사건과 유사하게, 2024년 튀르키예 경쟁당국은 데이터 이동을 제한한 행위를 경쟁법 위반으로 판단하였다. 관련하여, Erdem Aktekin, et al., 'Preventing Data Portability as Abuse of Dominance: The TCA's Approach in Sahibinden Decision' (Kluwer Competition Law Blog, 17 March 2024), available at https://competitionlawblog.kluwercompetitionlaw.com/2024/03/17/preventing—data—portability—as—abuse—of—dominance—the—tcas—approach—in—sahibinden—decision/ (accessed 4 November 2024).
80) Graef, et al., op cit, p. 1389.
81) AGCM(2023), op cit.
82) Treaty on the Functioning of the European Union (TFEU).

신적인 데이터 기반 서비스를 개발하지 못하도록 제한했기 때문에 경쟁제한적 행위이며 시장지배적지위의 남용이라고 판단하였다. 흥미로운 점은 이탈리아 경쟁당국이 데이터 이동권이 기존 빅테크에게 경쟁압력(competitive pressure)을 줄 수 있다고 판단한 것이다. 따라서 경쟁당국은 데이터 이동권 보장은 최종이용자들이 기존 빅테크의 서비스를 대체할 수 있는 경쟁 서비스 제공자에게 이동할 수 있게 한다고 주장하였다. 경쟁당국은 구글이 데이터를 기반으로 자신의 디지털 생태계를 구축하여 시장지배적지위를 갖게 되었다고 설명하였다.[83] 따라서 데이터를 디지털 생태계 구축에 필요한 요소로 판단한 것으로 볼 수 있다. 이후 경쟁당국은 데이터 이동권 제한과 관련하여 구글의 경쟁법 위반조사를 실시하였다.

이탈리아 경쟁당국의 구글 조사는 2023년 동의의결에 의해 종결되었는데, 관련 내용은 다음과 같다. 먼저, 데이터 이동권은 GDPR 제20조에 의해 규율되고 있으며, 해당 실체규정은 데이터 전송을 가능하게 하여 구글 서비스를 대체할 수 있는 사업자에게 시장진입의 기회를 제공하고 경쟁압력을 가능하게 한다고 설명하였다. 특히, 데이터 이동을 위해 효과적인 상호운용이 함께 제공될 경우, 해당 데이터를 최적화된 방법으로 경제적 활용이 가능할 수 있다고 설명했다. 경쟁당국은 구글이 동의의결을 위해 제시한 세 가지 의무준수 약속이 위에서 논의한 긍정적 결과를 가져올 수 있다고 평가하였다. 구글이 제시한 준수 내용은 최종이용자가 자신의 데이터를 백업하여 이를 '최종이용자로부터 권한을 부여받은 제3자'에게 전송할 수 있도록 하는 '테이크아웃(Takeout)' 서비스의 보완적 솔루션 제공을 포함하였다. 또한 동의의결은 구글의 새로운 솔루션이 출시되기 전에, 최종이용자가 자신의 데이터 또는 구글검색이나 유튜브 활동으로 생성된 데이터를 권한을 부여받은 제3자에게 직접적으로 전송할 수 있는지에 대해서 해당 솔루션을 시험할 수 있도록 하는 내용을 포함하였다. 경쟁당국은 구글의 동의의결 의무가 데이터 전송 절차와 관련하여 상당한 정도로 자동화되는 것을 가능하게 하고, '구글 생태계'에서 제3자 플랫폼으로 데이터를 전송하게 하는 상호호환 기술을 증진시킬 것으로 평가하였다.[84] 경쟁당국은 구글의 동의의결에 따라 최종이용자와 제3자 플랫폼이 '서비스 간 데이터의 직접이동 솔루션'이 출시되기 전까지 상호호환 기술을 사용할

---

83) AGCM, 'A552 - Italian Competition Authority, investigation opened against Google for abuse of dominant position in data portability' (14 July 2022), available at: https://en.agcm.it/en/media/press-releases/2022/7/A552 (accessed 22 Oct. 2024).

84) 구글과 애플 생태계와 관련하여, [최요섭, 디지털 생태계 관련 경쟁법상 시장력과 시장획정, 법학연구, 인하대 법학연구소, 제27집 제1호, 2024.3, 195면] 참고.

수 있을 것이며, 제3자 플랫폼은 구글검색 및 유튜브 서비스와 관련된 데이터 이동 솔루션을 최소 6개월 전에 시험해 볼 수 있을 것이라고 설명하였다.[85]

경쟁법과 경쟁정책의 관점에서, DMA와 이탈리아 구글사건의 내용을 다음과 같이 평가할 수 있다. 먼저, DMA에서의 논의와 유사하게 필수데이터 이론의 관점에서, 시장 지배적 사업자는 데이터 접근거절이나 데이터 이동제한으로 신규사업자의 시장진입을 제한할 수 있으며, 이는 시장지배적지위의 남용에 해당될 수도 있을 것이다.[86] 다만, 이러한 내용은 시장지배적 플랫폼이 다양한 서비스를 제공하면서 '관문(gateway)'의 역할을 하는 생태계를 구축한 경우에만 가능할 수 있을 것이다. 또한 개인정보 보호법상 데이터 이동권을 보장하는 경우에는 경쟁법상 시장지배적 지위남용 금지규정을 적용할 수 있다. 하지만 데이터는 일반적인 재화와 달리, ① 다수가 활용할 수 있다는 측면에서 '비경합성', ② 다른 객체의 활용을 배제할 수 없다는 측면에서 '비배타성', ③ 데이터를 계속 활용할 수 있다는 측면에서 '영속성 또는 재사용'의 특징을 가지고 있다.[87] 따라서 상당한 규모의 데이터라 할지라도 그 자체가 독점력이나 필수설비를 증명하는 것은 아니며,[88] 데이터 이동의 제한이 경쟁제한적 행위에 해당되기 위해서는 여러 조건을 충족해야 할 것이다. 선지원(2024)은 데이터 관련 독점규제와 관련하여 다음과 같은 기준을 제시하였다. 먼저, ① 데이터를 보유한 사업자가 시장지배적지위에 있어야 하며, ② 해당 사업자가 경쟁자의 데이터 접근에 대한 통제권을 가져야 하고, ③ 해당 데이터 없이 경쟁자가 실질적으로 사업활동을 하는 것이 불가능하며, ④ 해당 데이터를 대체할 수단이 없고, ⑤ 데이터에 대한 접근이 기술적으로 가능한 경우이어야 한다.[89] 위의 기준과 더불어 데이터 이동 또는 전송이 가능할 경우에 제2차 또는 새로운 시장(secondary market)의 형성이 가능해지거나 새로운 서비스 도입에 영향을 주는 경우도 경쟁제한성 판단에 필요할 것이다.[90]

---

85) AGCM(2023), op cit.

86) 선지원, 데이터 경제 시대의 정보법제에 대한 소고 – 데이터 경쟁법 개념에 대한 고찰을 중심으로 –, 법학논총, 한양대 법학연구소, 제36권 제2호, 2019.1, 108–109면.

87) 선지원, '데이터 공유, 위험하고도 매혹적인 생각', 이성엽(편), 데이터와 법, 제2판, 박영사, 2024, 108면.

88) D. Daniel Sokol and Roisin E. Comerford, 'Antitrust and Regulating Big Data' (2016) 23 *George Mason Law Review* 1158.

89) 선지원(2024), 앞의 논문, 123면; 정원준, 앞의 논문, 101면.

90) Case C–418/01, *IMS Health GmbH & Co. OHG v NDC Health GmbH & Co. KG* ECLI:EU:C:2004:257. 필수설비의 성격을 갖는 지식재산권에 대한 접근거절이 시장지배적 지위남용에 해당하기 위한 판단기준과 관련하여, 유럽최고법원은 제2차 상품을 개발하는 것에 영향을 주는 것을 포함하였다.

결론적으로 데이터 이동권과 관련하여 실질적인 경쟁법의 집행을 가능하게 하기 위해, 본고는 다음과 같은 경쟁제한성 판단기준을 제시한다. 첫째, 시장지배적지위의 사업자에 해당되기 위해서 시장점유율뿐만 아니라 데이터 접근과 관련된 시장진입장벽과 이탈리아 구글사건과 같이 사업자가 자신의 디지털 생태계를 구축하여 다양한 방법으로 신규진입에 영향을 주는 경우이어야 한다. 또한 일반적으로 데이터의 규모보다는 데이터의 품질과 형태에 따라 데이터의 필수성 유무를 판단해야 한다.[91] 둘째, 새로운 분야를 생성(competition for the market)하기 위해 반드시 필요한 특정 데이터 수집이 데이터 이동이 아니면 현실적으로 불가능한 상황에서, 시장지배적 플랫폼이 데이터 이동을 불공정한 방법으로 제한하여 경쟁자를 배제하는 경우이어야 한다. 셋째, 데이터 이동이 제3자의 권리를 현저하게 침해하거나 시장지배적 플랫폼이 데이터 전송표준이 없는 상황에서 데이터 이동을 실행하게 되면 상당한 비용을 부담하게 되는 경우와 같은 '정당한 사유'를 고려해야 한다. 요컨대, 친경쟁성과 반경쟁성을 비교형량(trade-off)해야 한다. 경쟁법에서는 특정 사업자 행위의 친경쟁성과 반경쟁성을 비교형량하는 것이 일반적이며, 사업자 행위의 긍정과 부정의 '상쇄' 기준을 설정하는 것이 중요한 과제가 된다.[92] 따라서 시장지배적 플랫폼에 의한 특정 데이터 이동제한 행위의 효과에 대해서 경쟁법상 비교형량이 이루어져야 한다. 마지막으로 독점의 문제는 주로 희소한 재화(scarcity of resource)의 통제 때문에 발생한다. 따라서 데이터의 비배제성과 재사용의 특성을 고려하면 데이터 수집과 보유 자체를 독점으로 인정하는 것은 어려울 수 있다.

3. 데이터 이동권 관련 디지털 경쟁법의 발전과 제언

개인정보 보호법과 경쟁법의 집행과 관련하여 향후 해결해야 할 몇 가지 이슈들이 있다. 첫째, 데이터 이동권이 혁신과 경쟁에 미치는 영향에 관한 실증연구가 적은 상황에서 데이터 이동과 시장경쟁의 효과를 간단히 결론짓는 것은 불가능하다.[93] 따라서 우선적으로 데이터 이동을 통해 신규진입을 가능하게 하는 것을 경쟁법 집행의 우선순

---

91) Zhang, op cit, pp. 673-674. Zhang은 데이터가 필수설비가 될 수 없는 이유를 데이터의 가치가 규모보다는 데이터 품질과 형태에 따라 다르기 때문으로 설명하였다.

92) 다만, 개인정보 보호법에서는 비교형량이나 상쇄의 개념이 존재할 수가 없다. 따라서 플랫폼 사업자의 데이터 이동제한에 대해서 경쟁법 측면에서의 긍정적인 효과와 개인정보 보호법 측면에서의 부정적 효과를 비교형량 또는 상쇄하는 기준을 설정할 수는 없을 것이다.

93) Krämer, op cit, p. 280.

위에 두어야 한다. 최근 유럽에서 진행 중인 빅테크 관련 시장지배적 지위남용 사건을 살펴보면, 대체적으로 디지털 생태계에서 다수의 서비스를 제공하는 게이트키퍼들이 실질적으로 이용자의 데이터를 대량으로 수집하고 시장력을 남용한다는 주장을 배경으로 한다.[94] 예를 들어, 법률상 데이터 이동권을 보장하더라도 빅테크 사이에서만 데이터 전송이 이루어질 가능성이 있다. 그러나 빅테크 이외의 신규경쟁자 플랫폼이 데이터 전송의 혜택을 받는 기회가 전혀 없지는 않을 것이다. 다만, 이용자들이 새로운 플랫폼 서비스로 데이터를 이전하는 것에 익숙하지 않거나 데이터 이동 관련 거래비용 (transaction cost)이 상당하여 실질적으로 데이터 전송에 부담을 갖는 경우, 데이터 이동 자체를 서비스전환 비용으로 인식할 수 있다.[95] 최근 연구에 따르면, 데이터 이동을 활용하여 경제적 가치를 창출한 사례가 매우 적다.[96] 따라서 최종이용자뿐만 아니라 이용사업자가 비식별화된 후기 등의 데이터를 이동할 수 있는 제도를 함께 마련해야 할 것이다.

둘째, 효과적인 데이터 이동을 보장하기 위해 각각의 디지털 생태계에 대한 분석이 필요하다. 장기적인 측면에서 데이터 이동권은 디지털 생태계에서 활동하는 게이트키퍼와 이용사업자 간 경쟁에 상당한 영향을 줄 수 있을 것이다. 그러나 데이터 이동권이 데이터 시장경쟁에 미치는 긍정적 혹은 부정적인 효과는 생태계 분야의 특성에 따라서 달라질 수밖에 없다. 예컨대, '거래플랫폼(transaction platform)' 분야와 같이, 상품이나 서비스의 후기가 중요한 분야에서의 데이터 이동은 신규진입을 가능하게 할 가능성이 높다.[97] 반면, 애드테크와 같이 맞춤형 광고(personalised advertisement)에 집중하는 '비거래 플랫폼(non-transaction platform)'의 경우에 신규진입과 관련하여 데이터 이동권의 효과가 상대적으로 적을 수도 있다. 디지털 생태계에서는 게이트키퍼가 다수의 복합적인 서비스를 이용자에게 제공하는 것이 일반적이며, 다양한 거래·비거래 플랫폼 서비스를 통해 이용자의 데이터를 수집·활용하는 경우가 많다. 게이트키퍼의 다양한 서비스를 통해 수집된 이용자의 데이터는 보다 발전된 인공지능을 가능하게 하여 서비스 품질과 혁신의 측면에서 소비자후생을 증진시킬 수 있다.[98] 하지만 게이트키퍼와 경쟁하는 플

---

94) Ibid., p. 268.

95) Ibid., p. 272.

96) 방정미, 앞의 논문, 59-60면.

97) Paul Belleflamme and Martin Peitz, *The Economics of Platforms: Concepts and Strategy* (Cambridge University Press 2021) 42-59.

98) Frederike Zufall and Raphael Zingg, 'Data Portability in a Data-Driven World' in Shin-yi Peng, Ching-Fu Lin and Thomas Streinz (eds), *Artificial Intelligence and International Economic Law*

랫폼(이용사업자)이 데이터 이동을 통해 데이터를 획득할 수 있도록 허용한다면, 서비스 선택의 측면에서 소비자후생을 증진시키는 결과를 가져올 수 있다. 따라서 비가격 요소(혹은 '비가격 경쟁변수')인 품질, 선택, 혁신의 측면(소비자후생의 측면)에서 데이터 이동의 효과를 평가해야 한다.[99] 효과적인 경쟁법의 적용을 위해, 다양한 형태의 플랫폼 사업모델을 분석하여 데이터 이동권에 따른 친경쟁적·반경쟁적 효과를 확인해야 한다.

셋째, 개인정보 보호법상 개인정보 전송요구권이 경쟁에 부정적인 영향을 미칠 수 있는 점도 향후 고려해야 할 내용이다. 개인정보 보호법 제35조의2는 개인정보 전송요구권을 실행할 수 있는 개인정보처리자의 범위를 정하도록 하였는데, 이는 제3자 또는 공익에 부정적인 영향을 방지한다는 측면에서 긍정적으로 평가할 수 있다. 하지만 대통령령에서 정한 특정 기준을 충족하지 못하는 플랫폼의 경우 시장진입이 불가능할 수 있다. 따라서 위 조항은 시장진입장벽을 만드는 진입규제가 될 수 있다. 그러나 위의 기준으로 인해 국내에서 이루어지는 개인정보 전송이 경쟁과 혁신에 긍정적인 영향을 줄 수 있을지 혹은 독점을 심화시킬 수 있을지 예상하는 것이 쉽지 않다. 우리나라 개인정보 보호법과 달리 GDPR 제20조는 컨트롤러의 규모, 처리행위의 범위, 데이터 이동이 추구하는 목적과 관계없이 모든 컨트롤러에게 데이터 이동권 적용이 가능하도록 하고 있다. 물론 GDPR 제20조가 특정 플랫폼 사업 분야의 성격을 고려하지 않고 모든 분야에 적용하도록 한 것에 대해서 비판하는 의견도 있다.[100] 하지만 개인정보 관리와 관련하여 플랫폼과 정보주체 사이의 비대칭성 혹은 우월적 지위의 문제가 발생할 수 있으며, 정보주체의 정보통제권을 강화하기 위해 규모가 작은 플랫폼으로 데이터 이동을 가능하게 할 필요가 있다.[101] 종합하면, 신규 개인정보처리자의 보안수준이 낮을 경우에 데이터 이동은 광범위한 폐해를 발생시킬 수 있다.[102] 따라서 개인정보 보호법에서 규율하는 개인정보 전송 관련 개인정보처리자의 기준은 어느 정도 필요할 수 있을 것이다.[103] 하지만 해당 기준을 지나치게 높게 설정하면 단기적으로 정보주체를 보호하는 목적은 달성할 수 있으나, 장기적으로는 시장진입장벽으로 인해 정보주체가 대체 플랫폼 서비스로 전환하기 어렵게 되어 이용자 후생이 저해되거나 정보주체의 통제권

(Cambridge University Press 2021) 218−219.

99) 홍대식·안정민, 앞의 논문, 381면.

100) Graef, et al., op cit, pp. 1386−1387.

101) 김서안·이인호, 앞의 논문, 282면; 계인국, 앞의 논문, 367−368면.

102) 김서안·이인호, 위의 논문, 286면.

103) 반대의견으로, [이창범, 앞의 논문, 60면] 참고.

이 제한될 가능성이 있다. 따라서 소비자로서의 정보주체의 권리를 보장하기 위해, 안전한 개인정보 전송이 가능한 개인정보처리자의 적절한 기준은 개인정보 보호법이 설정하고, 개인정보 전송과 관련한 시장지배적 플랫폼의 착취남용과 배제남용은 경쟁법을 통해 규율하는 것이 적절할 것이다.

Ⅳ　결론: 데이터 이동권의 보장과 경쟁법의 역할

데이터 통제권 및 데이터 이동권과 관련하여 다양한 법분야의 중복이 발생한다. 정보주체는 플랫폼 서비스를 사용하는 소비자가 되기도 하고 최종이용자가 되기도 한다. 하나의 법분야의 목적과 가치에만 집중하게 되면 다른 법분야와 중복되거나 집행에서 충돌이 발생할 수 있다. 따라서 중복되는 분야에 있어서 법집행기관 간 적절한 협력이 필요하다.[104] 데이터 이동과 관련하여 개인정보 보호법과 경쟁법의 집행에서 상이한 부분이 있다. 개인정보 보호법상 데이터 이동은 정보주체에게 선택적으로 개인정보 전송이 가능하도록 허용하는 것이고, 경쟁법상 데이터 이동은 시장지배적 사업자 또는 거래상 우월적 지위에 있는 사업자가 소비자의 요구에 따라 데이터를 전송하도록 의무를 부과하는 것이다. 또한 두 법은 규제의 범위 측면에서도 차이가 있다. 개인정보 보호법상 데이터 이동권은 개인정보의 전송에 적용되는 것이다. 따라서 개인정보가 아닌 비개인정보에 대해서는 전송에 대한 효과가 없다.[105] 하지만 경쟁법상 데이터 관련 시정명령은 위의 범위에 국한되지 않는다. 다만, 경쟁법상 데이터 전송의무의 시정명령을 부과하기 위해서는 사업자 행위의 경쟁제한적 효과를 증명해야 한다.[106]

유럽연합 규제기관은 디지털 시장에서의 '공정성'과 '부의 재분배'를 강조하는 경우가 많으며, 이는 유럽연합법의 목적과 가치인 '사회적 시장경제(social market economy)'와 '평등한 부의 분배(equal wealth distribution)'의 원칙과 관련이 있다. 또한 유럽연합 디지털 정책은 독점규제와 관련된 법률들을 중요한 규제도구로 강조한다. 관련하여 '보

---

104) Klaudia Majcher, *Coherence between Data Protection and Competition Law in Digital Markets* (Oxford
University Press 2023) 260-262.
105) 비개인정보의 경우 지식재산권이나 부정경쟁방지 및 영업비밀보호에 관한 법률에 의해 보호될 수 있다. 이성엽, 앞의 논문(2024), 13면.
106) Graef, et al., op cit, p. 1388.

다 공정한 사회(a fairer society)'가 디지털 독점규제의 핵심 주제어가 되고 있다. 그러나 이러한 규제 모델은 혁신을 저해하여, 미국이나 중국에 비해 혁신기술 분야에서 뒤처지게 한다는 비판이 있다.107) 우리나라는 디지털 경제와 관련하여 유럽연합과는 매우 다른 환경을 가지고 있다. 따라서 우리나라는 DMA과 같은 전문 규제를 도입할 필요가 없다. 또한 DMA에서 규율하는 내용을 현재의 경쟁법으로 규율할 수도 있다.108) 다만, 유럽연합의 법집행 내용과 유사하게, 공정거래위원회와 개인정보 보호위원회 간 소통과 협력의 방법으로 향후 발생할 수 있는 법집행의 중복의 문제를 해결해야 할 것이다.109)

결론적으로, 데이터 이동권의 궁극적인 목적은 정보주체(최종이용자 또는 소비자)에게 자신의 데이터를 통제할 수 있는 권한을 부여하여 기본권을 보장하는 것에 있다.110) 이러한 권리보장은 신규 플랫폼으로 데이터 이동을 가능하게 하여 장기적인 측면에서 시장진입장벽의 문제를 어느 정도 해결할 수 있으며, 시장경쟁과 소비자후생을 증진시킬 수 있다.111) 디지털 경제에서 정보주체의 후생과 혁신을 고려하면, 데이터 이동권은 상당히 중요한 제도이다. 개인정보 보호에 관한 규제정책은 일반적으로 시장진입장벽을 만들어 경쟁과 혁신을 저해하고 기존 빅테크의 시장력을 강화시키는 결과를 가져왔다는 비판이 있다.112) 개인정보 보호법과 같은 디지털 법률들은 디지털 경제의 '진흥'이 아닌 '규제'의 성격이 강하다. 하지만 데이터 이동권은 규제이면서 진흥의 특징을 가지고 있다. 다시 말해, 디지털 사업자에게 개인정보 전송요구권 이행에 대한 의무를 부과하고 이러한 의무를 실행할 수 있는 사업자를 설정한다는 측면에서 해당 실체규정은 '규제'의 성격을 갖고 있다. 하지만 실체규정의 효과가 데이터 이동을 통해 데이터 분야의 혁신을 유발할 수도 있다는 측면에서는 '진흥'의 성격도 갖고 있다. 물론 데이터 이동이 경쟁과 혁신을 유발할지 독점 강화와 투자유인감소로 이어질 지에 대해서 예측하는 것이 현재로서는 쉽지 않다. 디지털 서비스 분야와 시장집중도에 따라 다양한 결

---

107) Bradford, op cit, pp. 106-139.

108) 김현경, 한국의 디지털 플랫폼 규제추진에 대한 비판과 대안, 법조, 제73권 제1호, 2024, 248-282면.

109) 유럽연합에서의 논의와 관련하여, [Majcher, op cit, pp. 260-262] 참고.

110) 정원준, 앞의 논문, 76면.

111) Kuner, et al., op cit, p. 499. 반면, 데이터 이동이 없는 상황에서는 신규 플랫폼이 자신의 서비스 품질을 증진시켜 기존 게이트키퍼와 적극적으로 경쟁하려는 유인을 갖을 수 있으므로, 데이터 이동권으로 인해 오히려 소비자후생이 저해된다는 의견도 있다. Krämer, op cit, p. 273.

112) Damien Geradin, Theano Karanikioti, and Dimitrios Katsifis, 'GDPR Myopia: how a well-intended regulation ended up favouring large online platforms - the case of ad tech' (2021) 17(1) *European Competition Journal* 47-92.

과가 발생할 것이므로, 이러한 내용을 고려하여 데이터 이동권을 보충하는 관점에서 시장분석과 경쟁법 집행이 이루어져야 할 것이다.[113] 마지막으로, 데이터 경제와 관련하여 경쟁법과 개인정보 보호법은 각 법률의 목적을 달성하기 위해 상호보완적이며 일관성 있게 집행되도록 법집행기관 간 협력이 필요할 것이다.[114]

---

113) Stefano Lucchini, et al., 'Online Digital Services and Competition Law: Why Competition Authorities Should be More Concerned about Portability rather than about Privacy' (2018) 9(9) *Journal of European Competition Law & Practice* 563.

114) Graef, op cit, p. 93.

참고문헌

국내문헌

고수윤·이수안·손경호, 데이터이동권 도입을 위한 비교법적 연구, 과학기술법연구, 한남대
　　과학기술법연구원, 제26집 제2호, 2020, 3−58면.
고환경·손경민·주성환, 정보이동권과 마이데이터산업, BFL, 제93호, 2019.1, 22−39면.
공정거래위원회, '보도자료: 플랫폼 공정경쟁 촉진 및 티몬 위메프 사태 재발방지 입법방향'
　　(2024.9.9.) <https://www.ftc.go.kr/www/selectReportUserView.do?key=10&rpt
　　type=1>(2024.10.23.).
계인국, 마이데이터 사업에서의 시장창궐적 규제 − 규제법 모델에 의한 개인정보 이동권의
　　실현 −, 고려법학, 고려대 법학연구원, 제106호, 2022.9, 361−394면.
김민호, "자기결정권"의 함정, 2024 개인정보 보호법학회 가을 학술 세미나 발표문.
김서안·이인호, 유럽연합과 미국에서의 개인정보이동권 논의와 한국에의 시사점, 중앙법학,
　　중앙법학회, 제21집 제4호, 2019.12, 271 − 309면.
김윤정, 독과점 플랫폼 사업자에 대한 규율방안 연구, 한국법제연구원, 현안분석 23−06, 2023.
김현경, 한국의 디지털 플랫폼 규제추진에 대한 비판과 대안, 법조, 제73권 제1호, 2024,
　　248−282면.
박주희, 마이데이터 서비스 활성화의 법적 과제, 아주법학, 아주대학교 법학연구소, 제14권
　　제1호, 2020, 96−119면.
방정미, 데이터 유통 활성화를 위한 데이터 이동권 법제 연구, 법학연구, 경상대 법학연구소,
　　제32권 제3호, 2024.7, 51−78면.
변용완·나현대, 마이데이터 산업에서의 정보이동권 − 정보주체와 처리자간의 균형을 위한
　　개인정보 전송 요구권 −, IT와 법연구, 제22집, 2021.2, 209−246면.
선지원, 데이터 경제 시대의 정보법제에 대한 소고 − 데이터 경쟁법 개념에 대한 고찰을 중
　　심으로 −, 법학논총, 한양대 법학연구소, 제36권 제2호, 2019.1, 95−117면.
선지원, '데이터 공유, 위험하고도 매혹적인 생각', 이성엽(편), 데이터와 법, 제2판, 박영사,
　　2024, 106−138면.
양천수, '데이터법의 형성과 분화', 이성엽(편), 데이터와 법, 제2판, 박영사, 2024, 40−65면.
윤주호·정원준, '개인정보 이동권과 마이데이터의 제도화 그리고 그 시사점', 이성엽(편), 데이
　　터와 법, 제2판, 박영사, 2024, 268−293면.
이성엽, 개인정보의 개념의 차등화와 개인정보이동권의 대상에 관한 연구, 경제규제와 법, 제
　　12권 제2호, 2019.11, 190−208면.
이성엽, '데이터법의 의의와 체계', 이성엽(편), 데이터와 법, 제2판, 박영사, 2024, 3−39면.

이창범, 개인정보 이동권의 법적 이슈와 입법 정책 방향, 정보화정책, 제28권 제4호, 2021, 54-75면.

정원준, 데이터 이동권 도입의 실익과 입법적 방안 모색, 성균관법학, 제32권 제2호, 2020.6, 69-112면.

정찬모, 데이터이동성을 위한 유럽연합의 입법동향과 쟁점, 과학기술과법연구, 제24집 제3호, 2018, 207-242면.

최난설헌, '디지털 경제에서의 데이터 집중과 경쟁정책', 이성엽(편), 데이터와 법, 제2판, 박영사, 2024, 408-433면.

최요섭, 디지털 생태계 관련 경쟁법상 시장력과 시장획정, 법학연구, 인하대 법학연구소, 제27집 제1호, 2024.3, 189-228면.

최요섭, 디지털 경제에서의 경쟁법 상 착취남용규제 - 비교법적 방법으로 -, 법학논고, 경북대 법학연구원 제74집, 2021.7, 389-420면.

최철, 초 개인화(Hyper-Personalization)와 개인정보자기결정권의 재산권적 측면에 관한 소고 - 금융 마이데이터 사업을 중심으로 -, 외법논집, 제45권 제3호, 2021.8, 197-224면.

홍대식·안정민, 경쟁법과 개인정보 보호법의 상충과 조화 - 빅테크 기업들의 개인정보 보호 강화조치에 대한 검토를 중심으로 -, 경쟁법연구, 한국경쟁법학회, 제47권, 2023.3, 364-399면.

외국문헌

AGCM, 'A552 - Italian Competition Authority, investigation opened against Google for abuse of dominant position in data portability' (14 July 2022), available at: https://en.agcm.it/en/media/press-releases/2022/7/A552 (accessed 22 Oct. 2024).

AGCM, 'A552 - Italian Competition Authority: Following the Authority's intervention, Google's data portability becomes easier' (31 July 2023), available at: https://en.agcm.it/en/media/press-releases/2023/7/A552 (accessed 22 Oct. 2024).

Article 29 Data Protection Working Party, Guidelines on the right to data portability (adopted 13 Dec. 2016 & revised 5 Apr. 2017).

Aktekin, Erdem, et al., 'Preventing Data Portability as Abuse of Dominance: The TCA's Approach in Sahibinden Decision' (Kluwer Competition Law Blog, 17 March 2024), available at https://competitionlawblog.kluwercompetitionlaw.com/2024/03/17/preventing-data-portability-as-abuse-of-dominance-the-tcas-approach-in-sahibinden-decision/ (accessed 4 November 2024).

Belleflamme, Paul and Martin Peitz, *The Economics of Platforms: Concepts and Strategy* (Cambridge University Press 2021).

Bradford, Anu, *Digital Empires: The Global Battle to Regulate Technology* (Oxford University Press 2023).

da Rosa Lazarotto, Bárbara, 'The Right to Data Portability: A Holistic Analysis of GDPR, DMA and the Data Act' (2024) 15(1) *European Journal of Law and Technology* (special issue)

Daly, Angela, *Private Power, Online Information Flows and EU Law: Mind the Gap* (Hart 2016)

De Hert, Paul, et al., 'The right to data portability in the GDPR: Towards user−centric interoperability of digital services' (2018) 34(2) *Computer Law & Security Review* 193−203.

Draghi Report, *The Future of European competitiveness, Part B: In−depth analysis and recommendations* (September 2024).

Fischli, Roberta, 'Data−owning Democracy: Citizen empowerment through data owner−ship' (2024) 23(2) *European Journal of Political Theory* 204−223.

Gal, Michal S. and Oshrit Aviv, 'The Competitive Effects of the GDPR' (2020) 16(3) *Journal of Competition Law & Economics* 349−391.

Gavil, Andrew I., William E. Kovacic and Jonathan B. Baker, *Antitrust Law in Perspective* (5th edn, West Academic 2024)

Geradin, Damien, Theano Karanikioti, and Dimitrios Katsifis, 'GDPR Myopia: how a well−intended regulation ended up favouring large online platforms - the case of ad tech' (2021) 17(1) *European Competition Journal* 47−92.

Graef, Inge, 'When Data Evolves into Market Power - Data Concentration and Data Abuse under Competition Law' in Martin Moore and Damian Tambini (eds) *Digital Dominance: The Power of Google, Amazon, Facebook, and Apple* (Oxford University Press 2018) 71−97.

Graef, Inge, Martin Husovec and Nadezhda Purtova, 'Data Portability and Data Control: Lessons for an Emerging Concept in EU Law' (2018) 19(6) *German Law Journal* 1359−1398.

Jones, Alison, Brenda Sufrin and Niamh Dunne, *EU Competition Law* (8th edn, Oxford University Press 2023)

Krämer, Jan, 'Personal Data Portability in the Platform Economy: Economic Implications and Policy Recommendations' (2020) 17(2) *Journal of Competition Law & Economics* 263−308.

Kranz, Johann, et al., 'Data Portability' (2023) 65(5) *Business & Information Systems Engineering* 597−607.

Kuner, Christopher, Lee A. Bygrave, and Christopher Docksey (eds), *The EU General Data Protection Regulation (GDPR): A Commentary* (Oxford University Press 2020).

Lucchini, Stefano, et al., 'Online Digital Services and Competition Law: Why Competition Authorities Should be More Concerned about Portability rather than about Privacy' (2018) 9(9) *Journal of European Competition Law & Practice* 563–568.

Majcher, Klaudia, *Coherence between Data Protection and Competition Law in Digital Markets* (Oxford University Press 2023)

Parker, Geoffrey G., Marshall W. Van Alstyne and Sangeet Paul Choudary, *Platform Revolution* (W.W. Norton 2016).

Patterson, Mark R., *Antitrust Law in the New Economy* (Harvard University Press 2017)

Petit, Nicolas, *Big Tech & the Digital Economy* (Oxford University Press 2020)

Petit, Nicolas, 'The Proposed Digital Markets Act (DMA): A Legal and Policy Review' (2021) 12(7) *Journal of European Competition Law & Practice* 529–541.

Robertson, Viktoria H.S.E., 'The Complementary Nature of the Digital Markets Act and the EU Antitrust Rules' (2024) 12 *Journal of Antitrust Enforcement* 325–330.

Rubinfeld, Daniel, 'Data portability and interoperability: An E.U.–U.S. comparison' (2024) 57 *European Journal of Law and Economics* 163–179.

Sokol, D. Daniel and Roisin E. Comerford, 'Antitrust and Regulating Big Data' (2016) 23 *George Mason Law Review* 1129–1161.

Stucke, Maurice E., *Breaking Away: How to Regain Control Over Our Data, Privacy, and Autonomy* (Oxford University Press 2022)

Stucke, Maurice E. and Allen P. Grunes, *Big Data and Competition Policy* (Oxford University Press 2016)

Vezzoso, Simonetta, 'Competition Policy in Transition: Exploring Data Portability's Roles' (2021) 12(5) *Journal of European Competition Law & Practice* 357–369.

Zhang, Jiawei, 'The Paradox of Data Portability and Lock–in Effects' (2024) 36(2) *Harvard Journal of Law & Technology* 657–683.

Zufall, Frederike and Raphael Zingg, 'Data Portability in a Data–Driven World' in Shin–yi Peng, Ching–Fu Lin and Thomas Streinz (eds), *Artificial Intelligence and International Economic Law* (Cambridge University Press 2021) 215–233.

03

개인정보 보호법에서의 자율규제*

계 인 국 | 고려대학교 행정전문대학원 교수, 법학박사

저자소개

고려대학교에서 법학석사를 취득하였고 독일 Regensburg 대학에서 법학박사 학위를 취득하였다. 대법원 사법정책연구원 연구위원으로 재직하였으며, 현재 고려대학교 행정전문대학원에 재직하며 공법과 규제법을 연구하고 있다. 국가와 사회가 협력적이고 분업적으로 공익을 형성해가는 보장국가 이론을 바탕으로 하여 ICT 규제, 과학기술 규제, AI 규제, 플랫폼규제 등 규제법 분야와 개인정보 보호법, 기업인권 등 다양한 분야를 연구하고 있다. 현재 개인정보 보호 자율규제협의회 위원으로 활동하고 있으며 한국공법학회, 한국행정법학회 등 주요 학회의 집행이사직을 수행하고 있다. 주요 저서로 플랫폼의 법과 정책(2022, 공저), 마이데이터와 법(2022, 공저), 신경과학기술과 법(2023, 공저)이 있다.

* 본 연구는 공법연구 제53집 제2호에 투고된 논문 "개인정보 보호법에서 자율규제의 의미와 기능 − 자율규제단체의 자율규약을 대상으로 −"를 총서 성격에 맞추어 수정한 것임을 밝혀둔다.

요약

   개인의 정보자기결정권을 바탕으로 하여 「개인정보 보호법」이 제정되고 시행된 이후 데이터 현실은 지속적으로 변화하고 있다. 데이터 정보사회의 역동적인 변화 가운데 실질적으로 개인정보를 보호하며 동시에 자유로운 데이터의 이동과 처리를 보장할 방안이 모색되고 있다. 다양한 개별 영역별로 보다 실질적이고 특화된 개인정보 규범을 형성하고 집행하는 것은 공식적인 법의 규율만으로 한계가 있다. 이에 대해 유용한 대안으로 제시되는 것이 자율규제이다.

   자율규제의 본래적 의미는 국가나 법에 의한 규제가 아니라 사회 영역에서 자기이익을 추구하기 위해 개별적 및 집단적 질서를 형성하여 이에 따라 스스로 책임을 지고 통제한다는 것이다. 자기책임의 원리와 자기통제의 원리를 배경원리로 하는 자율규제는 법이 규정하는 범위를 넘어 책임을 발생시킬 수 있고 이행형태를 확장시킬 수 있다. 또한 단순한 준법의무를 넘어 개별화된 주의의무를 이행하고 통제를 감수한다. 그러나 현대 사회에서는 국가나 법과 완전히 절연된 순수한 자율규제를 논의할 실익이 크지는 않다. 자율규제가 국가와 법에 관련되면서 자율규제는 법의 내용을 보완하거나 구체화하는 기능을 수행할 수 있으며 이는 자율규제의 인센티브로 작동할 수도 있다. 만약 특정한 공익목표를 위해 자율규제를 도구화하기 위해서는 국가와 자율규제 주체가 분업적이고 협력적으로 공익을 수행하는 규제적 자율규제의 개념요소를 갖추어야 한다. 무엇보다도 규제적 자율규제는 공익목표를 위한 규제권한을 자율규제에 두게 되며 이를 위하여 국가와 사회의 내용적 협력과 합의가 필수적이다.

   자율규제에서 규제적 자율규제에 이르는 다양한 규제전략은 개인정보 보호법제에서 활용되고 있다. 현행 「개인정보 보호법」은 자율규제단체가 규약을 작성하고 소속 개인정보처리자가 이를 준수하도록 자율규제를 실시할 수 있도록 자율규제단체를 지정하고 심사한다. 이는 GDPR과 유사한 모습을 보이는바, GDPR은 개인정보 보호와 데이터의 자유로운 이용을 위해 회원국이 동일한 보호수준을 구축할 것을 규제적 자율규제로 수행하고 있다. 이를 위한 수단으로 사용되는 행동강령의 승인은 현행 「개인정보 보호법」상의 지정심사 등과 유사한 모습을 보인다. 현행 「개인정보 보호법」상 자율규제 역시 규제적 자율규제로 평가될 수 있는 만큼, 공익목표의 이행을 위해 국가와 자율규제 주체 간의 내용적 협력과 합의에 법적 근거를 강화하고 자율규제와 규제적 자율규제의 의미를 올바르게 이해할 필요가 있다.

목차

Ⅰ. 서론: 왜 자율규제인가?

Ⅱ. 자율규제

Ⅲ. 규제적 자율규제

Ⅳ. 개인정보 보호 자율규제 규약의 분석

I 서론: 왜 자율규제인가?

최근 수년간 과학기술의 발전과 그에 따른 신산업을 대표하는 표제어들, 즉 사물인 터넷, 빅데이터, 4차 산업혁명, 빅데이터, 메타버스, 스마트 헬스, 인공지능 등에서 요청되는 법적 보호는 매우 다양하겠으나 공통적으로 제기되는 문제 중 하나는 분명하게도 데이터의 보호이다. 이미 20세기 중반 등장한 개인의 정보자기결정권을 바탕으로 한 개인정보 보호법제는 개인정보 처리에 법적 근거를 요구하거나 정보주체에게 처리 주도권을 부여하여 인적 관련성이 있는 정보의 처리와 이용을 스스로 결정하도록 하였다. 그러나 이러한 개인정보 보호의 기본 구도는 수시로 다양한 도전 상황에 직면하였을 뿐만 아니라, 일반적인 규정만으로는 다양한 개인정보 보호의 필요성과 상황에 대응하기 어렵게 되었다. 이에 따라 「개인정보 보호법」상의 원칙은 변화하는 데이터 현실에 맞추어 조금씩 변용되어 왔으며[1] 개별 영역의 문제에 대응하기 위해 일반규정 외에 여러 하위규정들을 통해 보완을 꾀하거나 특별법을 만들어 대응하기도 한다.

그러나 데이터의 처리와 보호에 대한 문제가 영역별로 더욱 복잡해지면서 법의 해석과 적용, 준수와 집행에서의 불확실성은 더욱 심화되고 있다. 이에 대해 다시 보완책으로 제시된 가이드라인이나 지침 등은 일면 일반규정이나 하위법령의 해석을 위한 도움이 되기도 하지만 구체적 사례에서 발생하는 법적 불확실성을 모두 극복할 수 있는 것은 아니다. 게다가 가이드라인의 비중이 높아지면서 개인정보 보호법규의 피수범자는 물론 관할 기관 역시, 관계 법령이 이미 존재함에도 가이드라인 없이는 집행도 준수도 하지 않으려는 새로운 부작용이 나타나기도 한다. 개인정보 보호법제의 형성과 발전, 그리고 하위법령이나 가이드라인에 이르는 법제화가 계속됨에도 불구하고 여전히 개인정보 보호 수준은 만족스럽지 못하면서 동시에 지나치게 획일적이고 기계적인 법적용으로 인해 개별 영역의 고유한 논리나 합리성, 개인정보 처리의 특수성을 반영하지도 못하는 문제가 발생하는 것이다.

이러한 배경하에서 국가만이 아니라 정보 주체 및 사적 행위자에 의해 실질적으로 개인정보를 보호할 방안이 제시되기 시작하였다. 예를 들어 전통적인 개인정보 보호원칙인 목적구속의 원칙 하에서 형식적 합법화 수단인 동의를 두었던 것을 넘어, 당해 목적이나 처리범위 등을 입법자가 아닌 정보 주체 등이 직접 정할 수 있도록 하는 주관적 목적확정[2]을 상기해볼 수 있다. 이러한 방향은 개인의 정보자기결정권을 실질적

---

1) 이에 대해서는, 계인국, 빅데이터 시대 전자정부에서의 개인정보 보호, 안암법학, 제50호, 199면 이하.

으로 보장한다는 것을 의미한다. 이러한 실질적 보장의 방향에 따라 개별 영역, 특히 각 산업별로 실질적이고 특화된 개인정보 규범을 형성하고 집행하기 위해서 제시된 전략이 바로 자율규제이다.[3]

　본 연구에서는 「개인정보 보호법」에서 자율규제 전략이 가지는 의미와 가능성을 알아보기 위하여, 먼저 자율규제의 의미를 살펴보고, 개인정보 영역과 같이 공식적 법의 규정에 따라 자율규제의 프레임이 형성하는 규제적 자율규제의 의미를 함께 살펴본다. 특히 규제적 자율규제의 특징 또는 개념요소라고도 할 수 있는 국가와 자율규제 기구 간의 사전적인 합의와 협력이 개인정보 보호법에서 어떻게 실현되는지와 그 전망을 자율규제단체의 자율규약 및 유럽연합 GDPR상의 행동강령을 통해 살펴본다.

II　자율규제

1. 규제의 의미

　규제의 의미는 매우 다양하게 이해되는 관념어이기 때문에 일정한 방향성 내지 합의를 통해 그 의미를 개념어로 좁혀갈 필요가 있다. 그렇다보니 규제의 개념은 학문분과에 따라 유사하기도 하고 상당한 차이를 가지기도 한다. 법학에서도 규제의 의미는 매우 다양하다.[4] 예를 들어 최광의의 규제는 규율, 조종, 표준, 질서의 의미를 가지므로 국가의 규제는 물론 사적 질서에 의한, 다시 말해 원형적 의미의 자율규제까지 모두 규제로 볼 수 있다. 그러나 널리 사용되는 규제는 대개 광의의 규제개념이다. 여기에서 규제란 "국가의 사회에 대한 개입작용 전반"을 의미한다.[5] 광의의 규제개념을 기

---

2) 주관적 목적확정에 대해서는 계인국, 빅데이터 시대 전자정부에서의 개인정보 보호, 안암법학, 제50호, 231면. 특히 주관적 목적확정은 이른바 '마이데이터'로 표현되는 개인정보 이동권 중 전송요구권에 중요한 단초를 제공한다. 이에 대해서, 계인국, 마이데이터 사업에서의 시장창설적 규제, 고려법학 제106권, 231면 참조.

3) 개인정보 보호영역에서의 자율규제에 대한 선행연구가 다수 존재하므로, 그중 극히 일부만을 예로 들어보면, 김일환/홍석한, 개인정보 자율규제영역에서 보장국가로서 국가의 역할에 관한 연구, 헌법학연구 제14권 제4호 제4호, 2008. 12, 135면 이하; 이강호/이해원, 개인정보 보호와 자율규제, 법조 제69권 제6호, 2020, 7면 이하; 채향석, 빅데이터 시대의 개인정보 보호 자율규제 활성화 방안, 고려법학 제85호, 2017, 41면 이하 등.

4) 이에 대해 자세한 내용은, 계인국 외, 규제개혁과 사법심사에 관한 연구, 사법정책연구원, 2017, 36면 이하.

5) 이 개념은 특히 미국의 economic regulation과 그 직접적인 영향 아래에 있는 경쟁법상 규제개념을 형성하는 지배적 이념이기도 하다. 자세한 것은 J. Wieland, Die Entwicklung der Wirtschaftsregulierung in

반으로 하여 규제개념은 규제주체의 지위, 피규제자와의 법률관계, 영역, 개별 국가의 법질서 등에 따라 다양한 정책적 내용을 가져온다.[6]

2. 자율규제의 배경원리

앞서 본 광의의 규제가 국가의 사회에 대한 개입작용 전반을 말하는 반면, 자율규제, 즉 자기규제(self－regulation)는 타인에 의해서가 아니라 자기 스스로를 통제하고 조절한다는 의미이다.[7] 사실 이는 인간 생활행태의 한 모습이라 할 수 있고 또한 법의 원형이라 할 수도 있기에,[8] 여기에서 도출되는 자율규제의 의미는 주관적이고 구상적인 관념어(conception)차원에 머무른다. 이렇게 자율규제를 단순히 스스로를 통제한다는 의미로만 이해하면, 각각 다른 주관적 관념에 의해 같은 단어라도 전혀 다른 의미로 이해되고 오해될 수도 있다.[9] 그러므로 자율규제의 배경원리로부터 시작하여 이들이 현대 사회에서의 자율규제의 개념에 어떻게 연결되는지 살펴볼 필요가 있다.

(1) 자기책임의 원리

1) 자기책임의 발생

자기책임은 어떤 행위자에게 그의 행위와 결과에 상응하는 정도의 책임이 귀속된다는 정도로 이해되곤 하지만, 사실 그보다는 더 많은 논의가 필요하다. 먼저 자기책임의 발생에 대해서, 자기책임은 반드시 법적 요구사항에 상응하는 책임에만 국한되지는 않

---

den Vereinigten Staaten von Amerika, Die Verwaltung 18 (1985), S. 84 (86); G. Majone, Deregulation or Re－regulation, 2; *Franzius,* Nachhaltigkeit und Regulierung, in: Manger－Nestler/Gramlich. (Hrsg.), Kontinuität und Wandel bei europäisierten Aufsichts－ und Regulierungsstrukturen, S. 203.; 계인국 외, 규제개혁과 사법심사에 관한 연구, 사법정책연구원, 2017, 39면 이하.

6) 그러므로 광의의 규제개념은 엄격한 법적 개념이라기보다는 법이론적 개념이다. 이에 대해 자세한 설명은, 계인국, 보장행정의 작용형식으로서 규제, 공법연구 제41집 제4호, 155면 이하; 계인국 외, 규제개혁과 사법심사에 관한 연구, 사법정책연구원, 2017.

7) 국내에서는 자율규제라는 표현이 일반적으로 사용되지만 자기규제가 이론적 배경은 물론 내용상으로도 더 적합한 표현이라 할 수 있다.

8) *G. F. Schuppert*, Selbstverwaltung und Selbstregulierung aus rechtshistorischer und governancetheore tischer Perspektive, S. 7 ff.

9) A. Thoma, Regulierte Selbstregulierung im Ordnungsverwaltungsrecht, S. 31 ff.; 계인국, 현대 규제법 이론의 배경으로서 반성적 법의 의미와 영향 － 자율규제와 규제적 자율규제를 중심으로 －, 유럽헌법연구 제45호, 2024, 298면.

는다. 기존의 법규정이 적용되지 않는 사안이거나 아예 규정 자체가 존재하지 않는 경우라도 자기책임은 발생할 수 있다. 현대 헌법국가에서도 자기책임에 기초한 자율규제의 유용성은 여전히 통용된다. 예를 들어, 신산업으로 지칭되는 영역이라든지 환경법, 인권 실사 등은 실정법이 명확하게 요구하는 요건의 충족 여부를 넘어서거나 또는 그와 병렬적으로 자기책임을 통해 자율규제를 하기도 한다. 이런 경우 무리하게 특정 규정에 포섭시키려고 하거나 성급하게 새로운 규정을 두려는 시도는 오히려 무의미한 결과로 이어질 수 있다.[10]

2) 자기책임의 귀속

다음으로 자기책임은 책임귀속의 문제이다. 책임귀속이란 일정한 사회적 구성원리에 따라 누가(주체), 무엇을(대상), 어느 정도로(범위), 누구에 의해(집행), 누구에게(영역) 책임을 이행하는가에 대한 문제이다.[11] 여기서 기준에 해당하는 사회적 구성원리에는 법 이외에도 다양한 사회적 의사소통의 과정이 포함될 수 있고, 귀속을 집행하는 기관 역시 반드시 국가의 법집행기관일 필요는 없다.[12] 한편 책임이 이행되는 대상이나 집단 및 이행방식이 소송법과 같은 법적 절차에 의하는 경우 이행수단이나 상대방은 한정적이고 정형화된다. 그러나 법적 절차 외에서의 자기책임은 이행의 대상이 분쟁의 직접당사자나 이해관계자 외의 제3자나 사회공동체 등으로 확대될 수 있다. 이는 비구속적 ADR 절차에서 나타나는 다양한 종류의 책임이행수단과 피해전보의 범위에서 발견된다.

3) 자기책임의 적극적 이행

자기책임 원리는 책임의 이행형태를 확장시킬 수 있다. 자기책임은 행위위반이나 결과위반에 대한 수동적인 책임을 넘어 보다 적극적이고 능동적으로 위반에 대한 인식과 예방, 조치 등의 적극적 이행으로 나아가기도 한다. 이는 법적 책임의 범위를 넘어서는 것일 뿐만 아니라[13] 법치국가적 준법의무의 요구나 그 이행과도 구별된다. 또한 자기이익의 적극적 실현을 위해 보다 다양한 규제수단이 투입될 수 있다는 점에서 자율규제는 경우에 따라 국가규제보다 더욱 구체화된 규제는 물론, 양적으로도 강력한 규제를 예정할 수 있다.

---

10) *Kloepfer,* Umweltrecht, 4. Aufl., § 5, Rn. 759

11) T. Bile, Selbstverantwortung und Selbstregulierung nach Datenschutz－Grundverordnung, S. 20

12) T. Bile, Selbstverantwortung und Selbstregulierung nach Datenschutz－Grundverordnung, S. 22

13) T. Bile, Selbstverantwortung und Selbstregulierung nach Datenschutz－Grundverordnung, S. 24.

(2) 자기통제의 원리

1) 사적 이익의 보호

자율규제는 일차적으로 타인에게 피해를 끼쳐서는 안 된다는 관념에 따라 스스로를 통제한다는 의미를 가진다. 타인에게 피해나 불이익을 주지 않는다는 것은 이로 인한 법적·사회적·윤리적 책임을 피하게 됨으로써 간접적으로 자기이익에 기여하게 된다. 그러므로 자율규제는 타인은 물론 자기의 이익을 위해서도 법이나 사회적 질서를 보다 구체화하거나, 스스로 기준을 수립하여 자기통제를 실천하는 것이다. 이러한 개별적 질서로서의 자기통제인 자율규제는 주어진 법을 준수한다는 단순한 준법의무나 준법의지를 넘어선다.[14]

또한 자율규제의 "규제"가 사적 이익의 추구를 위한 자기통제라는 점에서, 비록 표현상으로는 같은 "규제"라도 국가의 "규제"와 구별되는 의미를 지닌다. 그러므로 자율규제를 모순적인 조어로 이해해서는 안 되며[15] 나아가 자율규제에서 규제기관의 개입 정도를 통해 자율규제를 위임형, 승인형, 강제형 등으로 분류하려는 것은[16]는 자율규제의 개념적 설명이 될 수 없음을 유의해야 한다. 이 분류 방식은 자율규제가 국가로부터 긍정적 또는 부정적인 영향을 어떻게 받고 있는지를 어디까지나 현상적 차원에서 파악하려는 것이기 때문이다.[17]

2) 집단 이익의 보호 : 자율규제의 연대성

자율규제는 원자화된 개인의 자기책임과 자기통제를 넘어선다. 인간의 모든 집단은 자체적인 규칙을 정하고 집행하는 조직을 형성한다.[18] 개별 집단마다 자기관리나 자치의 모습은 다양한 형태로 나타나는데, 이는 사회 및 사적 집단 내의 연대적 관점에서

---

14) 보다 자세한 설명은, 계인국, 현대 규제법 이론의 배경으로서 반성적 법의 의미와 영향 − 자율규제와 규제적 자율규제를 중심으로 − , 유럽헌법연구 제45호, 2024, 298면 이하.

15) 이해원, 개인정보 보호 자율규제의 사법적(私法的) 의의 및 개선방안, 131면. 마찬가지로 이하에서 설명하는 규제적 자율규제 역시 형용모순이라고 보아서는 안된다.

16) 예를 들어, 강태욱, 개인정보보보 자율규제규약 톺아보기, KISO Journal Vol. 48, 39면.

17) 계인국, 현대 규제법 이론의 배경으로서 반성적 법의 의미와 영향 − 자율규제와 규제적 자율규제를 중심으로 − , 유럽헌법연구 제45호, 2024, 302면.; Julia Black/송시강(역), 자율규제의 헌정적 구성, 경제규제와 법 제16권 제1호, 2023, 89면 이하

18) *G. F. Schuppert,* Selbstverwaltung und Selbstregulierung aus rechtshistorischer und governancetheoretischer Perspektive, Max Planck Institute for European Legal History Research Paper Series No. 2015−01, S. 1.; *J. Black,* Constitutionalising Self−Regulation, pp. 24−55.

사적 이익을 실현하려는 것이다. 즉 사적 이익의 추구를 위한 개별적 질서는 사회적 관계와 연대적 의미 가운데 집단적 질서로 확대된다. 개별적 질서에서 자율규제가 주의의무를 이행하고 자발적으로 이행하는 자기책임의 원리에 보다 가깝다면, 집단적 질서로서 자율규제는 이러한 의무의 위반이 있는 경우 집단 또는 단체의 질서에 따른 통제를 감수하기로 개인이 미리 합의하는 집단적 자기통제의 원리에 근접한다. 이러한 집단적 자기통제로서 자율규제는 인간 집단의 자기관리나 자치의 모습이며 생활행태의 한 모습으로 법의 원형적 형태라고도 할 수 있다. 특히 집단적, 연대적 이익의 보호는 자율규제가 사익을 추구함으로써 공익실현에 기여[19]하는 모습을 보여준다.[20]

(3) 기본권 행사를 통한 사적 이익 추구

자율규제의 배경으로서 자기통제의 원리는 직간접적으로 자기이익을 위한 것이며 사인의 자기통제는 사적 생활영역에서의 자발적인 행위일 뿐, 특정한 공익을 실현할 의무가 주어짐에 따라 행하는 것이 아니다. 이를 기본권 이론에 대입시켜보면, 자율규제는 자기이익을 위해 자신의 행위영역을 스스로 결정하고 행동하는 자유권의 행사이다. 자기통제라고 하여도 자율규제는 어디까지나 기본권적으로 보호되는 행위의 수행이지 기본권수범자의 의무와 같은 것이 아니다. 자율규제는 기본권적 자유권의 행사이므로 처음부터 특정한 공익을 위해 실시되는 것이 아니며 더더욱 이에 대한 의무를 지지 않음이 원칙이다.

자율규제의 이행이 공익에 기여하고 조화를 이루는 것은 개별적 및 집단적 질서로서 자율규제가 자기책임과 자기통제의 원리를 실현한 결과이다. 즉 자율규제는 사회영역에서 자기책임의 원리에 따른 자발적인 규제로, 자기 이익을 추구함에 있어 더 나은 결과를 위해 자기 행위를 스스로 통제하며[21] 더 나아가 특정 사회 및 집단 내의 연대적 관점에서 사적 이익을 보다 적절히 추구하기 위하여 실시되는 것이다. 정리하자면, 자율규제는 자기이익의 추구와 달성 및 집단에서의 연대의식을 위해 자신의 행위영역을 스스로 통제하는 것이다.[22]

---

19) 집단질서로서 자율규제는 부수적으로 규제에 대한 국가적 부담을 경감시킬 수도 있다. 같은 견해로는 홍석한, 민간부문에서 개인정보 보호 자율규제에 관한 공법적 고찰, 성균관법학 제21권 제1호, 2009, 858면.
20) 계인국, 현대 규제법 이론의 배경으로서 반성적 법의 의미와 영향 – 자율규제와 규제적 자율규제를 중심으로 –, 유럽헌법연구 제45호, 2024, 301면.
21) 계인국, 규제개혁과 행정법, 공법연구 제44집 제1호, 2015, 669면.
22) 계인국, 현대 규제법 이론의 배경으로서 반성적 법의 의미와 영향 – 자율규제와 규제적 자율규제를 중심

3. 현대 사회에서 자율규제의 의미

(1) "순수한" 자율규제와 "위장된" 자율규제

지금까지 살펴본 원형적 의미 또는 "순수한" 자율규제는 대체로 국가의 개입이나 형성이 아니라 사적 영역에서 마련되고 집행되는 것, 그리고 특정한 공익이 아니라 자기이익의 추구를 위한 자기책임과 통제의 원리를 바탕으로 한다고 정리할 수 있다. 이들 각각의 개념요소에 충실한 의미의 자율규제는 민법상 사적자치의 원칙에서 오늘날에도 발견되고 있다. 그러나 사적자치의 원칙이 단지 계약상의 제한만을 받을 뿐, 국가의 법적 질서와 완전히 무관한 경우는 많지 않다.[23] 독일 연방헌법재판소가 적절히 밝힌 바와 같이 민법 체계가 계약상의 차이를 보정할 의무는 단지 계약상의 문제를 넘어 기본권으로서 사적자치권의 보장이며 또한 사회국가원리에 의한 것이기도 하다.[24]

현대 사회에서 자율규제가 국가와 국가의 공식적 법과의 불가분적 관계를 맺을 수밖에 없다는 것은 일정 부분 "순수한" 자율규제의 의미가 잠식되는 것이 아닌가 생각할 수도 있다. Black이 현상적 문제로서 지적한 바와 같이, 만약 개별적·집단적 질서로서 자율규제의 원형적 의미가 잠식되어 오직 국가와 관계성 속에서만 읽히게 된다면, 그러한 자율규제는 위임되거나(mandated), 승인되거나(sactioned), 심지어 강제된(coerced) 것에 불과하다.[25] 이러한 현상적 문제를 그대로 현대 자율규제 개념으로 보는 경우 자율규제는 "위장된" 자율규제가 될 위험이 크다. 반면 완전히 "순수한" 자율규제만을 자율규제라고 보는 경우 현대 사회에서 자율규제 전략을 활용할 여지는 매우 협소해진다. 이렇게 보면 오늘날 국가로부터 완전히 절연된, "순수한" 자율규제를 논의할 실익은 어느 정도 수정될 수밖에 없다. 동시에, 현대 국가에서 자율규제의 전략이 "위장된" 자율규제로 전락하는 왜곡 상황은 꼭 어떤 저의에 의한 것만이 아니라, 공식적 법과 자율규제의 역학관계를 주의 깊게 살피지 않는 데에서도 얼마든지 발생할 수 있음을 유의해야 한다. 그렇다면 현대 사회에서의 자율규제는 국가와 어떤 관계 아래에서 어떤 기능을 수행할 수 있는가?

으로 - , 유럽헌법연구 제45호, 2024, 296면.

23) *C. Berringer*, Regulierung als Erscheinungsform der Wirtschaftsaufsicht, S. 103; Faber 2001, S. 9 ff.

24) BVerfGE 89, 214 (232)

25) J. Black, Constitutionalising Self-Regulation, The Modern Law Review, Jan., 1996, Vol. 59, No. 1 (1996), p. 26. 앞서 언급하였지만, Black의 이러한 분류는 자율규제의 개념적 분류가 아니라 집단적 질서로서 자율규제와 국가 사이에서 발생하는 문제를 현상적 차원에서 보여주는 것이다.

(2) 보완 기능과 구체화 기능

자율규제가 국가와 법에 관련된다는 것을 자율규제 배경원리의 법적 수용으로 보게 된다면, 자율규제가 현대 규제법에서 여전히 유용한 전략이 될 가능성을 찾게 된다. 자율규제가 공식적 법과 일정 부분 관계를 가지면서 협력적 기능을 수행하는 것에서 오히려 현대적 기능을 모색해 볼 수 있다.

자율규제가 추구하는 자기책임의 원리나 자기통제는 오늘날 민주적 절차에 의해 선출된 입법자가 그의 자유로운 형성의 여지 가운데에 헌법과 법률에 따라 제정된 법률에 의해 작동하고 있다. 이렇게 되면 자율규제는 원칙적으로 법의 설정으로부터 자유롭지만 동시에 기본권적으로 보호되며 공식적 법이 형성한 질서나 합법성의 요청에 부합한다.[26] 이 경우 자율규제는 기존의 법의 내용을 개별 영역에서 자율적으로 보완하거나, 해석의 방향성을 구체화하는 등의 기능을 수행할 수 있다. 법이 일반적인 원칙을 제시하고 자율규제는 개별 영역에서 나타나는 절차상의 특수성이나 예외상황 등을 구체적으로 규율하게 된다. 이 경우 자율규제는 반드시 규제완화만을 의미하지 않고 영역별·사안별로 오히려 강화된 규율이 될 수도 있으며 개별 영역에서의 규제 합리화라는 수요를 충족시키는 방안이 될 수도 있다. 특히 이를 통해 자율규제가 산업영역별로 면책가능성이나 특례를 정하게 된다면 사적 이익의 추구의 인센티브로 작동하게 되며 사업자 등이 자율규제에 자발적으로 참여할 동인을 증진시킬 수 있게 된다.

Ⅲ 규제적 자율규제

1. 규제적 자율규제의 이해

자율규제와 법의 관계성을 생각할 때, 법이 자율규제를 통제한다거나 일정한 규제 하에서 자율규제를 설계한다는 것 자체가 완전히 새로운 발상은 아니다. 그러나 오늘날 규제전략으로 소개되는 규제적 자율규제(regulierte Selbstregulierung)는 단순히 '자율규제를 통제한다'는 관념어(conception)적 차원을 넘어 일정한 방향성을 가진 개념어(concept)로 이해되어야 한다. 또한 현대 사회에서 자율규제가 국가와의 관계에서 일정

---

26) 계인국, 현대 규제법 이론의 배경으로서 반성적 법의 의미와 영향 − 자율규제와 규제적 자율규제를 중심으로 −, 유럽헌법연구 제45호, 2024, 301면.

한 영향을 받게 됨에 따라 "순수한" 자율규제의 모습이 아니게 된 현상 자체를 곧바로 규제적 자율규제라고 하는 것 역시 매우 잘못된 이해이다. 이렇게 규제적 자율규제를 이해하는 경우 규제적 자율규제를 부정적 개념으로 오해할 수도 있고, 더 나아가 규제적 자율규제가 지닌 다음의 중요한 개념요소들을 완전히 놓치게 된다.

(1) 자율규제와 공익목표의 결합

이론적 차원에서 자율규제와 규제적 자율규제의 가장 큰 차이점은 특정한 공익목표를 추구하고 지향하는가에 달려있다. 자율규제는 기본권적 자유의 행사이며 사적 이익의 추구를 위한 자기통제와 자기책임, 그리고 연대적 성격을 가지는 것이지 기본권수범자와 같이 일차적으로 공익적인 의무가 설정되어 있지 않다. 그러나 규제적 자율규제는 기본권적 자유의 행사와 "결합된" 공익적 목표를 설정할 수 있다. 규제적 자율규제는 자율적인 사회의 동력을 이용하여 특정한 공익의 실현을 하려는 것으로, 이러한 결합은 단순히 자율규제를 감시하거나 통제하는 것이 아니라, "사회의 내생적(endogen) 잠재력, 학습능력, 창조성 및 혁신동력의 활성화"[27] 하여 이를 통해 공익을 추구하며 이 과정을 부분적으로 국가의 고권적 규제를 통해 실현한다는 것이다.

그러므로 규제적 자율규제는 자율규제가 국가와의 관계에서 불가피하게 변형되거나 왜곡되는 것을 말하는 것이 아니라, 사회가 가진 공동선 실현 잠재력과 자발적 질서를 특정한 공익적 목표와 결합할 것을 "의식적으로 합의"하는 규제전략이다. 규제적 자율규제는 복지국가적 법의 진격이 가져온 자율규제의 잠식상황과 법의 기능저하라는 모순적 상황을 수정하기 위하여 자율규제의 기능을 활성화하여 공익목표와 대등한 관계로 설정하려는 시도이다.[28] 그러므로 규제적 자율규제는 국가가 자율규제를 단순히 감시하고 통제하는 것이라든지, 자율규제를 이행하도록 강제하거나 명령하는 것과는 분명히 구별된다.[29]

자율규제의 잠식과 왜곡이란 문제를 넘어 규제적 자율규제는 현대 헌법국가가 공익을 실현하는 모습을 보여준다. "국민의 의사에 의해 정당화되고, 공익을 위해 행동하는

---

27) A. *Voßkuhle*, Gesetzgeberische Regelungsstrategien der Verantwortungsteilung zwischen öffentlichem und privatem Sektor, in: Schuppert (Hrsg.), Jenseits von Privatisierung und schlankem Staat, S. 47 (86).

28) 규제적 자율규제의 개념어적 발전양상은 "복지국가적 위기"의 극복을 위해 제시된 반성적 법(reflexives Recht) 이론에 관련된다. 자세한 논의는, 계인국, 현대 규제법 이론의 배경으로서 반성적 법의 의미와 영향 – 자율규제와 규제적 자율규제를 중심으로 –, 유럽헌법연구 제45호, 2024, 272면 이하 참조.

29) 계인국, 규제개혁과 행정법, 공법연구 제44집 제1호, 672면.

동시에, 각 개인이 자신의 이익을 정당히 추구하려는 행위를 보호하고 이를 통해 개인의 자유와 권리실현에 기여해야 하는 권력"[30]이 현대 국가이며 현대 헌법국가는 사익을 추구하는 기본권적 자유의 실현이 공익실현에 기여하는 것을 보호하고, 진흥하며 다양한 이익들을 공익에 적합하게 조종하고 갈등을 조정해야 한다.[31] 마찬가지로 새로운 국가상으로서 보장국가(Gewährleistungsstaat)에서는 규제에 관련된 사적 수행자들이 스스로 규제를 하도록 하고 국가가 이에 대한 보장책임을 사전적·사후적으로 담당한다. 이와 같이 고권적 규제와 자율규제가 분업적으로 연계된다는 점에서 규제적 자율규제는 전형적인 보장행정의 규제전략으로도 표현된다.[32]

(2) 규제구조의 기본권적 형성

규제적 자율규제는 그 실질이 자율규제이지만 기본권자인 사적 주체가 사적 이익의 추구를 통해 반사적으로 공익에 기여하는 것[33]을 넘어 사전적으로 특정 공익의 실현에 기여하기 위해 합의하는 것이다. 현대 국가는 사적 영역에서의 자율규제가 공익에 기여하는 것을 직접적으로 요구하거나 의무지우지 않고, 기본권적 자유권의 행사가 공익적 방향으로 나아가도록 유도 또는 진흥하거나 개개인의 기본권 행사를 보호하는 방향으로 공공임무를 수행한다.[34] 이러한 협력적·분업적 과정을 "사회의 자기결정력과 사적자치의 도구화(Instrumetalisierung)"[35]로 표현할 수 있다.[36] 이러한 도구화는 개별적

---

30) *A. Musil*, Wettbewerb in der staatlichen Verwaltung, S. 381.

31) *W. Kahl*, Die Staatsaufsicht, S. 368; *J. Isensee*, Konkretisierung des Gemeinwohls in der freiheitlichen Demokratie, S. 95 (106); *K. Hesse*, Grundzüge des Verfassungsrechts der Bundesrepublik Deutsch land, 20.Aufl., Rn. 7.

32) 계인국, "규제개혁과 행정법 – 규제완화와 혁신, 규제전략 –", 공법연구 제44집 제1호, 2015.10, 672면.

33) 이는 경쟁법상 규제의 이념이다. 즉, 독과점 등을 규제하여 유효경쟁과 같은 사적 메커니즘을 보호하면 경쟁에서의 사욕추구적 행위로부터 나타나는 결과들이 규칙적이고 반복적으로 공동선과 조화를 이루고 마침내 동일시된다는 소위 "패턴예측(pattern prediction)"을 의미한다. 계인국, 망규제법상 규제목적의 결합과 그 의의, 강원법학 제39권, 2013, 75면. 그러나 규제적 자율규제의 공익목표는 사적이익추구의 반사적 형상이 아닌 영역별, 사안별로 사전에 특정된 공익까지 확장된다.

34) 이에 대해 보다 자세한 내용은 이하 III. 1. (2) 참조.

35) *C. Franzius*, Gewährleistung im Recht, S. 135; 계인국, 보장행정의 작용형식으로서 규제, 공법연구 제41집 제4호, 169면.

36) 예를 들어, 경제규제는 경쟁을 조종자원으로 도구화시킨다. 이에 대해서는 *P. Kirchhof*, Das Wettbewerb – srecht als Teil einer folgerichtigen und widerspruchsfreien Gesamtrechtsordnung, in: *ders.* (Hrsg.), Gemeinwohl und Wettbewerb, S. 1 (7 ff.); *M. Heise*, Das Verhältnis von Regulierung und Kartellrecht im Bereich der Netzwirtschaften, S. 126 ff.; 계인국, 독일 경제행정법의 기본방향과 최근 전개양상, 행정법연구 제52호, 2018, 87면, 89면 참조.

사안에 따라 자율규제로 볼 수도 있으나 공익에 밀접하게 또는 직접적으로 관련시킨다는 점에서 자율규제를 국가영역으로 편입시키는, 규제적 자율규제로 보는 것이 더 적절하다.37) 이와 같이 규제적 자율규제가 공동선을 협력적 또는 분업적으로 실현하기 위하여 국가와 사회의 동력이 서로 연계되고 상호 보완 및 협력한다는 것으로 이해할 때, 공동선이 충분히 보장되는 동시에 도구화된 자율규제의 본래적 의미가 충분히 보존되어야 한다는 두 가지 측면은 세심하게 균형을 이루어야 한다.38) 그러므로 이러한 합의의 과정, 특히 입법과정에서 자율규제 주체의 자기책임은 가능한 한 넓게, 그리고 개인의 기본권에 따라 형성되어야 한다. 기본권은 법이나 권리의 형성(Rechtsgestaltung) 및 해석(Rechtsinterpretation)에 대한 방향을 제공하는 데에 기여해야 하며39) 이 형성은 개인의 자유권 행사를 위한 법적 조건을 보호함을 목표로 하는 동시에 공동선요청과 자유권 행사를 연결하는 방향으로 나아가야 한다.40) 이러한 점에서 다시금, 규제적 자율규제의 합의와 형성은 국가가 단순히 자율규제를 요구하거나 명령하는 것이 아니며, 기본권에 따라 자율규제와 공익목표를 설계한다는 점에서 자율규제를 하지 않을 경우 위협을 가한다는 것도 아님을 알 수 있다.

(3) 규제 내용의 합의

지금까지 살펴본 바에 의하면 규제적 자율규제는 특정한 공익실현을 위해 자기책임을 이행함은 물론 이전에는 국가가 담당했던 규제임무의 일부분을 수행하며, 사적 문제해결능력을 도구로 하여 직접 공동선 실현을 목표로 한다. 또한 이러한 규제구조는 기본권적 자유를 목표로 하고 그 해석에 따라 설계된다. 그렇다면 이제 국가는 사회적 동력에 부분적으로 결정권한과 이행권한을 넘겨주어야 한다. 이를 위해 국가와 사회는 사전적으로 "내용적인 협력"을 구성해두어야 하는데,41) 여기에는 자율규제 주체의 결

---

37) Fehling은 이를 규제적 자율규제와 자율규제의 결정적인 차이로 이해한다. *M. Fehling*, Regulierung als Staatsaufgabe im Gewährleistungsstaat Deutschland — Zu den Konturen eines Regulierungsverwaltungsrechts, in: *H. Hill* (Hrsg.), Die Zukunft des öffentlichen Sektors, S. 91 (100).

38) 계인국, 규제개혁과 행정법, 공법연구 제44집 제1호, 673면.

39) *W. Hoffmann-Riem*, Enge oder weite Gewährleistung der Grundrechte?, in: *Bäuerle* (Hrsg.), Haben wir wirklich Recht?, S. 53 (57); *ders.*, Modernisierung von Recht und Justiz, 185면; *B. Rusteberg*, Der grundrechtliche Gewährleistungsgehalt, S. 96.

40) *C. Franzius*, Gewährleistung im Recht, S. 126

41) *A. Voßkuhle*, Gesetzgeberische Regelungsstrategien der Verantwortungsteilung zwischen öffentlichem und privatem Sektor, in: *G. F. Schuppert* (Hrsg.), Jenseits von Privatisierung und schlankem Staat, S. 47 (89).

정, 조직, 절차, 집행에 대한 권한이 포함된다. 자율규제 주체가 가지는 이러한 권한은 사전적 합의에 따라 주어지는 것이며 국가가 임의로 이를 회수하거나 권한에 따른 규제집행 결과를 무시하여서도 안 된다. 국가는 자율규제 주체가 내리는 결정이나 조직구성에 구속되며 이를 신뢰하여야 한다. 다만 사전적 합의 사항으로서 자율규제 주체의 권한행사와 자율규제가 실패하는 경우 예외적으로 권한을 회수할 책임, 소위 교정책임(Auffangverantwortung)이 포함될 수는 있다. 이 경우에도 규제적 자율규제에 대한 국가의 교정책임은 규제적 자율규제의 구조설정과 사전적 합의의 내용 및 범위에 부합하도록 구성되어야 한다. 그렇지 않으면 규제적 자율규제는 계획경제적 조종이나 "위장된" 자율규제와 다르지 않게 된다.

규제 내용 등의 사전적 합의는 자율규제 규약제정과 관련된다. 자율규제 규약은 일차적으로는 개별 및 집단적 질서로서 자율규제의 기본적인 틀을 의미한다. 규약에 따른 자기책임 및 통제가 다시 특정한 공익적 목표의 실현과 결합하는 소위 사회의 도구화(Instrumentalisierung)와 국가 영역으로의 편입으로 이어지는 데에 이해당사자와 자율규제기구 및 국가가 의식적이고 자유롭게 합의할 때 규제적 자율규제가 형성된다. 이러한 내용적 합의과정에서 이해당사자와 자율규제기구는 개별적 및 집단적 이익의 추구와 자율규제의 도구화가 합치되는지를 자유롭게 판단하게 되는 반면 국가는 규제적 자율규제를 통한 공익실현과 그 외의 고권적 규제의 범위를 조율하게 된다.

2. 규제적 자율규제의 프레임워크

지금까지 살펴본 자율규제와 규제적 자율규제, 그리고 정부규제는 다시 세부적으로 다양한 규제전략을 설정할 수 있다. 규제개혁의 기조에 따를 경우 입법자는 해당 문제에 대해 어떠한 규제유형이 더 적합한지를 살펴야 하며 만약 자율규제로도 충분한 경우에는 규제를 신설하는 대신에 자율규제에 맡기거나 최소한의 근거 내지 지원규정만을 두면 된다. 그러나 세부적인 규제전략에 국가의 개입이 늘어남에 따라 점차 자율규제는 공익목표와 밀접한 관련성을 가지게 되고 마침내 공익목표와 자율규제를 결합시키는 규제적 자율규제로 이어질 가능성이 높아진다. 그렇다면 이를 위해 법적 규정이나 계약 등을 근거로 하여 국가와 사회, 즉 자율규제 주체 사이에 내용적 협력이 구성되어야 한다. 사회와의 협력이나 분업으로 임무가 수행될 가능성이 줄어들거나 추가적인 개입이 요구될수록, 자율규제의 메커니즘 대신 정부규제로 이어진다.

단계	규제유형	규제전략
1	자율규제	① 자발적인 규약제정 및 집행 등이 가능하고 적합한가?
		② 규약의 제정과 집행 등에 법적 지원이나 인센티브가 필요한가?
		③ 자율규제가 요청되거나 사실상 및 법적 의무로서 강제되는가?
2	규제적 자율규제 (1) 분업적 모델	① 민간 이행자의 규약과 이행에 특정 공익을 연결 및 조화시킬 수 있는가?
		② 민간 이행을 공익에 조화시키기 위한 규제기관의 권한부여나 조치가 필요한가?
		③ 민간이행이 실패하거나 저조한 경우 권한의 회수나 재위탁이 법적으로 예정되어 있는가?
3	규제적 자율규제 (2) 협력적 모델	① 민관협력을 통한 이행을 규약의 승인이나 권한의 부여 등으로 기획하고 있는가?
		② 민관협력을 통한 이행을 조직법적 차원에서 기획하는가?
		③ 민간이행이 실패하거나 저조한 경우 권한의 회수나 재위탁 또는 직접적인 개입이 예정되는가?
4	정부규제: 목적/프로그램 조종	① 법치국가적 준수나 원칙, 책무 등을 요구하는가?
		② 특정 공익목적 이행을 위해 행위 등을 금지, 명령하거나 허가를 요하는가?
		③ 이행자가 행정주체 또는 이에 근접하는가?

위에 제시된 규제프레임워크에서 자율규제에서 정부규제에 이르는 규제유형과 전략의 단계는 상호배타적으로 구획화된 것이 아니라 자율성 및 규제강도가 스펙트럼적으로 분포된 전략기획이다.[42] 특히 규제유형의 세부적인 인접전략 간에는 유형의 이동이나 혼합적 유형이 나타날 수 있다. 예를 들어 제1단계의 ③의 경우 자율규제가 사실상 또는 법적인 의무로 요구되는 경우에는 자율규제가 아닌 규제적 자율규제로 볼 가능성도 있다. 마찬가지로 제2단계의 ①은 규제적 자율규제로 범주화시켜두었으나, 각각 규제적 자율규제나 자율규제에 보다 근접할 수 있다. 뿐만 아니라 하나의 제도에 각기

---

42) 본래 자율규제-규제적 자율규제-고권적 규제는 이론적 및 개념요소상 구분되긴 하지만 상호 명확한 경계가 바로 나타나는 것은 아니며, 대개 개별사례의 구체화를 통해 구별된다. 이에 대해서는, 계인국, 규제개혁과 행정법, 공법연구 제44집 제1호, 674면.

단계의 세부단계가 병렬적으로 등장할 수도 있다. 특히 "다면형성적 현상(vielgestaltiges Phänomen)"[43]으로 표현되는 규제적 자율규제의 스펙트럼은 매우 넓게 분포하여 다양한 규제전략을 포용할 수 있다.

Ⅳ 개인정보 보호 자율규제 규약의 분석

1. 개인정보 보호법상 자율규제

(1) 자율규제 전략의 등장

현대 규제법에서도 자율규제는 중요한 규제전략으로 사용되고 있다. 기존의 개입적 법의 사고방식에 대한 반성적 사고가 법학에 수용된 이후,[44] 헌법상 기본권에 직결되는 미디어법이나, 기존 규제수단의 투입효과가 충분하지 않은 IT법, 국가독점적 구조가 시장에 개방되어 새로운 경쟁을 형성하게 된 통신법이나 에너지법 등 인프라규제법에서 자율규제와 규제적 자율규제가 비중을 높여가기 시작했다. 반면 개인정보 보호법에서는 이러한 움직임이 비교적 늦게 나타났다고 볼 수 있다. 법적 근거 없이 개별 회사나 협회 차원에서 비구속적 행동강령을 제시하거나 「개인정보 보호법」상의 근거를 두는 등의 자율규제 전략은 독일의 경우 2001년 전후에 비로소 등장하였다.[45] 대한민국의 경우 2009년에 한국 인터넷자율정책기구(KISO)가 발족되고 행동강령과 정책규정 및 자율규제를 집행하였으며, 「개인정보 보호법」상 법적 근거는 2011년 개정된 법에 최초로 등장하였다.[46]

---

43) *M. Bäcker,* Wettbewerbsfreiheit als normgeprägtes Grundrecht, S. 35; 계인국, 규제개혁과 행정법, 공법연구 제44집 제1호, 674면.

44) 반성적 법과 체계이론이 규제법에 미친 영향과 다시 행위자중심 체계이론과 신행정법학, 그리고 보장국가론으로 연결되는 이론적 배경에 대해서는, 계인국, 현대 규제법 이론의 배경으로서 반성적 법의 의미와 영향 – 자율규제와 규제적 자율규제를 중심으로 – , 유럽헌법연구 제45호, 2024, 272면 이하 참조.

45) *A. Roßnagel,* Selbstregulierung im Datenschutz, in: *Klumpp/Kubicek/ders./Schulz* (Hrsg.), Medien, Ordnung und Innovation, S. 299 (300)

46) 채향석, "빅데이터시대의 개인정보 보호 자율규제 활성화 방안", 고려법학 제85호, 2017, 45면; 이강호/이해원, 개인정보 보호와 자율규제, 법조 제69권 제6호, 16면.

(2) 현행 개인정보 보호법령의 내용

1) 구조

「개인정보 보호법」 제5조 제4항과 제13조, 「개인정보 보호법」 시행령 제14조는 자율규제의 촉진 및 지원에 대한 규정을 두고 있다. 위 법령에 따라 개인정보 보호위원회고시로 개인정보 보호 자율규제단체 지정 등에 관한 규정(이하, 자율규제단체 지정규정)이 제정되어 있다.

「개인정보 보호법」

제5조(국가 등의 책무) ④ 국가와 지방자치단체는 개인정보의 처리에 관한 불합리한 사회적 관행을 개선하기 위하여 개인정보처리자의 자율적인 개인정보 보호활동을 존중하고 촉진·지원하여야 한다.

제13조(자율규제의 촉진 및 지원) 보호위원회는 개인정보처리자의 자율적인 개인정보 보호활동을 촉진하고 지원하기 위하여 다음 각 호의 필요한 시책을 마련하여야 한다.

1. 개인정보 보호에 관한 교육·홍보
2. 개인정보 보호와 관련된 기관·단체의 육성 및 지원
3. 개인정보 보호 인증마크의 도입·시행 지원
4. 개인정보처리자의 자율적인 규약의 제정·시행 지원
5. 그 밖에 개인정보처리자의 자율적 개인정보 보호활동을 지원하기 위하여 필요한 사항

「개인정보 보호법」 시행령

제14조(자율규제의 촉진 및 지원) 보호위원회는 법 제13조제2호에 따라 개인정보처리자의 자율적인 개인정보 보호활동을 촉진하기 위하여 예산의 범위에서 개인정보 보호와 관련된 기관 또는 단체에 필요한 지원을 할 수 있다.

2) 자율규제단체의 지정

가. 자율규제협의회

자율규제단체의 지정을 위해 개인정보 보호위원회 내에 개인정보 보호 자율규제 협의회(이하, 협의회)를 두고 있다(자율규제단체 지정규정 제4조). 협의회의 업무에 대해서는 동 규정 제4조 각 호가 정하고 있는 바, 자율규제단체의 지정 및 지정 취소에 대한 심사, 자율규제 규약에 대한 검토, 연간 개인정보 보호 수행계획 및 결과에 대한 검토, 개인정보 보호 수행계획에 따른 결과의 평가에 대한 검토, 그 밖에 자율규제단체의 개인정보 보호 활동에 관하여 필요한 사항이다.

나. 지정신청

자율규제단체로 지정받고자 하는 협회·단체는 자율규제단체 지정신청서와 연간 수행계획을 협의회에 제출하여야 한다. 협의회는 지정신청서를 제출한 협회·단체가 자율적 개인정보 보호활동 역량이 있는지 여부에 대하여 심사하고 심사기준에 적합한 협회·단체를 자율규제단체로 지정한다. 2024년 기준 12개 분야 25개 협회·단체가 자율규제단체로 지정되어 있다.

3) 자율규제단체의 업무(제10조)

가. 자율규제 규약

자율규제단체는 소속 개인정보처리자의 개인정보 처리 특성을 고려하여 개인정보 보호에 필요한 규약(이하 "자율규제 규약")을 작성하고 자율규제협의회의 검토를 거쳐 공표한다. 자율규제단체는 소속 개인정보처리자가 자율규제 규약을 준수하도록 지도, 권고 등 필요한 조치를 할 수 있으며 소속 개인정보처리자는 자율규제 규약을 준수하도록 노력하여야 한다

나. 자율점검

자율규제단체는 자율규제 규약에 따라 소속 개인정보처리자의 개인정보 처리 실태를 점검하고 미흡한 점을 개선하도록 지도할 수 있으며 이를 위하여 실태점검 최소 1개월 전에 소속 개인정보처리자가 스스로 개인정보 처리 실태를 점검할 수 있도록 표준 자율점검표를 마련하여 배포하여야 한다.

다. 연간 수행계획 등

자율규제단체는 연간 개인정보 보호 자율규제 수행계획 및 그 결과를 협의회에 보고해야 한다. 여기에는 연간 교육·컨설팅 계획 및 수행결과, 자율규약 체결 목표 및 수행결과, 자율규약 및 점검표 제·개정 계획 및 수행결과, 자율점검 이행목표 및 수행결과가 포함되어야 한다.

4) 민관협력 자율규제

'민관협력 자율규제'는 온라인플랫폼 환경에 효과적인 개인정보 보호 방안을 정부와 기업이 함께 만드는 협업기반 자율규제 체계로 온라인플랫폼 업계 자체적으로 고객의 개인정보를 보호하기 위한 안전조치 방안을 마련하면, 개인정보위가 의결·확정하고, 이행 결과에 따라 개선권고 및 과태료·과징금 감경 등의 혜택을 부여한다. 한편 자율규제 규약의 이행여부 점검을 제15조에 따른 자율규제 전문기관 또는 「(개인정보보호위원회)정보보호 및 개인정보 보호 관리체계 인증 등에 관한 고시」 제2조 제3호 및 제4호에 따른 인증기관 및 심사기관이 수행한다.

2. 비교법적 검토: 유럽연합 GDPR상의 규제적 자율규제

(1) 배경

유럽연합 데이터보호기본명령(Datenschutzgrundverordnung: GDPR)의 제정과 발효는 유럽연합은 물론 국제적으로도 상당한 파장을 미쳤다. 그럼에도 여전히 유럽연합 내에서 계속 증가하는 데이터의 처리량과 데이터 처리의 세계화는 GDPR상의 개인정보 보호원칙이나 세부규정에 지속적인 도전상황을 야기하였다. 특히 유럽연합 차원에서는 개별 회원국에서의 일관된 집행의 문제[47]에 있어 추가적인 보호전략 역시 지속적으로 요구되어왔다. 유럽연합은 GDPR의 흠결을 보완하고 합리적인 규제를 집행하기 위해 자율규제, 특히 규제적 자율규제의 전략을 비중있게 다루기 시작하였고[48] 유럽연합 집행

---

47) 유럽연합 개인정보 보호법제의 집행결함은 이미 다수의 문헌에서 논의된 바 있다. *A. Roßnagel,* Audits stärken Datenschutzbeauftragte, DuD 2000, S. 231 (231); *Bergt,* Art. 42 DS-GVO, in: *Kühling/Buchner* (Hrsg.), Datenschutz-Grundverordnung/BDSG, Kommentar 2. Aufl., Rn. 1; *Hornung/Spiecker gen. Döhmann,* Einleitung, in: Simitis/Hornung/Spiecker gen. Döhmann (Hrsg.), Datenschutzrecht. GDPR mit BDSG, Kommentar, Rn. 209. Konferenz der unabhängigen Datenschutzbehörden des Bundes und der Länder, Ein modernes Datenschutzrecht, S. 27.

48) Mitteilung der Kommission, Gesamtkonzept Datenschutz, KOM(2010) 609 endg., S. 14.

위원회는 개인정보 보호에서의 개선된 집행을 위한 자율규제 이니셔티브의 진흥을 결정하였으며[49] 유럽연합 의회 역시 이러한 방향성을 지지하였다.[50] 다양한 배경 가운데에서 유럽연합은 집행흠결의 문제를 보완 및 해소하고, 규제적으로 형성된 자율규제협약 및 기준이 개인정보 보호법제의 준수를 높이며 또한 영역별로 합리적이고 적절한 규제의 실시에 기여할 것이라는 신뢰에서 자율규제, 특히 규제적 자율규제의 전략을 주목하고 있다.[51] 이하에서는 GDPR의 자율규제 수단 중 앞서 살펴본 개인정보 보호법상 자율규제 규약과 유사한 내용인 행동강령을 살펴보도록 한다.

(2) GDPR의 목적과 자율규제

GDPR에서 자율규제의 근거는 자율규제의 수단에 대한 명문의 규정은 물론, 더 나아가 GDPR이 자율규제를 규제전략으로 수용할 수 있는 법의 목적과 방향성 전반을 통해 확인되고 있다. GDPR은 개인정보의 보호와 자유로운 이동을 목적으로 한다(GDPR 제1조 제1항). 개인정보의 보호와 자유로운 이동이라는 GDPR의 목적은 상호적 목적으로, 개인정보의 처리에 있어 개인정보의 보호가 연관되어 있다는 이유로 자유로운 이동이 제한되거나 금지되어서는 안 된다(제1조 제3항). 이러한 목적규정에 따라 GDPR 서문(recital)은 개인을 일관되게, 높은 수준으로 보호하고 역내 개인정보의 이동을 막는 장애물을 제거하기 위해서, 각국은 개인정보 처리와 관련한 개인의 권리와 자유를 동일한 수준으로 보호해야 하고, 개인정보 처리와 관련한 개인의 기본권과 자유를 보호하기 위한 규정은 유럽 전역에 일관적이고 동일하게 적용되어야 함을 강조하고 있다(서문 제10조). 이러한 목적의 달성을 위해 GDPR은 다양한 자율규제 수단을 예정한다.

(3) GDPR상의 자율규제 수단으로서 행동강령

1) 목적: 데이터의 보호와 자유로운 이동

행동강령(Verhaltensregeln)의 일차적인 목적은 일반적 성격의 개인정보 보호법 규정을 보다 합리적이고 적절하게 준수하고 이에 대한 인센티브를 창출하는 데에 놓여있다. 행동강령은 그 형성과 집행을 전문기구나 협의회 등에서 실천한다는 점에서 개인

---

49) Mitteilung der Kommission, Gesamtkonzept Datenschutz, KOM(2010) 609 endg., S. 14, Ziff.2.2.5
50) Europäisches Parlament, Entschließung v. 6. Juli 2011, ABl EU 2013, C 33E/1 01, Abs. 40, 45.
51) V. Stürmer, Regulierte Selbstregulierung im europäischen Datenschutzrecht, S. 37 ff.

정보 보호법 영역 이외 다른 분야에서도 주요한 자율규제 수단으로 인정되어왔다. GDPR에서 행동강령은 GDPR 및 개별 회원국의 개인정보 보호법의 일반규정이 요구하는 사항을 각각의 세부영역에서 실제로 집행가능하면서 또한 실효적일 수 있을 것을 요구받는다. 여기에서 중요하게 고려되는 것은 충분한 전문지식(Fachwissen)의 보유와 사안적 근접성(Sachnähe)이다.[52]

또한 GDPR 제40조 제1항은 행동강령이 다양한 처리 부문의 명확한 특징과 영세 및 중소기업의 특정 요구를 고려하여 본 규정을 적절히 적용하기 위한 취지임을 명확히 밝히고 있다. 이에 따라 GDPR 전문(recital) 제13조는 연합 전역에서 자연인에 대한 균일한 수준의 데이터 보호를 보장하고 내부 시장에서 개인 데이터의 자유로운 이동을 방해할 수 있는 격차를 제거하기 위해 경제적 측면에 적용할 수 있는 규정을 요하며 중소기업(kleine und mittlere Unternehmen: KMU; SME) 운영자에게 법적 확실성과 예측가능성을 보장한다.

이러한 업종, 영역, 산업별 행동규율은 특정 산업에서의 문제에 대한 실질적인 해결책을 제시함으로써 개인정보 보호법의 적용을 촉진하고 준수가능성을 높일 뿐만 아니라, 개인정보 처리자 등에게 개인정보 보호법제에서 요구하는 구성요건, 재량권, 기술적 조치 등을 영역별로 명확히 하고[53] 각 사례에 적합한 처리방식 등을 지도하여 법적 예측가능성과 신뢰를 보호한다. 이러한 점에서 행동강령은 규제법적 관점에서 영역에 특수한 규제(sektorspezifische Regulierung: 전문규제)의 방식과 자기책임의 원리가 결합된 것으로도 볼 수 있다.

2) 행동강령의 제정, 개정 및 확대

컨트롤러나 프로세서의 각 범주를 대표하는 협회 또는 기타 기관은 행동강령을 제정, 개정, 수정, 확대할 수 있다. 행동강령의 세부적인 내용은 공정하고 투명한 처리, 특정 상황에서의 컨트롤러의 정당한 이익, 개인정보의 수집, 가명처리, 일반 및 정보주체에게 제공되는 정보, 정보주체의 권리행사, 아동에게 제공되는 정보 및 아동의 보호, 아동에 대한 친권을 보유한 자의 동의를 획득하는 방식, 기술적·관리적 조치 및 절차(제24조, 제25조)나 처리의 보안(제32조)의 안전을 보장하기 위한 조치, 감독기관 및 정보주체에게 개인정보 침해에 대해 통지, 제3국이나 국제기구로 개인정보 이전, 정보주체

---

52) *T. Bile*, Selbstverantwortung und Selbstregulierung nach Datenschutz−Grundverordnung, S. 126.
53) *V. Stürmer*, Regulierte Selbstregulierung im europäischen Datenschutzrecht, S. 164.

의 권리를 침해하지 않고, 처리와 관련하여 컨트롤러와 정보주체 간의 분쟁을 해결하기 위한 재판 외 절차 및 기타 분쟁해결 절차이다(제40조 제2항).

3) 협력적·분업적 이행

행동강령은 대표적인 규제적 자율규제의 수단이 될 수 있다. GDPR 제40조 제4항은 행동강령을 적용하기로 약속한 컨트롤러와 프로세서가 해당 조문을 준수하는 것을 의무적으로 모니터링할 수 있도록 하는 메커니즘을 포함할 것을 요구한다. 이어 제5항에서는 행동강령을 작성하거나 기존 강령을 개정 또는 확대할 경우 권한을 가지는 감독기관에 강령 초안이나 개정 또는 확대 강령을 제출해야 하고 감독기관은 강령 초안이나 개정 또는 확대 강령이 본 규정에 부합하는지 여부에 대한 의견을 제시하고 적정한 안전조치를 제공한다고 판단되는 경우, 해당 초안이나 개정 또는 확대 강령을 승인할 것을 규정하고 있다. 유럽연합 집행위원회는 승인된 행동강령이 유럽연합 내에서 일반적인 효력을 가진다는 것을 결정할 수 있으며(제40조 제9항), 이렇게 결정된 행동강령을 적절히 홍보되도록 할 지원의무를 부담한다(제40조 제10항).

이처럼 행동강령의 제정과 개정 및 확대, 그리고 이에 대한 승인과 효력보장은 각각 사적 영역(컨트롤러나 프로세서의 각 범주를 대표하는 협회 또는 기타 기관)과 공적 영역(집행위원회)에서 분업적으로 권한이 행사되며 협력적 관계에 놓여있다. 이러한 분업적 메커니즘의 목적은 행동강령의 목적인 GDPR 규정의 목적과 취지 및 그 적절한 적용으로, 전형적인 규제적 자율규제의 구도를 보여주고 있다.

3. 평가 및 제언

(1) 규제적 자율규제로서의 성격

현행 「개인정보 보호법」상의 자율규제는 그 표제에도 불구하고 규제적 자율규제 또는 그에 매우 근접한 자율규제로 평가할 수 있다. 「개인정보 보호법」은 국가권력이 임의로 인적 관련 정보를 이용함을 원칙적으로 금지하는 이른바 금지원칙에 기반하여 형성되었다가 점차 사인의 개인정보 이용의 합법성으로 확대되었다.[54] 「개인정보 보호

---

54) *M. Albers*, Umgang mit personenbezogenen Informationen und Daten, in: *Hoffmann–Riem/Schmidt–Aßmann/Voßkuhle* (Hrsg.), GVwR II, § 22, Rn. 88.; 계인국, 마이데이터 사업에서의 시장창설적 규제, 고려법학 제106호, 2022, 364면.

법」이 이용을 금지하거나 처리하도록 하는 기준 또는 합법성을 인정해주는 기본 구조
는 일반적으로 통용될 필요가 있다. 그러나 동시에 세부적 분야별로 금지나 처리 및
동의 등이 이질적인 방식과 절차를 가지는 경우에는 일반법으로서 「개인정보 보호법」
이 구체적 사안에 적합하게 적용될 수 있도록 자율성을 촉진할 필요가 있다. 적절한
법적 틀 안에서 산업별로 특화된 합리적이고 유연한 규정의 자율적인 정립과 집행은
그 자체로 민간의 참여를 이끌어내는 인센티브가 될 수 있다. 또한 이를 통해 개인정
보 보호법의 원칙과 규정들이 개별 분야에서도 표준적으로 적용되며 준수율을 더욱 높
이게 된다.

이러한 점에서 유럽연합 GDPR의 규제적 자율규제는 현행 「개인정보 보호법」상의
자율규제와 대비시켜 시사점을 얻어낼 수 있다. 자율적으로 행동강령을 수립하고 시행
하는 전 과정에서 GDPR이 추구하는 충분한 수준의 보호방안과 법적 확실성, 표준화와
표준의 구체화가 진행된다. 또한 이 과정은 높은 수준의 투명성을 지닌 채 사업자 및
개별 당사자에게 제시되어야 하며 그 집행의 방식 역시 전문성과 사안접근성을 통해
높은 신뢰성과 안정성을 갖도록 하는 것이다. 끝으로 행동강령이 중소 및 영세사업자
의 요청이나 특성을 반영하여 GDPR이 더 적절히 준수될 수 있도록 한다. 이러한 프레
임워크 안에서 GDPR의 행동강령은 강약을 조절하며 규제적 자율규제의 다양한 전략
을 취하고 있는 것이다.

(2) 자율규제 주체의 법적 지위

규제적 자율규제가 본질적으로 자율규제라는 점에서 볼 때, 규제적 자율규제 역시
사인의 기본권적 자유의 행사이다. 이러한 기본권 행사에 특정한 공익을 위한 자율규
제를 실시하도록 위탁한다는 것은 국가규제 권한을 위탁한다는 의미를 가진다. 그러나
국가규제 권한을 위탁한다는 것이 자율규제 주체를 곧바로 행정주체로서 공무수탁사인
으로 본다는 것은 아님을 유의해야 한다. 공무를 수탁받은 사인이 항상 공무수탁사인
이 되는 것이 아닐 뿐만 아니라, 공무수탁사인이라도 반드시 행정주체의 지위를 가지
는 것은 아니라는 견해도 유력하게 제시되고 있다.55) 독일에서도 규제적 자율규제와
같은 새로운 형식의 민관협력에 공무위탁의 법리를 이용한다는 것은 인정하면서도 사

---

55) 이에 대해 자세한 것은, 정남철, "사인(私人)의 행정과제(行政課題) 참여(參與)와 공무위탁(公務委託) –
특히 공무위탁(公務委託)의 범위와 한계를 중심으로 –"법조 제681호, 2013, 90면 이하

인의 참여방식을 분류함에 있어 기존 개념의 사용만으로는 불명확한 점이 많음을 지적하고 있다.[56] 즉, 규제권한의 위탁이 곧바로 자율규제 주체에게 공무원이나 행정주체로서의 지위를 곧바로 인정하는 결과가 되지는 않는다.

GDPR에서의 규제적 자율규제 역시 공무의 위탁을 통해 자율규제 주체가 GDPR이 추구하는 공익목표를 실현하도록 하고 있으나, 어디까지나 이들의 지위가 기본권자로서 사인임을 보여준다. 이는 GDPR에서의 규제적 자율규제가 개인정보의 보호뿐만 아니라 분명하게도 자유로운 개인정보의 이동에 목표를 둔다는 것, 자율규제 주체의 활동은 결국 이를 통해 더 적절한 GDPR의 적용과 준수방식을 스스로 형성하도록 하여 한편으로는 개인정보 침해리스크를 회피하며 다른 한편으로는 개인정보의 효율적인 이용과 처리를 통해 사적 이익을 적절하게 추구한다는 데에서 발견된다.[57] 또한 다음 항목에서 보게 될 규제기관의 감독 방식에서도 차이를 나타낸다.

(3) 규제기관의 감독: 보장감독

규제적 자율규제의 이론적 배경인 보장국가론을 고려한다면, 개인정보 보호법의 목적을 달성함에 있어 사적인 임무수행자에 의한 임무이행의 효율성은 매우 중요한 의미를 가진다. 이를 위해 규제기관의 감독은 사적 이익과 공익이 국가나 사회 어느 한쪽의 합리성을 포기함 없이, 영속적으로 하나의 방향성을 갖도록 함을 목표로 한다.[58] 동시에 규제기관은 규제적 자율규제에 참여하는 자율규제 주체로 하여금 공익목표 실현에 있어 일정한 책임을 부담하게 하는데 이 책임은 사적 이익 교량만을 문제삼는 "순수한" 의미에서의 자율규제가 지닌 자기책임성을 넘어선다.[59] 여기에서 보장국가의 핵심적인 관념인 "분업적 공동선실현(arbeitsteilige Gemeinwohlverwirklichung)"이 발견되며 이에 상응하는 규제기관의 감독방식을 보장감독(Gewährleistungsaufsicht)이라고 한다.[60]

---

56) *A. Voßkuhle*, Beteiligung Privater an der Wahrnehmung öffentlicher Aufgaben und staatliche Verantwortung, VVDStRL 62(2003), S. 266 (275 f.).

57) 이러한 점에서 규제적 자율규제의 인센티브는 단지 관련된 급부의무의 면제라든지 리스크 발생 시 컴플라이언스 불기소와 같은 책임의 면제나 경감 등 부수적이고 사후적인 측면이 주된 것이 아님을 보여준다. 오히려 인센티브는 「개인정보 보호법」의 실제 적용에 있어서 관련 당사자나 기업 등이 산업영역이나 기업 규모 등에 따라 더 적절한 절차와 집행을 스스로 설계하고 집행할 수 있도록 하여 사적 이익을 최적으로 추구할 수 있도록 하는 것이 핵심이다.

58) *A. Voßkuhle*, Beteiligung Privater an der Wahrnehmung öffentlicher Aufgaben und staatliche Verantwortung, VVDStRL 62 (2003), S. 206 (307).

59) *M. Burgi*, Gutachten DJT, S. D 23.; *C. Franzius*, Gewährleistung im Recht, S. 104.

60) *M. Edelbluth*, Gewährleistungsaufsicht, S. 50 ff.; *C. Franzius*, Gewährleistung im Recht, S. 618 ff.; *B.*

그러므로 규제적 자율규제에서 보장감독은 정부규제의 감독이 가지는 수직적이고 종속적 성격과 달리 상대적으로 수평적이고 협력적인 관계를 가지게 된다. 먼저 규제적 자율규제의 기본구도는 보장감독에서도 동일하게 나타난다. 즉 규제기관은 공무위탁에 앞서 감독의 방식과 내용에 대한 사전적인 합의를 준비해야 하며 이는 행정적 차원은 물론 입법적으로도 추진될 필요가 있다.[61] 다만 보장감독의 방식은 정부규제에서의 감독과 달리 동위적 관계에서 비공식적이고 협력적인 수단을 우선적으로 이용하는 것이지 명령과 통제를 우선적으로 투입하지 않으며, 특히 규제기관이 우선 자율규제 주체의 절차진행 및 집행을 신뢰하여야 함이 전제되어야 한다. 보장감독에서 사용하는 감독수단의 예는 사실조사, 품질관리, 실사 시스템, 의견제시, 권고 등이 있으며[62] GDPR에서 보장감독의 예로는 제9a조 감사, GDPR 제40조 제4항의 행동강령 적용에 있어서 의무적 모니터링, 제40조 제5항의 의견제시 등을 들 수 있다.

(4) 법적 근거와 범위

지금까지 살펴본 바와 같이 GDPR은 규제적 자율규제를 통해 추구하는 공익적 목표를 개인정보의 보호와 자유로운 이동으로 두고 있으며 자율규제 주체와의 내용상 합의, 감독의 방식과 수단, 행동강령의 제·개정과 승인에 있어서 분업적인 권한행사와 협력구조 등을 규정하고 있다. 현행 개인정보 보호법상 자율규제는 먼저 자율규제의 목적을 "개인정보 보호활동"으로 규정하고 있다. 물론 보호활동은 넓게 보면 자율적이고 적절한 보호를 통해 개인정보의 자유로운 이동과 처리 역시 촉진할 수 있다는 것으로 해석이 가능할 수도 있으나, 자율규제 주체인 민간의 참여는 보호와 이용 모두에서 사적 이익에 최적화를 추구함을 전제로 한다는 것을 입법적으로 명시함이 더 적절하다.

다음으로 「개인정보 보호법」 제13조 각 호는 자율규제의 촉진 및 지원 사항을 열거하고 있는데 제4호의 규약 제정·시행 지원은 전형적인 규제적 자율규제로 볼 수 있으며 GDPR의 행동강령 제·개정과 승인, 효력승인, 홍보지원과 유사한 내용을 두고 있다. 자율규제단체 지정규정에서는 자율규제 주체와의 내용적 협력에 대한 근거를 지정

Schmidt am Busch, DV 49 (2016), S. 205 ff.; 보다 자세한 내용은 계인국, 독일 경제행정법의 기본방향과 최근 전개양상, 95면 이하 참조.

61) *B. Wollenschläger*, Effektive staatliche Rückholoptionen bei gesellschaftlicher Schlechtererfüllung, S. 187.; *B. Schmidt am Busch*, DV 49 (2016), S. 205 (224).

62) 자세한 내용은 *B. Schmidt am Busch*, DV 49 (2016), S. 205 (224 ff.).; 계인국, 독일 경제행정법의 기본방향과 최근 전개양상, 97면.

심사 등에서 간접적으로 발견할 수 있다. 그러나 해당 부분이 규제적 자율규제의 성격을 가진다는 것을 감안한다면, 규제적 자율규제 권한의 위탁이나 수행과정, 보장감독 등에 대한 근거규정은 보다 구체적일 필요가 있다. 이 부분은 아마도 현행 개인정보 보호법이 규제적 자율규제가 아닌 자율규제로 표현되고 있으며, 따라서 자율규제의 원형적 의미를 보다 강조하여 규제기관의 개입을 최소화하려는 신중한 움직임으로 평가할 수 있다. 하지만 앞서 살펴본 바와 같이 오늘날 "순수한" 의미의 자율규제만을 고수할 실익은 줄어들고 있으며, 국가개입이 결국 전제되어 있는 상황에서는 오히려 이를 명확하게 하여 자율규제가 위장되고 왜곡되는 것을 방지할 필요가 있다. 규제적 자율규제의 실시는 자율규제가 국가나 법의 개입에 영향을 받는다는 모호한 관념에 머물러서는 안 되며, 구체적이고 명확한 내용적 협력과정에 대한 법적 근거가 필요하다.

다만, 이러한 이론적 귀결에도 불구하고 다소 우려스러운 점은, 최근 다수의 자율규제 도입 과정에서 나타나는 바와 같이 자율규제의 법적 근거가 없으면 자율규제를 아예 실시할 수 없는 것처럼 인식하곤 한다는 것이다. 반복하여 말하지만, 자율규제는 공식적 법이 정하는 청구권 등에 의존하거나 관계 법령을 준수하는 것과는 별개로 반드시 법적 근거를 요하는 것은 아니다. 규제적 자율규제의 핵심적 내용으로서 국가와 사회의 내용적 협력과 합의, 이를 통한 자율규제와 공익의 결합은 최소한의 법적 근거를 둠이 타당하다. 그러나 자율규제의 법적 근거를 반드시 두어야만 한다는 인식으로 인해 자칫 자율규제도 규제적 자율규제도 아닌 모호한 법적 근거가 만들어지고 이를 통해 "위장된" 자율규제가 실시될 가능성은 경계할 필요가 있다. 사회 영역에서 스스로 정한 규약을 집행하는 것을 넘어 일정한 법적 지원이나 인센티브, 나아가 일정한 요구사항이 정해질수록 자율규제는 국가의 영향력에 더 많이 놓일 수밖에 없다. 바로 이때 자기책임과 자기통제의 원리로서 자율규제의 의미, 그리고 자율규제와 공익목표의 "의식적 합의"라는 규제적 자율규제의 내용이 명확히 정리되어야 한다. 만약 이들이 충분히 인식되지 않고 뒤섞여버릴 때에는 아무리 좋은 의도와 목표라도 자율규제가 결국 "위장된" 자율규제로 전락해버릴 위험이 크다는 것을 주의해야 한다.

참고문헌

국내문헌

계인국, 빅데이터 시대 전자정부에서의 개인정보 보호, 안암법학, 제50호.

_____, 보장행정의 작용형식으로서 규제, 공법연구 제41집 제4호, 155면 이하.

_____, 망규제법상 규제목적의 결합과 그 의의 – 보장행정의 공동선실현 메커니즘 –, 강원법학 제39권, 2013, 67면 이하.

_____, 규제개혁과 행정법 – 규제완화와 혁신, 규제전략 –, 공법연구 제44집 제1호, 2015, 645면 이하.

_____, 마이데이터 사업에서의 시장창설적 규제, 고려법학 제106호.

_____, 현대 규제법 이론의 배경으로서 반성적 법의 의미와 영향 – 자율규제와 규제적 자율규제를 중심으로 – , 유럽헌법연구 제45호, 2024.

_____, 독일 경제행정법의 기본방향과 최근 전개양상, 행정법연구 제52호, 2018.

계인국 외, 규제개혁과 사법심사에 관한 연구, 사법정책연구원, 2017.

김일환/홍석한, 개인정보 자율규제영역에서 보장국가로서 국가의 역할에 관한 연구, 헌법학연구 제14권 제4호, 2008.12.

이강호/이해원, 개인정보 보호와 자율규제, 법조 제69권 제6호, 2020.12, 7면 이하.

정남철, "사인(私人)의 행정과제(行政課題) 참여(參與)와 공무위탁(公務委託) – 특히 공무위탁(公務委託)의 범위와 한계를 중심으로 –" 법조 제681호, 2013.

채향석, 빅데이터 시대의 개인정보 보호 자율규제 활성화 방안, 고려법학 제85호, 2017, 41면 이하.

홍석한, 민간부문에서 개인정보 보호 자율규제에 관한 공법적 고찰, 성균관법학 제21권 제1호, 2009.

외국문헌

Albers, Marion, Umgang mit personenbezogenen Informationen und Daten, in: *Hoffmann – Riem/Schmidt – Aßmann/Voßkuhle* (Hrsg.), Grundlagen des Verwaltungsrechts, Band II(zit.: GVwR II), § 22, Müchen 2008.

Bäcker, Matthias, Wettbewerbsfreiheit als normgeprägtes Grundrecht, Baden – Baden 2007

Bergt/Pesch, Art. 42 DS – GVO, in: *Kühling/Buchner* (Hrsg.), Datenschutz – Grundverordnung/BDSG, Kommentar 4. Aufl., 2024

Black, Julia, Constitutionalising Self−Regulation, The Modern Law Review, Jan., 1996, Vol. 59, No. 1 (1996).

Berringer, Christian, Regulierung als Erscheinungsform der Wirtschaftsaufsicht, München 2004.

Bile, Tamer, Selbstverantwortung und Selbstregulierung nach Datenschutz−Grundverord− nung, Kassel 2022.

Edelbluth, Markus, Gewährleistungsaufsicht, Baden−Baden 2007.

Fehling, Michael, Regulierung als Staatsaufgabe im Gewährleistungsstaat Deutschland − Zu den Konturen eines Regulierungsverwaltungsrechts, in: *H. Hill* (Hrsg.), Die Zukunft des öffentlichen Sektors, S. 91 ff.

Franzius, Claudio, Gewährleistung im Recht, Tübingen 2009.

Heise, Michael, Das Verhältnis von Regulierung und Kartellrecht im Bereich der Netzwirtschaften, Berlin 2008.

Hesse, Konrad, Grundzüge des Verfassungsrechts der Bundesrepublik Deutschland, 20 Aufl., Heidelberg 1999.

Hornung/Spiecker gen. Döhmann, Einleitung, in: Simitis/Hornung/Spiecker gen. Döhmann (Hrsg.), Datenschutzrecht. GDPR mit BDSG, Kommentar.

Isensee, Josef, Konkretisierung des Gemeinwohls in der freiheitlichen Demokratie, in: *von Arnim*, Hans Herbert/*Sommermann*, Karl−Peter (Hrsg.) Gemeinwohl−ge− fährdung und Gemeinwohlsicherung, Berlin 2004, S. 95 ff.

Kahl, Wolfgang, Staatsaufsicht, Tübingen 2000.

Kirchhof, Paul, Das Wettbewerbsrecht als Teil einer folgerichtigen und widerspruchsfreien Gesamtrechtsordnung, in: *ders.* (Hrsg.), Gemeinwohl und Wettbewerb, S. 1 ff., Heidelberg 2005.

Kloepfer, Michael, Umweltrecht, 4. Aufl., München 2016.

Musil, Andreas, Wettbewerb in der staatlichen Verwaltung, Tübingen 2005.

Roßnagel, Alexander, Selbstregulierung im Datenschutz, in: Klumpp/Kubicek/ders../Schulz (Hrsg.), Medien, Ordnung und Innovation, Berlin 2006, 299. S. 299

Schmidt am Busch, Birgit, Gewährleistungsaufsicht zur Sicherstellung privater Aufgabenerledigung: Eine dritte Kategorie zwischen Staatsaufsicht und Wirtschaftsaufsicht, Die Verwaltung 49 (2016), S. 205 ff.

Schuppert, Gunnar Folke, Selbstverwaltung und Selbstregulierung aus rechtshistorischer und governancetheoretischer Perspektive, Max Planck Institute for European Legal History Research Paper Series No. 2015−01.

Stürmer, Verena, Regulierte Selbstregulierung im europäischen Datenschutzrecht,

Tübingen 2022.

Voßkuhle, Andereas, Beteiligung Privater an der Wahrnehmung öffentlicher Aufgaben und staatliche Verantwortung, VVDStRL 62 (2003), S. 206 ff.

ders., Gesetzgeberische Regelungsstrategien der Verantwortungsteilung zwischen öffen−tlichem und privatem Sektor, in: Schuppert (Hrsg.), Jenseits von Privatisierung und schlankem Staat, S. 47 ff.

Wollenschläger, Bernhard, Effektive staatliche Rückholoptionen bei gesellschaftlicher Schlechtererfüllung, Baden−Baden 2006.

제 3 장

01 가명정보와 가명처리에 관한 규범적 접근

02 개인정보와 인공지능

01
가명정보와 가명처리에 관한 규범적 접근

심 우 민 | 경인교육대학교 사회과교육과 교수 및 입법학센터장(법학박사)

저자소개

경인교육대학교 사회과교육과 교수로서 법(학)교육 관련 과목들을 중심으로 강의하며, 동 대학의 입법학센터장으로 재직 중이다. 입법학에 관한 논문으로 법학박사 학위를 취득한 이후 국회입법조사처 입법조사관으로 정보통신법제 업무를 담당해온 바 있다. 이와 같은 경험을 바탕으로 현재는 IT법학, 입법학 및 기초법학적 논제들을 주요 연구대상으로 삼고 있다. 관련 저술로는 The Rationality and Justification of Legislation(공저, 2013), 입법학의 기본관점(2014), ICT 법체계 개선에 관한 입법학적 검토(2015), 인공지능의 발전과 알고리즘의 규제적 속성(2016), 인공지능과 법패러다임 변화 가능성(2017), 인공지능 시대의 입법학(2018), 데이터사이언스와 입법실무(2019), 20대 국회 정보통신 입법 동향 분석(2020), 디지털 전환과 사회갈등(2021), 디지털 전환과 법교육의 미래(2022), 인권보장을 위한 인공지능 입법방향(2023) 등이 있다.

요약

   데이터 3법 개정을 통해 한국의 「개인정보 보호법」에는 가명정보 및 가명처리에 관한 규정이 도입되었다. 이는 사실상 EU의 GDPR을 모델로 한 입법이라고 평가할 수 있으며, 데이터 이용 활성화의 맥락을 물론이고, 그 활용상의 안전성을 확보하기 위한 규범적 조치라는 의미를 가진다. 그러나 실제로 현행 「개인정보 보호법」에서는 가명정보의 처리에 관한 특례를 별도로 규정하면서 해석상 논란을 발생시킬 여지가 존재한다. 또한 현행 「개인정보 보호법」은 가명처리보다는 '가명정보' 개념에 주안점을 둔 체계를 가지고 있는데, 결과적으로 가명처리의 안전성보다는 최종적으로 생성된 가명정보에 관하여 개인정보 규제적용의 예외를 설정하는 체계를 취하고 있다. 이것이 입법기술적 차원의 문제점을 야기하고 있다. 따라서 이 논문에서는 '가명정보'라는 개인정보 영역의 설정을 통해 접근하는 규제체계와 '가명처리'에 초점을 둔 규제체계 간의 접근방식상의 차이점을 분석하였다. 분석을 통해 다음과 같은 제언 사항들을 도출하였다. 첫째, 단기적으로는 가명처리 개념을 개인정보 보호법상 필요한 영역에서 명확하게 활용할 수 있도록 해야 한다. 둘째, 가명정보 개념의 입법적 개념 설정에 대해서는 다소 중장기적인 관점에서 재검토해야 한다. 셋째, 차명처리 개념을 안전조치의 일환으로 「개인정보 보호법」상 활용할 수 있는 가능성을 중장기적으로 모색할 필요가 있다.

목차

Ⅰ. 들어가며

Ⅱ. 개인정보 보호법과 가명정보

Ⅲ. 가명정보와 가명처리

Ⅳ. 결론을 대신하여

I 들어가며

　　2011년 제정된 「개인정보 보호법」은 시일이 흐르면서 우리 사회의 개인정보 보호 및 안전한 활용에 관한 규범적 일반 원칙으로 자리잡아가고 있다. 물론 이 과정이 순탄한 것만은 아니었다. 무엇보다도 이 법이 제정되기 이전부터 개별 영역별로 개인정보 사안을 규율하고 있던 특별법 성격의 법률들이 산재했기 때문이다. 대표적으로 「정보통신망 이용촉진 및 정보보호 등에 관한 법률」, 「신용정보의 이용 및 보호에 관한 법률」 등이 있었으며, 이 밖에도 개별 분야에서 개인정보에 관해 적용되던 법률들이 다수 존재했다. 그런 이유에서 항상 전반적인 개인정보 보호법제의 체계 정합성의 문제에 대한 비판이 제기되어 왔다. 따라서 초기 개인정보 보호법제의 입법적인 쟁점은 어떻게 하면 흩어져 있는 개인정보 보호법제들은 체계적으로 일원화시킬 수 있을 것인가의 문제였다. 이러한 쟁점의 기저에는 개인정보 호보기구인 개인정보 보호위원회의 역할 정립의 문제도 존재하는 것인데, 특히 개별 분야 특별법들의 소관 부처들이 각기 다른 법제와 원칙에 근거하여 개인정보 보호 사안을 다루고 있다는 문제점은, 전반적인 개인정보 보호 원칙의 관철에 상당한 문제를 발생시켰기 때문이다.[1]

　　그런데 한국 고유의 법체계적 문제에 더하여, 2010년대 중반부터는 본격적으로 빅데이터, 사물인터넷, 인공지능 등 디지털 신기술(emerging technologies) 이슈들이 제기되면서, 전통적인 개인정보 보호법제에 관한 근본적인 문제제기가 국제적으로 이루어지게 되었다. 이에 따라 EU, 일본 등 다수의 국가들이 「개인정보 보호법」에 대한 정비작업을 수행하였다. 그 결과 EU의 General Data Protection Regulation(GDPR)은 국제적인 개인정보 보호법제 논의의 표준적인 모델로 급부상하였다. 이러한 세계적인 개인정보 보호법제 담론 지형의 변화는 한국에도 상당한 영향을 미쳤다. GDPR은 개인정보의 유통과 이용을 촉진하고자 하는 산업계, 그리고 정보화 사회에서 개인정보 보호의 중요성을 강조하는 시민사회단체, 양 진영 모두에게 상반된 주장의 논거로 활용되는 양상을 보여주었다. 그러면서 점차 한국의 개인정보 보호법제 개선 논의에 있어서도 EU의 GDPR은 일종의 모범 입법사례로 회자되기에 이른다. 물론 현실적으로는 세계적 개인정보 보호법제 논의에 있어서 EU의 영향력이 클 수밖에 없다는 점이 이유였지만, 보다 실질적으로는 모종의 타협지점이 될 만한 입법 아이디어를 포함하고 있었기 때문인 것

---

1) 심우민, 스마트 시대의 개인정보 보호 입법전략, 언론과 법 제12권 제2호, 2013 및 심우민, 개인정보 보호 법제의 체계간 정합성 제고방안, 영산법률논총 제12권 제1호, 2015 등을 참조.

도 상당한 이유였다.[2]

결국 국내적으로는 「개인정보 보호법」 제정 이후 개인정보 보호법제 체계 전반의 정비의 필요성이 있었으며, 국제적으로는 기술 환경이 급격하게 변화하면서 전통적 개인정보 보호법제의 변화 요청이 제기되어 왔다. 그 결과 2020년에 소위 '데이터 3법 개정'이라는 이름 하여 다분히 전면적인 개인정보 보호법제의 변화가 이루어졌다. 우선 개인정보 보호법제의 체계 정합성 차원에서 「개인정보 보호법」은 「정보통신망 이용촉진 및 정보보호 등에 관한 법률」과 가장 많은 중첩적 규율내용들을 가지고 있었기에, 「정보통신망 이용촉진 및 정보보호 등에 관한 법률」상에 존재했던 '개인정보' 관련 규정을 삭제하고 모두 「개인정보 보호법」으로 통합·이관하였다. 또한 신용정보의 이용 및 보호에 관한 법률도 물리적 통합 논의가 이루어졌지만, 이 법의 경우에는 규율 내용이 복잡한 측면이 있어 단순히 삭제·이관하는 방식의 개정을 수행하기에는 어려움이 있었다. 따라서 개인정보 보호법과 체계적 정합성만을 제고하는 수준의 개정이 이루어졌다. 이러한 체계적 일원화에 대해서는 다양한 비판이 아직도 제기되고 있는 상황이다. 그리고 무엇보다도 이와 같은 체계 정비 사업의 핵심적 내용으로 개인정보 보호업무 소관 부처를 일원화하기 위하여 개인정보 보호위원회는 심의·의결기구의 성격을 넘어 합의제 중앙행정기관으로 재설정함으로써 규제 법률 및 소관 부처의 분산으로 인한 규제혼선을 줄이고자 하였다.

이와 같은 체계 정비를 넘어, 데이터 3법 개정이 가지는 중요한 의미 중 하나는 개인정보의 보호와 활용 사이의 규범적 타협 지점이라고 평가할 수 있는 '가명정보' 개념이 적극 도입되었다는 점이다.[3] 이는 데이터 3법 개정 이르는 과정에서 빈번하게 회자되었던 GDPR의 영향력이 가장 큰 부분이었다. 특히 공식적으로는 4차산업혁명위원회 해커톤의 결과로 개인정보 보호법제 개선에 관한 이해관계자들 간의 합의가 있었는데, 그중 중요한 항목이 GDPR을 참고한 개인정보 개념의 구체화와 가명정보 도입에 관한 것이었다.[4] 이를 통해 알 수 있듯 현행 「개인정보 보호법」상의 가명정보 개념은 연혁적으로 분명 EU의 영향을 받은 것이다. 그러나 사실 EU의 GDPR과 한국의 「개인정보

---

2) 당시의 정황과 전문가들의 견해를 확인할 수 있는 자료는 심우민 외, 개인정보 보호 및 데이터경제 관련 입법안에 대한 사전적 입법평가, 한국법제연구원, 2019 참고.

3) 당시 논의된 일반적인 사항들을 확인할 수 있는 것으로는 전승재/권헌영, 개인정보, 가명정보, 익명정보에 관한 4개국 법제 비교분석, 정보법학 제22권 제3호, 2018, 200면 이하.

4) 4차산업혁명위원회, "보도자료: 개인정보 관련 법적 개념 체계 정비 합의, 전자서명법 개정을 통한 다양한 전자서명 활성화 방안 논의", 2018.2.5.

보호법」은 비슷한 규율내용을 가지면서도, 상당히 다른 체계를 보여주고 있다. 이는 '가명정보'에 관한 논의에서도 마찬가지이다.

따라서 이 글에서는 가명정보 개념에 대해 규범적 차원, 좀 더 정확하게는 입법기술(立法技術)적 차원에서의 타당성을 검토해 보고자 한다. 특히 한국의 개인정보 보호법이 참고했다고 알려져 있는 EU의 입법례를 살펴보고, 그것의 본래 취지와 한국 법제상의 취지가 같은 것으로 해석될 수 있는 것인지에 대해 분석해 보고자 한다. 이를 통하여 궁극적으로는 향후 개인정보 보호법제 개선에 관한 방향성을 제언해 보고자 한다.

▐▐ 개인정보 보호법과 가명정보

1. EU GDPR에서의 가명처리와 가명정보

(1) 가명처리의 개념과 취지

EU GDPR에서는 가명정보(pseudonymous data)라는 용어는 사용하고 있지 않다. 공식적으로 사용되고 있는 용어는 가명처리(pseudonymisation)이다. 물론 형식 논리적으로 따지자면 가명처리된 개인정보를 가명정보라고 할 수 있는 것은 사실이지만, 한국의 「개인정보 보호법」 개정 논의 과정에서 EU의 입법례를 따랐다는 점을 감안한다면, 이 차이가 의미하는 바를 명확하게 확인해 보아야 할 것으로 판단된다. 우선 가명처리에 관한 GDPR상의 개념정의는 다음과 같다.

> **제4조(정의)** (5) 가명처리는 추가적인 정보의 사용 없이는 더 이상 특정 정보주체에게 연계될 수 없는 방식으로 개인정보를 처리하는 것이다. 단, 그 같은 추가 정보는 별도로 보관하고, 기술적 및 관리적 조치를 적용하여 해당 개인정보가 식별된 또는 식별될 수 있는 자연인에 연계되지 않도록 해야 한다.[5]

사실 가명처리에 관해서는 기술적 관점에서 다양한 수단 및 방법론이 제기될 수 있는 것이지만, 규범적인 관점에서 보자면 '추가 정보' 없이는 더 이상 특정 정보주체에

---

5) EU Commission, REGULATION (EU) 2016/679 OF THE EUROPEAN PARLIAMENT AND OF THE COUNCIL of 27 April 2016, Official Journal of the European Union(L. 119), 2016, p. 33.

연계될 수 없는 방식, 즉 그 특정 주체가 식별되지 않는 방식으로 개인정보를 처리하는 것을 의미한다. 결국 쟁점은 가명처리된 정보는 특정 개인을 직접적으로 식별하는 데 사용될 수 없는 성격을 가지는 것이며, 추가정보는 그러한 식별을 위한 정보로 활용되기 때문에 별도 보관 및 이에 관한 기술적·관리적 보호조치가 필요하다는 것이다. 이러한 가명처리 개념을 도입한 취지에 대해서는 GDPR 전문 (28)에 설명되어 있다.

> (28) 개인정보에 가명처리를 적용하는 것은 관련 정보주체에게 미치는 위험성을 줄이고 컨트롤러와 프로세서가 개인정보 보호의 의무를 충족시킬 수 있도록 지원한다. 본 규정에서 명시적으로 '가명처리'를 도입하는 것이 기타의 개인정보 보호의 조치를 배제시키려는 의도는 아니다(가명처리를 하더라도 기타의 개인정보 보호 조치를 적용할 필요도 있음).[6]

이상의 전문 내용에서 확인할 수 있는 바와 같이, 가명처리 개념을 도입한 기본적인 이유는 결국 정보주체에게 발생할 수 있는 위험의 방지와 개인정보처리자 등의 개인정보 보호의무 이행방법, 즉 안전조치의 일환으로 제시된 것이다. 이에 따라, 가명처리를 하더라도 기본적으로는 GDPR상의 개인정보 보호조치를 배제시키는 것은 아님은 명확하다. 즉 애초부터 가명처리된 정보에 대해 개인정보 보호법제 적용의 예외를 설정하고자 한 취지가 아니라는 점을 알수 있다.

(2) 가명처리의 법적 효과

GDPR에 따르면, 가명처리된 정보와 관련하여 정보주체가 컨트롤러에게 식별을 위한 추가적인 정보를 제공하지 않는 이상, GDPR 제11조 규정에 따라 동 규정 제15조~제20조상의 정보주체의 권리의 적용이 면제된다.

> **제11조(식별을 필요로 하지 않는 처리)** 1. 컨트롤러가 개인정보를 처리하는 목적이 컨트롤러에 의한 정보 주체 식별을 필요로 하지 않거나 더 이상 필요로 하지 않게 된 경우, 컨트롤러는 본 규정 준수라는 목적만으로 정보 주체를 식별하기 위해 추가 정보를 유지, 취득, 처리할 의무를 지지 않는다.

---

6) EU Commission, REGULATION (EU) 2016/679 OF THE EUROPEAN PARLIAMENT AND OF THE COUNCIL of 27 April 2016, Official Journal of the European Union(L. 119), 2016, p. 5.

2. 본 조 제1항에 언급된 상황에서, 컨트롤러가 정보 주체를 식별할 수 있는 위치에 있지 않다는 사실을 입증할 수 있는 경우, 컨트롤러는 가능하면 이를 정보 주체에게 고지해야 한다. 그러한 경우 제15조~제20조는 적용되지 않으나, 정보 주체가 해당 조항에 따른 자신의 권리를 행사하기 위해 식별을 가능하게 하는 추가 정보를 제공한 경우는 제외된다.

결국 가명처리된 정보는, 앞서 개념정의에서 살펴본 바와 같이, 추가 정보 없이 정보주체가 식별되지 않는 정보이기 때문에, 컨트롤러가 이러한 추가 정보를 활용하여 정보주체를 식별할 수 있는 지위에 있지 않다는 점을 입증할 수 있다면, GDPR 제15조~제20조의 적용이 면제된다. 이들 조문은 각각 제15조(정보주체의 접근권), 제16조(정보주체의 수정권), 제17조(정보주체의 삭제권), 제18조(정보주체의 처리제한권), 제19조(개인정보 수정 또는 삭제나 처리제한 통지 의무), 제20조(정보주체의 정보 이동성에 대한 권리) 등으로 전통적으로 개인정보자기결정권의 내용으로 언급되어 오던 것으로, 개인정보 보호규정의 핵심적인 내용이라고 할 수 있다. 이렇게 본다면, 외면상으로 가명처리의 법적 효과는 개인정보 보호에 관한 실질적인 예외 설정인 것처럼 보인다.

그러나 위 GDPR 제11조는 컨트롤러가 개인정보를 처리하는 목적이 컨트롤러에 의한 정보주체 식별을 필요로 하지 않거나 더 이상 필요로 하지 않게 된 경우, 컨트롤러는 가능하면 이를 정보 주체에게 고지해야 한다고 규정하고 있어, 실질적으로는 개인정보자기결정권을 보장하는 방식으로 규정되어 있다는 점을 확인할 수 있다. 더 나아가, 정보주체가 해당 조항에 따른 자신의 권리를 행사하기 위해 식별을 가능하게 해주는 '추가 정보'를 제공한 경우에는 정보주체에게 접근권, 수정권, 삭제권, 처리제한권 등을 보장함으로써 또한 개인정보자기결정권 실현 자체를 배제하고 있지 않다는 점을 확인해 둘 필요가 있다.

(3) 가명처리 개념의 활용

GDPR에서 '가명처리'라는 용어는 앞서 언급한 바와 같이, 안전조치의 일환으로 수차례 언급된다. 우선 제6조(처리의 적법성)에서 당초 수집한 목적 이외의 처리에 있어 정보주체의 동의를 필요로 하지 않는 조건 중의 하나로 "암호처리나 가명처리 등 적절한 안전조치의 존재"를 제시하고 있다. 제25조(설계 및 기본설정에 의한 개인정보 보호) 조항에서도 설계단계에서부터 설정해야 하는 "가명처리 등의 기술적·관리적 조치"를 언급하고 있다. 제32조(처리의 보안)에서도 보안수준 보장의 한 방법으로 "개인정보의 가명처리 및 암호처리"를 언급하고 있다. 또한 제40조(행동강령)에서는 개별 기업들이 협회 및 기관을 통해 자율적으로 행동강령을 입안토록 하면서 "개인정보의 가명처리"에 관한 사항을 구체화할 수 있도록 하고 있다. 전반적으로 이상과 같은 내용들은 가명처리를 「개인정보 보호법」상의 원칙 적용의 예외를 설정하기 위한 것이 아니라, 그것을 실현하기 위한 안전조치의 일환으로 제시하고 있는 것이다.

다만 한국의 「개인정보 보호법」 개선 논의에서 두드러지게 부각한 것은 GDPR 제89조(공익적 기록보존 목적, 과학적 또는 역사적 연구 목적, 또는 통계적 목적을 위한 처리와 관련한 안전조치 및 적용의 일부 제외) 조항이다. 이 조항에서도 기본적으로 가명처리는 안전조치의 한 사례로 포함되어 있다. 관련 조항은 다음과 같다.

제89조(공익적 기록보존 목적, 과학적 또는 역사적 연구 목적 또는 통계적 목적을 위한 처리와 관련한 안전조치 및 적용의 일부 제외) 1. 공익적 기록보존 목적, 과학적 또는 역사적 연구 목적 또는 통계적 목적을 위한 처리는 정보주체의 권리 및 자유를 위해 본 규정에 따라 적정한 안전조치가 적용되어야 한다. 그러한 안전조치는 특히 데이터 최소화 원칙이 준수되도록 기술 및 관리적 조치를 이행해야 한다. 그러한 조치에는 가명처리 방식으로 그러한 목적들을 달성할 수 있다면 가명처리가 포함될 수 있다. 정보주체의 식별을 허용하지 않거나 더 이상 허용하지 않는 추가 처리를 통해 그러한 목적들을 달성될 수 있는 경우에는 그러한 방식으로 달성되어야 한다.
2. 개인정보가 과학적 또는 역사적 연구 목적이나 통계적 목적으로 처리되는 경우, 유럽연합 또는 회원국 법률은 본 조 제1항의 조건 및 안전조치에 따라 제15조, 제16조, 제18조 및 제21조에 규정된 권리의 적용을 일부 제외할 수 있다. 단, 그러한 권리가 그러한 특정 목적의 달성을 불가능하게 하거나 중대하게 손상시킬 것으로 예상되고, 그러한 목적을 달성하기 위하여 적용의 일부 제외가 필요한 것이어야 한다.
3. 공익을 위한 기록보존의 목적으로 개인정보가 처리되는 경우, 유럽연합 또는 회원국 법률은 제15조, 제16조, 제18조, 제19조, 제20조 및 제21조에 명시되고 본 조 제1항의 조건 및 안전조치에 따른 권리로 인해 특정 목적의 달성을 불가능하게 하거나 중대하게 손상시킬 것으로 예상되고, 적용의 일부 제외가 해당 목적을 달성하기 위해 요구되는 한, 해당 권리의 적용을 일부 제외하도록 규정할 수 있다.
4. 제2항 및 제3항에 명시된 정보처리가 동시에 다른 목적으로 이루어지는 경우, 적용의 일부 제외는 해당 호에 명시된 목적을 가진 데이터 처리에만 적용되어야 한다.

위 규정에서도 알 수 있는 바와 같이, 공익적 기록보존 목적, 과학적 또는 역사적 연구 목적 또는 통계적 목적을 위한 처리에 있어서는 적정한 안전조치를 이행할 것을 요구하고 있는데, 이러한 안전조치에 가명처리가 포함될 수 있다는 점을 규정하고 있다. 이 규정 내용으로 보자면, 결국 가명처리는 안전조치의 일환으로 논의되고 있다는 점을 확인할 수 있다.

2. 한국 「개인정보 보호법」에서의 가명정보

(1) 가명정보의 개념과 취지

한국의 「개인정보 보호법」에서는 EU의 GDPR과 달리, 우선 가명정보의 개념이 먼저 간략하게 정의되어 있고, 사실상 이러한 가명정보를 만들어내기 위한 처리 과정으로 가명처리를 규정하고 있다. 규정 구조상 특이점이라고 한다면, 가명처리된 가명정보가 기본적으로는 개인정보에 해당한다는 점을 명확히 하기 위하여, 개인정보에 관한 개념정의 하위 항목에서 가명정보를 다루고 있다는 점이다.

> **제2조(정의)** 이 법에서 사용하는 용어의 뜻은 다음과 같다.
> 1. "개인정보"란 살아 있는 개인에 관한 정보로서 다음 각 목의 어느 하나에 해당하는 정보를 말한다.
> 가. 성명, 주민등록번호 및 영상 등을 통하여 개인을 알아볼 수 있는 정보
> 나. 해당 정보만으로는 특정 개인을 알아볼 수 없더라도 다른 정보와 쉽게 결합하여 알아볼 수 있는 정보. 이 경우 쉽게 결합할 수 있는지 여부는 다른 정보의 입수 가능성 등 개인을 알아보는 데 소요되는 시간, 비용, 기술 등을 합리적으로 고려하여야 한다.
> 다. 가목 또는 나목을 제1호의2에 따라 가명처리함으로써 원래의 상태로 복원하기 위한 추가 정보의 사용·결합 없이는 특정 개인을 알아볼 수 없는 정보(이하 "가명정보"라 한다)
> 1의2. "가명처리"란 개인정보의 일부를 삭제하거나 일부 또는 전부를 대체하는 등의 방법으로 추가 정보가 없이는 특정 개인을 알아볼 수 없도록 처리하는 것을 말한다.

위 규정의 논리적으로 보자면, 사실상 추가 정보 없이 특정 개인을 알아볼 수 없도

록 처리하는 것이 가명처리이고, 그 결과물이 가명정보라는 점을 밝히고 있는데, 여기에서 파악할 수 있는 바와 같이 사실상의 동어반복을 통해 '개인정보의 종류'와 '처리의 방식'을 각각 규정하고 있는 것이라고 할 수 있다. 결국 가명처리나 가명정보의 핵심 개념표지는 바로 '추가적인 정보 없이는 특정 개인을 식별할 수 없는 정보'라는 점이다.

이러한 법체계와 구조는 결국 가명정보의 활용에 관해 별도의 예외를 설정하겠다는 의도를 명확히 하고 있는 것으로 보인다. 실제로 가명정보에 관한 중심적인 규정을 두고 있는 '제3절 가명정보의 처리에 관한 특례'는 이러한 예외를 설정하는 내용을 담고 있다. 이러한 가명정보 개념의 도입의 취지에 관해서는 데이터 3법 개정 당시 위원장 대안 의안 원문 중 '대안의 제안이유'에서 확인할 수 있다.

> 개인정보의 개념을 명확히 하여 혼란을 줄이고, 안전하게 데이터를 활용하기 위한 방법과 기준 등을 새롭게 마련하여 데이터를 기반으로 하는 새로운 기술·제품·서비스의 개발 등 산업적 목적을 포함하는 과학적 연구, 통계 작성, 공익적 기록보존 등의 목적으로도 가명정보를 이용할 수 있도록 하는 한편 ⋯7)

이에 따르면, 기본적으로 산업적 목적을 포함하는 과학적 연구, 통계 작성, 공익적 기록보존 등의 목적으로 가명정보를 이용할 수 있도록 한다는 취지를 가지고 있다. 즉 데이터 활용 가능성을 제고하기 위하여 가명정보 개념을 도입한 것으로 이해해볼 수 있다. 이에 관해 좀 더 구체적인 것은 위 위원장 대안 의안 원문 중 '대안의 주요 내용'을 통해 확인해 볼 수 있다.

> 개인정보와 관련된 개념체계 개인정보·가명정보·익명정보로 명확히 하고, 가명정보는 통계 작성, 과학적 연구, 공익적 기록보존의 목적으로 처리할 수 있도록 하며, 서로 다른 개인정보 처리자가 보유하는 가명정보는 대통령령으로 정하는 보안시설을 갖춘 전문기관을 통해서만 결합할 수 있도록 하고, 전문기관의 승인을 거쳐 반출을 허용함(안 제2조 제1호, 제15조, 제17조 개정, 안 제28조의2, 제28조의3, 제58조의2 신설)8)

위와 같은 설명에 따르자면, 결국 정보의 개념을 개인정보, 가명정보, 익명정보로

---

7) 행정안전위원장, 「개인정보 보호법 일부개정법률안(대안)」(의안번호 24495), 2020.1.9, 3면.
8) 행정안전위원장, 「개인정보 보호법 일부개정법률안(대안)」(의안번호 24495), 2020.1.9, 3면-4면.

구분하여 접근하고 있음을 알 수 있다. 이는 달리 말하여, 개인정보와 익명정보 사이에 사실상 또 다른 정보 영역인 가명정보라는 독자적인 정보 개념을 설정하고 있는 것으로 볼 수 있다. 가명정보라는 개념을 통해 예외 또는 특례의 영역을 창설한 것이다. 그런데 전체적인 내용을 보자면, 이러한 가명정보는 사실상 "통계 작성, 과학적 연구, 공익적 기록보존 등"의 목적에 한정하여 활용되는 것을 상정하고 있다(「개인정보 보호법」 제28조의2 및 제28조의3)는 점 또한 확인할 수 있다.

(2) 가명정보의 법적 효과

「개인정보 보호법」은 가명정보에 관하여 '제3장 제3절 가명정보의 처리에 관한 특례'를 통하여, 그 세부적인 사항들을 규정하고 있다. 이러한 특례는 포괄적으로 보자면 개인정보 보호법상 개인정보자기결정권 보장에 관한 일반 원칙의 예외를 설정하고 있는 것이라고 할 수 있으며, 그 세부적인 규정 내용은 다음과 같다.

> **제28조의7(적용범위)** 제28조의2 또는 제28조의3에 따라 처리된 가명정보는 제20조, 제20조의2, 제27조, 제34조제1항, 제35조, 제35조의2, 제36조 및 제37조를 적용하지 아니한다.

위 규정에 따르면, 통계 작성, 과학적 연구, 공익적 기록보존 등을 위하여 정보주체의 동의 없이 가명정보를 처리하거나 결합하는 경우, 제20조(정보주체 이외로부터 수집한 개인정보의 수집 출처 등 통지), 제20조의2(개인정보 이용·제공 내역의 통지), 제27조(영업양도 등에 따른 개인정보의 이전 제한), 제34조(개인정보 유출 등의 통지·신고), 제35조(개인정보의 열람), 제35조의2(개인정보의 전송 요구), 제36조(개인정보의 정정·삭제), 제37조(개인정보의 처리정지 등) 등의 규정이 적용되지 않는다. 이는 결국 개인정보자기결정권의 예외를 설정하고 있는 것으로 이해해볼 수 있다.

이러한 개인정보자기결정권의 예외 설정에 관한 가명정보의 법적 효과와 관련해서는, 데이터 3법 개정 당시 최종적으로 도출된 위원장 대안에서 소수자 의견으로 문제 제기가 있었다는 점을 확인한다면, 더욱 그 취지를 명확하게 확인할 수 있다.

> 정보주체의 동의 없이 특정 목적 하에서 가명정보를 활용하게 되는 경우 정보주체의 권리가 침해될 가능성이 높으므로, 개인정보의 보호와 활용이 조화되도록 할 필요가 있음.[9]

위 내용으로 확인할 수 있는 바와 같이, 가명정보 개념에 해당하는 정보의 경우에는 일률적으로 개인정보자기결정권을 배제하는 법적 효과를 상정하고 있다는 점을 확인할 수 있다.[10] 이상의 취지들을 종합하자면, 결국 한국의 「개인정보 보호법」은 가명정보라는 새로운 정보영역을 창설하고, 이에 대하여 사실상 「개인정보 보호법」상의 원칙적 조항을 적용 배제함으로써, 정보주체의 동의 없이 개인정보를 활용할 여지를 열어주고자 하는 목적을 가진다는 점을 확인할 수 있다.

(3) 가명정보 개념의 활용

한국의 「개인정보 보호법」은 가명정보라는 개념을 중점적으로 활용하면서도, 가명처리에 관하여 별도로 규정하고 있는 것으로 보인다. 법문의 구조적인 측면에서 보자면, 가명정보를 개인정보의 일종으로 형식적으로 포함시키기 위해서는 이를 개인정보 개념정의 하위에 위치시키는 형식을 채택하는 것이 효과적인 것으로 판단했던 것으로 보인다. 그러다 보니 그러한 가명정보를 생성하는 가명처리는 다분히 부수적인 것으로 개념정의되었다.

이러한 정황은 「개인정보 보호법」 본문을 확인해 보면 알 수 있다. 전체 「개인정보 보호법」상 '가명정보'라는 개념은 제21조(개인정보의 파기) 제1항, 제3장 제3절 가명정보의 처리에 관한 특례(제28조의2~제28조의7), 제30조(개인정보 처리방침의 수립 및 공개) 제1항, 제71조(벌칙)에서 활용되고 있다. 반면 '가명처리'라는 용어는 개인정보 보호법 본문에 전혀 언급이 없다. 즉 가명처리는 개념정의 조항에서만 언급되고 있다. 결국 한국의 「개인정보 보호법」은 '가명정보'라는 개념을 중심으로 한 규정 체계를 가지고 있는 것이라고 평가할 수 있다.

이러한 맥락을 감안한다면, '가명정보 처리에 관한 특례'에 관한 조문들(관련 벌칙 조항 포함)을 제외한 나머지 조문에서 별도로 가명정보라는 용어를 사용하고 있는 데에 대해서는 의문이 발생한다. 우선 개인정보의 파기와 관련해서 보자면 다음과 같다. 「개인정보 보호법」 제2조 제1호에 따르면 가명정보는 의문의 여지없이 개인정보에 해당한다. 그런데 「개인정보 보호법」 제21조 제1항 본문은 "개인정보처리자는 보유기간의 경과, 개인정보의 처리 목적 달성, 가명정보의 처리 기간 경과 등 그 개인정보가 불필요하게 되었을 때에는 지체 없이 그 개인정보를 파기하여야 한다"고 규정하고 있는데,

9) 행정안전위원장, 「개인정보 보호법 일부개정법률안(대안)」(의안번호 24495), 2020.1.9, 5면.
10) 오길영, 개정 개인정보 보호법에 대한 검토와 비판, 민주법학 제73호, 2020, 103면.

여기서 '가명정보 처리기간의 경과'를 추가로 규정하는 것이 의미가 있는 것인지는 의문이다. 또한 「개인정보 보호법」 제30조의 경우에도 개인정보 처리방침에 '가명정보의 처리 등에 관한 사항'을 포함토록 하고 있는데, 이 부분 또한 이미 개인정보의 처리 등에 관한 사항에 관한 내용이 규정되어 있음에도, 이를 추가적으로 규정할 이유가 있는 것인지에 대해서는 논리적·체계적 측면에서 문제가 제기될 수 있다. 이러한 개인정보보호법상의 가명정보 규정 체계를 선해해 보자면, 가명정보에 대한 각별한 주의를 기울이도록 하기 위한 목적으로 이미 개인정보에 포함되는 가명정보에 관한 내용을 별도로 규정하고 있는 것으로도 해석할 수 있을 것이다.

3. EU와 한국의 차이점

이상의 내용을 통하여, EU의 GDPR과 한국의 「개인정보 보호법」에서 가명처리 및 가명정보에 관한 취지와 맥락을 살펴보았다. 한국의 「개인정보 보호법」이 가명정보에 관한 관념을 EU GDPR에서 차용해 왔다고는 하지만, 그 실질적인 내용에 있어서는 다양한 차이점이 존재하는 것이 사실이다. 가장 큰 차별성은 GDPR의 경우에는 가명처리라는 개념을 중심으로 하여 이를 개인정보 처리에 관한 안전조치 등의 일환으로 자리매김토록 하고 있는 반면, 「개인정보 보호법」의 경우에는 처리 그 자체보다는 그 결과로서 생성된 가명정보라는 개념에 초점을 두어, 이를 통해 「개인정보 보호법」상의 원칙 적용의 특례 또는 예외를 설정하기 위한 개념적 수단으로 삼고 있다는 차이점이 있다.

그러나 사실 이러한 차이점에 주목하고 있는 견해는 국내에 많지 않다. 그 이유는 결과적으로 가명처리가 된 정보가 가명정보일 뿐이라는 결과론적 사고방식을 취하기 때문이다. 그러나 현실적으로 이러한 개념 구조 설정상의 차이는 관련 규정의 적용 및 집행상의 상당한 차이점을 불러일으킬 수밖에 없다. 예를 들어, GDPR의 적용에 있어서는 결국 가명처리가 특정 수준 이상의 개인정보 보호에 관한 안전성에 기여할 수 있는 것인지에 초점을 둔다고 한다면, 「개인정보 보호법」의 적용에 있어서는 특정 정보가 가명정보의 개념적 범주에 해당한다고 볼 수 있는지, 그래서 「개인정보 보호법」의 적용을 면제 받을 수 있을 것인지에 중점을 두게 된다. 이러한 후자의 한국 「개인정보 보호법」의 적용 상황은 개인정보 보호의 안전성 판단이 아니라, 특정 정보가 가명정보에 해당하는지 여부 및 규제 완화 또는 면제가 어느 정도로 가능할 것인지 여부에 관한 판단으로 귀결될 뿐이다.

〈표 11〉 GDPR과 「개인정보 보호법」의 차이

	GDPR	「개인정보 보호법」
활용 개념	가명처리	가명정보
규율 목적	안전성 확보	법적용 제외 특례 설정
적용 범위	안전조치가 필요한 영역	가명정보 처리 특례 (통계 작성, 과학적 연구, 공익적 기록보존 등)
개인정보자기결정권	규정상 맥락에 따른 보장	보장에 관한 명시적 규정 없음
가명처리의 개념정의	추가적인 정보의 사용 없이는 더 이상 특정 정보주체에게 연계될 수 없는 방식으로 개인정보를 처리하는 것	개인정보의 일부를 삭제하거나 일부 또는 전부를 대체하는 등의 방법으로 추가 정보가 없이는 특정 개인을 알아볼 수 없도록 처리하는 것

III   가명정보와 가명처리

1. 가명정보 규정의 입법기술론적 문제점

(1) 입법기술론적 접근

각국의 법제는 사실상 각국의 현실 상황을 고려하여 형성되는 것이기 때문에, 세부적인 내용은 다를 수 있다. 따라서 개별적인 조문 내용과 형식에서는 차이가 있을 수 있는 것이 사실이다. 이런 의미에서 한국 「개인정보 보호법」상의 가명정보 규정 및 관련 특례 조항들이 단순히 그것의 참조사례였던 GDPR과 형식적으로 다르다는 점만을 문제 삼을 필요가 없다. 결국 중요한 것은 그러한 법률 규정에 의해 구체적으로 현실 상황이 당초 의도되었던 규율 목적을 효과적으로 달성할 수 있는 것인지, 그리고 그 과정에서 의도하지 않았던 효과가 발생하는 것은 아닌지 등의 여부라고 할 수 있을 것이다.

이상과 같은 분석을 위해서는, 입법학 연구의 도움을 받을 수 있다. 종래 한국에서의 입법학 연구는 세부적으로 입법이론, 입법정책결정론, 입법기술론, 입법과정론, 입법영향분석론, 입법논증론으로 나뉘어서 접근되고 있다.[11] 따라서 온전한 법제 분석을 위해서는 이러한 입법학의 모든 세부 연구 분야들을 토대로 분석을 진행할 필요가 있다. 그러나 이하에서는 한정적인 지면을 고려하여, 가명정보 관련 규정에가 가장 큰 문제라고 할 수 있는 입법 형식과 체계의 문제에 집중해 보고자 한다. 이러한 형식과 체계의 문제를 집중적으로 연구하는 입법학의 세부 연구분야는 바로 입법기술론(legislative technique, 立法技術論)이다. 입법기술론은 의회 또는 입법자의 의사결정 결과를 사회에 알리는 일종의 규범통지(規範通知) 기술에 관한 것이다.[12] 즉 입법자들이 모종의 입법 필요성을 수긍하고 이를 현실의 입법결과물인 법령 등으로 제정하는 과정에서, 당초의 입법 의도를 효과적으로 수범자인 시민 또는 국민들에게 알리기 위해 활용하는 기술이다.

이하에서 「개인정보 보호법」상의 가명정보 관련 조문 및 체계에 관하여 입법기술론적인 측면에서 분석하고자 하는 이유는, 과연 입법자들의 입법정책결정 내용과 실제 조문화된 내용이 상호 정합성을 가지는 것인지에 대해 분석해보고자 함이다. 그 이유는 실제 규범 현실에서는 「개인정보 보호법」상의 가명정보 및 가명정보 처리 특례의 의미와 내용에 관한 다양한 해석들이 존재하기 때문이다. 당연히 법규범에 대해서는 각기 다른 해석이 존재할 수 있는 것이지만, 이러한 해석상의 문제점은 당초 입법기술 활용의 미비점으로 인해 발생하는 문제일 것으로 보인다. 따라서 이하에서는 가명정보 및 가명정보 처리 특례 규정들은 입법기술론적인 문제에서 분석해 보고자 한다.

(2) 가명정보 규정의 입법기술론적 문제점

현행 「개인정보 보호법」 체계의 근간을 이루는 개정은 앞서 언급한 바와 같이 2020년 데이터 3법 개정의 결과라고 할 수 있다. 물론 제정이나 전부개정에 이르는 수준은 아니었지만, 종래 「개인정보 보호법」에 관한 비판으로 제기되었던 쟁점과 그에 대한 대안들을 총체적으로 반영했다는 특징을 가지고 있다. 이러한 특징을 가장 극명하게 드러내 주는 것이 바로 개인정보에 관한 개념정의 규정이라고 할 수 있다. 과거에는 개인정보에 관하여 식별 가능성 및 결합 가능성을 토대로 한 다분히 추상적 수준의 개념정의를 하고 있던 것을, 보다 구체적인 개인정보의 종류로 분설함으로써 일정부분 규범적 예측 가능성을 높였다는 평가를 할 수 있을 것으로 보인다. 바로 이 부분에 가명정보가 포함되는 것도, 데이터 3법 개정의 성격을 극명하게 드러내 주는 부분이다.

---

11) 심우민, 입법학의 기본관점: 입법논증론의 함의와 응용, 서강대학교출판부, 2014.
12) 심우민, 인공지능 시대의 입법학, 법학연구(충남대) 제29권 제2호, 2018, 32면.

「개인정보 보호법」 제2조 제1호에서는 이러한 개인정보에 대하여 개념정의하고 있다. 개정 전에는 개인정보란 "개인에 관한 정보로서 성명, 주민등록번호 및 영상 등을 통하여 개인을 알아볼 수 있는 정보(해당 정보만으로는 특정 개인을 알아볼 수 없더라도 다른 정보와 쉽게 결합하여 알아볼 수 있는 것을 포함한다)"라고 규정하고 있었다. 이 규정을 개정을 통하여 개인 식별 가능성을 가지는 정보, 그리고 곧바로 식별 가능성을 가지지 않더라도 정보의 입수 가능성, 시간, 비용, 기술 등 합리적인 근거 등을 통해 판단해볼 때 쉽게 결합하여 식별 가능성을 가지는 정보들을 개인정보라고 구체적으로 기술하였다. 특히 후자의 결합 용이성에 관하여 기존 조문에 대해 비판이 제기되어 왔던 맥락을 반영하여 개인정보의 범주를 보다 명확히 했다는 의미를 가진다.

이러한 개인정보 개념정의 조항과 관련하여, 가명정보의 경우에도 개인정보에 당연히 포함된다는 점을 명확히 규정하고 있다(「개인정보 보호법」 제2조 제1호 다목). 즉 가명처리함으로써 원래의 상태로 복원하기 위한 추가 정보의 사용·결합 없이는 특정 개인을 알아볼 수 없는 정보도 개인정보에 해당한다는 것이다. 이는 과거 개인 식별 가능성을 중심으로 개인정보 해당 여부를 판단하던 관행을 넘어선다는 중요한 의미를 가진다. 그런데 그 전제는 추가정보 없이는 특정 개인을 식별할 수 없도록 하는 가명처리 절차이다. 이에 따라, 논리적으로 보면 가명처리에 관한 개념정의가 필요할 수 있었을 것으로 보인다. 이에 따라 「개인정보 보호법」 제2조 제1의2호는 "개인정보의 일부를 삭제하거나 일부 또는 전부를 대체하는 등의 방법으로 추가 정보가 없이는 특정 개인을 알아볼 수 없도록 처리하는 것"을 가명처리로 개념정의하고 있다.

그런데 EU GDPR의 입법례 등(GDPR 제4조 (5)호)에서는 가명처리를 "추가적인 정보의 사용 없이는 더 이상 특정 정보주체에게 연계될 수 없는 방식으로 개인정보를 처리하는 것"이라고 개념정의하고 있다는 점을 고려해 볼 필요가 있다. GDPR의 경우에는 가명처리만을 개념정의하고 있으며, 여기에서의 핵심 개념 표지가 '추가적인 정보 사용 없이 더 이상 특정 정보주체를 식별할 수 없는 방식'이라는 점에 주목할 필요가 있다. 이러한 표현은 한국의 개인정보 보호법상 가명정보 및 가명처리의 개념정의 모두에 그대로 사용된다. 이런 견지에서 보자면 사실상 개인정보 보호법에서의 개념정의는 말 그대로 '정보'냐 '처리'냐에만 차이가 있을 뿐 동어반복적인 입법기술을 사용하고 있다는 점을 알 수 있다.

그렇다면 입법기술적인 측면에서 가명정보에 대한 개념정의를 먼저 하면서, 그에 이어 곧바로 가명처리를 추가적으로 개념정의한 이유가 무엇인지에 대하 생각해 보아야 한다. 그런데 실제 가명처리를 별도로 개념정의한 이유를 찾아보기도 어렵다. 그 이유는 '가명처리'라는 개념이 「개인정보 보호법」 전체 조문 중 유일하게 '가명정보' 앞서 언급한 개념정의 규정(「개인정보 보호법」 제2조 제1호 다목)에서만 사용되고, 여타의 개인정보 보호법 본문에서는 단 한 번도 사용되지 않기 때문이다. 가장 핵심적으로 가명정보에 관한 규정을 두고 있는 것은 '제3장 개인정보의 처리'의 '제3절 가명정보의 처리에 관한 특례' 부분인데, 여기에서도 '가명처리'라는 개념은 전혀 사용되고 있지 않다. 추측컨대 이 부분은 EU GDPR을 참조하여 가명처리 규정을 도입하는 과정에서 발생한 입법기술론적 오류에 해당하는 것이 아닌가 추측된다. 이를 뒷받침하는 논거는 이하에서 언급하는 특례 규정들에서도 살펴볼 수 있다.

「개인정보 보호법」 제3장 제3절(제28조의2~제28조의7)의 표제는 '가명정보의 처리에 관한 특례'이다. 이 절의 규정들은 모두 가명처리가 아닌 가명정보라는 개념을 중심으로 그것의 처리, 결합 제한, 안전조치의무, 처리시 금지의무, 적용범위에 대해 규정하고 있다. 예를 들어, 「개인정보 보호법」 제28조의2(가명정보의 처리 등) 제1항은 "개인정보처리자는 통계작성, 과학적 연구, 공익적 기록보존 등을 위하여 정보주체의 동의 없이 가명정보를 처리할 수 있다."는 규정을 두고 있다. 그런데 이 규정을 합리적으로 이해하면 명확히 식별 정보로서의 성격을 가지는 개인정보를 가명처리하는 과정에서는 이 조항이 적용될 수 없다. 그 이유는 이 조항의 표제뿐만 아니라 법문에서 명확하게 정보주체의 동의 없이 '가명정보'를 처리할 수 있다고 되어 있을 뿐, 식별정보를 가명화 또는 가명처리하는 부분은 규율영역을 벗어나기 때문이다. 이는 「개인정보 보호법」 제3장 제3절에 포함되는 모든 조문들이 공히 가지고 있는 문제점이다. 논리적으로 보자면 원천적으로 정보주체의 동의 없이는 가명정보를 생성할 수 없으며, 동의를 받아 생성된 가명정보를 다시 처리하는 경우에만 정보주체의 동의가 필요하지 않은 상황이 되는 것이다. 물론 실무적으로는 가명정보 생성의 경우에도 제3절 가명정보의 처리에 관한 특례가 적용되는 것으로 해석하고자 하겠지만, 규범통지의 기술이라는 입법기술의 측면에서 보자면, 이러한 조문 체계가 타당한 것인지에 대해서는 의문이 있다.

2. 가명정보 처리 특례 규정의 해석론과 한계

(1) 개인정보의 처리 개념을 활용한 해석론

「개인정보 보호법」 제3장 제3절 가명정보의 처리에 관한 특례에 관한 이상과 같은 문제점에도 불구하고, 가명정보 생성에 관해서도 당연히 이 특례 규정들이 적용된다는 견해가 있다. 물론 이 문제에 대해 학술적 차원에서 명확하게 논의가 이루어진 경우는 찾아보기 어렵지만, 실무적으로는 모종의 해석론이 존재한다. 이는 「개인정보 보호법」 제2조 제2호에 근거한 "처리" 개념에 입각한 것이다. 이에 의하면, 처리란 개인정보의 수집, 생성, 연계, 연동, 기록, 저장, 보유, 가공, 편집, 검색, 출력, 정정(訂正), 복구, 이용, 제공, 공개, 파기(破棄), 그 밖에 이와 유사한 행위를 말한다. 여기서 주목해야 하는 것이 바로 '생성' 및 '가공' 등의 용어이다. 즉 이러한 처리 개념에 입각하면 '가명정보의 처리'는 가명정보를 생성하거나 가명정보로 가공하는 것을 포함하는 것으로 해석이 가능하기 때문이다. 현행 개인정보 보호법상 가명정보에 관한 규정들이 가지는 입법기술론적 문제점을 넘어서서, 현행법이 정상적으로 집행 및 운용되기 위해서는 불가피하게 이러한 해석이 필요한 것도 사실이다. 이렇게 되면 사실상 법문상 명확하게 기술되어 있는 '가명정보의 처리'는 '가명처리'로 해석하면 되는 것이다.

(2) 처리 개념에 입각한 해석론의 한계

이상과 같은 해석론적 결론에 이르게 되면, 「개인정보 보호법」 제2조 제1호 다목과 제2조 제1의2호에서 각각 '가명정보'와 '가명처리'를 구분하여 규정하고 있는 이유가 모호해진다. 앞서 언급한 바와 같이. 가명처리라는 용어가 「개인정보 보호법」 본문에서 단 한 번도 활용되고 있지 못하다는 측면에서 더더욱 그러하다. 만일 위와 같은 해석론 자체가 당초 입법자의 의도였다고 한다면, 오히려 「개인정보 보호법」 제2조 제1의2호의 가명처리를 별도로 규정할 필요가 전혀 없다. 입법기술론적으로는 가명처리에 관한 취지가 이미 가명정보 개념정의 규정에 내포되어 있기 때문이기도 하다.

이상과 같은 '가명정보의 처리에 관한 특례' 규정의 문제점은 단순히 해석론으로 극복할 수 있는 것으로만 치부하기에는 현실적인 어려움이 존재한다. 입법기술론적 측면에서 가장 중요한 것은 해당 규범의 이해가능성이라고 할 수 있는데, 이러한 해석론을 수범자들이 용이하게 도출하고 이해하기란 그리 단순하고 용이한 것이 아니기 때문이다. 그렇다면 데이터 3법 개정에 의한 가명정보 개념의 도입은 오히려 수범자 및 현장 종사자들에게 혼선을 야기하게 된다고 볼 수 있다.13) 이렇게 되면 법률인 개인정보 보

---

13) 이러한 혼선 사례를 확인할 수 있는 논문으로는 최경석, 동의 없이 가명화한 개인정보의 사용은 정당한가?, 생명윤리정책연구 제16권 제1호, 2022, 38면 이하.

호법은 그 자체로 규범력이 위축될 수밖에 없고, 법을 집행하는 행정부(개인정보 보호위원회)의 법해석(지침 또는 가이드라인)에 의존하게 되는 상황을 발생시킬 가능성이 높다. 그런데 여기서 발생할 수 있는 문제는 그러한 법해석은 종국에 법원 등에 의해 지지되지 않을 가능성이 높다는 점이다. 이는 결국 좀 더 나아가자면 이는 체계정당성의 원리에 반하는 것으로도 볼 여지가 있다. 물로 체계정당성의 원리 위반이 곧 위헌인 것은 아니지만, 위헌의 징후가 될 수 있다는 점을 감안해야 한다.

이러한 해석론적 접근방식은 결론적으로 입법적인 개선이 이루어질 때, 보다 간명하게 해결될 수 있을 것이고, 그렇게 될 때 수범자들의 가명정보 관련 규정에 대한 이해가능성과 수용성을 제고할 수 있게 될 것이다.

3. 입법적 개선의 방향성

(1) 개선 논의의 전제

앞서 설명한 바 있지만, 한국 「개인정보 보호법」상 가명정보 및 가명처리에 관한 규정을 EU GDPR을 모델로 한 것이다. 그런데 GDPR은 가명처리에 관해서만 규정하고 있음에 반해, 「개인정보 보호법」은 가명정보와 가명처리 모두를 규정하는 체계를 취하고 있다. EU에서 가명처리에 관해서만 규정하고 있는 이유는 가명처리를 통해 가명정보라는 법적으로 새로운 정보개념이 창설되는 것에 주목한 것이 아니라, 그러한 가명처리가 일종의 개인정보 안전조치로 기능한다는 측면을 강조했기 때문인 것으로 보인다. 어차피 가명정보는 개인정보에 해당하는 것으로 이를 별도의 정보개념으로 설정할 필요가 없었을 것이다.

GDPR과 달리, 「개인정보 보호법」의 태도는 사실상 법의 적용이 면제되는 영역을 설정하는 데 주목하고 있다. 이를 위하여, 사실상 가명정보가 개인정보에 해당하는 것으로 규정하면서도, 개인정보 보호에 관한 중핵적 사항이라고 할 수 있는 개인정보자기결정권 관련 조항들의 적용을 별다른 추가적 요건 없이 면제하고 있다. 특히 이러한 적용 면제의 태도는 실제 가명처리나 가명정보의 개념이 활용되고 있는 규정들을 살펴보면 더욱 명확하게 알 수 있다. GDPR의 경우에는 가명처리의 개념을 제6조(처리의 적법성), 제25조(설계 및 기본설정에 의한 개인정보 보호), 제32조(처리의 보안), 제40조(행동강령), 제89조(공익적 기록보존 목적, 과학적 또는 역사적 연구 목적 또는 통계적 목적을 위한 처리와 관련한 안전조치 및 적용의 일부 제외)에서 사용하고 있다. 이러한 규정들은 가명처리를 안전조치의 일환으로 생각하면서 규정한 결과인 것이다. 반면 「개인정보 보호법」의 경우에는 우선 가명정보의 개념을 제21조(개인정보의 파기), 제30조(개인정보 처리방침의 수립 및 공개), 제71조(벌칙)에서 사용하고는 있지만, GDPR 규정들과 비교해볼 때 이러한 것들은 부수적인 규이라고 할 수 있다. 개인정보 보호법에서 오히려 가명정보 규정들이 집중적으로 활용되는 것은 제3장 제3절 가명정보의 처리에 관한 특례(제28조의2~제28조의7)로, 말 그대로 특례 또는 적용 면제에 집중되어 있다는 것을 알 수 있다.

또한 「개인정보 보호법」상 가명정보 관련 규정이 적용 면제에 집중하고 있다는 것을 확인할 수 있는 것은 개인정보자기결정권 보장에 관한 태도라고 할 것이다. GDPR은 가명처리가 안전조치의 일환일 뿐 원천적으로 개인정보자기결정권을 배제하지는 않는다. 일단 GDPR 제11조 제2항은 컨트롤러가 정보 주체를 식별할 수 없는 지위에 있다는 사실을 입증할 수 있는 경우에는 이를 가능한한 정보주체에게 고지토록 하고 있으며, 이 경우 개인정보자기결정권 관련 조항들(제15조~제20조)의 적용이 면제된다. 그러나 정보 주체가 식별을 가능하게 하는 추가 정보를 제공하는 경우에는 그러한 적용면제가 이루어지지 않는다. 이와 더불어, GDPR 제89조 공익적 기록 및 연구 목적의 경우에도 개인정보자기결정권 관련 조항들이 일률적으로 면제되는 것이 아니라 안전조치의 수준에 따라 맥락적으로 판단하여 적용을 일부 면제하는 것으로 규정하고 있다. 반면 개인정보 보호법의 경우에는 제28조의7에서 가명정보에 해당하는 경우에는 일률적으로 개인정보자기결정권을 단순히 배제하고 있다. 추측컨대 이는 분명 가명정보가 개인정보에 해당한다는 관념을 견지하면서도, 개인 식별 가능성 여부만을 전제로 개인정보인지 여부를 결정하는 사고방식으로 인한 것이라고 할 수도 있을 것으로 보인다.

(2) 「개인정보 보호법」상 가명정보 규정의 개선 방향성

이상과 같은 상황에서 「개인정보 보호법」상 가명정보 규정의 입법기술론 및 해석론적인 문제점과 한계를 극복하기 위해서는 우선, 한국의 「개인정보 보호법」상 가명정보 및 가명처리 규정을 도입한 목적으로 명확하게 재확인 해야할 필요가 있다. GDPR의 경우에는 가명처리라는 개념을 안전조치의 일환으로 상정하면서도, 이러한 안전조치를 이행하는 경우 일부 법적용을 면제하는 태도를 취하고 있다. 그러나 「개인정보 보호법」의 경우에는 가명정보라는 개념적 범주에 들어오는 정보에 대한 법적용 면제를 먼저 상정하고, 그러한 가명정보 관리 및 처리상의 안전성 문제를 고려하고 있는 양상이다. 따라서 앞서 언급한 바 있는 「개인정보 보호법」상 가명정보 규정의 입법기술론적인 체계를 재설정하기 위해서는, 입법정책적인 방향성이 설정되어야 한다. 그러나 이 부분은 가명처리 및 가명정보 개념 사용에 관한 가치관적 타당성과 관련한 것으로 추가적인 분석과 합의가 요구되는 영역이다. 따라서 이하에서는 입법기술론적인 측면에서 방향성을 언급하는 수준에서 논의를 정리하고자 한다.

첫째, 단기적으로는 가명처리 개념을 「개인정보 보호법」상 필요한 영역에서 명확하게 활용할 수 있도록 해야 한다. 특히 제3장 제3절 가명정보의 처리에 관한 특례 규정들은 가명처리가 아니라 가명정보 개념만을 활용하여 조문을 구성하고 있는데, 이렇게 되면 가명정보를 생성하는 처리단계까지 포섭하기 어렵다. 따라서 기왕에 개인정보 보호법에 개념 정의되어 있는 가명처리 개념을 활용하여, 특례 규정들을 개정하는 것이 타당할 것으로 보인다. 이는 「개인정보 보호법」 자체가 당초 개인정보의 처리상의 행위 및 행태를 규율하는 것이 핵심이라는 점을 감안한다면, 가명정보 개념 자체보다는 처리 개념을 중심으로 입법기술을 구사하는 것인 바람직하다는 점을 나타낸다.

둘째, 가명정보 개념의 입법적 개념 설정에 대해서는 다소 중장기적인 관점에서 재검토해야 한다. 과거 개인정보 보호법제 운영에 있어 가장 논란이 된 것은 특정 처리 및 가공을 거친 정보를 개인정보로 볼 것인지 아닌지의 문제가 항시 논란이 되어 왔다. 이는 식별 가능성이라는 개념 표지를 전제로 그것이 있는 곳에는 법적 규율이 존재하지만 그렇지 않은 곳에는 법적 규율을 배제한다는 다소 개념법학적인 사고에 입각한 것이다. 그러나 최근 세계적으로도 위험기반접근(risk-based approach)이 개인정보 보호법제 담론에서 중심을 차지하고 있다는 점을 감안한다면,14) 이러한 형식 요건을 중심으로 한 접근이 타당한 것인지에 대해서는 의문이 있다. 또한 가명정보라는 사실상 새로운 정보 개념영역의 창설은 향후 과거 개인정보 해당여부를 중심으로 한 논쟁 중심이 가명정보 해당여부의 판단으로 단순하게 이전되는 결과에 이르게 될 수 있다.

셋째, 차명처리 개념을 안전조치의 일환으로 「개인정보 보호법」상 활용할 수 있는 가능성을 중장기적으로 모색할 필요가 있다. 현행 「개인정보 보호법」상 규정을 토대로 본다면 결국 가명처리 개념은 가명정보 처리에 관한 특례 이외의 부분에서 독자적인 의미를 가지지 못한다. 가명정보라는 새로운 정보영역 개념은 그 자체로 법적용 면제 또는 특례 영역으로서 활용될 수 있지만, 가명처리 개념의 경우에는 그것이 안전조치

---

14) OECD, The OECD Privacy Framework, 2013.

로서의 독자적인 개념적 성격을 가짐에도, 이를 「개인정보 보호법」상에서 명확하게 활용하지 못하고 있는 양상이다. 따라서 「개인정보 보호법」상 암호화 등 기술적·관리적 조치의 측면에서 안전성 확보조치의 구체적인 방식 중 하나로 가명처리 개념을 활용토록 하는 입법방안을 강구해 나가야 한다.

Ⅳ   결론을 대신하여

2020년 데이터 3법 개정은 그것이 긍정적이든 부정적이든 한국의 개인정보 보호법제 담론에 있어 새로운 전기를 마련해 주었다고 평가할 수 있을 것이다. 이 중에서도 특히 가명정보 개념의 설정은 입법과정 중에도 상당히 첨예한 논점이었던 것으로 볼 수 있다. 그러나 대체적인 여론은 EU GDPR에서도 가명정보의 활용을 전제로 하고 있다는 의견들이 다수를 차지하고 있었던 것으로 보인다.

그런데 실상 EU의 GDPR은 가명처리에 관한 규정을 두고 있을지언정, 가명정보에 관한 규정을 두고 있지는 않았다. 물론 가명처리된 개인정보가 결국에는 가명정보가 아니냐는 주장이 있을 수 있지만, 이는 결과주의적 사고방식에만 치우친 것이라고 할 수 있다. 추측컨대 과거 한국의 「개인정보 보호법」이 정보의 활용을 고려하지 못하고 엄격한 규제를 중심으로 하고 있다는 비판의 반작용으로, 이 법의 적용 면제 영역을 절정하자는 차원에서 이러한 결과주의적 사고방식이 용이하게 수용되었던 것으로 보인다.

그런데 입법실무, 특히 입법기술론적인 관점에서 보자면 가명정보라는 정보 개념을 창설할 것인지 아니면 가명처리라는 개념을 중심으로 행위 및 행태 규율의 측면에 초점을 둘 것인지의 여부는 매우 신중하게 접근해야 한다. 앞서 살펴본 바와 같이, 현행 「개인정보 보호법」이 세밀하지 못한 입법기술을 활용하게 되면서, 자연스레 현장의 혼선과 그로 인한 규범의 이해가능성과 수용성을 충분히 저감시킬 수 있는 상황이 연출되고 있다. 이런 측면에서 입법기술은 일반적으로 생각하는 것처럼 부차적인 문제가 아니고 다소 본질적인 문제라고 할 수 있다. 즉 형식이 실질을 좌우하는 경우이다.

가명정보 및 가명처리 개념을 법제적으로 도입한다는 것은 단순히 정보의 활용 및 처리 방식에 관한 문제라고만 봐서는 안 된다. 이는 결과적으로 정보주체의 개인정보 자기결정권의 제한 문제와 결부되어 있는 것이다. 이는 현행 「개인정보 보호법」이 가명정보를 개인정보로 규정하고 있는 태도에서도 또한 확인할 수 있는 부분이다. 따라서 기본권 제한 입법을 함에 있어서는 당연히 헌법상 비례성 원칙을 준수한다는 차원에서 수단의 적절성 및 피해의 최소성 등이 감안되어야 하고, 그러한 측면에서 입법기술 구현 방식에 관심을 기울여야 할 필요가 있다. 사실 데이터 3법 개정 당시를 반추해 보자면, 한국 사회에서 필요한 개인정보 보호와 이용의 균형에 관한 면밀한 방향 설정과 분석이 선행되었다기 보다는, 상황적 급박성만이 강조되었던 측면이 있다. 그 결과 현재와 같은 가명정보 관련 규정의 입법적 미비점이 발생한 것으로 판단된다.

가명정보 및 가명처리 개념은 어쨌든 한국의 「개인정보 보호법」에 도입되었고, 이에 따라 현장 수범자들은 이에 근거하여 개인정보를 처리 및 관리하고 있는 상황이다. 따라서 기왕에 도입된 개념들을 현실 상황에 부합하는 방향으로 개선하기 위한 노력이 필요한 시점이라고 할 수 있다. 다만 과거와 같이 급작스러운 입법정책 방향의 설정과 실현에만 매몰될 것이 아니라, 관련 입법의 영향은 물론이고 그에 따란 입법기술 구현 방식에까지 치밀한 주의를 기울일 필요가 있다.

참고문헌

국내문헌

심우민 외, 개인정보 보호 및 데이터경제 관련 입법안에 대한 사전적 입법평가, 한국법제연구원, 2019.

심우민, 개인정보 보호법제의 체계간 정합성 제고방안, 영산법률논총 제12권 제1호, 2015.

심우민, 스마트 시대의 개인정보 보호 입법전략, 언론과 법 제12권 제2호, 2013.

심우민, 인공지능 시대의 입법학, 법학연구(충남대) 제29권 제2호, 2018.

심우민, 입법학의 기본관점: 입법논증론의 함의와 응용, 서강대학교출판부, 2014.

오길영, 개정 개인정보 보호법에 대한 검토와 비판, 민주법학 제73호, 2020.

전승재/권헌영, 개인정보, 가명정보, 익명정보에 관한 4개국 법제 비교분석, 정보법학 제22권 제3호, 2018.

최경석, 동의 없이 가명화한 개인정보의 사용은 정당한가?, 생명윤리정책연구 제16권 제1호, 2022.

외국문헌

EU Commission, REGULATION (EU) 2016/679 OF THE EUROPEAN PARLIAMENT AND OF THE COUNCIL of 27 April 2016, Official Journal of the European Union(L. 119), 2016.

OECD, The OECD Privacy Framework, 2013.

기타자료

4차산업혁명위원회, "보도자료: 개인정보 관련 법적 개념 체계 정비 합의, 전자서명법 개정을 통한 다양한 전자서명 활성화 방안 논의", 2018.2.5.

행정안전위원장, 「개인정보 보호법 일부개정법률안(대안)」(의안번호 24495), 2020.1.9.

02

개인정보와 인공지능*

문 광 진 | 정보통신정책연구원 부연구위원

저자소개

문광진은 정보통신정책연구원 디지털사회전략연구실 부연구위원으로 재직 중이다. 성균관대학교에서 법학사, 법학석사 학위를 받았고, 프랑스 Université Paris 1 Panthéon-Sorbonne에서 공법학박사 학위를 받았다. 인천대학교, 목포대학교, 성균관대학교에서 강사를 역임하였다. 주요 연구 분야는 행정법, 프랑스공법, ICT법 등이고, 연구원에서는 주로 인공지능이나 디지털 관련 법정책 연구를 수행하고 있다.

* 이 글은 필자가 2024년 1월부터 10월까지 정보통신정책연구원의 기본연구과제로 수행한 "인공지능 감시에 의한 권력의 확대와 그 규범적 대응방안 연구"의 일부 내용을 바탕으로 작성되었음을 알립니다.

요약

    디지털 전환과 함께 빠른 속도로 발전하고 있는 인공지능 기술은 경제적·사회적 혁신과 국가 경쟁력 강화에 기여할 수 있다는 기대감을 주고 있지만, 동시에 기술의 한계와 오남용으로 인한 안전성과 신뢰성에 대한 사회적 우려도 불러일으키고 있다. 특히, 그 개발 과정에서 개인정보가 대량으로 수집·이용되거나, 활용 과정에서 감시의 목적으로 개인정보가 처리되어 개인정보나 사생활의 비밀에 관련된 권리가 제한되거나 침해될 가능성이 높다.

    이러한 위험에 대응하고자 최근 전 세계적으로 인공지능에 대한 법적 규제 도입의 움직임이 있다. 그러나 개인정보 보호를 위한 법적 규제는 이미 마련되어 있고, 그 규범 체계가 인공지능에 대해 간접적인 규제로 작용하고 있다. 인공지능을 개발하는 데 개인정보를 활용하기 위해서는 정보주체의 동의를 받는 등 「개인정보 보호법」이 정한 절차에 따라야 한다. 인공지능 기술의 활용과 관련해서는, 최근 자동화 결정에 대한 정보주체의 권리를 보장하기 위한 규정을 도입하였고, 지능형 CCTV 등 감시 목적의 활용에 대한 규제와 관련된 규정도 이미 마련되어 있다. 그동안의 규범 체계 형성과정에서 개인정보자기결정권이 개인정보를 안전하게 보호하는 긍정적인 측면도 있었지만, 데이터의 활용을 통한 기술과 산업의 발전을 저해하는 측면도 있었다. 헌법상 기본권으로서의 개인정보자기결정권은 국가가 국민의 개인정보를 수집·이용할 때 국민에게 인정되는 주관적 공권이다. 사인이 사인의 개인정보를 처리하는 경우에는 개인정보처리자에게 정보주체 자신의 사생활에 관한 정보를 안전하게 처리할 수 있도록 요구하는 권리를 인정하는 것이 중요한 과제가 될 것이다.

목차

Ⅰ. 서론

Ⅱ. 인공지능의 위험과 개인정보 보호의 쟁점

Ⅲ. 인공지능에 대한 규제 개인정보

Ⅳ. 개인정보 보호와 인공지능 발전의 균형을 위한 제도적 과제

Ⅴ. 결론

Ⅰ 서론

최근 들어 대다수 사람이 디지털 기술이 발전을 거듭하여 산업과 일상생활 전반에 영향을 미치는 디지털 전환[1]을 경험한 바 있다. 바로 2019년 말 중국에서 최초로 발생한 코로나-19가 전 세계적으로 퍼지기 시작한 시점부터라고 할 수 있다. 우리 정부는 국내에서 코로나-19 확진자가 눈에 띄게 증가하자 강력한 사회적 거리두기 조치를 통하여 그 확산을 방지하고자 하였는데, 이러한 초유의 감염병 예방 및 관리 조치를 시행할 수 있었던 배경에는 디지털 기술의 발전이 뒷받침하고 있었다. 즉, 디지털 기술을 활용한 화상회의, 온라인수업, 재택근무, 랜선 모임, 일시적 비대면 진료 등을 통해 코로나-19의 위기를 극복할 수 있었다. 우리 인류는 이러한 과정에서 디지털 기술을 활용하면 비대면 환경에서도 충분히 살아갈 수 있음을 확인하였고, 실제 위기가 종식된 현재에도 상황에 따라 비대면 방식이 가지는 장점을 포기하지 않고 있다.

코로나-19의 비대면 환경이 가속한 디지털 전환은 2022년 11월 OpenAI가 출시한 대화형 인공지능 서비스 챗지피티(ChatGPT)가 전 세계적인 주목을 받으면서 정점에 이르게 된다.[2] 그 결과 글로벌 초거대·생성형 인공지능 시장이 크게 확대되었고, 우리 정부는 2023년 4월 관련 기술·산업 인프라 확충, 혁신 생태계 조성, 혁신 제도·문화 정착을 위해 「초거대 인공지능 경쟁력 강화 방안」을 발표하였다.[3] 기업적 차원에서는 생성형 인공지능을 적극적으로 활용하면 생산성을 향상하고 인력을 절감하는 등 경제적으로 큰 기회가 될 수 있고, 국가적 차원에서도 상대국 대비 자국의 기술 수준을 끌어올려 국가 경쟁력을 높이는 기회가 될 수도 있을 것이다. 그러나 노동자 개인에게는 인공지능에 의해 일자리가 대체되어 실업에 내몰릴 수도 있고, 사회적으로는 특정 직종이 소멸하는 위험으로 다가올 수도 있을 것이다.[4] 굳이 생성형 인공지능에 특정하지

---

[1] 디지털 전환(digital transformation)은 "기존에는 아날로그 또는 단순한 디지털 기술에 의존하여 제공하던 서비스나 비즈니스를 새로운 디지털 기술을 적용하여 변화시키는 것" 정도의 의미를 담고는 있지만, 혁신적 가치를 창출한다는 점에서 과거와의 단절을 암시하기도 한다. 이호영 외, 『디지털 대전환 메가트렌드 연구 총괄보고서 Ⅰ』, 정보통신정책연구원, 2021, 40면 참조.

[2] ChatGPT는 출시 2개월 만에 이용자 수 1억 명을 기록했는데, 이는 9개월이 걸린 틱톡(TikTok)이나 2년 이상 걸린 인스타그램(Instagram)에 비해서도 매우 빠른 속도였다. The Guardian, "ChatGPT reaches 100 million users two months after launch", 2023.2.2.,
<https://www.theguardian.com/technology/2023/feb/02/chatgpt-100-million-users-open-ai-fastest-growing-app>(2024.11.18. 최종확인).

[3] 관계부처 합동 보도참고자료, "초거대 AI 경쟁력 강화 방안", 2023.4.14.

[4] 2022년을 기준으로 국내 일자리 327만 개가 인공지능의 도입으로 대체될 것으로 추정되며, 산업별로는 제

않더라도, 인공지능 기술 활용의 격차가 발생하면서 경제적·사회적 불평등과 차별의 위험이 점차 커지고 있고, 인공지능의 기술적 특징 내지 한계로 인한 편향성이나 프라이버시 침해의 우려도 있다. 또한 인공지능 기반 딥페이크 기술을 활용한 허위조작정보가 각종 인격이나 재산에 대한 피해를 발생시키는 것은 아닌지에 대한 염려를 하기도 한다. 이에 정부는 디지털 심화시대[5]에 적용할 수 있는 국가적 차원의 기준과 원칙이자, 국제사회에서 보편적으로 통용될 수 있는 디지털 질서 규범의 기본 방향으로서 지난 2023년 9월 25일 「디지털 공동번영사회의 가치와 원칙에 관한 헌장」, 일명 '디지털 권리장전'을 발표한 바 있다.[6]

'디지털 권리장전'은 ① 디지털 환경에서의 자유와 권리 보장, ② 디지털에 대한 공정한 접근과 기회의 균형, ③ 안전하고 신뢰할 수 있는 디지털 사회, ④ 자율과 창의 기반의 디지털 혁신의 촉진, ⑤ 인류 후생의 증진이라고 하는 5대 기본원칙을 제시하고 있다. 본 권리장전이 인공지능 기술을 직접적으로 명시하고 있지는 않지만, 인공지능으로 대표되는 디지털 기술이 초래할 수 있는 위험 속에서 인간의 권리를 보호하는 동시에 기술이 가져오는 혁신도 끊임없이 추구하려는 의지를 천명하였다. 인공지능 기술의 발전과 동시에 각종 사회적 우려가 커지고 있는 것이 사실인데, 특히 인공지능 알고리즘 모델 개발을 위해 대량의 개인정보가 학습데이터로 활용되고 있고, 인공지능을 활용하여 개인정보를 분석함으로써 개인을 감시하는 경우도 있어 그 우려가 더욱 커지고 있다. '디지털 권리장전'은 이와 같이 인공지능 기술이 가지는 개인정보와 사생활에 대한 위험을 경고하고 대응하도록 주문하고 있다. 비록 '디지털 권리장전'이 대외적 구속력을 갖는 법규범은 아니지만, 우리 정부가 이를 바탕으로 '디지털 심화 쟁점·현안'을 발굴하여 정책과제를 추진하고, 그에 수반되는 구체적인 법제도 정비를 위해서도 노력에 임하고 있음을 밝히고 있다.[7] 이러한 정책적·제도적 변화의 흐름 속에서 우선, 인공지능의 개발과 활용이 유발할 수 있는 위험과 그와 관련된 개인정보 보호의 쟁점을 분석하고(II), 최근의 인공지능에 대한 규제 동향을 개인정보에 대한 규제와 관

조업, 건설업, 전문·과학·기술 서비스업, 정보통신업 순으로 영향을 많이 받을 것으로 전망된다. 민순홍 외, "AI시대 본격화에 대비한 산업인력양성 과제 : 인공지능 시대 일자리 미래와 인재양성 전략", 『i-KIET 산업경제이슈』 제162호, 산업연구원, 2024, 3-4면 참조.

5) 디지털 심화시대는 디지털 기술의 비약적인 발전으로 인하여 자신이 원하지 않는 경우라고 하더라도 디지털 기술과 함께 살아갈 수밖에 없는 현실이 된 시대를 의미한다. 문광진 외, 『디지털 신질서 연구: 디지털 심화 시대의 헌법상 기본권 보호와 제도 개선』, 정보통신정책연구원, 2023, 3면.

6) 과학기술정보통신부 보도자료, "대한민국이 새로운 디지털 규범질서를 전 세계에 제시합니다!", 2023.9.25.

7) 과학기술정보통신부 보도자료, "대한민국이 새로운 디지털 질서 정립의 추진계획을 공개합니다", 2024.5.21.

련하여 검토해 보고자 한다(III). 이를 바탕으로 개인정보 보호와 인공지능 발전의 균형을 모색하는 차원에서의 제도적 과제를 살펴보고(IV), 관련 논의를 정리해 보고자 한다(V).

Ⅱ 인공지능의 위험과 개인정보 보호의 쟁점

1. 인공지능의 위험 양상

인공지능 기술이 발전하면서 나타나는 위험의 양상은 매우 다양하다. 이러한 위험은 주로 인공지능의 개발 과정의 특성 또는 작동 원리와 관련이 되어 있다. 인공지능 시스템을 개발하기 위해서는 대량의 데이터를 활용하여 지도학습 또는 비지도학습 등으로 컴퓨터를 학습시키고, 이러한 과정이 반복되면 컴퓨터는 일정한 패턴을 스스로 발견해 나가면서 최적의 알고리즘을 생성하고 발전시키게 된다. 이렇게 개발되는 인공지능 시스템이 특정한 명령을 받으면 인간의 개입이 없어도 그에 상응하는 판단이나 결정을 내리게 되는데, 이때 예측곤란성이나 자율성과 같은 특징이 나타나 때로는 인간이 예상하지 못한 문제가 발생하기도 한다.[8] 또한 대량의 데이터를 학습한다는 점에서 나타나는 각종 위험도 존재한다. 한편, 인공지능 기술의 인간 노동력 대체로 인하여 발생하는 위험이 지적되기도 하지만, 이는 인공지능 직접적으로 유발하는 위험으로 볼 수는 없다.[9] 왜냐하면 인공지능 자체가 인간의 지능을 전자적으로 구현하는 시스템이고, 결국 인간의 노동력을 대체하는 것이 그 목적이기 때문이다. 인공지능의 일자리 대체 문제는 인공지능에 대한 규제를 통한 해결이 아니라, 고용, 복지, 교육 등 사회안전망 강화 정책을 통한 접근이 필요한 영역일 것이다.

즉, 인공지능의 개발과 활용을 통해 발생할 수 있는 위험은 주로 기술적 원인에 의해 발생하는 것이다. 기술적 차원에서는 이러한 위험을 완화하는 관리(risk management)를 통해 신뢰할 수 있는 인공지능(Trustworthy AI)을 구현하려는 시도를 진행하고 있는데, 미국 국립표준기술연구소(National Institute of Standards and Technology: NIST)는 신뢰할 수 있는 인공지능의 특성으로 유효성·신뢰성, 안전성, 보안성·복원성, 책무성·투명

---

8) 양종모, "인공지능의 위험의 특성과 법적 규제방안", 《홍익법학》 제17권 제4호, 홍익대학교 법학연구소, 2016, 544-545면.

9) 문광진, "인공지능 규제 입법에 관한 일고찰", 《외법논집》 제48권 제3호, 한국외국어대학교 법학연구소, 2024, 83면.

성, 설명가능성·해석가능성, 사생활보호성, 공정성 등을 제시하고 있다.[10] 이러한 특성
은 인공지능의 위험 관리 측면에서의 고려 요소를 의미하는 것으로서, 이를 통해 인공지
능의 개발이나 활용이 초래할 수 있는 위험에는 안전에 대한 위협 문제, 편향성 및 차별
가능성 문제, 프라이버시 침해 문제, 불투명성 및 탈진실성 문제 등이 거론되고 있다.[11]

　구체적으로는 첫째, 안전에 대한 위협 문제는 인간의 생명이나 신체에 대한 위험을
의미하며, 대표적으로 인공지능의 오작동으로 인한 자율주행자동차나 의료기기에 의한
인명사고를 떠올려볼 수 있다. 아울러 기술적 한계라기 보다는 윤리적·법적 문제로서
'치명적 자율무기(Lethal Autonomous Weapons: LAWs)'의 활용 문제가 거론될 수 있다. 둘
째, 편향성 및 차별 가능성 문제가 있는데, 인공지능 기술 개발 과정에서 대량의 데이
터 학습을 거치면서 사람이나 사회에 만연해 있는 선입견이나 고정관념까지도 학습하
면서 편향적인 판단을 내리는 인공지능 시스템이 양산될 수 있다. 특히, 최근에는 채용
과정에서 서류 심사나 면접 심사를 위해 인공지능 기술이 많이 활용되고 있는데, 지원
자에 대한 차별 가능성 내지 공정성 확보와 관련된 논란이 끊이지 않고 있다. 셋째, 불
투명성과 탈진실성 문제가 지적될 수 있다. 전자는 인간이 인공지능의 기술적 원리, 학
습데이터, 의사결정 과정 및 근거 등에 대해서 알기가 어려울 뿐만 아니라, 전문가나
해당 인공지능의 개발자도 인공지능의 의사결정 근거 내지 인과관계를 명확하게 설명
하지 못한다는 문제와 관련이 있는 반면에, 후자는 인공지능을 이용하는 자가 의도를
하였거나, 하지 않았거나를 막론하고 거짓된 정보나 콘텐츠를 생성해 낼 수 있다는 문
제와 관련된다. 양자는 개념적으로는 거리가 있지만, 그 해결책으로서 투명성 확보가
요청된다는 것을 공통점으로 들 수 있다. 넷째로는 프라이버시 침해와 관련된 위험인
데, 이 문제는 후술하기로 한다.

2. 인공지능 개발과 활용에 관련된 개인정보 보호의 쟁점

(1) 의의

　앞서 인공지능 기술의 개발과 활용이 유발할 수 있는 위험 중에 프라이버시 침해와
관련된 위험이 있다고 언급했다. 이 문제는 두 가지 측면에서 살펴볼 필요가 있는데, 첫

---

10) National Institute of Standards and Technology, Artificial Intelligence Risk Management Framework
　(AI RMF 1.0), 2023, pp. 12－18.
11) 문광진, "인공지능 규제 입법에 관한 일고찰", 《외법논집》 제48권 제3호, 한국외국어대학교 법학연구소,
　2024, 84－92면 참조.

째는 인공지능 시스템 개발 단계에서 발생하는 프라이버시 침해의 문제이고, 둘째는 인 공지능 시스템을 활용함으로써 발생하는 프라이버시 침해의 문제이다. 보다 구체적으로 전자는 개인정보자기결정권의 침해와 관련성이 높고, 후자는 사생활의 비밀과 자유의 침해와 관련성이 높은 것으로 보이지만, 양자 모두 개인정보의 활용이 관련되어 있다.

(2) 인공지능 개발과 개인정보 보호

인공지능 시스템을 개발하기 위해서는 막대한 데이터의 활용이 필수적이다. 양질의 학습데이터가 많으면 많을수록 고성능의 인공지능 시스템으로 거듭날 수 있다. 많은 경우에는 인공지능 개발을 위한 학습데이터에 개인정보가 포함되어 있거나, 혹은 개인 정보 그 자체를 학습데이터로 요구한다. 물론 개인정보를 학습데이터로 활용하지 않는 인공지능도 많이 있다. 예를 들어 머신러닝의 기본 개념과 학습 과정을 설명하면서 자 주 언급되는 예시가 개와 고양이를 구별하는 알고리즘인데,[12] 이러한 인공지능을 개발 하는 경우 개인정보를 필요로 하지 않는다. 그럼에도 대량의 개인정보를 활용하여 개 발된 인공지능 시스템이 경제적으로나 공익적으로나 그 쓰임새가 다양해서 상업적으로 도 행정적으로도 높은 가치를 인정받는다. 그러나 개인정보의 수집과 이용을 포함한 처리는 정보주체의 권리 보호 차원에서 일반적으로는 「개인정보 보호법」상 '동의'라고 하는 까다로운 절차를 통해 가능하다.[13] 따라서 인공지능 기술 개발 사업자는 개인정 보가 포함된 데이터를 충분히 확보하지 못하여 기술 개발의 어려움을 겪게 된다. 그러 다 보니 기업이 필요한 학습데이터를 위해 개인정보를 수집하고 활용하면서 개인정보 관련 법규를 위반하거나, 정보주체의 권리침해 문제가 논란이 되는 경우가 빈번하게 발생하고 있다.

---

12) 한국인공지능법학회, 『인공지능과 법』, 박영사, 2020, 12면.
13) 구체적으로는 「개인정보 보호법」 제15조가 개인정보처리자가 "정보주체의 동의를 받은 경우", "법률에 특 별한 규정이 있거나 법령상 의무를 준수하기 위하여 불가피한 경우", "공공기관이 법령 등에서 정하는 소 관 업무의 수행을 위하여 불가피한 경우", "정보주체와 체결한 계약을 이행하거나 계약을 체결하는 과정 에서 정보주체의 요청에 따른 조치를 이행하기 위하여 필요한 경우", "명백히 정보주체 또는 제3자의 급 박한 생명, 신체, 재산의 이익을 위하여 필요하다고 인정되는 경우", "개인정보처리자의 정당한 이익을 달 성하기 위하여 필요한 경우로서 명백하게 정보주체의 권리보다 우선하는 경우(이 경우 개인정보처리자의 정당한 이익과 상당한 관련이 있고 합리적인 범위를 초과하지 아니하는 경우에 한한다)", "공중위생 등 공 공의 안전과 안녕을 위하여 긴급히 필요한 경우" 중 하나에 해당하는 경우, 개인정보를 수집할 수 있고 그 수집 목적의 범위에서 이용할 수 있도록 규정하고 있다.

대표적으로 국내에서는 2021년 대화형 챗봇 '이루다' 개발사인 스캐터랩이 개인정보
가 포함되어 있는 카카오톡 대화문장을 수집 목적과 다르게 인공지능 시스템 개발에
활용한 것으로 밝혀졌고, 이에 개인정보 보호위원회로부터 개인정보의 목적 외 이용·
제공을 제한하고 있는 「개인정보 보호법」 제18조 제1항 위반으로 시정명령과 과징금
780만 원의 부과처분을 받았다.[14] 국외에서는 미국의 인공지능 기반 안면인식 소프트
웨어 개발사인 Clearview AI가 페이스북(Facebook), 링크드인(LinkedIn), 인스타그램
(Instagram) 등의 SNS에 공개된 사람들의 얼굴정보를 수집하고 100억 장 이상의 사진
데이터베이스 구축하여 학습데이터로 활용한 것이 문제가 되었고, 미국은 물론이고 캐
나다, 영국, 유럽 각국 등에서 법적 분쟁에 휩싸여 있다.[15] 특히, Clearview AI는 얼굴
이미지를 업로드하면 이미 구축되어 있는 데이터베이스와 일치하는지를 확인하여 개인
을 식별하는 'Clearview AI 소프트웨어'를 개발하였고, 이를 미국을 비롯한 각국의 경
찰이나 정보기관에 제공하여 문제가 커졌다. 미국에서는 일리노이(Illinois)주 '생체정보
프라이버시법(Biometric Information Privacy Act: BIPA)' 위반으로 집단소송이 제기되었고,
2024년 6월 회사 지분의 23%[16]를 피해자에게 합의금으로 제공하는 데 동의하였다.[17]
캐나다에서는 2021년 2월 개인정보 보호관(Privacy Commissioner of Canada)이
Clearview AI가 정보주체의 동의 없이 캐나다인의 얼굴 이미지를 수집한 행위가 위법
임을 명확히 하면서, Clearview AI로 하여금 캐나다 내에서의 기술 제공 중단, 이미지
수집 중단, 데이터베이스에서 이미 수집한 캐나다인의 얼굴정보 삭제 등을 명령하였
다.[18] 영국의 개인정보감독위원회(Information Commissioner's Office)는 2022년 5월 11월

---

14) 개인정보 보호위원회는 개인정보의 수집 목적 외 이용 외에도 개인정보 수집 과정에서 정보주체에게 명확
하게 인지할 수 있도록 알리고 동의를 받지 않았고, 법정대리인의 동의 없이 아동의 개인정보를 수집하였
고, 민감정보를 별도의 동의 없이 처리하였고, 탈퇴한 회원의 개인정보를 파기하지 않았고, 타 플랫폼에
개인정보를 이전하였던 행위 등이 「개인정보 보호법」의 타 규정 위반하였다는 이유로 스캐터랩을 대상으
로 시정명령과 함께 과징금 5,500만 원, 과태료 4,780만 원, 총 10,330만 원의 금전적 제재 처분을 하였다.
개인정보 보호위원회 보도자료, "개인정보위, '이루다' 개발사 (주)스캐터랩에 과징금·과태료 등 제재 처
분", 2021.4.28.
15) AI Times, "클리어뷰 AI의 안면 인식 기술 논란… 특허보호법이 사생활보호법 침해 초래", 2022.2.15,
<https://www.aitimes.com/news/articleView.html?idxno=142912>(2024.11.18. 최종확인).
16) 당시 가치로 5,200만 달러에 해당한다.
17) The New York Times, "Clearview AI Used Your Face. Now You May Get a Stake in the Company.",
2024.6.13.,
<https://www.nytimes.com/2024/06/13/business/clearview−ai−facial−recognition−settlement.html
>(2024.11.18. 최종확인).
18) CBC, "U.S. technology company Clearview AI violated Canadian privacy law: report", 2021.2.3.,
<https://www.cbc.ca/news/politics/technology−clearview−facial−recognition−1.5899008>(2024.11.18.

Clearwiew AI에게 영국 거주자의 데이터 삭제 명령과 함께 750만 파운드의 범칙금을 부과하였다.[19] 유럽연합 회원국에서는 GDPR 위반이 문제가 되었는데, 이탈리아 개인 정보 보호위원회(Garante per la protezione dei dati personali, GPDP)는 Clearview AI에 대하여 2,000만 유로의 과징을 부과하였고,[20] 프랑스 국가정보자유위원회(Commission nationale de l'informatique et des libertés: CNIL)는 2021년 12월에는 프랑스 영토 내에서 촬영된 사진의 수집 중단 명령을, 2022년 10월에는 2,000만 유로의 과징금을 부과했다.[21] 2024년 9월에는 네덜란드 개인정보 보호위원회(Autoriteit Persoonsgegevens)가 3,050만 유로의 과징금을 부과하고 위반행위의 중단을 명령하였다.[22]

한편, 국내에서는 정보주체의 동의가 아니라 법률의 근거를 두고 수집한 개인정보를 인공지능 개발에 이용한 것이 적법한 것으로 판단되었음에도 사회적 논란이 발생하기도 하였다. 이는 바로 법무부가 2019년부터 출입국 심사 고도화 차원에서 인공지능 안면인식 및 CCTV 활용 출입국 심사장 이상행동 추적 등을 위한 '인공지능(AI) 식별추적 시스템 개발사업'을 추진하면서 암호화된 여권번호, 국적, 생년, 성별, 얼굴정보 등 내국인 5,760만 건 및 외국인 1억 2천만 건의 개인정보를 학습데이터로 활용한 것이 문제되었기 때문이다.[23] 이 사건에서 개인정보 보호위원회는 「출입국관리법」은 출입국 관리를 통한 안전한 국경관리가 목적이며(제1조) 정보화기기를 통한 출입국관리(제3조 제2항 및 제6조 제3항)는 효율적인 출입국관리를 위해 도입된 시스템으로서, 출입국심사 과정에서 수집한 얼굴정보를 안면인식 인공지능 개발에 활용하는 것은 동법이 정하는

최종확인).

19) BBC, "Clearview AI fined in UK for illegally storing facial images", 2022.5.23, ＜https://www.bbc.com/news/technology－61550776＞(2024.11.18. 최종확인).

20) Le Figaro, "Reconnaissance faciale: 20 millions d'euros d'amende à Clearview en Italie", 2022. 3. 9., ＜https://www.lefigaro.fr/flash－eco/reconnaissance－faciale－20－millions－d－euros－d－amende－a－clearview－en－italie－20220309＞(2024.11.18. 최종확인).

21) Le Monde, "Reconnaissance faciale : la CNIL condamne Clearview AI à une amende de 20 millions d'euros", 2022.10.20., ＜https://www.lemonde.fr/pixels/article/2022/10/20/reconnaissance－faciale－la－cnil－condamne－clearview－ai－a－une－amende－de－20－millions－d－euros_6146699_4408996.html＞(2024.11.18. 최종확인).

22) Le Monde, "L'entreprise de reconnaissance faciale Clearview AI condamnée à une amende de 30,5 millions d'euros aux Pays－Bas", 2024. 9. 4., ＜https://www.lemonde.fr/pixels/article/2024/09/04/l－entreprise－de－reconnaissance－faciale－clearview－ai－condamnee－a－une－amende－de－30－5－millions－d－euros－aux－pays－bas_6303912_4408996.html＞(2024.11.18. 최종확인).

23) 개인정보 보호위원회 보도자료, "개인정보위, 출입국관리 AI 식별추적시스템 구축사업 개인정보 보호법 위반여부 조사결과 발표", 2022.4.27.

정보화기기를 통한 출입국 심사의 고도화를 통해 동법의 목적인 '안전한 국경관리'를 달성하고자 하는 것으로, 당초 개인정보의 수집·이용의 목적 범위에 포함된다고 판단하였다.[24] 다만, 개인정보 보호위원회는 법무부가 공모사업 참여기관과 개인정보 처리 위탁계약을 맺었으나 위탁사실을 공개하지 않은 것을 「개인정보 보호법」 제26조 제2항 위반으로 보아 과태료 100만 원을 부과하였다.

인공지능 시스템의 성능을 높이기 위해서는 대량의 개인정보가 학습데이터로 요구되는 경우가 많지만, 정보주체의 권리를 보호하는 차원에서 개인정보 관계 법령에 따른 규제가 이미 적용되고 있고, 때로는 이러한 규제가 인공지능 기술과 산업의 발전에 저해가 되기도 한다.

(3) 인공지능 활용과 개인정보 보호

인공지능의 활용과 관련하여, 인공지능 기술을 직·간접적으로 사람을 감시하기 위한 목적에서 활용하게 되면 필연적으로 개인정보자기결정권과 국민의 사생활의 비밀과 자유에 대한 제한 내지 침해가 수반될 수밖에 없다. 흔히 CCTV라고 하는 고정형 영상정보처리기기의 활용은 이미 보편화되어 있었지만, 최근에는 이러한 CCTV를 기반으로 인공지능 기술을 적용한 지능형 CCTV의 도입과 운영이 많이 늘어나고 있다.[25] 특히, 지난 2022년 10월 이태원 참사를 계기로 정부는 지능형 CCTV 확충 및 관제센터 고도화를 포함하는 「국가 안전시스템 개편 종합대책」을 2023년 4월 발표한 바 있다.[26] 사실 지능형 CCTV는 CCTV 그 자체에 인공지능 기술을 적용하고 있다기보다는 기존의 CCTV 영상을 활용하여 지능형 선별관제 시스템을 구축하는 것이다. 이때의 선별관제는 "전체 카메라 영상이 아닌 영상 분석과 분배 기능을 적용하여 관제가 필요한 영상만 추출하여 관제요원이 육안으로 확인할 영상만 모니터에 표출해 관제량을 획기적으로 감소시켜 효율을 높이는 것"을 의미한다.[27] 즉, 지능형 CCTV에서 인공지능은 이미

---

24) 개인정보 보호위원회, 2022. 4. 27.자 제2022-007-046호 심의·의결 [개인정보 보호 법규 위반행위에 대한 시정조치에 관한 건].

25) 과학기술정보통신부는 2024년 4월 "CCTV 카메라를 이용하여 영상 기반 행동 등을 분석하고, 이상행위를 탐지하여 특정 상황(배회, 침입 등)을 자동으로 인식하고 처리하는 인공지능 기반 시스템"으로 정의되는 지능형 CCTV 솔루션에 대한 성능시험을 도입하여 군중밀집 등 인파사고 예방에 활용할 수 있도록 성능향상을 유도하겠다고 밝혔다. 과학기술정보통신부 보도자료, "지능형 CCTV 솔루션 성능시험으로 국민안전 강화한다!", 2024.4.3.

26) 관계부처 합동, "국가 안전시스템 개편 종합대책", 2023.4.

27) 배재권, "인공지능과 빅데이터 분석 기반 통합보안관제시스템 구축방안에 관한 연구", 『로고스경영연구』

수집된 영상을 분석하여 특정인이나 특정 행위, 사물, 사건 등을 추출하는 것이고, 여기에 안면인식이나 동작인식 등의 인공지능 기술을 적용하면 특정인을 실시간으로 식별할 수도 있을 것이다. 물론 범죄 예방 및 수사, 실종자 수색, 재난 피해 방지 등 공익의 보호를 위해서는 일정한 수준에서 국민의 기본권이 일부 제한될 수도 있을 것이나, 이러한 인공지능 기술이 단순히 고정형 영상정보처리기기를 통해서 활용되는 것이 아니라 드론, 바디캠 등과 같은 이동형 영상정보처리기기를 통해서 활용되는 경우라면 해당 기본권의 침해 가능성이 더욱 높아지는 것은 분명하고, 감시사회의 도래에 대한 우려가 제기되는 것도 지극히 당연하다.

일찍이 프랑스의 철학자 Michel Foucault(1926~1984)는 감시라는 행위를 실증적으로 분석하였는데, 과거의 형벌이 신체에 고통을 가하는 신체형이 주를 이루었지만, 19세기에 들어서 신체형이 점차 줄어들고 감옥이라는 공간적 도구를 활용하여 범죄자를 통제하기 시작하였음에 주목하였다.[28] 특히, Jeremy Bentham이 고안한 원형 감옥인 판옵티콘(Panopticon)은 죄수를 효율적으로 감시하기 위한 최적의 수단이지만, 판옵티콘의 메커니즘이 감옥 설계에 그치지 않고, 병원, 학교, 작업장 등에서 병자의 간호, 학생의 교육, 노동자의 감시에 이용할 수 있다고 한다.[29] 근대사회에서는 감옥에 갇힌 죄수가 아니더라도 모든 인간이 판옵티콘과 같은 구조 속에서 감시받거나, 혹은 감시를 받지는 않더라도 감시받는다는 느낌을 받게 되어, 결국 감시자는 피감시자를 손쉽게 통제할 수 있게 된다.[30] M. Foucault가 판옵티콘을 통해 바라보았던 근대사회의 특성은 오늘날의 디지털 사회에서 더욱 두드러지게 나타난다. 현대사회에서는 개인에 대한 감시가 인간의 노동력만으로 기록되는 것이 아니다. 수많은 CCTV가 불특정 다수를 촬영한 영상을 저장하고 있고, 컴퓨터를 통해서 접속 또는 작성한 기록이 영구적으로 보존되고 있으며, 자신도 모르는 사이에 발언과 행동이 전자자료로 남아 있게 된다. 정보통신기술의 발달로 국가로부터의 감시 문제가 제기된 것은 이미 1990년대 PC통신 시절부터였으나,[31] 오늘날의 인공지능 기술은 과거 정보통신기술이 불러일으켰던 우려의 수준과는 비교가 되지 않는다. 막강한 컴퓨팅파워를 바탕으로 엄청난 양의 개인정보를

제18권 제1호, 한국로고스경영학회, 2020, 160면.

28) Foucault, M(저), 오생근(역), 『감시와 처벌 : 감옥의 탄생』, 나남, 2023, 33－45면.
29) Foucault, M(저), 오생근(역), 『감시와 처벌 : 감옥의 탄생』, 나남, 2023, 377면.
30) 한희진, "미셸 푸코의 파놉티시즘에서 인식, 권력, 윤리의 관계", 《의철학연구》 제13호, 한국의철학회, 2012, 77면.
31) 매일신문, "PC통신 표현의 자유 사생활 보호 "비밀보장을"", 1994.5.3.,
   <https://www.imaeil.com/page/view/1994050308531057886>(2024.11.18. 최종확인).

빠른 시간에 학습하여 알고리즘을 스스로 생성해 내고, 이러한 인공지능 알고리즘이 다시금 입력된 개인정보를 분석하여 개인의 신원을 식별해 내거나 개인의 선호나 특징을 프로파일링하면서 개인정보와 사생활에 관한 권리의 침해는 물론이고 편향성이나 차별가능성 등의 문제가 발생하기도 한다.

관련 사례를 찾아보면, 2020년 1월 미국 디트로이트 경찰국이 CCTV에 포착된 절도범의 모습과 유사하다는 안면인식 인공지능의 판단으로 한 흑인 남성을 체포하였으나, 30시간 후 용의자가 아니라는 사실이 밝혀졌다.[32) 이 사건에서는 부정확한 기술을 신뢰한 공권력에 의해 무고한 시민이 신체의 자유를 부당하게 침해당하였음은 물론이고, 경찰이 활용한 CCTV를 통해 수많은 정보주체의 영상이 수집되고 인공지능 알고리즘에 의해 분석되면서 각자의 사생활의 자유와 비밀과 개인정보자기결정권이 제한 내지 침해된 문제도 간과할 수는 없다.

아울러 지능형 CCTV만이 개인을 감시하는 인공지능 시스템에 해당하는 것은 아니고, 개인의 경제활동이나 일상생활을 감시하기 위한 인공지능 기술도 있다.[33) 국내의 대표적인 사례로 사회서비스 바우처 등 사회보장급여의 부정수급 탐지를 위한 '부정수급 탐지시스템',[34) 각종 국고보조금의 부정수급을 탐지하기 위한 '부정징후 탐지시스템',[35) 건강보험 부당청구를 탐지하기 위한 '부당청구감지시스템'[36) 등을 꼽을 수 있다. 이러한 시스템은 불특정 다수의 개인정보를 분석하여 이상 징후를 탐지하는 인공지능을 적용하고 있는 것이며, 지능형 CCTV의 활용에서와 마찬가지의 기본권 제한 또는 침해 문제가 발생한다.[37)

---

32) ABC News, "Black man wrongfully arrested because of incorrect facial recognition", 2020.6.26, <https://abcnews.go.com/US/black-man-wrongfully-arrested-incorrect-facial-recognition/story?id=71425751>(2024.11.18. 최종확인).
33) 문광진, "인공지능 규제 입법에 관한 일고찰", 《외법논집》 제48권 제3호, 한국외국어대학교 법학연구소, 2024, 89면.
34) 한국사회보장정보원, "한국사회보장정보원, 'AI 기반의 공공재정 FDS 신속 대응-탐지체계 구축'으로 우수행정 정책사례 우수상", 2022.7.22., <http://www.ssis.or.kr/lay1/bbs/S1T101C486/B/101/view.do?article_seq=124162&cpage=1&rows=10&condition=&keyword=>(2024.11.18. 최종확인).
35) 대한민국 정책브리핑, "국고보조금 시스템 개선으로 부정수급 적발률 지속 높여가", 기획재정부, 2023.7.9., <https://www.korea.kr/multi/visualNewsView.do?newsId=148911651&sectIds=&cateId=&pageIndex=1&repCode_C=#visualNews>(2024.11.18. 최종확인).
36) 보건복지부, 『2022년도 국가정보화 시행계획』, 2022. 1. 28.
37) 2020년 2월 네덜란드 헤이그 지방법원(The District Court of the Hague)은 정부가 사회보장, 조세, 노동 등 다양한 영역에서 발생하는 부정을 탐지하기 위한 자동화 시스템인 SyRI(System Risk Indication)를 활용하는 것이 사생활에 관한 권리를 규정하는 '유럽인권협약(European Convention on Human Rights:

한편, 감시 자체는 목적이 아니지만 개인정보를 대량으로 처리하여 개발이나 운영되는 인공지능 시스템의 경우에는 그 고유의 목적과는 다르게 간접적으로는 감시의 효과가 나타날 수 있다. 그 대표적인 예로, 공공의 영역에서는 '복지 사각지대 발굴시스템'[38]을 들 수 있다. 이는 단전, 단수 등을 비롯한 45종의 위기정보를 활용하여 사회보장급여 수급 자격이 있으나 신청을 하지 못하는 위기가구를 발굴하기 위한 인공지능 시스템으로서, 그 목적이 개인을 감시하는 것은 아니다. 그러나 법률에 근거를 두고 있더라도, 모든 국민의 경제생활이나 일상생활에 관계되는 수많은 개인정보를 수집하고 인공지능을 통해 분석하여 복지 사각지대를 발굴하여 입법적으로 보호하겠다는 공익이 각종 기본권의 침해라고 하는 사익과 최소한 균형의 상태에 있는지 의문이 든다. 민간의 영역에서도 개인정보나 위치정보를 처리하는 과정을 거치는 인공지능이 개인을 프로파일링하여 상품, 서비스, 콘텐츠 등을 추천하거나, 플랫폼 종사자의 개인정보, 위치정보 등을 활용하여 배차, 배달 등 일감배정을 하는 인공지능 알고리즘은 감시의 효과를 가진다고 할 것이다. 감시 그 자체가 목적은 아니더라도 대량의 개인정보를 수집하고 이를 인공지능이라고 하는 첨단의 신기술이 자신도 모르는 사이에 분석하여 프로파일링하다 보면, 개인은 표현의 자유와 일반적 행동의 자유나 자유로운 인격의 발현이 위축받을 수밖에 없게 된다. 인공지능이 대량의 데이터 속에서 패턴을 분석하고 다른 데이터와의 결합도 쉽게 하다 보니, 특정 개인정보에서 개인 식별 가능성을 제거하는 익명화 조치도 무력화할 수 있다.[39] 개인정보나 사생활의 비밀에 관련된 권리의 침해 가능성이 더욱 커지는 것이다.

ECHR)' 제8조 제2항 위반으로 위법임을 인정하였다. 홍석한, "지능정보사회에서 사회보장 영역의 정보화와 기본권 보호 – 네덜란드 SyrI 판결에 대한 분석과 평가 –", 『헌법학연구』 제29권 제3호, 한국헌법학회, 2023, 134면 이하 참조.

38) 보건복지부 보도자료, "45종 위기정보 활용해 2024년 2차 복지 사각지대 발굴 시행", 2024.3.24.

39) Lubarsky, B., Re – Identification of "Anonymized" Data, Georgetown Law Technology Review Vol. 1, 2017, pp. 208 – 212.

Ⅲ 인공지능에 대한 규제와 개인정보

1. 인공지능에 대한 규제의 전개

(1) 초기의 자율규제

인공지능이 유발하는 위험에 대한 우려가 점차 커지고 있자 전 세계적으로 규제에 대한 움직임이 진행되고 있다. 초기에는 인공지능에 대한 규제가 자율규제 방식으로 이루어졌는데, 특히 연성규범을 활용하여 인공지능 윤리를 확보하는 방식이 활용되었다. 이러한 방식은 법적 규제에 비하여 신기술의 진화에 유연하게 대응할 수 있고, 규제 대상자의 선정과 설득도 용이하다는 데에 장점이 있다.[40] 국내에서는 2018년 카카오가 '카카오 알고리즘 윤리헌장'을 발표한 것을 시작으로,[41] 기업 스스로가 내부에서 활용하기 위한 인공지능 윤리준칙을 마련하는 등 자체적인 자율규제 활동이 진행되기도 하였다. 정부 차원에서는 2020년 12월 대통령 직속 자문기구인 4차산업혁명위원회의 심의를 거쳐 관계부처 합동으로 '사람이 중심이 되는「인공지능(AI) 윤리기준」'이 발표되었다.[42] 이어서 과학기술정보통신부는 인공지능 기술·산업·연구 현장에서 본 윤리기준을 실현하고자 2022년부터 '인공지능 윤리 자율점검표', '신뢰할 수 있는 인공지능 개발 안내서' 등을 가이드라인으로 제시하고 있다.[43]

유럽연합에서는 2019년 4월 유럽 집행위원회(European Commission)가 '신뢰할 수 있는 인공지능 윤리 가이드라인(Ethics Guidelines for Trustworthy AI)'을 발표한 데 이어서,[44] 이어서 2020년 7월 '인공지능에 관한 고위급 전문가 그룹(High-Level Expert

---

[40] A. Bensamoun/G. Loiseau(Sous la direction de), Droit de l'intelligence artificielle, LGDJ, 2019, pp. 28-29.

[41] 주요 원칙으로는 사회윤리 준수, 차별 경계, 학습데이터 운영, 알고리즘 독립성 및 설명, 기술 포용성, 아동·청소년 보호 등이 제시되었다.

[42] 3대 기본원칙으로 첫째, '인간 존엄성 원칙', 둘째, '사회의 공공선 원칙', 셋째, '기술의 합목적성 원칙'이 제시되었고, 이를 실천하기 위한 10대 핵심요건으로 ① 인권보장, ② 프라이버시 보호, ③ 다양성 존중, ④ 침해금지, ⑤ 공공성, ⑥ 연대성, ⑦ 데이터관리, ⑧ 책임성, ⑨ 안전성, ⑩ 투명성이 제시되었다. 과학기술정보통신부 보도자료, "과기정통부, 사람이 중심이 되는「인공지능(AI) 윤리기준」마련", 2020.12.22.

[43] 과학기술정보통신부 보도자료, "인공지능의 윤리적 개발·활용을 촉진하는 논의의 장 마련", 2022.2.24.

[44] 4가지 윤리원칙으로서 ① 인간의 자율성에 대한 존중의 원칙, ② 위해방지의 원칙, ③ 공정성의 원칙, ④ 설명가능성의 원칙을 제시하고, 이를 달성하기 위한 7가지 핵심 요구사항으로서 ① 인간 행위자 및 감독, ② 기술적 견고성 및 안전, ③ 프라이버시 및 데이터 거버넌스, ④ 투명성, ⑤ 다양성·차별금지·공정성, ⑥ 사회적·환경적 웰빙, ⑦ 책무성을 제안하고 있다. European Commission, "Ethics guidelines for trustworthy AI", 2019.4.8.,

Group on AI)'이 가이드라인의 내용에 따른 자체 적합성 평가에서 활용할 수 있는 '신뢰할 수 있는 인공지능을 위한 평가 목록(Assement List for Trustworthy AI)'을 제공하였다.[45]

미국의 경우, 백악관 과학기술정책실이 2022년 10월 '인공지능 권리장전을 위한 청사진(Blueprint for an AI Bill of Right)'을 발표하였고,[46] 2023년에는 국립표준기술연구소가 '인공지능 위험 관리 프레임워크 1.0(AI Risk Management Framework 1.0)'을 통해 인공지능 위험 관리에 필요한 지침을 제공하였다.[47]

(2) 법적 규제로의 전환

인공지능에 대한 규제는 초기에 자율규제로 시작되었지만, 최근 들어서는 인공지능 개발과 활용 전반에 대한 법적 규제로 전환되고 있다. 우선, 입법적으로 가장 앞선 곳이 유럽연합인데, 2024년 6월 13일 인공지능 시스템에 의한 위험을 '수용불가위험(unacceptable risk)', '고위험(high risk)', '저위험(low risk)', '최소위험(minimal risk)'으로 구분하고 위험별로 최고 금지에서부터 무규제까지의 차등적 규제 내용을 담고 있는 '인공지능에 관한 명령(AI Act)'이 제정되었다.[48] 이 명령은 같은 해 8월 1일 발효되었지만, 개별 규정은 최소 6개월부터 최대 36개월까지의 경과기간을 가진다.

미국의 경우, 연방 차원에서 '알고리즘 책임법(안)' 등 인공지능에 대한 규제 관련

<https://digital－strategy.ec.europa.eu/en/library/ethics－guidelines－trustworthy－ai>(2024.11.18. 최종확인).

45) European Commission, "Assessment List for Trustworthy Artificial Intelligence (ALTAI) for self－assessment", 2020.7.17,
<https://digital－strategy.ec.europa.eu/en/library/assessment－list－trustworthy－artificial－intelligence－altai－self－assessment>(2024.11.18. 최종확인).

46) 인공지능으로부터 미국 국민을 보호하기 위한 5가지 핵심 보호 장치로서 ① 안전하고 효과적인 시스템, ② 알고리즘에 의한 차별로부터의 보호, ③ 데이터 프라이버시, ④ 안내 및 설명, ⑤ 인간에 의한 대체 가능성을 설정하고, 이를 구체화할 수 있는 프레임워크를 제시하고 있다. Office of Science and Technology Policy, Blueprint for an AI Bill of Right : Making Automated Systems Works for the American People, The White House, 2022.
<https://digital－strategy.ec.europa.eu/en/library/assessment－list－trustworthy－artificial－intelligence－altai－self－assessment>(2024.11.18. 최종확인).

47) National Institute of Standards and Technology, Artificial Intelligence Risk Management Framework (AI RMF 1.0), 2023.

48) '인공지능에 관한 명령'의 정식 명칭은 "Regulation (EU) 2024/1689 of the European Parliament and of the Council of 13 June 2024 laying down harmonised rules on artificial intelligence and amending Regulations (EC) No 300/2008, (EU) No 167/2013, (EU) No 168/2013, (EU) 2018/858, (EU) 2018/1139 and (EU) 2019/2144 and Directives 2014/90/EU, (EU) 2016/797 and (EU) 2020/1828"이다.

법안이 발의되고는 있지만 현재까지 최종 통과된 경우는 없다. 다만, 2023년 10월 바이든 대통령은 '안전하고 신뢰할 수 있는 AI의 개발 및 사용에 관한 행정명령'을 발표하여, 연방정부의 주도로 ① 안전 및 보안, ② 혁신 및 경쟁, ③ 근로자 지원, ④ 형평 및 시민의 권리 보호, ⑤ 소비자 보호, ⑥ 개인정보 보호, ⑦ 연방기관의 AI 사용 지침, ⑧ 글로벌 리더십이라고 하는 8가지 핵심 원칙 아래, 범부처 차원의 인공지능 개발과 활용에 대한 규제 지침을 제시하였다.[49]

국내에서는 제20대와 제21대 국회에서 인공지능을 직접 규율하기 위한 다수의 법안이 의원발의로 제출되었다. 이들 법안의 주된 내용은 대부분이 인공지능 기술과 산업의 진흥에 관한 내용이고, 일부가 인공지능 개발과 활용의 윤리·신뢰성 확보를 위해 자율규제를 촉진하는 내용과 고위험영역 인공지능 사업자에게 일정한 의무를 부과하는 내용으로 구성되어 있었다. 2023년 2월 14일 국회 과학기술정보방송통신위원회 정보통신방송법안심사소위원회는 당시에 제출된 7건의 법률안[50]을 통합·조정한 위원회의 대안으로서 「인공지능산업 육성 및 신뢰 기반 조성 등에 관한 법률안」을 통과시키기도 하였다. 해당 법률안의 규제적 내용에 대하여 일부 산업계에서는 고위험영역 인공지능에 대한 정의가 모호하고 관련 의무 부과가 지나치다는 반대 의견을 제시하였으며,[51] 이와 반대로 시민사회와 국가인권위원회 등은 관련 규제 원칙으로서 우선허용·사후규제 원칙을 채택하고 실제 인공지능의 위험을 관리하기 위한 규제적 요소가 부족하다는 이유로 본 법률안을 비판하기도 하였다.[52] 관련 논의가 지지부진해졌고, 결국 2024년 5월 29일 제21대 국회가 임기종료되면서 자동폐기되었다.

제22대 국회의 개원 이후, 여야를 막론하고 여러 국회의원이 이와 유사한 법률안을

---

49) Federal Register, "Executive Order 14110 of October 30, 2023 : Safe, Secure, and Trustworthy Development and Use of Artificial Intelligence", 2023.11.1.,
     <https://www.federalregister.gov/documents/2023/11/01/2023-24283/safe-secure-and-trustworthy-development-and-use-of-artificial-intelligence>(2024.11.18. 최종확인).

50) 통합·조정된 7건의 법안은 「인공지능 연구개발 및 산업 진흥, 윤리적 책임 등에 관한 법률안(이상민의원 등 11인)」, 「인공지능산업 육성에 관한 법률안(양향자의원 등 23인)」, 「인공지능 기술 기본법안(민형배의원 등 10인)」, 「인공지능교육진흥법안(안민석의원 등 10인)」, 「인공지능 육성 및 신뢰 기반 조성 등에 관한 법률안(정필모의원 등 23인)」, 「인공지능에 관한 법률안(이용빈의원 등 31인)」, 「알고리즘 및 인공지능에 관한 법률안(윤영찬의원 등 12인)」, 「인공지능산업 육성 및 신뢰 확보에 관한 법률안(윤두현의원 등 12인)」이다.

51) Fortune Korea, "약일까 독일까… 인공지능(AI)법의 운명은", 2023.8.1.,
     <https://www.fortunekorea.co.kr/news/articleView.html?idxno=29373>(2024.11.18. 최종확인).

52) 한겨레, "'인공지능 앞잡이' 법안 우려… 윤 정부, AI 기본법 밀어붙이기", 2024.5.14.,
     <https://www.hani.co.kr/arti/economy/economy_general/1140507.html>(2024.11.18. 최종확인).

계속해서 제안하고 있어, 2024년 11월 20일까지 20건의 법률안이 접수되었다.[53) 이들 법률안은 대체적으로는 제21대 국회에서 폐기된 '대안'과 유사한 구조와 내용으로 구성되어 있지만, 여당의 당론으로 채택되어 발의된 「인공지능 발전과 신뢰 기반 조성 등에 관한 법률안(정점식의원 등 108인)」은 우선허용·사후규제 원칙을 삭제하고 생성형 인공지능 표시 의무를 추가하는 등의 수정이 이루어졌고, 「인공지능 개발 및 이용 등에 관한 법률안(권칠승의원 등 15인)」과 「인공지능 산업 육성 및 신뢰 기반 조성 등에 관한 법률안(최민희의원 등 11인)」은 '금지된 인공지능'의 개념을 정의하고 이를 개발하거나 이용하는 자에 대하여 5년 이하의 징역 또는 5천만 원 이하의 벌금을 예정하고 있는 등 타 법안에 비하여 강력한 규제 수단을 도입하고 있다는 특징이 있다. 2024년 11월 21일에는 국회 과학기술정보방송통신위원회 정보통신방송법안심사소위원회에서 이들 법률안 중 19건의 법률안을 통합·조정하여 위원회의 대안인 「인공지능 발전과 신뢰 기반 조성 등에 관한 기본법안」을 통과시켰다. 이후 이 법안은 2024년 12월 26일 국회 본회의를 통과하였고, 2025년 초 국무회의 심의와 공포를 거쳐 정식 법률이 될 예정이다.

2. 개별 영역에서의 인공지능에 대한 규제

인공지능의 발전에 따라 그 위험에 대한 우려가 증가하면서, 그로 인해 규제 필요성도 함께 커지면서, 관련 규제가 기존의 자율규제 방식에서 법적 규제로 진화해 가고 있다.[54) 그러나 인공지능은 이미 오래전부터 법으로 규제되고 있었다. 위에서 살펴본

---

53) 20개의 법률안은 「인공지능 산업 육성 및 신뢰 확보에 관한 법률안(안철수의원 등 12인)」, 「인공지능 발전과 신뢰 기반 조성 등에 관한 법률안(정점식의원 등 108인)」, 「인공지능산업 육성 및 신뢰 확보에 관한 법률안(조인철의원 등 19인)」, 「인공지능산업 육성 및 신뢰 확보에 관한 법률안(김성원의원 등 11인)」, 「인공지능기술 기본법안(민형배의원 등 13인)」, 「인공지능 개발 및 이용 등에 관한 법률안(권칠승의원 등 15인)」, 「인공지능 기본법안(한민수의원 등 10인)」, 「인공지능책임법안(황희의원 등 10인)」, 「인공지능 발전 진흥과 사회적 책임에 관한 법률안(배준영의원 등 10인)」, 「인공지능의 발전과 안전성 확보 등에 관한 법률안(이훈기의원 등 14인)」, 인공지능산업 진흥 및 신뢰 확보 등에 관한 특별법안(김우영의원 등 19인), 인공지능산업 육성 및 신뢰 기반 조성 등에 관한 법률안(이정헌의원 등 13인), 인공지능 발전 및 신뢰성 보장을 위한 법률안(황정아의원 등 10인), 인공지능산업 진흥 및 인공지능 이용 등에 관한 법률안(이해민의원 등 16인), 인공지능산업 진흥에 관한 법률안(정동영의원 등 14인), 인공지능 산업 육성 및 신뢰 기반 조성 등에 관한 법률안(최민희의원 등 11인), 인공지능의 안전 및 신뢰 기반 조성에 관한 법률안(조승래의원·이인선의원 등 11인), 인공지능 진흥에 관한 법률안(조승래의원·이인선의원 등 11인), 인공지능산업 육성 및 발전 등에 관한 법률안(정희용의원 등 16인), 인공지능 발전과 산업 기반 조성 등에 관한 법률안(성일종의원 등 10인)이다.

54) 인공지능에 대한 규제가 자율규제에서 법적 규제로 전환되고 있다고 하더라도, 자율규제를 통한 인공지능의 안전성 및 윤리·신뢰성 확보 정책은 여전히 유효하다고 할 수 있다. 국내에서 관련 입법이 현재까지 도입되지 않은 상황에서 자율규제는 법적 규제가 본격적으로 도입될 때까지 안전하고 윤리적이면서 신뢰

법적 규제의 방식은 인공지능에 관한 일반법률을 제정하여 인공지능 기술의 개발과 활용의 전반을 직접 규율하는 방식이고, 인공지능에 대한 개별적 규제 방식으로는 이미 강력한 규제가 마련되어 있다고 할 수 있다.

개별적 규제 방식은 인공지능 전반을 관통하는 입법적 규제가 아니라, 특정 영역에서 이루어지는 인공지능 기술의 활용 규제 방식인데, 예를 들어 자율주행자동차의 경우, 「도로교통법」 제50조의2가 완전 자율주행시스템이 갖추어지지 않은 자율주행자동차에 대해서는 운전자가 즉각적인 대응을 하도록 규정하고 있고, 「자동차관리법」 제27조는 시험·연구 목적으로 자율주행자동차를 임시운행하는 경우에는 국토교통부장관으로부터 허가를 받도록 하고 있다. 또 다른 예로는 공직선거에서 딥페이크 기술을 활용한 선거운동에 대해서 「공직선거법」이 최근에 엄격한 규제를 신설한 것을 꼽을 수 있다.55) 행정 분야에서는 2021년에 제정된 「행정기본법」 제20조가 인공지능 기술을 활용한 처분의 법적 근거를 마련한 것을 예로 들 수 있는데, 이는 단순히 자동적 처분의 법적 근거를 마련한 것에 그치는 것이 아니라, 인간의 개입 없이 인공지능에 의한 처분에 대한 법률유보와 재량행위에 대한 금지라고 하는 규제적 요소를 도입한 것으로 볼 수 있다.56)

미국에서는 채용 면접에서 인공지능 기술을 활용하는 경우 일정한 규제를 적용하는 주 차원의 법률이나 시 차원의 조례를 도입한 경우가 있다.57) 국내에서는 현재까지 입

할 수 있는 인공지능을 구현하기 위한 원칙이자 기준으로 작용할 수 있고, 또한 본격적으로 법적 규제가 시작되더라도 그 의미나 기능이 사라지는 것은 아니다. 이미 입법 과정에서 그동안의 여러 가이드라인이 제시하였던 인공지능의 윤리·신뢰성 확보 프레임워크가 반영되는 경우도 있고, 때로는 입법 자체가 일종의 규제된 자율규제의 방식을 채택하기도 한다. 즉, 인공지능에 관한 법적 규제를 도입하더라도 인공지능 관련 사업자에 대한 법적 의무를 직접 부과하는 방식보다는 민간의 자율규제를 촉진하는 차원에서 법률은 자율규제의 구체적인 틀을 제시하는 방식을 택할 수도 있기 때문이다. 또한 인공지능 활용에 따른 위험도가 높지 않은 영역에서 자율규제는 계속해서 큰 의미를 가질 것은 물론이다. 문광진, "인공지능 규제 입법에 관한 일고찰", 《외법논집》 제48권 제3호, 한국외국어대학교 법학연구소, 2024, 101면.

55) 이는 바로 제22대 국회의원 선거를 앞두고 2023년 12월 28일 「공직선거법」 일부개정을 통해서 신설된 동법 제82조8 규정이다. 동조 제1항은 선거일 전 90일부터 선거일까지는 선거운동 목적으로 인공지능 생성 음향, 이미지, 영상 등을 제작·편집·유포·상영·게시하는 행위를 전면 금지하였다. 아울러 동조 제2항의 규정에 따라 이 기간을 제외하고는 인공지능을 활용하여 생성되었다는 사실을 표시하여야 이러한 행위가 허용된다.

56) 반면, 2022년 일부개정에 의해 신설된 「전자정부법」 제18조의2는 인공지능 등의 기술을 활용한 전자정부 서비스 제공과 관련 지원에 관한 근거만을 규정하였다. 다만, 행정안전부고시로 마련된 「지능형 전자정부 서비스 도입 및 관리지침」에서 행정기관등의 장에게 의사결정과정에 사전고지 의무를 준수하고 서비스 이용 거부 및 이의제기, 설명요구 권리를 보장하기 위한 노력 의무, 인공지능 활용이 갖는 역기능 방지 및 사람 중심의 인공지능 구현의 노력 의무, 보안 대책 수립 의무를 부과하고 있다.

57) 일리노이(Illinois)주는 2019년 '인공지능 영상면접법(Artificial Intelligence Video Interview Act)'을 제정

법이 되지는 않았지만, 제21대 국회에서부터 인공지능 시스템을 활용한 채용 절차를 규제하기 위한 목적에서 다수의 국회의원이 「채용절차의 공정화에 관한 법률 일부개정 안」을 발의하고 있다. 제22대 국회에서는 2024년 6월 11일 신영대의원 등 15인이 제안 한 법률 일부개정안과 다음 날 김위상의원 등 10인이 제안한 법률 일부개정안이 접수 되어 있는데, 채용 과정에 활용되는 인공지능 기술이 편향성이나 차별성을 가지지 않 도록 사전에 검증받도록 하는 규제를 신설하는 것이 주된 내용이다.

3. 개인정보 보호를 위한 규제와 인공지능

인공지능의 개발과 활용에 대한 대표적인 간접적 규제 분야가 바로 개인정보 보호 와 관련된 영역이라고 할 수 있다.[58] 오늘날 인공지능의 개발은 데이터의 양과 질이 중요한 요소가 된다. 양질의 학습데이터가 많으면 많을수록 고성능의 인공지능 시스템 으로 거듭날 수 있는 것인데, 많은 경우에 인공지능 개발을 위한 학습데이터에 개인정 보가 포함되어 있거나, 혹은 개인정보를 학습데이터로 요구한다. 물론 개인정보를 학습 데이터로 활용하지 않는 인공지능도 많이 있지만, 대량의 개인정보를 활용하여 개발된 인공지능이 상업적으로 혹은 행정적으로 높은 가치를 가지게 된다. 그러나 개인정보, 신용정보, 위치정보 등을 수집하여 인공지능 알고리즘 모델 학습용 데이터로 활용하기 위해서는 「개인정보 보호법」, 「신용정보법」, 「위치정보의 보호 및 이용 등에 관한 법률 (이하 "위치정보법"이라 한다)」 등이 정하고 있는 규제의 장벽을 뛰어넘어야 한다. 구체적 으로 개인정보처리자는 「개인정보 보호법」 제15조에 따라 정보주체의 동의를 받거나 그에 준하는 경우 개인정보를 수집할 수 있고, 비록 수집하였다고 하더라도 그 수집 목적의 범위에서 이용이 가능하다. 동법 제16조 이하에서는 목적에 필요한 최소한의

하여 채용 면접에서 인공지능 기술의 활용 시 지원자에게 그 활용 여부와 작동 방식을 설명하고, 사전동 의를 받도록 하며, 필수 인력 외에는 면접 영상에 대한 접근을 통제하고, 지원자의 요청이 있으면 면접 영 상을 삭제하도록 규정하였다. 메릴랜드(Maryland)주 2020년 '노동 및 고용(Labor and Employment) 분야 주 법전'을 개정하여 채용 절차에서 지원자로부터 사전동의 없이 안면인식 기술이 적용된 인공지능 면접 시스템을 활용할 수 없도록 하였다. 뉴욕(New York)시가 2021년 제정하고 2023년 7월 시행된 '고용결정 자동화 도구(automated employment decision tool)' 관련 조례는 채용이나 내부 인사평가에서 자동화된 의사결정 도구를 활용하는 경우 지원자나 피평가자의 사전동의는 물론, 외부의 독립된 기관으로부터 해당 도구의 편향성 여부에 대하여 사전평가를 받고 해당 결과 등을 공개하도록 규정하였다.

58) 간접적 규제의 또 다른 예로는 현행 「저작권법」이 저작자의 권리와 이에 인접하는 권리를 보호하기 위해 원칙적으로 타인의 저작물의 이용에 대한 규제를 들 수 있는데, 이는 생성형 인공지능 개발에 대해서 규 제로 작동하게 된다.

개인정보를 수집하도록 하고, 개인정보의 목적 외 이용 및 제3자 제공의 제한, 민감정보 및 고유식별정보의 처리 제한 등과 관련된 각종 규제를 두고 있다. 「신용정보법」과 「위치정보법」도 이와 유사한 규제 체계를 두고 있다.

　이러한 규제는 정보주체의 개인정보자기결정권 내지 사생활의 비밀과 자유를 보호하기 위한 차원에서 개인정보에 대해서 적용하는 규제이지만, 간접적으로는 인공지능 개발에 대한 규제로도 작용하게 된다. 이에 정부는 2023년 4월 발표한 「초거대 인공지능 경쟁력 강화 방안」 등에서 개인정보가 포함된 데이터 등 인공지능 개발에 필요한 학습데이터를 구축하여 제공하는 정책과제를 제시하고 있다. 이러한 정부의 정책은 학습데이터를 확보하기 어려운 스타트업이나 중소기업에 대해서는 산업 활성화의 효과를 가져오기도 한다. 아울러 2000년 데이터 3법 개정을 통해 가명정보의 처리에 관한 「개인정보 보호법」 제28조의2가 도입되었고, 이에 따라 개인정보처리자는 정보주체의 동의를 따로 받지 않고서도 개인정보를 가명처리하여 활용할 수 있는 길이 열렸다. 다만, 이 경우에도 그 목적이 통계작성, 과학적 연구, 공익적 기록보존 등의 목적에 한정되어 있어, 개인정보를 가명처리하여 인공지능 학습데이터로 활용하기 위해서는 해당 목적에 부합됨을 입증해야 할 것이다.

　한편, 2023년 3월 14일 일부개정으로 「개인정보 보호법」은 인공지능 기술의 활용에 관련된 특수한 규정을 두게 되었다. 이는 자동화된 결정에 대한 정보주체의 권리를 규정한 제37조의2로서,[59] 유럽연합 GDPR 제22조의 규정에 영향을 받아 신설된 것이다. 구체적으로 살펴보면 우선, 개인정보처리자가 사람의 개입 없이 인공지능을 활용해서 개인정보를 처리하여 정보주체의 권리 또는 의무에 중대한 영향을 미치는 결정을 하는

---

59) 「개인정보 보호법」 제37조의2(자동화된 결정에 대한 정보주체의 권리 등) ① 정보주체는 완전히 자동화된 시스템(인공지능 기술을 적용한 시스템을 포함한다)으로 개인정보를 처리하여 이루어지는 결정(「행정기본법」 제20조에 따른 행정청의 자동적 처분은 제외하며, 이하 이 조에서 "자동화된 결정"이라 한다)이 자신의 권리 또는 의무에 중대한 영향을 미치는 경우에는 해당 개인정보처리자에 대하여 해당 결정을 거부할 수 있는 권리를 가진다. 다만, 자동화된 결정이 제15조제1항제1호·제2호 및 제4호에 따라 이루어지는 경우에는 그러하지 아니하다.
　② 정보주체는 개인정보처리자가 자동화된 결정을 한 경우에는 그 결정에 대하여 설명 등을 요구할 수 있다.
　③ 개인정보처리자는 제1항 또는 제2항에 따라 정보주체가 자동화된 결정을 거부하거나 이에 대한 설명 등을 요구한 경우에는 정당한 사유가 없는 한 자동화된 결정을 적용하지 아니하거나 인적 개입에 의한 재처리·설명 등 필요한 조치를 하여야 한다.
　④ 개인정보처리자는 자동화된 결정의 기준과 절차, 개인정보가 처리되는 방식 등을 정보주체가 쉽게 확인할 수 있도록 공개하여야 한다.
　⑤ 제1항부터 제4항까지에서 규정한 사항 외에 자동화된 결정의 거부·설명 등을 요구하는 절차 및 방법, 거부·설명 등의 요구에 따른 필요한 조치, 자동화된 결정의 기준·절차 및 개인정보가 처리되는 방식의 공개 등에 필요한 사항은 대통령령으로 정한다.

경우, 해당 결정의 상대방인 정보주체는 거부권을 가지게 된다. 또한 일반적인 인공지능 활용에 대해서는 정보주체가 설명요구권을 가지게 된다. 이때 인공지능을 활용하는 개인정보처리자는 관련 조치의 의무와 함께, 자동화된 결정의 기준과 절차, 개인정보가 처리되는 방식 등을 정보주체가 쉽게 확인할 수 있도록 공개하여야 하는 투명성 의무도 지게 된다. 이 규정에 의한 규제가 정보주체의 권리보호 차원에서 삭제권, 거부권, 열람권 등 개인정보자기결정권을 구성하고 있는 세부 권리의 보호와 크게 관련되어 있지만, 인공지능 활용 과정에서 정보주체에게 평등권이나 인격권에 대한 침해가 발생할 수도 있다는 차원에서 인공지능 활용에 대한 직접적 규제의 요소로 볼 여지도 있다. 즉, 인공지능 기술이 발전함에 따라 등장하게 된 정보주체의 보호차원에서 인공지능에 대한 직접적 규제와 간접적 규제의 중간 지점을 형성하고 있는 부분이라고 할 수 있겠다.

인공지능의 활용에 관한 「개인정보 보호법」상의 간접적 규제와 관련된 내용을 더 찾아보자면, 영상정보의 수집과 이용에 관한 규제를 검토할 필요가 있다. 우선, 「개인정보 보호법」 제25조와 제25조의2는 각각 고정형 영상정보처리기기[60] 설치와 운영 및 이동형 영상정보처리기기[61]의 운영에 관한 규정을 두고 있다. 과거에는 영상정보처리기기의 설치와 운영에 관한 단일 규정만이 존재하였으나, 지난 2023년 3월 14일 일부 개정을 통하여 위의 '고정형 영상정보처리기기'에 적용되는 규정과 '이동형 영상정보처리기기'에 적용하기 위한 규정으로 구분되었다. 다만, 양자의 명칭이나 법률상 정의를 통해서도 알 수 있는 것이, 양자가 일정한 장소에 고정이 되어 있는지의 차이가 있을 뿐 영상정보를 수집하여 전송하는 기능적 측면에서는 동일하다는 점이다. 비록 이들 규정이 인공지능에 관한 내용을 담고 있지는 않더라도, 지능형 CCTV 등 인공지능 기반 감시 시스템이 활용하는 영상정보의 수집과 이용에 영향을 미치게 되어 결국에는 인공지능의 활용에 대한 간접적인 규제로 작동하게 된다.

---

60) 「개인정보 보호법」 제2조 제7호는 '고정형 영상정보처리기기'를 "일정한 공간에 설치되어 지속적 또는 주기적으로 사람 또는 사물의 영상 등을 촬영하거나 이를 유·무선망을 통하여 전송하는 장치로서 대통령령으로 정하는 장치"로 정의하고 있다.

61) 「개인정보 보호법」 제2조 제7호의2는 '이동형 영상정보처리기기'를 "사람이 신체에 착용 또는 휴대하거나 이동 가능한 물체에 부착 또는 거치(據置)하여 사람 또는 사물의 영상 등을 촬영하거나 이를 유·무선망을 통하여 전송하는 장치로서 대통령령으로 정하는 장치"로 정의하고 있다.

Ⅳ 개인정보 보호와 인공지능 발전의 균형을 위한 제도적 과제

1. 개인정보자기결정권에 대한 재검토

인공지능 기술의 개발과 활용에 대해서 이미 도입되어 있거나 도입이 준비되고 있는 각종 법적 규제는 기술의 성장에 따라 나타나는 위험의 관리 차원인 것이며, 궁극적으로는 헌법상 국민의 기본권을 보장하기 위함이다. 특히, 인공지능 알고리즘 모델을 개발하기 위해서는 막대한 양의 학습데이터가 필요하고, 그 과정에서 가능한 많은 양의 개인정보를 수집해야 한다. 이 과정에서 개인정보자기결정권에 대한 제한 내지 침해의 문제가 수반될 수밖에 없다. 또한 인공지능을 활용하는 과정에서 그 활용 목적이 감시를 위한 경우이거나, 직접 감시를 목적으로 하지 않더라도 결과적으로 감시의 효과가 발생하는 경우에는 개인정보자기결정권뿐만 아니라 사생활의 비밀과 자유에 대한 제한 내지 침해가 문제될 것이다.

개인정보자기결정권은 "자신에 관한 정보가 언제 누구에게 어느 범위까지 알려지고 또 이용되도록 할 것인지를 그 정보주체가 스스로 결정할 수 있는 권리, 즉 정보주체가 개인정보의 공개와 이용에 관하여 스스로 결정할 권리"를 의미하는데, 헌법재판소는 이른바 '주민등록 지문정보DB 사건'에서 그 헌법상 근거로 헌법 제17조의 사생활의 비밀과 자유, 헌법 제10조 제1문의 인간의 존엄과 가치 및 행복추구권에 근거를 둔 일반적 인격권 등을 이념적 기초로 하는 독자적 기본권으로서 헌법에 명시되지 아니한 기본권이라고 보고 있다.[62] 「개인정보 보호법」 제2조 제1호에 따라 '개인정보'의 정의가 살아 있는 개인을 식별할 수 있는 정보를 말하기 때문에, 사생활에 관한 정보에 국한되지 않고 공적 생활에 관련된 정보나 이미 외부에 공개된 정보도 포함된다. 자신을 식별하게끔 하는 정보를 공개하고 이용하는 것은 사회적 인격상 형성에 관련된 것으로서, 이러한 개인정보 처리가 개인정보처리자라고 하는 제3자에 의하더라도 개인정보의 당사자인 정보주체가 그 과정을 인지하고 참여 내지 개입할 수 있게 하는 것이 인격권으로서의 개인정보자기결정권인 것이다. 이에 동의권, 접근권 내지 열람권, 정정·삭제·파기권, 처리정지권 등이 세부 권리로 도출된다.[63]

---

62) 헌재 2005. 5. 26. 99헌마513 등 결정.

63) 김현경, "정보주체의 권리 실효성 확보를 위한 법적 검토 – 개인정보에 대한 소유권 인정을 중심으로 –", 『법학논집』 제26권 제3호, 이화여자대학교 법학연구소, 2022, 194면.

또한 사생활의 비밀과 자유에 관하여 살펴보면, 이를 명시적으로 규정하고 있는 우리 헌법 제17조를 중심으로, 넓게는 통신의 비밀을 보호하는 제18조와 주거의 자유를 보호하는 제19조까지를 포함하여, 개인이 자신의 사생활에 관하여 스스로 결정할 수 있는 권리에 해당한다. 다만, 사생활의 비밀과 사생활의 자유가 모두 사생활에 관한 자기결정권에 해당한다는 점에서는 공통되지만, 전자는 사생활의 영역을 외부로부터 차단하여 사생활을 보호하기 위한 차원에서의 자기결정권인 반면, 후자는 개인의 자율적인 사생활을 형성하기 위한 자기결정권이다.[64] 즉, 사생활의 비밀은 사생활에 관한 정보를 외부에 공개할 것인지를 개인이 스스로 결정할 권리이며, 사생활의 자유는 사생활의 영역에서 개인적 인격을 자유롭게 발현하기 위한 기본조건을 보호하기 위한 일반적 인격권의 성격을 가진다. 따라서 비록 사생활에 관한 정보와 개인정보의 개념이 일치하는 것은 아니지만, 사생활의 비밀 보호가 개인정보 보호와 크게 관련이 되어 있다는 점을 부인할 수는 없다.

다시 개인정보자기결정권에 대한 문제로 돌아와서, 최근 개인정보자기결정권이 절대적인 권리로 취급되고 있다는 비판이 있다.[65] 이러한 배경에는 「개인정보 보호법」이 규율하는 개인정보는 사회의 다양한 관계에서 자연스럽게 유통 내지 소통되는 정보임에도 불구하고, 정보주체의 내밀한 영역에 관한 정보로서 공개와 유통이 자신에 지배아래 통제되어야 하는 사생활의 비밀에 관한 정보와 같이 취급되고 있기 때문이다.[66] 개인정보를 강력하게 보호해야 하는 까닭은 해당 개인정보가 유출됨으로써 사생활의 비밀이 침해되고, 그로 인하여 더 큰 법익이 침해될 가능성이 높기 때문이다. 지난 2021년 12월에 발생한 '송파 전 여자친구 가족 살인사건'의 경우, 수원시 권선구청 공무원이 금전적 대가를 받고 개인정보를 흥신소에 판매하였고, 이를 통해 범인이 피해자의 주소를 알아내어 살인을 저질렀다.[67] 이 사건에서 알 수 있듯이, 주소를 비롯하여 개인을 식별함으로써 사생활의 비밀을 침해하기 위해 활용하는 개인정보는 강력하게 보호되어야 할 것이다. 「개인정보 보호법」상 민감정보나 고유식별정보도 마찬가지라고 할 수 있다. 그러나 개인정보를 인공지능 알고리즘 모델을 개발하기 위한 학습데이터로

---

64) 한수웅, 『헌법학: 제12판』, 법문사, 2022, 713면.

65) 이인호, "한국 개인정보 보호권의 절대화 현상에 대한 비판 – 개인정보처리정지권에 대한 해석론을 포함하여 –", 『공법연구』 제52집 제1호, 한국공법학회, 2023, 219–254면.

66) 이인호, "한국 개인정보 보호권의 절대화 현상에 대한 비판 – 개인정보처리정지권에 대한 해석론을 포함하여 –", 『공법연구』 제52집 제1호, 한국공법학회, 2023, 223면.

67) 연합뉴스, "구청 공무원이 2만원에 팔아넘긴 주소, 살인으로 이어져", 2022.1.10, https://www.yna.co.kr/view/AKR20220110120351004, (2024.7.10. 최종확인).

활용하는 경우에 있어, 해당 모델이 특정인을 식별하기 위한 목적이 아니라고 한다면, 이는 개인의 사생활의 비밀을 침해하는 문제로 들어가지는 않는다. 물론 이때 개인정보처리자가 개인정보에 대한 안전조치의무는 이행해야 할 것이다.

그러나 최근 하급심 판례[68]에서 개인정보의 가명처리에 대해 정보주체의 처리정지권을 인정하기도 했다.[69] 이 사건에서 법원이 「「개인정보 보호법」 제28조의7에서 처리정지 요구권의 적용을 배제하고 있는 '가명정보'에 식별가능정보를 가명처리하는 것까지 포함된다고 해석할 경우 정보주체가 개인정보처리자에 대하여 가명정보에 대한 개인정보자기결정권을 행사할 수 있는 방법이 원천적으로 봉쇄되는 부당한 결론에 이르게 된다.」라고 판시하고 있는데, 사실 이러한 법원의 판단은 헌법상 기본권의 성격을 오인한 것이라는 추측을 할 수 있다. 헌법상 기본권은 국가와 국민 간의 법률관계에서 국민이 국가에 대해서 방어적이고 소극적으로 부작위를 요구하거나 혹은 적극적인 급부를 청구하는 등의 대국가적 공권에 해당한다.[70] 이 사건의 원고는 통신사와 이동전화 이용서비스 계약을 체결한 고객이고 피고는 원고에게 이동전화서비스를 제고하고 원고로부터 개인정보를 수집·이용하는 개인정보처리자로서, 양 당사자 간의 법률관계는 사인과 사인 간의 법률관계이다. 즉, 헌법상 기본권이 직접적으로 적용되는 법률관계가 아니다.

그런데 앞서 언급하였듯이, 개인정보 보호위원회는 법무부가 출입국 심사 고도화 차원으로 인공지능 기반 안면인식 시스템 개발을 위해 대량의 개인정보를 학습데이터로 활용한 것은 「출입국관리법」상의 안전한 국경관리라고 하는 개인정보의 수집·이용 목적에 포함된다고 보았다.[71] 그러나 「출입국관리법」이 국민의 생체정보를 수집하거나 관계 행정기관이 보유하고 있는 국민의 생체정보의 제출을 요청할 수 있는 경우는 제3조 제3항과 제6조 제4항이 각각 규정하는 출국심사와 입국심사에 필요한 경우이다. 안전한 국경관리는 동법의 목적 조항인 제1조에 규정된 내용으로서, 이를 수집의 개인정보자기결정권을 제한하는 근거규정으로 보기는 어려우며, 법률의 근거 없이 국민의 개인정보를 인공지능 개발에 활용하는 것은 법률유보의 원칙에 반하는 것으로 보인다.

---

68) 서울고등법원 2023. 12. 20. 선고 2023나2009236 판결.

69) 이 판례의 주요 내용, 쟁점, 법리 등에 관해서는 김현경, "「개인정보 보호법」상 "가명처리"와 "개인정보 처리정지권" 해석의 합리화 방안 검토 — 서울고등법원 2023나2009236 판결의 내용을 중심으로", 『사법』 통권 68호, 사법발전재단, 2024, 3-31면 참조.

70) 한수웅, 『헌법학: 제12판』, 법문사, 2022, 342면.

71) 개인정보 보호위원회, 2022.4.27.자 제2022-007-046호 심의·의결 [개인정보 보호 법규 위반행위에 대한 시정조치에 관한 건].

그간 개인정보 보호위원회가 민간기업이 이용자의 동의나 정당한 근거 없이 개인정보를 수집하는 경우 강력한 제재처분을 가해왔던 것[72]과는 다른 입장으로 해석된다.

개인정보자기결정권을 최초로 헌법상 기본권으로 인정한 독일 연방헌법재판소의 1983년 인구조사판결(Volkszählung)에서는 인구조사국이 통계목적의 인구조사를 통해 수집한 국민의 다양한 개인정보를 지방행정 목적으로 이전 및 이용하는 것이 위헌에 해당하는 것이었다.[73] 또한 우리 헌법재판소의 '주민등록 지문정보DB 사건'의 경우에도 경찰청장이 보유하는 국민의 지문정보를 전산화하고 이를 범죄수사목적에 이용하는 것이 법률유보의 원칙과 과잉금지의 원칙에 위배되는지가 검토되었다.[74] 이와 같이 개인정보자기결정권은 국가 등의 공권력주체가 국민의 개인정보를 수집, 이용, 이전, 결합 등을 하는 과정에서 정보주체인 국민 개인이 공권력주체에 대하여 자신에 관한 정보를 열람하고, 정정, 삭제, 파기, 처리정지 등을 요구하는 권리를 의미하는 것이다. 헌법재판소가 판시하였듯이, 현대의 정보통신기술이 발달함에 따라 기관 간의 개인정보의 동시 활용이 손쉽게 이루어지고 있고, 특히, "개인정보의 수집·처리에 있어서의 국가적 역량의 강화로 국가의 개인에 대한 감시능력이 현격히 증대되어 국가가 개인의 일상사를 낱낱이 파악할 수 있게" 되는 위험이 커졌다. 따라서 "개인정보를 보호함으로써 궁극적으로는 개인의 결정의 자유를 보호하고, 나아가 자유민주체제의 근간이 총체적으로 훼손될 가능성을 차단하기 위하여 필요한 최소한의 헌법적 보장장치"로써 개인정보자기결정권이 비록 헌법 명문의 규정되어 있지 않더라도, 헌법상 기본권으로 승인된 것이다. 즉, 개인정보자기결정권은 대국가적 공권에 해당한다.

그럼에도 불구하고 입법의 변천에 있어, 과거에는 공공기관이 개인정보를 수집·이용하는 경우에는 구 「공공기관의 개인정보 보호에 관한 법률」이 이를 규율하고, 민간사업자, 특히 정보통신서비스 제공자가 개인정보를 수집·이용하는 경우에는 「정보통신망 이용촉진 및 정보보호 등에 관한 법률(이하 "정보통신망법"이라 한다)」이 적용되고 있었으나, 2011년 통합 「개인정보 보호법」이 제정되면서부터는 공공부문과 민간부문을 구분하지 않고 거의 동일한 수준의 개인정보 보호를 위한 규제를 적용하다 보니, 헌법상 기본권인 개인정보자기결정권도 국가와 국민의 법률관계와 사인과 사인의 법률관계

---

72) 예를 들어, 최근 개인정보 보호위원회는 합법 처리 근거 없는 민감정보를 수집·활용해 온 메타(Meta)에 대하여 216억 2,320만 원의 과징금·과태료와 시정명령을 부과했다. 개인정보 보호위원회 보도자료, "개인정보위, 합법 처리근거 없이 민감정보를 수집·활용한 메타 제재", 2024.11.05.
73) BVerfGE 65, 1.
74) 헌재 2005.5.26. 99헌마513 등 결정.

를 구분하지 않고 동일한 효력이 발생하는 것과 같이 되어 왔다. 물론 기본권의 대사인적 효력은 입법을 통해서 간접적으로 인정되는 것이고, 오늘날의 글로벌 빅테크 또는 거대 플랫폼 기업은 개개인에 관한 수많은 정보를 수집하고 이를 활용하여 막대한 경제적 가치를 창출하고 있을 뿐만 아니라, 그로 인해 개인에 관한 영향력도 점차 커지고 있는 것이 사실이므로, 국민이 사인에 대해서도 국가에 대한 개인정보자기결정권과 유사한 권리를 주장할 수 있도록 하는 것이 필요할 수도 있다. 그러나 기업은 어디까지나 영리활동의 목적에서 개인정보를 수집·활용하는 것이고, 국가와 같이 개인의 모든 영역에 관한 정보를 보유하고 있지도 않으며, 또한 그로 인해 자유민주주의의 근간이 훼손될 우려까지 제기되지는 않는다. 오늘날의 개인정보는 많은 부분에서 사생활의 영역을 이미 벗어나 있는 경우가 많고, 그 보호의 필요성 역시 잘못된 개인정보의 처리로 인한 피해의 예방과 관련되어 있다.[75] 물론 기업 등 사인인 개인정보처리자가 사생활의 비밀과 관련된 개인정보를 수집·이용하는 경우에는 「개인정보 보호법」에 따라 안전관리의무 등을 비롯한 각종 규제를 통해 안전한 보호가 우선되어야 하는 것은 당연하다.

이러한 관점에서 개인정보자기결정권을 이해하고, 아래에서는 개인정보 보호와 인공지능 발전의 균형 차원에서 인공지능의 개발과 관련하여 공개된 개인정보의 활용 문제를 검토하고, 인공지능의 활용과 관련하여 감시 목적의 인공지능 시스템 활용 문제를 검토하고자 한다.

2. 공개된 개인정보의 활용 문제

인공지능 알고리즘 모델 개발에는 막대한 데이터가 필요한데, 인공지능 개발 기업이 정보주체 등으로부터 일일이 동의를 받아 수집하는 경우도 있고, 구매하는 경우도 있으며, 다양한 방식으로 이를 구축한다. 또한 많이 활용되는 것이 웹 크롤링(web crawing) 기법인데, 웹 크롤링은 자동 프로그램을 활용하여 웹사이트로부터 데이터를 수집, 복제, 추출 등을 하는 행위를 말한다.[76] 온라인상으로 이미 공개되어 있는 정보를 수집하는 행위이므로 해킹이 아니며, 대법원도 웹 크롤링이 "누구든지 정당한 접근권한 없이 또는 허용된 접근권한을 넘어 정보통신망에 침입하여서는 아니 된다."라고

75) 이인호, "한국 개인정보 보호권의 절대화 현상에 대한 비판 – 개인정보처리정지권에 대한 해석론을 포함하여 –", 『공법연구』 제52집 제1호, 한국공법학회, 2023, 228면.
76) 최민준, "웹 크롤링을 통한 데이터 복제의 위법성 판단 – 대법원 2022. 5. 12. 선고 2021도1533 판결 –", 『IT와 법연구』 제27집, 경북대학교 IT와 법연구소, 2023, 229면.

규정하는 「정보통신망법」 제48조 제1항에 따른 정보통신망 침해행위에 해당하지 않는 다고 판시하였다.[77] 결국 이러한 웹 크롤링 방식을 활용하여 이미 공개된 개인정보를 수집하여 인공지능 알고리즘 모델 개발에 필요한 학습데이터로 이용하는 것이 「개인정보 보호법」 제15조 제1항 규정에 저촉되지 않느냐가 문제된다. 민간이 개인인 정보주체의 개인정보를 학습데이터로 활용하는 것은 일반적으로 제1호에 따른 정보주체의 동의를 받은 경우에 해당하여야 적법한 행위가 되는데, 과연 공개된 개인정보의 활용이 동의로 추정할 수 있는 것인지는 명확하지 않다. 아울러 인공지능 개발을 위한 학습데이터로 활용하기 위해서 공개된 개인정보를 활용하는 것이 제6호가 규정하고 있는 "개인정보처리자의 정당한 이익을 달성하기 위하여 필요한 경우로서 명백하게 정보주체의 권리보다 우선하는 경우"에 해당하는지의 여부도 검토할 필요가 있다. 물론 이 규정 단서에서와 같이 개인정보처리자의 정당한 이익과 상당한 관련이 있고 합리적인 범위를 초과하여서는 아니 될 것이다.

사실 이 문제에 대해서는 인공지능과 관련이 없던 시절에 이미 대법원의 판결이 나온 적이 있었다. 이른바 '로앤비 사건'에서 대법원은 "정보주체가 직접 또는 제3자를 통하여 이미 공개한 개인정보는 공개 당시 정보주체가 자신의 개인정보에 대한 수집이나 제3자 제공 등의 처리에 대하여 일정한 범위 내에서 동의를 하였다고 할 것이다. 이와 같이 공개된 개인정보를 객관적으로 보아 정보주체가 동의한 범위 내에서 처리하는 것으로 평가할 수 있는 경우에도 동의의 범위가 외부에 표시되지 아니하였다는 이유만으로 또다시 정보주체의 별도의 동의를 받을 것을 요구한다면 이는 정보주체의 공개의사에도 부합하지 아니하거니와 정보주체나 개인정보처리자에게 무의미한 동의절차를 밟기 위한 비용만을 부담시키는 결과가 된다."라고 보았다.[78] 그러면서 "이미 공개된 개인정보를 정보주체의 동의가 있었다고 객관적으로 인정되는 범위 내에서 수집·이용·제공 등 처리를 할 때는 정보주체의 별도의 동의는 불필요하다고 보아야 하고, 별도의 동의를 받지 아니하였다고 하여 「개인정보 보호법」 제15조나 제17조를 위반한 것으로 볼 수 없다."고 판시하였다. 그러나 "정보주체의 동의가 있었다고 인정되는 범위 내인지는 공개된 개인정보의 성격, 공개의 형태와 대상 범위, 그로부터 추단되는 정보주체의 공개 의도 내지 목적뿐만 아니라, 정보처리자의 정보제공 등 처리의 형태와 정보제공으로 공개의 대상 범위가 원래의 것과 달라졌는지, 정보제공이 정보주체의 원래

---

77) 대법원 2022. 5. 12. 선고 2021도1533 판결.
78) 대법원 2016. 8. 17. 선고 2014다235080 판결.

의 공개 목적과 상당한 관련성이 있는지 등을 검토하여 객관적으로 판단하여야 한다"
라고 하여, 공개된 개인정보의 활용 내지 영리 목적의 활용이 항상 허용되는 것은 아
니라는 취지의 단서를 남겼다. 여기서의 '객관적' 내지 '객관적으로 인정되는 범위'라는
표현이 명확하지는 않지만, 사건에서 원고가 국립대 교수이며, 해당 개인정보가 민감정
보나 고유식별정보에 해당하지 않는다는 점 등이 고려되었다.

인공지능 개발을 위해 학습데이터로 공개된 개인정보를 활용하는 경우라면 입법론
적으로 이를 허용하기 위한 요건이 필요할 것이다. 우선은 해당 정보가 민감정보이거
나 고유식별정보인 경우를 포함하여 사생활 침해적인 요소가 없어야 할 것이다. 일반
적인 개인정보라면 학습데이터로 활용되어서 사생활 침해의 위험이 곧바로 따르지는
않을 것으로 보인다. 다만, 개발하고자 하는 인공지능 시스템의 목적이 공개된 특정인
을 식별하기 위한 것이라면 정보주체에 대한 위해 가능성이 존재하므로 제한을 둘 필
요가 있다.[79] 이와 같은 예외적인 상황이 아니라면 인공지능 학습데이터 용도로 공개
된 개인정보를 활용하기 위해서는 이른바 '옵트아웃(opt-out)' 제도를 도입하는 것이
바람직할 것이다. 「신용정보법」 제15조 제2항 제2호 다목이 신용정보의 수집 허용 요
건으로서 "신용정보주체가 스스로 사회관계망서비스 등에 직접 또는 제3자를 통하여
공개한 정보. 대통령령으로 정하는 바에 따라 해당 신용정보주체의 동의가 있었다고
객관적으로 인정되는 범위 내로 한정한다."라고 규정하고 있는데, 해당 입법례를 참조
해 볼 만하다. 다만, 옵트아웃은 정보주체의 철회권을 전제하는 제도이기 때문에 투명
성 및 거부권에 관한 세심한 입법과 적용이 필요하다. 현행법상으로는 「개인정보 보호
법」 제35조의 열람권 및 제36조의 정정·삭제권은 적용이 가능한 정보주체의 세부 권
리로 볼 수도 있을 것이다.[80]

2024년 7월 개인정보 보호위원회는 법률상 공개된 개인정보 수집·이용 근거를 명
확히 하고자 「인공지능(AI) 개발·서비스를 위한 공개된 개인정보 처리 안내서」를 발표
했다. 다만, 이 역시 주로 「개인정보 보호법」 제15조 제1항 제6호가 규정하는 정당한
이익과 관련하여, 목적의 정당성, 처리의 필요성, 이익형량 등에 관한 해석의 기준을
제시하고 있다. 따라서 향후 입법 개선을 통해 인공지능 학습용 데이터로 활용하기 위
한 공개된 개인정보의 처리에 관한 명확한 기준을 제시할 필요성은 여전히 존재한다.

---

79) 김현경, "공개된 개인정보의 법적 취급에 대한 검토 − AI학습용 데이터로서 활용방안을 중심으로 −", 『미
국헌법연구』 제34권 제1호, 미국헌법학회, 2023, 176면.

80) 신재형, 『인공지능(AI) 학습데이터의 수집 및 이용에 대한 규제 − 공개된 개인정보를 중심으로 −』, 법학
박사 학위논문, 서울대학교, 2024, 195−196면.

3. 감시 목적의 인공지능 시스템 활용 문제

개인을 감시할 목적으로 인공지능 시스템을 활용하는 경우, 특히 이를 국가기관이 수행하는 경우에는 개인정보자기결정권의 제한 내지 침해는 물론이고, 개인에 대한 차별 문제나 사생활 침해가 발생할 수 있어서 더욱 엄격한 법 해석과 적용이 필요하다. 특히, 프로파일링과 관련하여서는 인공지능의 투명성과 관련된 요소의 보장이 전제되어야 하는데, 단순히 「개인정보 보호법」 제37조의2 규정과 위임규정만으로 실제 원활한 운영이 가능하여 개인정보자기결정권이 실질적으로 보장될 수 있을지는 의문이다. 또한 개별 영역에서 개인을 감시하기 위한 목적으로 개인정보를 수집 및 이용하는 근거를 법률 규정에 두고 있지만, 프로파일링이나 개인의 신원을 식별하기 위해 인공지능을 활용하는 법적 근거가 마련되어 있는 경우를 찾기는 힘들다.

지능형 CCTV의 활용과 관련하여 자세히 살펴보자면, 「개인정보 보호법」이 고정형 또는 이동식 영상정보처리기기의 설치와 운영에 관한 규정만 두고 있을 뿐, 지능형 선별관제 시스템과의 융합에 관한 근거를 두고 있지는 않다. 반면, 미국의 경우에는 주나 시 단위에서 감시 목적의 안면인식 기술 사용을 규제하는 경우가 있는데, 이때 지능형 CCTV의 활용에 있어 인공지능 기술과 관련된 내용에 규제가 가해지게 된다. 예를 들어 워싱턴(Washington)주는 2020년 3월 '안면인식 기술 규제에 관한 법률'을 제정하여 주와 주의 소속기관이 계속적 감시, 실시간 식별, 지속적 추적 등을 목적으로 하는 안면인식 시스템의 사용을 금지하고 있고,[81] 샌프란시스코(San Francisco)시는 2019년 '감시금지조례(anti-surveillance ordinance)'를 제정하여 안면인식 기술을 시 자체에서 금지하고 있다. 유럽연합의 '인공지능에 관한 명령'의 경우, 공공장소에서 법 집행 목적으로 실시간 원격 생체인식 인공지능 시스템을 활용하는 것을 금지하고 있다. 다만, 납치, 인신매매, 성 착취 등 피해자 및 실종자 수색, 테러공격 위협 방지, 중대범죄 용의자 식별 등을 위해서는 예외적으로 활용이 가능하도록 하고 있다.

국내에서 감시와 관련된 인공지능 기술이 매우 폭넓게 활용되고 있음을 알 수 있다. 그런데 이러한 인공지능 기술을 활용한 감시행위가 허용이 되는지, 아니면 전면적으로 금지되거나 혹은 일정한 요건 아래 제한이 되는지 등에 관한 법률 규정이 마련되어 있지 않다. 복지 사각지대 발굴을 위해 인공지능 기술이 적극적으로 활용되고 있으나, 「사회보장급여법」 제23조는 수급권자의 선정 및 급여관리 등에 관한 업무를 효율

---

81) S.B. 6280(Wash. 2020)

적으로 수행할 수 있도록 사회보장정보시스템을 이용해서 자료 또는 정보를 처리할 수 있도록 규정하고 있고, 또한 동법 제12조가 사회보장급여 지원대상자 발굴을 위해 단전, 단수, 단가스, 신용정보 중 연체정보, 임대료 체납정보, 관리비 체납정보 등을 비롯한 수많은 정보를 처리할 수 있도록 근거를 두고 있다. 그럼에도 불구하고 인공지능 기술을 활용할 수 있는지에 대해서는 규정하고 있지는 않다. 지능형 CCTV는 현재 수많은 지방자치단체가 이를 활용하고 있지만, 마찬가지이다. 범죄 예방이나 공공안전의 확보 목적으로 지능형 CCTV를 운영하면서 인공지능 기반의 선별관제 알고리즘을 적용하게 되면 단순히 정보주체의 개인정보가 수집되는 정도의 개인정보자기결정권이 제한되는 수준을 넘어서서, 인공지능의 평가가 바탕이 되는 프로파일링이 이루어져도 정보주체는 자신의 정보처리를 알 수 없는 등 기본권 침해의 범위가 더욱 증대될 수밖에 없다.[82] 그럼에도 불구하고 인공지능의 활용과 관련하여서는 우리나라 입법자는 항상 침묵으로 일관하고 있다.

이러한 문제는 안전과 관계되는 법률 규정에서 그 문제점이 더욱 드러난다. 인공지능 기반의 지능형 CCTV는 선별관제 시스템을 통해서 재난 상황에 대비하고 실종자를 수색하고 있다. 그러나 「재난 및 안전관리 기본법」 제74조의3이 고정형 영상정보처리기기를 통해 수집한 정보를 재난 예방·대비·대응 목적으로 활용하는 근거를 규정하고는 있으나, 선별관제라고 하는 인공지능 기술을 활용하기 위한 근거는 어디에도 마련되어 있지 않다. 「실종아동등의 보호 및 지원에 관한 법률」도 제8조의2에서 실종아동 등에 대한 신속한 신고 및 발견 체계를 갖추기 위한 정보시스템을 구축 및 운영하도록 규정하고 있고, 제9조의2에서 경찰관서의 장이 고정형 영상정보처리기기를 통하여 수집된 정보의 제공을 요청할 수 있도록 규정하고 있다. 그럼에도 불구하고 선별관제 시스템에 적용되는 인공지능 기술의 활용에 관한 언급은 찾을 수 없다. 이러한 입법적 태도는 문제가 있다.

프랑스에서는 2023년 5월 19일 2024년 7월부터 9월에 걸쳐 개최가 예정되어 있는 파리 올림픽과 패럴림픽을 앞두고 테러행위 또는 사람의 안전에 대한 중대한 침해의 위험에 노출된 스포츠, 레크레이션 또는 문화 행사의 안전을 보장하기 위한 목적에서만 해당 행사가 개최되는 장소와 그 주변 장소 등에서 CCTV나 드론 등을 활용한 영상에 대하여 인공지능 알고리즘 처리를 허용하는 규정이 포함된 「2024년 올림픽과 패럴림픽 및 기타 규정에 관한 2023년 5월 19일 제2023−380호 법률」을 제정하였다.[83] 이

---

82) 김민규, 『안면인식기술의 경찰법적 활용에 관한 연구』, 법학박사 학위논문, 고려대학교 대학원, 2023, 52면.

법률이 규정되기 이전에도 비디오감시(vidéosurveillance)와 관련된 법률 규정은 존재하였다. 「대내안전법전(Code de la sécurité intérieur)」 제L.252-1조가 비디오보호 시스템의 설치, 즉 고정형 영상정보처리기기에 관한 규정을 두고 있었고, 또한 동법전 제L.242-1조 이하에서는 비행체(드론)에 설치된 카메라의 사용에 관한 규정을 두고 있었다. 즉, 올림픽과 패럴림픽을 앞두고 새로운 법률을 제정하여 CCTV와 드론을 활용한 비디오감시 또는 감시카메라를 통해 수집한 영상정보에 대하여 인공지능 알고리즘을 활용하여 선별관제 시스템 구축의 법적 근거를 마련한 것이다. 본 법률 규정은 2025년 3월 31일까지 적용되는 실험법률 규정, 즉 한시법 규정이며, 안면인식기술이나 생체인식시스템의 적용은 허용되지 않았다. 본 법률 제정 과정에서 좌파정당 소속 하원의회 의원들이 관련 규정에 대한 사전적 위헌법률심판을 헌법재판소에 청구하였으나, 헌법재판소는 해당 규정에 대한 일정한 해석상 한계, 즉 일종의 우리 헌법재판소의 한정합헌과 유사한 결정을 하였다.[84] 해당 규정이 CCTV나 드론을 통해 수집한 영상에 대해서 알고리즘 처리를 하기 위해서는 프레페(préfet)나 파리 경시청장의 허가를 받도록 하고 있고, 이때 허가 기간은 1개월을 초과할 수 없으나 갱신은 가능하였다. 이에 대해서 헌법재판소가 "허가를 정당화하는 요건이 더 이상 충족되지 않음을 확인하는 경우에는 해당 허가를 언제든지 중단하거나 종료할 수 있다"라고 정하는 규정이 있기 때문에, 이러한 규정이 사생활을 존중받을 권리를 침해하지 않고서는, 해당 허가를 정당화하는 요건이 더 이상 충족되지 않는 경우에 있어 프레페에게 허가를 즉시 중단할 의무가 있다는 것 외의 다른 해석은 가능하지 않다고 하였다. 즉, 그 취지는 허가 요건이 불충분할 때는 프레페가 반드시 해당 허가를 철회할 수 있도록 하는 기속의무를 부과한 것이다.

독일에서는 지능형 CCTV와는 관련이 없지만, 연방헌법재판소가 경찰이 예측 치안 활동을 위해 개인정보를 자동으로 분석하는 플랫폼을 활용하는 것을 허용하는 헤센(Hessen)주의 '공공안전법' 제25a조와 함부르크(Hamburg)시 '경찰법' 제49조가 개인정보자기결정권을 침해한다면서 헌법불합치결정을 하였다.[85] 이는 기본권 제한에 관한 비례성 심사에 있어 법익의 균형성 판단과 관련하여 기존에 개인정보를 수집하여 활용하고 있더라도 이를 추가적으로 결합하여 처리하는 경우에는 개인정보자기결정권의 침해

---

83) LOI n° 2023-380 du 19 mai 2023 relative aux jeux Olympiques et Paralympiques de 2024 et portant diverses autres dispositions.

84) C. C., Décision n° 2023-850 DC, Loi relative aux jeux Olympiques et Paralympiques de 2024 et portant diverses autres dispositions, 2023. 5. 17.

85) BVerfG Urt. 16.02.2023. - 1BvR1547/19, 1BvR2634/20.

에 대한 위험이 증가하기 때문에, 이에 구체화된 위험이 있는지, 활용하는 데이터의 유형과 범위를 제한하고는 있는지, 데이터의 분석과 평가를 위한 방법은 제한을 하고 있는지, 실무상 개별사건에 대해서 검토는 하고 있는지 등의 헌법적 정당화 요건이 추가된다는 것이다.

프랑스와 독일의 두 헌법재판소 사건에서 확인할 수 있는 시사점은 국가기관이 국민의 개인정보를 수집하고 이용하는 것 자체에는 아무런 법적 문제가 없다고 하더라도, 이러한 개인정보를 인공지능 시스템을 활용하여 2차적으로 감시 등과 같은 목적으로 처리하는 경우에는 또 다른 기본권 침해 문제가 발생할 수 있다는 것이다. 따라서 법률유보 원칙에 따라 인공지능 기술을 활용하여 이미 수집된 개인정보를 처리하는 것에 대해서는 법률상의 근거가 필요하고, 비례의 원칙에 따라 입법적 차원에서도, 그 입법을 집행하는 차원에서도 모두 목적과 수단 사이에는 합리적인 비례관계가 형성되어야 할 것이다.

V 결론

인공지능 기술의 발전이 놀라운 속도로 진행되고 있다. 기술 개발과 관련 산업의 성장을 통한 경제적 혁신에 대한 기대가 높고, 이를 통한 국가 경쟁력 확보와 관련된 관심도 크다. 그러나 인공지능 기술 자체의 한계 또는 오남용으로 인한 안전성이나 신뢰성에 대한 우려 역시 무시할 수 없는 상황이다. 지난 2023년 9월 정부가 발표한 '디지털 권리장전'이 제9조와 제19조에서 각각 '개인정보의 접근·통제'와 '디지털 프라이버시의 보호'에 관한 규정을 두고 있고, 제17조에서 '디지털 기술의 윤리적 개발과 사용'에 관한 규정을 두고 있다. 이는 바로 새로운 디지털 질서로서 개인정보 보호와 인공지능 발전 사이의 균형 추구를 언급한 것이다. 다만, '디지털 권리장전'이 규범력을 갖지 않는 헌장에 불과하여, 정부는 이를 실현하고자 2024년부터는 인공지능 기술의 안전성, 신뢰·윤리 확보와 개인정보 보호 및 프라이버시 보장과 같은 정책과제를 추진하고 있다.[86]

최근 인공지능에 대한 법적 규제의 도입 논의가 활발하게 진행되고 있는데, 개인정보와 관련된 규제는 이미 많은 부분에 있어서 도입되어 있고 이러한 규제가 간접적으

---

86) 과학기술정보통신부 보도자료, "대한민국이 새로운 디지털 질서 정립의 추진계획을 공개합니다", 2024.5.21.

로 인공지능 개발과 활용에도 영향을 미치고 있다. 특히, 개인정보자기결정권이 헌법상 국민의 기본권으로 인정되어 디지털 전환이라고 하는 사회 변화 속에서 국민의 개인정보와 사생활을 안전하게 보호하는 긍정적인 역할을 하지만, 어떠한 측면에서는 데이터의 활용에 따른 경제적·사회적 가치의 창출을 저해하고 결국에는 기술의 개발이나 산업의 발전에 지장을 주기도 한다. 이러한 지점에서 개인정보자기결정권에 대한 재검토가 필요하다. 무엇보다도 개인정보자기결정권이 헌법이 보호하고자 하는 국민의 기본권, 즉 개인의 대국가적 공권이라는 성격에 집중하여, 그 적용 범위가 국가와 국민 간의 관계에서 국가가 개인정보처리자가 되어 국민의 개인정보를 수집·이용하는 경우라는 것을 되새겨야 할 것이다. 오히려 사인과 사인 간의 관계에서는 정보주체가 개인정보처리자에게 자신의 사생활의 비밀에 관한 개인정보를 안전하게 처리할 것을 요구할 수 있는 권리를 인정하는 방안을 고민해야 할 것이다.[87]

---

87) 장수용, "디지털 고도화와 개인정보의 보호와 활용", 『경제규제와 법』 제17권 제1호, 미국헌법학회, 2024, 115면.

참고문헌

국내문헌

1. 단행본

김민규, 『안면인식기술의 경찰법적 활용에 관한 연구』, 법학박사 학위논문, 고려대학교 대학원, 2023.

문광진 외, 『디지털 신질서 연구: 디지털 심화 시대의 헌법상 기본권 보호와 제도 개선』, 정보통신정책연구원, 2023.

신재형, 『인공지능(AI) 학습데이터의 수집 및 이용에 대한 규제 – 공개된 개인정보를 중심으로 –』, 법학박사 학위논문, 서울대학교, 2024.

이호영 외, 『디지털 대전환 메가트렌드 연구 총괄보고서 I』, 정보통신정책연구원, 2021.

한국인공지능법학회, 『인공지능과 법』, 박영사, 2020.

한수웅, 『헌법학 : 제12판』, 법문사, 2022.

2. 논문

김현경, "「개인정보 보호법」상 "가명처리"와 "개인정보 처리정지권" 해석의 합리화 방안 검토 – 서울고등법원 2023나2009236 판결의 내용을 중심으로", 『사법』 통권 68호, 사법발전재단, 2024.

김현경, "공개된 개인정보의 법적 취급에 대한 검토 – AI학습용 데이터로서 활용방안을 중심으로 –", 『미국헌법연구』 제34권 제1호, 미국헌법학회, 2023.

김현경, "정보주체의 권리 실효성 확보를 위한 법적 검토 – 개인정보에 대한 소유권 인정을 중심으로 –", 『법학논집』 제26권 제3호, 이화여자대학교 법학연구소, 2022.

문광진, "인공지능 규제 입법에 관한 일고찰", 《외법논집》 제48권 제3호, 한국외국어대학교 법학연구소, 2024.

배재권, "인공지능과 빅데이터 분석 기반 통합보안관제시스템 구축방안에 관한 연구", 『로고스경영연구』 제18권 제1호, 한국로고스경영학회, 2020.

양종모, "인공지능의 위험의 특성과 법적 규제방안", 《홍익법학》 제17권 제4호, 홍익대학교 법학연구소, 2016.

이인호, "한국 개인정보 보호권의 절대화 현상에 대한 비판 – 개인정보처리정지권에 대한 해석론을 포함하여 –", 『공법연구』 제52집 제1호, 한국공법학회, 2023.

장수용, "디지털 고도화와 개인정보의 보호와 활용", 『경제규제와 법』 제17권 제1호, 미국헌법학회, 2024.

최민준, "웹 크롤링을 통한 데이터 복제의 위법성 판단 – 대법원 2022. 5. 12. 선고 2021도

1533 판결 –”, 『IT와 법연구』 제27집, 경북대학교 IT와 법연구소, 2023.

한희진, “미셸 푸코의 파놉티시즘에서 인식, 권력, 윤리의 관계”, 《의철학연구》 제13호, 한국 의철학회, 2012.

홍석한, “지능정보사회에서 사회보장 영역의 정보화와 기본권 보호 – 네덜란드 SyrI 판결에 대한 분석과 평가 –”, 『헌법학연구』 제29권 제3호, 한국헌법학회, 2023.

3. 기타자료

개인정보 보호위원회 보도자료, “개인정보위, ‘이루다’ 개발사 (주)스캐터랩에 과징금·과태료 등 제재 처분”, 2021.4.28.

개인정보 보호위원회 보도자료, “개인정보위, 출입국관리 AI 식별추적시스템 구축사업 개인 정보 보호법 위반여부 조사결과 발표”, 2022.4.27.

개인정보 보호위원회 보도자료, “개인정보위, 합법 처리근거 없이 민감정보를 수집·활용한 메타 제재”, 2024.11.5.

과학기술정보통신부 보도자료, “과기정통부, 사람이 중심이 되는 「인공지능(AI) 윤리기준」 마련”, 2020.12.22.

과학기술정보통신부 보도자료, “대한민국이 새로운 디지털 규범질서를 전 세계에 제시합니다!”, 2023.9.25.

과학기술정보통신부 보도자료, “대한민국이 새로운 디지털 질서 정립의 추진계획을 공개합니 다”, 2024.5.21.

과학기술정보통신부 보도자료, “인공지능의 윤리적 개발·활용을 촉진하는 논의의 장 마련”, 2022.2.24.

과학기술정보통신부 보도자료, “지능형 CCTV 솔루션 성능시험으로 국민안전 강화한다!”, 2024.4.3.

관계부처 합동, “국가 안전시스템 개편 종합대책”, 2023.4.

관계부처 합동 보도참고자료, “초거대 AI 경쟁력 강화 방안”, 2023.4.14.

대한민국 정책브리핑, “국고보조금 시스템 개선으로 부정수급 적발률 지속 높여가”, 기획재정 부, 2023.7.9.,
　　　　<https://www.korea.kr/multi/visualNewsView.do?newsId=148911651&sectIds=&cateId= &pageIndex=1&repCode_C=#visualNews>(2024.11.18. 최종확인).

매일신문, “PC통신 표현의 자유 사생활 보호 “비밀보장을””, 1994.5.3.,
　　　　<https://www.imaeil.com/page/view/1994050308531057886>(2024.11.18. 최종확인).

보건복지부, 『2022년도 국가정보화 시행계획』, 2022.1.28.

보건복지부 보도자료, “45종 위기정보 활용해 2024년 2차 복지 사각지대 발굴 시행”, 2024.3.24.

연합뉴스, “구청 공무원이 2만원에 팔아넘긴 주소, 살인으로 이어져”, 2022.1.10,
　　　　https://www.yna.co.kr/view/AKR20220110120351004,　(2024.7.10. 최종확인).

한겨레, "'인공지능 앞잡이' 법안 우려… 윤 정부, AI 기본법 밀어붙이기", 2024.5.14.,
　　　＜https://www.hani.co.kr/arti/economy/economy_general/1140507.html＞(2024.11.18.
　　　최종확인).

한국사회보장정보원, "한국사회보장정보원, 'AI 기반의 공공재정 FDS 신속 대응·탐지체계 구
　　　축'으로 우수행정 정책사례 우수상", 2022.7.22.,
　　　＜http://www.ssis.or.kr/lay1/bbs/S1T101C486/B/101/view.do?article_seq=124162&
　　　cpage=1&rows=10&condition=&keyword=＞(2024.11.18. 최종확인).

AI Times, "클리어뷰 AI의 안면 인식 기술 논란… 특허보호법이 사생활보호법 침해 초래",
　　　2022.2.15, ＜https://www.aitimes.com/news/articleView.html?idxno=142912＞
　　　(2024.11.18. 최종확인).

Fortune Korea, "약일까 독일까… 인공지능(AI)법의 운명은", 2023.8.1.,
　　　＜https://www.fortunekorea.co.kr/news/articleView.html?idxno=29373＞(2024.11.18.
　　　최종확인).

외국문헌

1. 단행본, 논문

Bensamoun, A./Loiseau, G.(Sous la direction de), Droit de l'intelligence artificielle, LGDJ,
　　　2019.

Foucault, M(저), 오생근(역), 『감시와 처벌: 감옥의 탄생』, 나남, 2023.

National Institute of Standards and Technology, Artificial Intelligence Risk Management
　　　Framework (AI RMF 1.0), 2023.

Lubarsky, B., Re—Identification of "Anonymized" Data, Georgetown Law Technology
　　　Review Vol. 1, 2017

2. 기타자료

ABC News, "Black man wrongfully arrested because of incorrect facial recognition",
　　　2020.6.26,
　　　＜https://abcnews.go.com/US/black−man−wrongfully−arrested−in−
　　　correct−facial−recognition/story?id=71425751＞(2024.11.18. 최종확인).

BBC, "Clearview AI fined in UK for illegally storing facial images", 2022.5.23,
　　　＜https://www.bbc.com/news/technology−61550776＞(2024.11.18. 최종확인).

BVerfG Urt. 16.02.2023.−1BvR1547/19, 1BvR2634/20.

CBC, "U.S. technology company Clearview AI violated Canadian privacy law: report",
　　　2021.2.3.,

＜https://www.cbc.ca/news/politics/technology－clearview－facial－recognition－1.5899008＞(2024.11.18. 최종확인).

C. C., Décision n° 2023－850 DC, Loi relative aux jeux Olympiques et Paralympiques de 2024 et portant diverses autres dispositions, 2023.5.17.

European Commission, "Assessment List for Trustworthy Artificial Intelligence (ALTAI) for self－assessment", 2020.7.17,
＜https://digital－strategy.ec.europa.eu/en/library/assessment－list－trust－worthy－artificial－intelligence－altai－self－assessment＞(2024.11.18. 최종확인).

European Commission, "Ethics guidelines for trustworthy AI", 2019.4.8.,
＜https://digital－strategy.ec.europa.eu/en/library/ethics－guidelines－trust－worthy－ai＞(2024.11.18. 최종확인).

Federal Register, "Executive Order 14110 of October 30, 2023 : Safe, Secure, and Trustworthy Development and Use of Artificial Intelligence", 2023.11.1.,
＜https://www.federalregister.gov/documents/2023/11/01/2023－24283/safe－secure－and－trustworthy－development－and－use－of－artificial－intelligence＞(2024.11.18. 최종확인).

Le Figaro, "Reconnaissance faciale: 20 millions d'euros d'amende à Clearview en Italie", 2022.3.9.,
＜https://www.lefigaro.fr/flash－eco/reconnaissance－faciale－20－millions－d－euros－d－amende－a－clearview－en－italie－20220309＞(2024.11.18. 최종확인).

Le Monde, "L'entreprise de reconnaissance faciale Clearview AI condamnée à une amende de 30,5 millions d'euros aux Pays－Bas", 2024.9.4.,
＜https://www.lemonde.fr/pixels/article/2024/09/04/l－entreprise－de－reconnais－sance－faciale－clearview－ai－condamnee－a－une－amende－de－z30－5－millions－d－euros－aux－pays－bas_6303912_4408996.html＞(2024.11.18. 최종확인).

Le Monde, "Reconnaissance faciale : la CNIL condamne Clearview AI à une amende de 20 millions d'euros", 2022.10.20.,
＜https://www.lemonde.fr/pixels/article/2022/10/20/reconnaissance－faciale－la－cnil－condamne－clearview－ai－a－une－amende－de－20－millions－d－euros_6146699_4408996.html＞(2024.11.18. 최종확인).

LOI n° 2023－380 du 19 mai 2023 relative aux jeux Olympiques et Paralympiques de 2024 et portant diverses autres dispositions.

Office of Science and Technology Policy, Blueprint for an AI Bill of Right : Making Automated Systems Works for the American People, The White House, 2022.
＜https://digital－strategy.ec.europa.eu/en/library/assessment－list－trust－

worthy−artificial−intelligence−altai−self−assessment＞(2024.11.18. 최종확인).

The Guardian, "ChatGPT reaches 100 million users two months after launch", 2023. 2. 2., ＜https://www.theguardian.com/technology/2023/feb/02/chatgpt−100−million−users−open−ai−fastest−growing−app＞(2024.11.18. 최종확인).

The New York Times, "Clearview AI Used Your Face. Now You May Get a Stake in the Company.", 2024.6.13., ＜https://www.nytimes.com/2024/06/13/business/clearview−ai−facial−recognition−settlement.html＞(2024.11.18. 최종확인).

색인

[ㄱ]

가명정보   68

가명처리   64

개인정보   108

개인정보 보호   113

개인정보 보호권   27

개인정보 보호지침(Data Protection
  Directive)   112

개인정보 이동권   46

개인정보 전송요구권   187

개인정보 처리   111

개인정보 처리정지권   59

개인정보의 속성   37

개인정보자기결정권   13, 17, 43, 81, 108,
  110, 113

개인정보처리자   122

개인정보처리자의 정당한 이익   60

개인정보파일   151

게이트키퍼   190

경쟁과 혁신   203

경쟁압력   197

경쟁폐해이론   183

계약법   133

고지·선택(notice–and–choice) 방식   117

공개된 개인정보   54

공익   84

공정정보처리원칙(Fair Information
  Practice Principles, FIPPs)   112

구체적이고 명확한 동의   123

국가안보   90, 96

기념 계정 관리자   166

기본권 충돌   49

[ㄷ]

다크패턴(dark patterns)   108, 133

데이터   153

데이터 경제   204

데이터 상속   174

데이터 소유권   189

데이터 쏠림현상   193

데이터 이동권   183

데이터 전송표준   185

데이터 접근권   171, 192

데이터 주도 고착효과   192

데이터 통제   188

독일 연방데이터 보호법(Bundesdaten-
　schutzgesetz)　112
동의(consent)　108, 110
동의 방식　108
동의 제도　111
동의의 방식　120
동의제도　138
디지털 경쟁법　184
디지털 생태계　182
디지털 유산　152
디지털 유산 관리자　167
디지털 자산(Digital Assets)에 관한 수탁자 접
　근권한 통일법　165

[ㄹ]

로앤비 사건　22

[ㅁ]

명시적 동의　124
명시적 동의(express consent) 방식　117
무임승차　195
묵시적 동의　124
물권법정주의　155

[ㅂ]

부모의 자기결정권　16
부모의 자녀에 대한 교육권　16
불법행위법　133
비교형량　199
비(非)재산성　39

빅데이터　110

[ㅅ]

사생활권　9
사이버안보　90, 97
사이버안보 업무규정　92
사이버안보법　101
사이버안보정보공유법　101
사이버위협 정보공유　91
사자(死者)　150
사적 자치의 원칙　168
사전동의　108
사회적 시장경제　202
상속법　151
상속재산　152
상호운용　191
성적(性的) 자기결정권　14
소비자후생　194
스턱스넷(Stuxnet)　100
시장지배적지위의 남용　182

[ㅇ]

언론활동　87
엘스워스(Ellsworth) 사건　164
여성의 자기결정권　15
온라인 광고　195
온라인 서비스 이용계약　160
유럽 일반 개인정보 보호법(GDPR: General
　Data Protection Regulation)　113
이탈리아 구글사건　196
인간의 존엄성 보장　11

인격권   44, 157

인공지능   110, 200

인구조사 사건(Volkszählungsurteil)   113

인지된 동의   120

일신전속성   157

[ㅈ]

자기결정권   7

자기운명결정권   14

자기통제권   8

자유로운 의사에 의한 동의   122

재산   155

전교조 명단 공개 사건   20

정당한 이익(legitimate interest)   136

정보자기결정권   184

정보주체   122

정보주체의 권리   49

정보주체의 동의   130

정보통신기반보호법   92

정보통신서비스제공자   160

진입규제   201

[ㅊ]

철회   131

[ㅍ]

프라이버시권   10

필수데이터   198

필수설비   196

[ㅎ]

합법화 근거   108, 111

환각   171

휴면 계정 관리자   166

[D]

DMA   190

[E]

EU의 개인정보 보호지침   113

[G]

GDPR   114, 187

GDPR 전문(Recital 4)   70

[I]

IoT   110

[O]

OECD 가이드라인   111

공동 저자

김민호(성균관대학교 법학전문대학원 교수)

김현경(서울과학기술대학교 IT정책전문대학원 교수)

김도승(전북대학교 법학전문대학원 교수)

김현수(부산대학교 법학전문대학원 교수)

이해원(강원대학교 법학전문대학원 교수)

최요섭(한국외국어대학교 국제지역대학원 교수)

계인국(고려대학교 행정전문대학원 교수)

심우민(경인교육대학교 사회과교육과 교수 및 입법학센터장)

문광진(정보통신정책연구원 부연구위원)

POST-GDPR: 개인정보보호 규범의 새로운 지평

초판발행   2025년 2월 28일

지은이   김민호·김현경·김도승·김현수·이해원·최요섭·계인국·심우민·문광진
펴낸이   안종만·안상준

편 집   장유나
기획/마케팅   정연환
표지디자인   BEN STORY
제 작   고철민·김원표

펴낸곳   (주) 박영사
              서울특별시 금천구 가산디지털2로 53, 210호(가산동, 한라시그마밸리)
              등록 1959. 3. 11. 제300-1959-1호(倫)

전 화   02)733-6771
f a x   02)736-4818
e-mail   pys@pybook.co.kr
homepage   www.pybook.co.kr
ISBN   979-11-303-4903-9   93360

copyright©김민호 외 8인, 2025, Printed in Korea

정 가   25,000원